国家哲学社会科学研究基金项目19BFX120

RESEARCH ON LEGAL ISSUES OF
SMART CONTRACTS IN THE CONTEXT OF FINTECH

金融科技背景下智能合约的法律问题研究

李西臣 著

法律出版社 | LAW PRESS
北京

图书在版编目（CIP）数据

金融科技背景下智能合约的法律问题研究 / 李西臣著. -- 北京 : 法律出版社, 2025. -- ISBN 978 - 7 - 5244 - 0550 - 4

Ⅰ. D922.280.4 - 39

中国国家版本馆 CIP 数据核字第 2025XE2249 号

金融科技背景下智能合约的法律问题研究
JINRONG KEJI BEIJING XIA ZHINENG HEYUE DE FALÜ WENTI YANJIU

李西臣 著

策划编辑 张　珺
责任编辑 张　珺
装帧设计 汪奇峰

出版发行 法律出版社
编辑统筹 法商出版分社
责任校对 张翼羽
责任印制 胡晓雅
经　　销 新华书店

开本 710 毫米 × 1000 毫米　1/16
印张 26　　**字数** 331 千
版本 2025 年 8 月第 1 版
印次 2025 年 8 月第 1 次印刷
印刷 北京建宏印刷有限公司

地址:北京市丰台区莲花池西里 7 号(100073)
网址:www.lawpress.com.cn
投稿邮箱:info@lawpress.com.cn
举报盗版邮箱:jbwq@lawpress.com.cn

销售电话:010 - 83938349
客服电话:010 - 83938350
咨询电话:010 - 63939796

书号:ISBN 978 - 7 - 5244 - 0550 - 4
定价:98.00 元

目　录

引 言

2017 年，党的十九大报告指出：要“着力加快建设实体经济、科技创新、现代金融、人力资源协同发展的产业体系”，“推动互联网、大数据、人工智能和实体经济深度融合”。2019 年 10 月 24 日，中共中央总书记习近平在主持中共中央政治局第十八次集体学习时强调，区块链技术的集成应用在新的技术革新和产业变革中起着重要作用。我们要把区块链作为核心技术自主创新的重要突破口，明确主攻方向，加大投入力度，着力攻克一批关键核心技术，加快推动区块链技术和产业创新发展。2021 年 3 月，十三届全国人大四次会议通过的《国民经济和社会发展第十四个五年规划和 2035 年远景目标纲要》强调加快数字化发展，“迎接数字时代，激活数据要素潜能，推进网络强国建设，加快建设数字经济、数字社会、数字政府，以数字化转型整体驱动生产方式、生活方式和治理方式变革”。“推动智能合约、共识算法、加密算法、分布式系统等区块链技术创新，以联盟链为重点发展区块链服务平台和金融科技、供应链管理、政务服务等领域应用方案，完善监管机制”。2021 年 12 月，国务院发布的《“十四五”数字经济发展规划》明确指出，数字经济“正推动生产方式、生活方式和治理方式深刻变革,成为重组全球要素资源、重塑全球经济结构、改变全球竞争格局的关键力量”,“合理推动大数据、人工智能、区块链等技术在银行、证券、保险等领域的深化应用,发展智能支付、智慧网点、智能投顾、数字化融资等新模式,稳妥推进数字人民币研发,有序开展可控试点”。2022 年,党的二十大报告再次强调要“加快发展数字经济,促进数字经济和实体经济深度融合,打造具有国际竞争力的数字产业集群”。以大数据、云计算、人工智能、区块链以及移动互联为指引的金融科技业已成为具有国家战略意义的现代金融的高级发展形式,科技赋能后的金融业正迅速成为经济创新式发展的新引擎。中国工业和信息化部发布的《中国区块链技术和应用发展白皮书(2016)》已经表明:智能合约是区块链六大核心关键技术之一[①],智能合约是未来数字文明的重要基石,而智能合约的法律问题是区块链产业法律政策和标准中的基础问题。

以比特币为代表的区块链 1.0 时代,让区块链技术崭露头角,实现了支付、流通等货币功能;以以太坊为代表的区块链 2.0 时代,巧妙运用智能合约,打开了“可编程金融”的创新之门;随着越来越多的领域运用区块链和智能合约技术,区块链 3.0 开启了“可编程社会”的新篇章。区块链不可篡改与认证交易的特质同智能合约自动执行的典型特征相结合,促进了陌生人之间的信任,扩大了交易量,改进了交易效率。计算机科学家尼克·萨博(Nick Szabo)于 1994 年最先提出智能合约的概念,认为智能合约是一组数字形式的承诺,包括参与方履行承诺的协议。它能使许多种类的合同条款(如留置、担保、财产确权)嵌入我们可以处理的硬件和软件,如此可以使当事人不能违约或承受昂贵的违约成本。[②] 自

---

① 参见工业和信息化部信息化和软件服务业司指导,中国区块链技术和产业发展论坛编写:《中国区块链技术和应用发展白皮书(2016)》,2016 年 10 月 18 日发布。

② See Nick Szabo, *Smart Contracts: Building Blocks for Digital Markets*, Phonetic Scienles, Amsterdam, http://www.fon.hum.uva.nl/rob/Courses/InformationInSpeech/CDROM/Literature/LOTwinterschool2006/szabo.best.vwh.net/smart_contracts_2.html, Last Visit Date May 14, 2024.

2014 年加拿大程序员维塔利克 · 布特林(Vitalik Buterin)开发了一个开源的、有智能合约功能的公共区块链平台用于募集资金后,金融市场注意到"区块链不可篡改与智能合约自动履行功能耦合"同"高数字化程度的金融"能够紧密契合。2017 年以来,摩根大通集团、芝加哥商业交易所集团、美国纽约银行梅隆公司、汤森路透公司、微软公司、英特尔公司、埃森哲公司、腾讯科技(深圳)有限公司等多家全球顶尖金融机构和科技公司运用区块链智能合约改进交易结构、提升交易效率。中国、美国、欧盟、英国、新加坡、日本等国家和地区都尝试运用区块链智能合约在不同的金融场景做出品种繁多的创新实践,业已在供应链金融、贸易金融、支付清算、保险、证券等诸多金融领域形成了清晰的商业逻辑和交易结构。正是因为"在每个需要标准化和自动化的业务领域,智能合约都有用武之地并十分有用"①,智能合约受到金融实务界的广泛关注,越来越多的公司、持续增长的投资都指向智能合约领域,像美国证券交易所、法国安盛集团(AXA)、英国巴克莱银行、中国腾讯的区块链等都采用了智能合约。

与智能合约在实践领域的广泛运用形成鲜明对比的是,理论界对智能合约的研究仍然处于早期发展阶段,过去的研究大多集中在技术层面,甚至是非经验层面。然而,随着智能合约日益广泛的使用,与智能合约相关的纠纷也不可避免地、正式地出现在大众面前,挑战着传统的法律规则。目前对金融科技背景下智能合约法律问题的研究十分薄弱,既不能满足实践的需求,更不能支撑我国金融科技更具竞争力的发展:第一,自 2013 年以太坊运用智能合约以来,智能合约在供应链金融、银行应收账款、国际结算、保险、证券领域探索出越来越多的应用场景,但是对智能合约的法律性质等基础问题的探讨才刚刚起步。第二,基于智能

---

① Alex Norta, Paul Grefen & Nanjangud C. Narendra, *A Reference Architecture for Managing Dynamic Inter-Organizational Business Processes*, Data & Knowledge Engineering, Vol. 91, p. 52 – 89 (2014).

合约的金融交易已经出现纠纷，The DAO 事件[①]、美链大案[②]等，都表明智能合约引发的法律问题必须得到法学界的密切关注。第三，2018 年 10 月，美国 5 个州（亚利桑那州、加利福尼亚州、内华达州、田纳西州、俄亥俄州）为适应以区块链为代表的金融科技修改了《统一电子交易法》，承认智能合约的法律地位，促进了智能金融交易的发展，而我国的相关立法和法学研究尚未做出充分的应对。第四，2018 年 6 月 14 日，美国佛罗里达州南区法院判决了首个涉及智能合约效力的案件 Rensel 诉 Centra Tech，Inc.[③]。来自真实世界案件的压力迫使法院不得不对智能合约进行司法考量，亦督促法学界必须对智能合约的法律调整问题进行理论回应，思考智能合约对交易有何种改进、对传统法律构成哪些冲击以及法律规则又当如何创新等。第五，中央网络安全和信息化委员会印发《“十四五”国家信息化规划》明确：“开展区块链创新应用试点，聚焦金融科技、供应链服务、政务服务、商业科技等领域开展应用示范。”“建立和完善数字技术应用审查机制和监管法律体系，开展技术算法规制、标准制定、安全评估审查、伦理论证等工作，明确人工智能、区块链等关键应用法律主体及相关责任。”[④]中国人民银行发布的《金融科技发展规划（2022—2025 年）》强调：“充分发挥区块链技术低成本互信、数据不可篡改、信息可追溯的优势，通过分布式账本、智能合约、共识机制等手段解决互联网存在的数据安全性、完整性、可信性问题，为供应链金融、贸易

---

① The DAO 事件：DAO（Decentralized Autonomous Organizations），以太坊上的 The DAO 项目向社区公开募集资金。参加募资的人通过将资金转入智能合约来购买 The DAO 的代币，从而享有对 DAO 项目的权益。黑客利用项目中智能合约代码的漏洞盗取了超过 360 万个以太币。如何挽回代币所有人的权益在当时引发了激烈的争论，最后整个事件采用硬分叉的方式予以解决。

② 美链大案：BEC（Beauty Chain）是全球第一个基于区块链技术打造的美容生态链平台，其市值一度突破 280 亿美元。2018 年 4 月 22 日黑客利用智能合约中的漏洞，通过智能合约中的批量转账方法无限生成代币，巨量代币从两个地址转出，引发抛售 BEC 代币的狂潮。

③ See Jacob Zowie Thomas Rensel *v.* Centra Tech, Inc. Case No. 17 - 24500 - CIV-KING/SIMONTON.

④ 中央网络安全和信息化委员会办公室：《“十四五”国家信息化规划》，2021 年 12 月公布。

金融等参与主体多、验真成本高、交易流程长的金融场景提供底层基础支撑。”[①]虽然我国移动支付已处于世界领先水平，但我国金融科技市场规模远小于美国，对智能合约等核心技术法律问题研究的滞后将制约我国金融科技主导权的获取。

因此，应当深刻领会党中央关于“现代金融”“金融科技”“金融法治”的战略目标和规划，对具有核心技术地位的智能合约进行法学领域前瞻性的研究，比较智能合约与传统合同的异同，分析智能合约的法律性质，成立、生效的条件，典型金融科技场景下参与各方的法律关系，探讨智能合约的法律制度安排和司法实践应对，为金融科技在我国安全、高效地应用奠定法律基础和法治保障。

① 中国人民银行《关于印发〈金融科技发展规划（2022－2025年）〉的通知》（银发〔2021〕335号），2021年12月29日公布。

第一章

智能合约运用的广阔金融场景

金融科技(Financial Technology,Fintech),泛指将科学技术手段或方法适用于金融领域,从而提升金融产品或服务的金融资源配置效率。区块链2.0版本的代表以太坊搭载了智能合约,大量金融产品或服务可以借助区块链的不可篡改特性与智能合约的自动履行功能实现金融效率的提升。Dune Analytics的资料显示,截至2020年3月,以太坊托管了近200万个智能合约,[①]其中大多数用于金融目的。经过几年的发展,以太坊平台的影响力日渐增长,越来越多的智能合约部署于该平台,仅2022年第一季度智能合约创建的总数就达到了145万个,与2021年第四季度创建116万个智能合约相比,智能合约的创建数量增长了24.7%。[②]

中国、美国、欧盟等金融科技大国和地区纷纷尝试运

① 2020年3月以太坊智能合约数量较2月增长了75%,达到近200万份,相关内容参见币界网,https://www.528btc.com/wakuang/2tmm.html,最后访问日期:2024年5月14日。

② 参见Alchemy,Etherum Statistics (2022),https://www.alchemy.com/overviews/ethereum-statistics#:~:text=How%20many%20Ethereum%20smart%20contracts%20are%20there%3F%20The,fourth%20quarter%20of%202021%2C%20which%20was%201.16%20million,最后访问日期:2023年8月28日。

用智能合约、区块链技术在不同的金融场景中进行品种繁多的创新实践，业已在供应链金融、贸易金融、交易清算、保险、证券等领域形成清晰的商业逻辑和交易结构，并且规模初具、成效明显。毫无疑问，智能合约已经成为金融科技的典范。

“智能合约可能会改变世界，也可能不会，但它们能带来真正的好处，而且随着时间的推移，似乎有可能得到广泛采用。”①它们代表了几十年来电子协议演变的成熟终结。② 智能合约的出现揭开了数字经济时代合约智能化的新篇章。

一、金融债权清收领域

金融业务以资金的融通为交易核心，金融机构的权益与其金融债权的实现紧密相关，而当前金融行业的一个痛点是债权清收“费时费力”。金融机构债权清收通常采用诉讼或仲裁的公力救济方式，如何降低权利救济过程中的人力和时间成本是不少金融机构都在思考和付出行动的课题。金融机构开始尝试运用智能合约技术实现债权清收的自动化。

深圳前海微众银行股份有限公司（以下简称微众银行）运用区块链、智能合约、共识算法等技术将银行贷款清收业务自动化，降低银行债务催收的人力和时间成本。当微众银行系统发现借款用户贷款逾期之后，可以根据规则自动判断是否仲裁；根据既有系统自动计算的逾期本息数据自动生成仲裁申请和相关证据发送至仲裁系统；根据智能合约的设计，微众银行自动缴纳仲裁费用；在仲裁胜诉之后，自动触发既判债权执行申请。③

二、供应链金融领域

处于供应链中上游的供应商尤其是中小企业难以从商业银行获得

---

① Kevin Werbach & Nicolas Cornell, *Contracts Ex Machina*, 67 Duke Law Journal 313 – 382(2017).

② See Harry Surden, *Computable Contracts*, 46 U. C. Davis Law Review 629 – 700(2012).

③ 参见任万盛：《银行区块链应用与案例分析报告》，载零壹财经 2019 年 12 月 30 日，https://www.01caijing.com/article/255429.htm。

信贷资金,在赊销成为主要交易方式的背景下,中上游供应商尤其是中小企业虽然手握应收账款、仓单等资产,但时常受到“资金链断裂”的威胁。运用区块链和智能合约既可以将供应链企业手中的存量资产“盘活”,还可以帮助中小企业通过应收账款质押、保理等业务类型融入资金。平安银行股份有限公司(以下简称平安银行)的“供应链应收账款服务平台”,香港贸易融资平台(The Hong Kong Trade Finance Platform),腾讯“区块链 + 供应链”金融、西南财经大学中国区块链研究中心提供技术服务的攀钢集团智慧供应链金融服务平台等,都已经运用区块链和智能合约技术开展了供应链金融的创新实践。

不同的区块链平台项目或许对应不同的行业、不同的主体,但区块链智能合约运用于供应链金融有着大致相同的逻辑,总体来看有这样几个层次或步骤:

第一,供应链金融中涉及的主体(核心企业、中上游供应商、银行、应收账款登记部门、物流公司等)在供应链区块链平台上注册登录。

第二,核心企业与供应商的买卖交易上链,买卖合同、相关票据、送货收货凭证等电子单据上传至区块链平台。

第三,基于联盟链身份认证和数据可防篡改,[①]基于核心企业、物流企业的可信信息,链上的诸信息可以交叉验证。例如,保理业务中应收债权的真实性往往是尽职调查核实的难点,如果应收债权基础合同以及第三方运输的送货单据都能够上链,就有更为充分的信息去判断和验证基础合同上约定的交易是否发生、应收账款是否具有事实依据。

第四,应收账款质押、转让、管理、催收、融资等具体金融业务上链,同步记录于区块链分布式账本。整个金融交易的业务流程清晰可见,环环相扣。

第五,智能合约自动履行应收账款对应的债权债务,根据具体金融业

① 参见巴曙松、朱元倩、乔若羽、王珂:《区块链新时代:赋能金融场景》,科学出版社 2019 年版,第 122 页。

务的类型,智能合约设计为“债务人的资金自动划转至债权人账户”“执行保理中的追索权”等。“供应链 + 区块链”金融项目的大致流程见图 1 – 1。

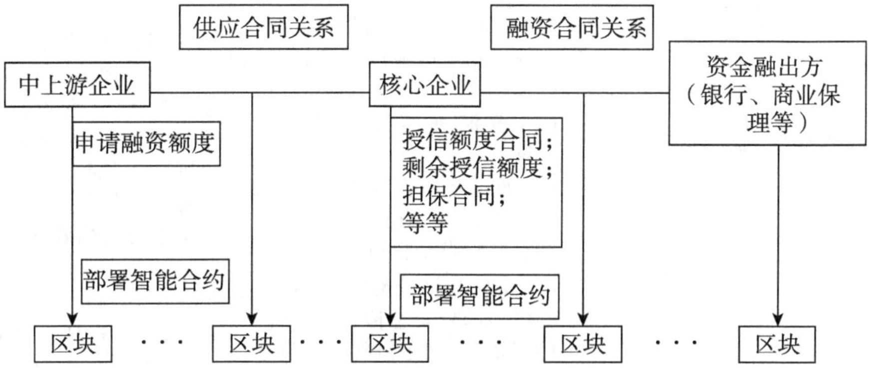

图 1 – 1　“供应链 + 区块链”金融项目流程

众多供应链金融项目采用了区块链智能合约之后,在降低应收账款欺诈,促进融资、提高债权清收比率,改进供应链生态环境等方面有了较为明显的改善。(见表 1 – 1)

表 1 – 1　“供应链 + 区块链”典型案例

项目发起方	项目名称	时间	项目内容	项目效果
杭州趣链科技有限公司	应收款链	2017 年 8 月	国内首个基于区块链的应收账款平台。 (1) 在链上处理应收款的签发、承兑、保兑、支付、转让、质押、兑付等。 (2)选取核心企业,对供应链上的中小企业与核心企业之间的应收账款,在线出具区块链应收账款凭证,中小企业依据应收账款从浙商银行获得低息贷款,运用智能合约自动履行基于应收账款的金融服务协议。 (3)2018 年 8 月,浙商银行发行国内首单基于区块链应收账款的资产支持票据,实现了链上应收账款的资产证券化	应收账款及其转让的真实性在区块链中可追溯,解决了应收款融资真实性核查及流转过程客观可查的交易痛点,增强投资人对应收账款及流转的真实可信度,帮助企业去杠杆、降成本。截至 2019 年年初,平台应收账款签发金额近 2000 亿元,已成为国内富有影响力的“区块链 + 供应链”金融标杆产品之一

续表

项目发起方	项目名称	时间	项目内容	项目效果
平安银行	供应链应收账款服务平台	2017 年	(1)核心企业,上游中小微企业线上对应收账款进行转让和管理。 (2)全流程信息记录,交互验证。 (3)通过智能合约实现应收账款质押、转让登记、转让支付、结算支付自动执行	平安银行利用其全国网点的优势,提供标准化服务,融资操作全流程在区块链上进行,智能合约自动履行,提高了供应链金融交易的效率
香港金融管理局、7 家银行	香港贸易联动平台	2018 年 10 月	(1)贸易商将贸易信息(订单、物流、发票等)上传到区块链。 (2)物流公司上链物流信息。 (3)银行上链资金流信息。 (4)向 2 家或以上的银行同时申请应收账款的信息会向被申请银行披露,防止依据同笔应收账款获得多笔融资的情况。 (5)贸易流、资金流、物流信息交互验证,降低交易欺诈风险。 (6)运用智能合约自动履行金融服务各协议	基于联盟链身份认证、区块链上数据不可更改的特征,核心企业和大型物流公司的信息真实,则经过他们验证的信息也可信。基于可信数据的交易的风险大为降低[1]
西南财经大学中国区块链研究中心、成都九宽科技有限公司、成都天府惠融资产管理有限公司(攀钢集团全资子公司)	攀钢集团智慧供应链金融	2019 年 3 月	(1)攀钢集团作为核心企业,上下游企业的应收账款上链,出具区块链应收账款凭证。 (2)基于区块链应收账款融资,如质押融资、保理、资产证券化等。 (3)运用智能合约自动执行设置好的交易	区块链技术给整个平台所有中小企业进行了信用增加的技术背书,外部金融机构在交易环节完全透明、风险可控的情况下可以通过闭环的“票据融资”“应收账款融资”等业务模块给系统上所有供应商,包括一级供应商以及规模更小以前不可能拿到银行融资的多级中小供应商提供更低成本资金用于真实贸易融资

〔1〕巴曙松、朱元倩、乔若羽、王珂:《区块链新时代:赋能金融场景》,科学出版社 2019 年版,第 122 页。

三、贸易金融领域

为贸易提供结算、融资、信用担保、避险保值等是区块链智能合约在贸易金融领域的又一创新。既有的区块链贸易金融将跨境融资、对外支付税务备案等核心单据、协议上传到区块链，贸易金融的关键环节在区块链技术保障下"可信"地连接在一起，贸易参与方（包括银行）可以快速获取真实信息，决定是否进行融资、信用证、福费廷等具体业务，一旦参与方进入区块链贸易金融交易，在协议的履行方面会借助智能合约的自动执行降低交易方违约的风险，同时加快交易的顺利进行。贸易金融全流程上链，降低交易总成本的同时，由于其具有透明性，也更利于监管部门的"穿透式"监管，提高监管质量。（见表1－2）

表1－2　贸易金融领域的典型案例

发起方	项目名称	时间	项目内容	项目效果
中国人民银行	中国人民银行贸易金融区块链平台	2018年9月	（1）贸易贷款，从申请到放款，只需20分钟。 （2）提供一个跨平台、跨地区、跨机构的互联互通平台。 （3）区块链开源，参与方可自行在区块链部署智能合约项目，实施贸易金融业务	该平台除了提高交易效率，还有利于监管部门"穿透式"监管，由于底层资产高度透明，监管部门可以有途径将监管从合规层面上升至识别系统性风险，提高监管质量
杭州云象网络技术有限公司、中国银行、中信银行、民生银行	区块链福费廷交易平台	2018年10月	（1）预询价、资产发布、询价确认、债权转让各项业务统一在链上完成。 （2）采用统一的技术平台和数据标准，统一银行间《区块链国内信用证福费廷业务主协议》。 （3）业务规则由智能合约非中心化管理	提高贸易金融的效率，同时利于监管部门拓宽监管途径、建立有效市场[1]

续表

发起方	项目名称	时间	项目内容	项目效果
中国工商银行南充支行、中国工商银行阿布扎比分行	中欧 e 单通	2019 年 10 月	(1)多式联运“一单制”,包括成都国际陆港运营公司签发的多式联运“提单”等信用证议付凭证信息存储于区块链上,各种信息之间“核碰”验证。 (2)信用证交易五环节:“开证—签单—交单—信息秒碰—得到秒碰信息后,由国际业务单证中心对外付款”,通过共享账本技术和智能合约,实现上链信息的安全输出、复用以及交易的自动实施	该平台全电子化运营,降低交易风险和交易成本,该平台预期还将实现跨境结算、普惠融资、关税等一揽子通关和贸易金融便利性等更强大的跨境贸易功能[2]

〔1〕《紧跟〈金融科技发展规划〉——区块链福费廷交易平台全新升级》,载搜狐网 2019 年 9 月 4 日,https://www.sohu.com/a/338622924_99906726。

〔2〕《中国工商银行四川省分行副行长周玥:跨境区块 链上金融“中欧 e 单通”助力“一带一路”建设》,载中国信息通信研究院网 2019 年 11 月 8 日,http://www.caict.ac.cn/pphd/zb/tbs/2019/main/201911/t20191107_269074.htm。

四、支付清算领域

支付清算是金融活动主体资金融通活动的必经环节。传统的支付清算需要大量重复性的人工流程,比如信息收集、审核、验证等;信息流、资金流会经过多个主体,整个过程程序繁杂;身份认证、信息真实性验证的可靠性存疑;支付结算周期长、效率不高。区块链智能合约改进了传统支付结算模式,去中心的分布账本使得各参与方可以同时拥有一个统一的账本,支付和清算同时进行省去了烦琐的对账工作,降低了操作风险。随着比特币、以太币使用人数的增多,运用这两种加密数字货币进行支付结算的主体也越来越多,使用加密数字货币汇款就像发送电子邮件一样方便,只需要从支出方的钱包中输入收款人的地址,通常情况下付款将在几分钟内直接发送给收款方。[①] 微众银行研发了自动清算平

① See Ethereum, *Decentralized Finance*, Ethereum, https://ethereum.org/en/defi/, Last Visit Date Aug. 29, 2023.

台，澳大利亚证券交易所"现金清结算"平台也是这个领域的典型代表（见表1－3）。

表1－3 支付清算领域的典型案例

发起方	项目名称	时间	项目内容	项目效果
微众银行、上海华瑞银行、洛阳银行、长沙银行	联合贷款备付金管理及对账平台	2017年9月	（1）区块链上的机构之间对账。 （2）联合贷款备付金管理。 （3）智能合约保证交易的自动支付、清算。 （4）准实时的清算	该平台提高了支付结算的效率。自2016年8月投产，截至2020年2月，在生产环境中运行的交易记录笔数已超过7000万笔，并保持零故障运行[1]
澳大利亚证券交易所、数字资产公司（Digital Asset）	分布式账本技术计划	2019年	（1）ASX运用分布式账本技术交易数字资产，数字资产发售的核心是使用功能性编辑语言DAML制作的智能合约。通过智能合约将多方协议数字化并以一种精确而安全的方式自动进行交易。 （2）Digital Asset公司声称它们使全球最大的公司能够利用分布式账本技术的力量来简化运营并提高价值转移的效率和安全性[2]	利用智能合约具有自动执行的优势，交易所实现准实时交易，提高效率和结算速度并减少对合同条款的误解

〔1〕刘筱攸：《微众银行区块链成绩单：已建成国内最大的开源联盟链社区零故障运营机构间对账平台》，载上海证券报·中国证券网2019年11月15日，https://news.cnstock.com/news,bwkx-201911-4453070.htm。

〔2〕ASX, Digital Asset and VMware Join Forces on DLT, (Aug. 26, 2019), https://www.asx.com.au/markets/clearing-and-settlement-services/chess-replacement.html.

五、保险领域

智能合约将保险人、客户和第三方（银行、交通部门、气象中心等）有机绑定在区块链平台，当发生约定事件时，智能合约自动处理索赔。第三方进入区块链平台之后，保险事件信息能够更快进入保险流程，更快触发理赔程序;智能合约在事先约定的条件满足时自动支付保险理赔款,能够大大提高理赔效率。以英国汽车保险业市场为例,2015 年该市场共处理了 370 万份索赔,花费了 133 亿美元的索赔成本和费用。① 据凯捷全球咨询科技服务管理公司估计,如果英国汽车保险市场采用智能合约可以节省大约 16.7 亿美元,占总成本的 12.5%。根据英国的汽车保险市场进行全球性预估,通过使用智能合约,全球汽车保险行业每年可以节省 210 亿美元。② 全球许多国家都在保险领域开展了智能合约的实践(见表 1-4)。

表 1-4 区块链智能合约保险产品全球八大案例

公司名称	住所地	业务	主要产品
ETHERISC[1]	德国慕尼黑	去中心化保险运用开源平台	农作物保险应用程序。该程序与天气等外部信息相连,投保的土地和农作物因天气等造成的任何损失,农民都可以通过该应用程序快速获得保险
BEENEST[2]	美国加利福尼亚州旧金山	为加密爱好者设计的去中心的共享房屋平台	Beenest 公司是一个针对加密爱好者的去中心化家庭共享平台。与 Airbnb 业务类似,Beenest 用户可以使用该公司平台的代币(Bee Token)预定房屋。该公司与 WeTrust 合作为 Beenest 房主开发区块链财产保险。2017 年年末,该公司还是处于房主财产损失区块链保险的早期阶段,但截至 2019 年 10 月该公司已经通过代币筹集了 1500 万美元以帮助开发区块链支持的保险

① See Capgemini Consulting, *Smart Contracts in Financial Services: Getting from Hype to Reality*, 2016, p. 1-28.

② See Capgemini Consulting, *Smart Contracts in Financial Services: Getting from Hype to Reality*, 2016, p. 1-28.

续表

公司名称	住所地	业务	主要产品
GUARDTIME[3]	美国加利福尼亚州尔湾	开发跨网络安全、政府、金融、国防和物流行业的区块链解决方案	Insurwav 平台在第一年管理1000多艘船舶的保险流程，通过该平台监督超过50万笔有关海事保险信息的分类账交易
FIDENTIAX[4]	新加坡	世界上第一个可交易保险单市场	用于保险单的基于区块链的数字账本 ISLE。ISLEY 可为客户提供其保单的完整概述，在其保费到期时通知他们，并显示整个保单历史记录的不变记录
DYNAMIS[5]	英国伦敦	DYNAMI 是完全建立在以太坊区块链上的点对点保险公司	失业保险。该公司结合了智能合约和同行的社交网络，可双重验证保单申请人的就业状况并支付保费
LEMONADE[6]	美国纽约	结合人工智能、分布式账本和智能合约，为租房者和房主提供保险	租房保险。采用固定费率，当损失发生时，智能合约会立即验证并于条件成立时3秒之内支付理赔款
FIZZY[7]	法国巴黎	全球保险集团公司 AXA 开发的航空延误险	该公司开发的 Fizzy 应用程序运用智能合约部署于以太坊区块链上，客户在该应用程序上购买航空延误险、支付保费。智能合约将 AXA、客户、第三方航空信息中心及银行联系起来，当所保航班延误两小时及以上，航空信息中心将航班延误信息传至智能合约，触发智能合约理赔程序的启动，无须客户主动申请理赔，也省却客户提供理赔材料并与保险人沟通的流程，AXA 直接将理赔款支付至客户提供的银行账户中[8]

续表

公司名称	住所地	业务	主要产品
TEAMBRELLA[9]	阿根廷、秘鲁、德国和荷兰	Teambrella 是一个保险平台,可以通过该平台共同提供保险索赔	该公司在秘鲁、荷兰、阿根廷和德国设有四个保险试点小组,处理自行车损坏和宠物保险,运用区块链、智能合约进行保险理赔

〔1〕Etherisc 网址,https://etherisc.com,最后访问日期:2024 年 5 月 14 日。

〔2〕Thebeetoken 网址,https://www.thebeetoken.com/,最后访问日期:2024 年 5 月 14 日。

〔3〕Guardtime 网址,https://guardtime.com,最后访问日期:2024 年 5 月 14 日。

〔4〕Fidentiax 网址,https://fidentiax.com/,最后访问日期:2024 年 5 月 14 日。

〔5〕Dynamis 网址,https://dynamisapp.com/,最后访问日期:2024 年 5 月 14 日。

〔6〕Lemonade 网址,https://www.lemonade.com,最后访问日期:2024 年 5 月 14 日。

〔7〕*Fizzy, AXA's Blockchain Case Study*, Insureblocks (August 13, 2018), https://insureblocks.com/? p=2833.

〔8〕法国保险业巨头安盟公司于 2017 年 9 月在以太坊区块链基础上发起了航空延误险智能合约平台"Fizzy"。安盟公司认为该产品没有达到商业目标,市场还没有对该产品的足够需求,因此停止了该产品,但是将一直保持对区块链、智能合约技术的兴趣。See Artificiallawyer, *AXA Scraps Fizzy Insurance Smart Contract... But Still Interested in the Tech*, Artificial Lawyer (Oct. 8, 2020), https://www.artificiallawyer.com/2020/10/08/axa-scraps-fizzy-insurance-smart-contract-but-still-interested-in-the-tech/.

〔9〕Melinda Sineriz, *Best Companies using InsurTech to Disrupt the Insurance Industry*, Benzinga (June 21, 2021), https://www.benzinga.com/money/best-companies-advancing-insurance-using-blockchain.

六、证券领域

在证券领域,金融创新机构运用智能合约自动实施的特点实现证券市场上的自动划拨、资产循环购买、自动收益分配、股票交割等功能。我国已有一些区块链智能合约运用于证券领域的案例,如趣链科技的资产证券化管理平台(ABS 管理平台)等。美国对区块链、智能合约在证券市场领域已经有着更为广泛的运用,如用于信用违约互换。银行与互换交易商签订信用违约互换协议,智能合约自动计算溢价并从银行转移至掉期交易商。如果借款人出现违约事件,智能合约计算并将违约事项由掉期交易商转移至银行。而且,美国的区块链证券交易平台开始注重合规、主动符合监管要求(见表 1-5)。

表 1－5　证券领域的典型案例

发起方	项目名称	发起时间	项目内容	项目效果
杭州趣链科技有限公司、德邦证券股份有限公司	ABS 管理平台	2018 年 1 月	(1)在 Hyberchain 上搭建资产证券化管理平台。 (2)券商、评级机构、会计师事务所、律师事务所、证券交易所等建立联盟链。 (3)资产证券化	区块链分布式账本具有一致性,将申报信息、资产包材料、项目持续期间信息不可篡改地记录于链上,对于各参与方而言信息披露对称,省却对账成本,有效提高资金清算效率。区块链完整记录底层资产及项目的全流程信息,便于数据统计和“穿透式”监管[1]
Prometheum(美国)	合规区块链平台		美国 Prometheum 公司于 2018 年年底在区块链证券领域建立第一个合规的证券代币生态系统。该公司的智能安全代币(smart security token)为价值型企业提供分布式互联网基础架构,可同时支持其法规和功能要求。当证券发行主体在 Prometheum 的区块链平台上发行智能安全代币、运用智能合约筹集资金和交易时,区块链证券就诞生在 Prometheum 的网络上。智能安全代币可以在平台系统上自由交易,Prometheum 区块链在 24 小时内跟踪交易并进行安全清算和结算[2]	在 DAO 事件之后,美国加强了对区块链证券领域的监管,美国证券交易委员会针对 DAO 的报告[3]和后续指南强调监管者必须从根本上进行整合,以使分布式业务模型可行。鉴于监管新规,区块链证券市场也出现了新的基础平台建设。Prometheum 公司正是基于合规要求所作出的平台建设创新

〔1〕《联合众机构建立联盟链,趣链科技助力德邦证券实现 ABS 业务全流程管理》,载趣链科技网 2018 年 1 月 5 日,https://www.hyperchain.cn/news/43.html。

〔2〕Prometheum 网,https://www.prometheum.com/,最后访问日期:2019 年 12 月 3 日。

〔3〕Securities and Exchange Commossion, Report of Investigation Pursuant to Section 21(a) of the Securities Exchange Act of 1934: The DAO. Release No. 81207 / July 25, 2017, p. 1－18.

七、去中心化金融领域中的运用

上述六部分是从金融领域的传统细分板块梳理了智能合约的具体应用，是从微观层面个案分类进行的展示。如果从更为宏观的视角来看，智能合约在新型的金融模式创新中正发挥着核心的功用。传统金融采用中心化的思路和架构，区块链技术出现并得到金融领域的运用之后，金融产品和服务逐渐开始了去中心化的模式创新和探索，去中心化金融（Decentralized Finance，DeFi）市场从无到有，并逐渐壮大。据金色财经报道，2023 年全球 DeFi 市场报告发布，报告预计到 2030 年，全球 DeFi 市场规模将达到 2311.9 亿美元，复合年增长率为 46%。①

DeFi，是指基于区块链的开放透明的替代金融基础设施。DeFi 中最具创新性的商业模式之一是智能合约。由于智能合约效率高、自主性、不变性和降低成本等特点，正在重塑金融格局。② 典型的 DeFi 金融项目如去中心网络借贷、去中心保险、去中心化钱包、去中心化交易所等（见表 1－6）。值得一提的是，所有 DeFi 协议和应用程序都需要以智能合约为支撑。智能合约一旦部署将始终按照既定程序执行；智能合约代码部署在底层区块链上能够被公开审查；任何人都能够独立验证智能合约的部署和运行；智能合约的验证和执行都能够在参与者的见证下完成，具有公允性。

---

① 参见《报告：到 2030 年，DeFi 市场规模将达到 2311.9 亿美元》，载腾讯新闻网 2023 年 8 月 26 日，https://new.qq.com/rain/a/20230826A02Q3700。

② See El Hassouni, L. & Ouchekkir, A., *Smart Contracts: An Emerging Business Model in Decentralized Finance*, in Motahhir, S., Bossoufi, B. eds., Digital Technologies and Applications, Springer, Cham, 29 April (2023, 197－207).

表 1-6 基于智能合约的 DeFi 典型项目

项目类型	项目特征
贷款项目	智能合约允许借入和出借加密资产。DeFi 贷款平台无须证明出借人和借款人的身份，贷款不需要许可，也不依赖信任关系。为了防止借款人拿到借款之后到期不清偿，DeFi 大致有两条解决路径：一是交易回滚，认定交易无效，回复到交易之前的状态；二是将抵押品锁定到智能合约内，在借款本息全部清偿之后释放抵押品，若借款到期不能清偿则处置抵押品
基于智能合约的流动性池	该项目持有至少两种以上加密资产作为储备，通过智能合约允许任何人存入一种代币而提取另一种代币，实现不同代币之间的兑换，兑换比率的相关函数事先写进智能合约
基于智能合约的最优交易	想要交换代币的用户向智能合约发送交易需求，智能合约将自动比较标的代币提供商的报价，然后代表用户接收最优报价并执行交易
基于智能合约的链上资产管理	运用智能合约可以投资一揽子加密资产，并且可以根据智能合约中预设的策略进行投资组合，对于不同投资组合的管理不像传统基金运营一般需要基金管理人，而且投资者永远不会失去对链上资产的控制，可以随时观察代币情况。基于智能合约的链上投资管理，能够按照既定计划进行，防止因为基金管理人的主观性而偏离预设策略，解决了委托代理人中代理人偏离委托人意图的经济学难题

注：See Fabian Schär, *Decentralized Finance: On Blockchain-and Smart Contract-based Financial Markets*, Economic Research Bank of St. Louis (April 15, 2021), https://research.stlouisfed.org/publications/review/2021/02/05/decentralized-finance-on-blockchain-and-smart-contract-based-financial-markets.

八、Web3.0 可编程社会

纵观人类历史，历次产业革命都不断地打破既有的生产力方式、改变原有的生产关系，促进人类社会的发展迈上新台阶，哪个国家或地区能够快速领略新的产业革命的精髓并准确布局，将引领经济社会发展的新航向。产业革命历经“蒸汽时代”“电气时代”“信息化时代”，现在已经步入“智能化时代”，计算机、互联网的智能化已经成为新产业时代的标签，互联网经济社会也已经从 Web1.0 发展到 Web3.0，智能合约等新技术、新思路在可编程的 Web3.0 时代大有用武之地。

1. 互联网发展的逻辑演进

计算机诞生之后，每台计算机都可以储存各种信息，不同计算机的信息除了可以通过软盘、光盘、优盘等介质传递之外，是否能够在不同计算机之间进行传输？这是计算机产生之后，发展逻辑中自然而然会出现的一个问题。真正研究出相应的计算机之间的传输技术，还需要一个强有力的契机：苏联于 1957 年发射了第一颗人造地球卫星，美国畏惧其将卫星技术用于军事用途进而危及美国本土防卫系统，因而认为有必要设计一个分散的指挥系统以防范一个集中的指挥体系被毁之后的致命打击，即如何将不同计算机的信息互联成为技术上的一个命题。在美国国防部组建的高级研究计划署（Advanced Research Projeds Agency，ARPA）的支持下，加利福利亚大学洛杉矶分校、斯坦福大学研究学院、加利福利亚大学和犹他州大学的四台计算机于 1969 年实现了互联，后面越来越多的计算机加入互联之中，为了保证不同计算机之间能够实现信息的传递和互通，1972 年 ARPA 提出了利于开放式网络架构的 TCP/IP（传输控制协议/网际协议），ARPANET 成为互联网的前身。20 世纪七八十年代，各种各样的网络层出不穷，互联网也成了各种网络的大集合。美国国家科学基金会（National Science Foundation，NSF）大力推动了广域网 NSFNET 的发展，一方面，摆脱了之前借助具有军用性质 ARPANET 的限制；另一方面，为各种网络扩展范围变得更为社会化奠定了基础。计算机信息的传输和获取是一个问题的两个方面，都能够实现信息从发送方向接收方的转移，站在信息发送方是传输信息，处于信息接收方是获取了信息。20 世纪 90 年代，一种通过超文本传输协议（HTTP）来搜索和检索网站的万维网（Worle Wide Web）概念被提出并得到了实现。互联网（Internet）是网络的网络，由计算机和电缆组成，关注的是信息从计算机通过电缆传输到目的地。万维网是超文本链接，通过 Web 用户可以找到具体的文件、声音、视频等各类信息。

2. Web 从 1.0 到 3.0

Web 的发展经历了 Web1.0 和 Web2.0 时代，现在网络社会正进入 Web3.0 时代。从 1991 年至 2004 年是 Web1.0 时代，通常被称为只读网络，通过超链接连接到网站，网站展示静态的信息，没有动态链接，也没有互动功能。

Web2.0 使社会公众能够在网站上发表自己的言论，网站不再是官方的引导性输出，用户还可以向网络进行输入，即网络不仅是“可读”的，而且是“可写”的。同时 Web2.0 还进化出了交互功能，网站的内容能够被分享，社会大众能够在网络上交流互动，普通网民可以将日常生活与网络联系起来。Web2.0 的治理方式也从网页提供方的单方输出，转变为各方“共建”的模式。

Web3.0 在早期是指语义网（Semantic Networks）。语义网能够分析互联网上的所有数据，允许机器在没有人工干预的情况下处理许多任务。① 由于“微格式、自然语言搜索、数据挖掘、机器学习、推荐代理、区块链、智能合约和人工智能”等多种技术的发展远远扩大了 Web3.0 的内涵，Web3.0 已经不再停留在“语义网”的界定范围，而是朝着“可读、可写、可拥有、可信、可交易”多维度进阶。Web3.0 在 Web2.0 基础上增加了可执行功能，计算机可以自动解析网络中的信息，能够自动执行事先设定的程序。Web3.0 用户可以借助边缘计算扩大数据的处理速度，凭借人工智能更准确地解读和分析网络上的信息。Web3.0 采用去中心化的网络架构，任何人都可以不受限制地访问、使用、修改和扩展海量互联网数据。

---

① 参见蔡维德编著：《可编程社会：Web3.0 与智能合约》，电子工业出版社 2022 年版，第 17 页。

大体来看，Web1.0是互联网的可读取阶段，用户之间有限的互动；Web2.0是互联网可交互阶段，用户之间即时互动；Web3.0进入网络可编程、可执行阶段，用户的意思可以由计算机、网络来构建、识别并运算，实现自动的计算和执行。

3.智能合约与Web3.0可编程

“可编程”是Web3.0非常重要的一个特征，它让万维网社会更加智能和自动化。“可编程经济的核心是智能合约，它代表着区块链技术的未来，也是新型货币战争的工具，影响着国家的金融地位、科技地位，是关系国家安全科技的核心问题。”①

德意志联邦银行在2020年12月21日的《可编程应用中的货币 德国经济的跨部门视角》报告中称：数字化转型正在产生新的商业模式，并从根本上改变现有的业务流程。在未来，许多业务流程将更加自动化。分布式账本技术使用代币来代表真实的商品和服务，并允许这些商品和服务以数字方式进行交易，从而使服务流可编程、自主和自动化成为可能。这意味着现有的支付系统将面临新的挑战。数字结算的优势能在多大程度上被利用，在很大程度上取决于相关的现金流是否同样可编程，并能与服务流同步。基于智能合约的交易结算可以集成到传统支付系统中的解决方案可能会出现。②

美国商品期货交易委员会（Commodity Futures Trading Commission，CFTC）认为：智能合约可以很容易地数字化和编码化，可以被用于商品期货合约（commodity forward contract）、期货合约（futures contract）、期权合约（futures contract options）、互换合约（swap）等衍生品交易；智能合约可以简化交易（如期权、期货和掉期），提高交易前到交易后（如价格发

---

① 蔡维德编著：《可编程社会：Web3.0与智能合约》，电子工业出版社2022年版，第53页。

② See Deutsche Bundesbank, *Money in Programmable Applications: Cross-sector Perspectives from the German Economy*, Bundesbank (Dec. 21, 2020), https://www.bundesbank.de/resource/blob/855148/ebaab681009124d4331e8e327cfaf97c/mL/2020-12-21-programmierbare-zahlung-anlage-data.pdf.

现、执行、清算和结算）的效率，减少双重确认，减少交易、资金和保证金风险，自动履行合同。[①]

英格兰银行认为：中央银行数字货币可能可以通过智能合约提供“可编程货币”。智能合约支持可编程支付可以有三种模型：一是将智能合约功能构建到核心账本中去；二是提供单独的智能合约模块，与核心账本分开；三是智能合约由第三方支付接口启动，与核心账本分开。[②]

智能合约在金融领域广泛应用的市场实践表明智能合约有着旺盛的生命力，同时既有的研究也已经表明“在每个需要标准化和自动化的业务领域，智能合约都有用武之地并十分有用”[③]。通常合同的标准化和相关的商业程序在许多不同商业部门都迫切需要。计算机专家认为凡是可以表述为“if... then...”因果关系结构的程序，都可以使用智能合约。因此，智能合约可以在特定因果关系的任何一个商业案例中得以运用。[④] 像以太坊这样的智能合约科技允许将任意确定性程序写入软件代码，通过翻译成计算机代码，智能合约就制作出来了。区块链、智能合约等金融科技存在于计算机互联网络的虚拟世界，金融交易的顺利进行在虚拟世界完成了计算机数字处理过程之后既需要物理世界的信息输入以形成“if”条件，从而触发智能合约的自动执行，也需要真实世界承接计算机世界运行出的结果。虚拟世界与物理世界的连接机制是智能合约能否进一步扩大运用范围的一个节点。目前日臻完善的物联网环境以

---

① See LabCFTC, A Primer on Smart Contract, November 27, 2018, p. 1 – 32.

② See Bank of England, *Discussion Paper Central Bank Digital Currency*: *Opportunities*, Challenges and Design, March 12, 2020, p. 1 – 57.

③ Alex Norta, Paul Grefen & Nanjangud C. Narendra, *A Reference Architecture for Managing Dynamic Inter-Organizational Business Processes*, Data & Knowledge Engineering, Vol. 91, p. 52 – 89 (2014).

④ Vitalik Buterin, *Ethereum White Paper*: *A Next Generation Smart Contract and Decentralized Application Platform*, Amazonaws, https://cryptoverze. s3. us-east – 2. amazonaws. com/wp-content/uploads/2018/11/10012235/Ethereum-ETH-whitepaper. pdf, Last Visit Date (May 14, 2024).

及科技领域研发不断推陈出新的预言机(Oracle)为两界互联互通打开了实现路径。在物联网环境,智能合约会很有用途,智能合约可以定义和记录合同和相关的程序;[①]数字形式的动产和不动产进入区块链,智能合约可以更顺利地自动执行有关财产转移的合同条款。[②] 预言机助力智能合约交易跳出本区块链的范围,与外部数据连接,实际上开启了智能合约交易升级换代的新模式,例如,Chinalink 通过外部适配器可以将预言机连接到诸多外部数据(如银行支付系统、零售支付系统、后端系统、事件数据、市场数据和其他诸多系统),于是更多的运用场景就可以纳入智能合约的视域下,智能合约运用的扩容[③]也会趋于几何级数的增长了。

① See Konstantinos Christidis & Michael Devetsikiotis, Blockchains and Smart Contracts for the Internet of Things, 2016(4), p. 2292 – 2303.

② See Konstantinos Christidis & Michael Devetsikiotis, Blockchains and Smart Contracts for the Internet of Things, 2016(4), p. 2292 – 2303.

③ See The Economist, *The Promise of the Blockchain: The Trust Machine*, SJTU(Oct. 31, 2015), http://front.sjtu.edu.cn/datacomm/The%20trust%20machine.pdf.

| 第二章 |

智能合约的界定及其影响

区块链、智能合约从技术维度来看，并不是崭新的、具有革命性的技术，但是这两项技术的有机结合创造了信任的机制，可以改变人们和企业的合作方式。目前智能合约已经在银行、证券、保险等金融领域得到了广泛的运用，在诸多金融场景都有了为数不少的成功实践案例，并对金融交易模式引发了范式上的革新，那么如何界定智能合约以及智能合约会给当前的经济社会带来何种影响与意义，是我们首先需要研究清楚的问题。

一、智能合约的代码面相与类型划分

智能合约的概念在 1994 年由计算机科学家尼克·萨博提出，但其真正成为社会关注的焦点是以太坊智能合约平台出现之后，智能合约的运用直接将区块链技术由 1.0 升级为 2.0 版本。随着以太坊智能合约平台的出现，智能合约在金融领域的运用如火如荼，各类创新层出不穷。那么，智能合约是什么、有什么样的表现形式以及不同类别的智能合约有区别呢？这些问题的梳理和回答是剖析金融科技背景下智能合约法律问题的事实基础。

（一）智能合约的代码面相

比特币是第一个真正意义上的区块链项目，它采用了一种低门槛的编程语言 Bitcoin Script，但是，比特币对智能合约的开发并不友好，比特币系统并不能运用智能合约安排具体的交易。以太坊是首个提供完善的智能合约开发框架的区块链平台，之后能够搭载智能合约的区块链平台如雨后春笋般层出不穷，著名的如 Hyperledger Fabric、Corda、Stellar、Rootstock 等。然而，智能合约并不是由人类的自然语言（如中文、英文等）写成，而是需要由专门的计算机语言进行编辑之后才能部署和运行在以太坊区块链平台之上。大体有四种计算机语言可以用来开发智能合约。这四种语言分别是 Solidity、Serpent、Mutan 和 LLL（Low-level Lisp-like Language），其中 Solidity 编程语言最为常用。以太坊将 Solidity 等语言写成的智能合约转换为机器代码，然后加载到以太坊虚拟机中执行，智能合约呈现出来的是计算机代码面相。为了让读者更为直观地感受智能合约的"外貌"，表 2－1 展示了由 Solidity 语言编辑的用于众筹目的的部分智能合约代码。

表 2－1　Solidity 语言编辑的众筹智能合约的部分代码展示

```
pragma solidity^0. 4. 24;
import"./SafeMath. sol";
import"./Owned. sol";
contract Crowd is Owned {
    using SafeMath for uint256;
    //众筹收款地址
    address public beneficiary = 0x3f5d03527016a7C5f2Fc660A8a7c960b9
    C30cF5;
    uint public fundingGoal = 2 ether;                    //众筹目标
    uint public amountRaised;                             //已经众筹金额
    uint public deadline = now + 5 minutes;               //截止时间
    mapping (address = > uint256) public balanceOf;       //出资地址及金额
    bool public fundingGoalReached = false;               //是否达到众筹目标
```

续表

```
    bool public isWithdrawed = false;                        //是否已提款
    uint256 public donateCount;                              //参与人次
    event Withdraw(address addr,uint amount);
    event Refund(address addr,uint256 amount);
    event Donate(address addr,uint256 amount);
    constructor() public{
    }
    /**
     * Fallback function
     */
    function () payable public {
    }
    modifier afterDeadline() {
            If  (now >= deadline)
            _;
    }
    modifier beforeDeadline() {
      require(now < deadline)
            _;
    }
    modifier onlyFundingSuccess() {
        require(fundingGoalReached);
            _;
    }
    modifier onlyFundingFail() {
        require(! fundingGoalReached);
            _;
    }
  function donate () public payable beforeDeadline onlyFundingFall{
    uint256 amount = balanceOf[msg.sender];
    uint256 value = msg.value;
    if(value ! =0){
      amount = amount.add(value);
      balanceOf[msg.sender] = amount;
      donateCount++;          amountRaised = amountRaised.add(value);
      if(amountRaised >= fundingGoal){
        fundingGoalReached = true;
      }
    emit Donate (msg.sender,value);
    }
```

续表

```
  }
  /**
   * 提现接口,发布合约的账户可以提取
   */
  function safeWithdrawal() public onlyOwner onlyFundingSuccess after
  Deadline {
    require(! isWithdrawed);
    isWithdrawed = true;
    beneficiary.transfer(amountRaised);
    emit Withdraw(beneficiary,amountRaised);
  }
  /**
   * 众筹失败退款
   */
  function refund() public afterDeadline onlyFundingFail{
    uint amount = balanceOf[msg.sender];
    balanceOf[msg.sender] = 0;
    if (amount >0) {
      msg.sender.transfer(amount);
      emit Refund(msg.sender,amount);
    }
  }
}
```

资料来源:参见唐盛彬编著:《以太坊智能合约开发实战》,机械工业出版社 2022 年版,第 427 ~428 页。

这段智能合约代码是典型的众筹合约(Crowd 合约),里面包括了 Solidity 语言的版本号、众筹收款地址、众筹目标、已众筹金额、众筹截止时间等要素,整个智能合约的要义是:在众筹截止时间内,如果众筹到目标金额,则将众筹款项转移至众筹收款地址;如果在截止时间内没有筹集到目标金额,则将已经募集的资金返还至转出账户实现退款。由智能合约安排的众筹交易由区块链平台和智能合约控制,在既定的条件满足时,肯定会发生相应条件下的结果,通过技术手段确保在众筹目标没有达到时众筹收款人不会"卷款跑路"。

(二)智能合约的分类

以类型化的方法对市场上出现的具有不同特征的智能合约进行分

类，有助于我们进一步认清智能合约。

第一，以是否构建于区块链之上，智能合约分为非区块链智能合约和区块链智能合约。智能合约早于区块链出现，其作为一段自动执行的计算机程序可以部署于非区块链环境，智能合约的部署、触发、执行由中心化思路安排和实施。非区块链智能合约由中心化的主体来决定和维护，不需要非中心化主体的认可、形成共识并认证，信任源泉来自中心化主体的公信力。区块链是一项具有革命意义的科学技术。2015 年 12 月，英国政府发布的《分布式账本技术：超越区块链》[①]预测，区块链将引起新一轮技术变革，建议加快区块链理论推广与应用开发进程。区块链能够将信息互联网转化为价值互联网。[②] 区块链智能合约是部署于区块链环境中的智能合约，由分布式的多个陌生节点认证、形成共识后完成部署，在预设条件被满足时，由多方节点共同验证、共识后触发和自动执行，无须中心化主体信任，区块链去中心化技术机制提供了技术信任，因此，区块链智能合约具有难以被篡改的特征。

第二，以是否相互配合，智能合约区分为单独的智能合约和智能合约群。单独的智能合约不与其他的智能合约产生联系，其生态环境简单，功能由该智能合约决定。智能合约群由多个智能合约共同组成、相互联系，可以成为一个去中心化的自治生态系统。DAO 去中心化自治组织就是智能合约连接创建一个自治主体的典型例子。在有些情况下，一些智能合约能够成为触发另外智能合约的条件。智能合约群有着相互联系、更为复杂的系统发展的空间。

---

① See The UK Government Chief Scientific Adviser, *Distributed Ledger Technology*: *Beyond Blockchain*, p. 1 – 88.

② See Jordi Paillisse, Jordi Subira, Albert Lopez, Alberto Rodriguez-Natal, Vina Ermagan, Fabio Maino & Albert Cabellos, *Distributed Access Control with Blockchain*, Computer Science, January 11, 2019, p. 1 – 6.

第三,从驱动智能合约的条件是链上还是链下,智能合约可以区分为链上条件触发的智能合约和链下条件触发的智能合约。前者由区块链上的事件驱动智能合约,后者由区块链之外的事件触发智能合约的自动执行。链上触发条件由区块链节点验证、达成共识;链下触发条件由链外的第三方提供,如第三方提供的天气信息、航班延误信息等,该信息本身不是由区块链产生,信息本身的真伪性也不由区块链上的节点验证,链上的节点仅验证信息是否来自事先预设的第三方。"链外条件"在计算机界通常被称为 Oracle①,是链上智能合约与外界连通的一种重要机制,给外界触发或停止智能合约提供了一条有效路径。

第四,根据交易数据存储的位置,智能合约分为链上数据智能合约和链下数据智能合约。链上数据智能合约的交易数据以字节码的形式存储于区块链上,具有不可篡改的属性。使用反编译器可以将字节码还原为原始编程语言,交易数据的保密属性弱。链下数据智能合约,交易数据存储于区块链之外,记录于区块链之上的仅仅是原始数据的哈希值。智能合约的不变性实际上得到了保证,因为更改它将自动生成一个新的哈希值,而该哈希值与记录在区块链上的原始哈希值不对应。② 链下数据智能合约为解决区块链数据保护问题提供了一种解决思路和方法。

---

① Oracle 中文翻译为"神谕;预言;圣人",这个概念可以追溯至古代,最初,神谕是指一个人,负责报告由神灵低语的预言。计算机科学家图灵(Turing)在 1939 年写了几行关于连接外部数据库或其他设备的 oracle-machine("o-machines")的内容。Oracle 从原始的含义被引申用来指外部的数据,该外部数据可以改变内部系统的运作,中文多数翻译为预言机。See Marta Poblet1, Darcy W. E. Allen, Oleksii Konashevych, Aaron M. Lane, Carlos Andres & Diaz Valdivia, *From Athens to the Blockchain: Oracles for Digital Democracy*, Frontiers in Blockchain, Vol. 3, p. 1 – 11(2020).

② Thibault Schrepel, *Smart Contract and the Digital Single Market through the Lens of a "Law + Technology" Approach*, European Commission, October 20, 2021, p. 1 – 60.

第五，以是否满足法律合同成立生效要件为标准，智能合约分为能够成为法律合同的智能合约和不能被认定为法律合同的智能合约。符合法律合同要件的智能合约能够发挥各方当事人权利、义务、责任安排的交易合同功能，实现商事交易主体的交往理性，由合同法律制度予以调整，也当然受到计算机计算法则的约束。不能被认定为法律合同的智能合约将仅仅停留在计算机代码层面，作为一段程序，接受计算机规则的支配。

二、计算机学界的见解与共识

计算机科学家尼克·萨博于1994年最先提出智能合约的概念。他认为智能合约是一组数字形式的承诺，包括参与方履行承诺的协议，它能使许多种类的合同条款（如留置、担保、财产确权）嵌入我们可以处理的硬件和软件，如此可以使当事人不能违约或承受昂贵的违约成本。[①] 以太坊发明人维塔利克·布特林认为："智能合约是包含数字资产、两方或多方当事人的一种机制，在该机制中部分或全部当事人将资产放进去，通过一个公式资产自动在当事人之间重新分配，该公式基于一个在合同建立之初并不知晓的数据来启动。"[②] 马克·詹卡斯普罗（Mark Giancaspro）认为，智能合约是在预定的事件发生时，验证和执行其条件的一种计算机程序。[③] 吉迪恩·格林斯潘（Gideon Greenspan）认为，智能合约是一系列的储存在区块链当中的代码，这些代码为区块链交易所驱

---

① See Nick Szabo, *Smart Contracts: Building Blocks for Digital Markets*, Phonetic Sciences, Amsterdam, http://www. fon. hum. uva. nl/rob/Courses/InformationInSpeech/CDROM/Literature/LOTwinterschool2006/szabo. best. vwh. net/smart_contracts_2. html, Last Visit Date May 14, 2024.

② Vitalik Buterin, DAOs, *DACs, DAs and More: An Incomplete Terminology Guide*, Ethereum Foundation Blog (May 6, 2014), https://blog. ethereum. org/2014/05/06/daos-dacs-das-and-more-an-incomplete-terminology-guide.

③ See Mark Giancaspro, *Is a "Smart Contract" Really a Smart Idea? Insights from a Legal Perspective*, Computer Law & Security Review, Vol. 33, p. 825 – 835(2017).

动，它是在区块链的数据库当中可读可写的数据。[①] 克里斯托弗 · D. 克拉克（Clack，C.），维克拉姆 · A. 巴克希（Bakshi，V.）和李 · 布莱恩（Braine）认为："智能合约是一份自动的、可实施的协议。自动是指由电脑自动完成，尽管其中有部分需要人工的输入和控制。可实施既指可通过权利义务的法律实施，也指通过计算机代码防篡改执行来实施。"[②]罗伊 · 卢（Loi Luu）等表示："智能合约是一个储存在区块链当中的自治代理，作为创造当事人交易的一部分编码可以在区块链中产生合同。"[③]布特林认为，智能合约能够依据事先规则转移数字资产。[④] 莫金 · E. 佩克（Peck，M. E.）认为，智能合约是由可以使用区块链技术执行的正式语言定义的，该技术允许定义可供检测的条件并在条件成就时触发特定的行为。[⑤] 克里斯蒂安 · 肖恩菲尔德（Christian Schönfeld）认为："简单地说，智能合约是用于在满足预定义输入变量时执行和执行预定义输出变量的程序。"[⑥]美国国家标准技术研究院在《区块链技术概述》中认为智能合约是部署到区块链（如以太坊）的代码和数据（有时称为函数和状态）的集合。[⑦] 科斯 · 约翰（Kose John）、列昂尼德 · 科甘（Leonid Kogan）、法

---

① See Gideon Greenspan, *Beware of the Impossible Smart Contract*, Blockchain News, https://www. the-blockchain. com/2016/04/12/beware-of-the-impossible-smart-contract/.

② Christopher D. Clack, Vikram A. Bakshi & Lee Braine, *Smart Contract Templates: Foundations, Design Landscape and Research Directions*, Arxiv (March 15, 2017), https://arxiv. org/abs/1608. 00771.

③ Loi Luu, Duc-Hiep Chu, Hrishi Olickel, Prateek Saxena & Aquinas Hobor, *Making Smart Contracts Smarter*, Acm Sigsac Conference on Comouter & Communications Security, 2016, p. 254 – 269.

④ Vitalik Buterin, *Ethereum White Paper: A Next Generation Smart Contract and Decentralized Application Platform*, Amazonaws, https://cryptoverze. s3. us-east-2. amazonaws. com/wp-content/uploads/2018/11/10012235/Ethereum-ETH-whitepaper. pdf, Last Visti Date (May 14, 2024).

⑤ Morgen E. Peck, *How Smart Contracts Work*, IEEE Spectrum (September 28, 2017), https://spectrum. ieee. org/how-smart-contracts-work.

⑥ Christian Schönfeld, *Smart Contracts under Swiss Law*, The Fintech Edition 2018, FinTechHub London, 2018, https://www. qmul. ac. uk/law/media/law/docs/research/the-fintech-edition-2018. pdf.

⑦ Dylan Yaga, Peter Mell, Nik Roby & Karen Scarfone, *Draft NISTIR 8202 Blockchain Technology Overview*, National Institute of Standard and Technology, January 2018, p. 1 – 68.

哈德·萨勒赫(Fahad Saleh)认为,智能合约是上传到区块链的计算机代码,该代码包含状态变量和函数两个部分。智能合约中的状态变量集合对应于该智能合约的状态,而合约中的功能则充当从一种状态转换到另一种状态的工具。在区块链上发生的整个活动可以被理解为区块链状态中的一系列转换,其中区块链状态是区块链上所有智能合约的状态集合。[①]

计算机学界大致认为:智能合约的外在表现形式是计算机数字代码,[②]智能合约其实就是一段计算机程序;在将交易内容编辑成计算机程序嵌入计算机后,触发设定条件时,智能合约的功能可以使程序自动履行、重新分配数字资产;[③]智能合约的重要效果是增加交易效果的确定性、防止交易方违约或增加其违约成本。

三、法学界的认识与冲突

智能合约在金融领域的运用,既增强了金融各方当事人对交易的预期和信任,又提高了金融交易的效率。然而从法学视角来看,通过智能合约的金融交易会受到法律保护吗?智能合约(smart contract)与合同法中的合同(contract)使用的是同一个词"contract",那么智能合约是不是合同法所指称的合同呢?智能合约金融交易的创新实践日渐增多,智能合约的法律定位以及合法性事关智能合约参与方交易的安全性、法律评价以及救济问题,法律理论界和实务界都不得不对金融科技新事物进行关注和深入研究。

---

① Kose John, Leonid Kogan & Fahad Saleh, *Smart Contracts and Decentralized Finance*, Annual Review of Financial Economics, Vol. 15, p. 523 – 542(2023).

② See Gideon Greenspan, *Beware of the Impossible Smart Contract*, Blockchain News, https://www.the-blockchain.com/2016/04/12/beware-of-the-impossible-smart-contract/.

③ See Vitalik Buterin, *DAOs, DACs, DAs and More: An Incomplete Terminology Guide*, Ethereum Foun-dation (May 6, 2014), https://blog.ethereum.org/2014/05/06/daos-dacs-das-and-more-an-incomplete-terminology-guide.

计算机科学家更多的是从计算机属性维度将智能合约理解为代码，而法学界对合约的理解着重关注的是合约方之间体现为权利、义务的法律关系，合同成立、生效、履行和责任等问题。综观有关智能合约界定的论著，总体而言有肯定论和否定论两大类论调。前者认为智能合约具有合同属性、功能或者是合同实现的方式，具体又可以细分为托管说、自助救济说、电子代理人说、合同履行工具说、合同过程说、法律合同说。否定论直接否定智能合约的功能，甚至否定智能合约这个提法。

（一）托管说

智能合约被有些学者当作数字形式资金的托管安排。[①] 托管（escrow）是指资金、文书等暂由第三方保管。以房屋买卖交易为例，为防止买方不付款、卖方不交房，通过引入第三方托管来平衡买卖双方的风险和利益。首先由买方将资金存入一个特殊账户即托管账户，在卖方将房屋过户手续办理完毕，房屋的所有权由卖方转移至买方名下后，托管账户才将资金转移至卖方账户。托管的方式为存在违约风险、难以信任陌生对手的交易提供了担保机制，为整个交易增信，使买卖各方都能够形成对手会履约的预期，有效地解决了可能存在的囚徒困境。智能合约虽然不是第三方主体，但是一旦编辑成代码部署于区块链平台，交易双方的权利义务就会按照既定程序进行，成为具有数字外观的简单托管安排。

（二）自助救济说

马克斯·拉斯金（Maz Raskin）认为，智能合约只是一种新的先发制人的自助形式，不应该被立法机构或法院阻止。[②] 该观点着重从“合同救济”维度理解智能合约，为了防止约定的权利义务到期不能得到实现，合

---

① See Kevin Werbach & Nicolas Cornell, *Contracts Ex Machina*, Duke Law Journal, Vol. 67, p. 313 – 382(2017).

② See Max Raskin M., *The Law and Legality of Smart Contracts*, Georgetown Law Technology Review, Vol. 1, p. 305 – 341(2017).

同当事人事先通过计算机代码的方式将合约得不到履行的救济方式写入计算机程序，使当事人无须借助外部司法公权力就可以实现自我私权益的保护，是一种预先的对事后救济方式的安排。合同法律制度的一个重要功能在于解决因合同问题而出现的各种纠纷，从此角度观之，合同法本身即扮演着救济机制。智能合约提前预设并根据不同履行情况之下的具体安排自动执行，实际上改进了合同法的救济功能，这种改善程度远远大于智能合约对合同法造成的破坏效果①。

（三）电子代理人说

约书亚·A. T. 费尔菲尔德（Joshua A. T. Fairfield）认为，智能合约在交易中扮演“电子代理人”的角色。② 该观点源自英美法系关于电子商务法中的电子代理人理论。互联网、计算机运用于商业领域之后，法律应对电子商务出现了新的规则，如美国的《统一电子交易法》承认电子代理人的法律地位和法律效力。该法规定：一个人的行为包括该人的自然人代理人所做出的行为，也包括由电子代理人做出的行为。美国的《统一商法典》对电子代理人亦赋予了法律地位，规定合同可以由当事人的电子代理人之间的交互而形成。智能合约由计算机代码写成，本质上也是电子技术，将其理解为电子代理人也是在美国法既定的框架下进行的理解和认识。值得注意的是，电子代理人说是将智能合约解读为电子形式的代理人，是当事人签订合同的方式，而不是认为智能合约本身就是法律合同。

国际互换和衍生工具协会（International Swaps and Derivatives Association，ISDA）和年利达律师事务所（Linklaters LLP）在联合发布的白皮书中认为，智能合约更像是作为电子代理人执行预先设定任务的一

---

① See Kevin Werbach & Nicolas Cornell, *Contracts Ex Machina*, Duke Law Journal, Vol. 67, p. 313 – 382(2017).

② See Joshua A. T. Fairfield, *Smart Contracts, Bitcoin Bots, and Consumer Protection*, Washington and Lee Law Review Online, Vol. 71, p. 35 – 50(2014).

段代码,而这些代码通常部署在区块链中,一个典型的案例即是智能合约,另外也包括提供电子投票机制、盲拍机制电子代理人的智能合约。[①]白皮书还明确区分了两种不同类型的法律智能合约模型:外部模型和内部模型。在外部模型中,编码条款保持在法律合同的外部,并且仅代表自动履行合同的机制;在内部模型中,可以自动执行的条款包含在法律合同中,但是会以比当前自然语言形式更正式的表示形式进行重写,然后,计算机可以依据这种更正式的表示自动执行。[②]

(四)合同履行工具说

智能合约是一种人类交互自动化的工具,是能够自我实施、自我执行、自我验证、自我约束合约履行的计算机协议和算法。[③]

这种观点认为智能合约是实现合同自动履行的一种工具,重在从法律合同的履行方式来观察智能合约。而前文论及的自助救济说虽然也强调智能合约的自动执行,但更多的是从自动执行所实现的救济效果界定智能合约,因此合同履行工具说与自助救济说二者关注的侧重点有着明显的不同。

(五)合同过程说

沃巴赫 K. 康奈尔(Werbach K. Connell)的研究表明,还存在将智能合约理解为整个合同过程的观点。部署于区块链中的智能合约承载着交

---

① See ISDA Linklaters, *Whitepaper Smart Contracts and Distributed Ledger- A Legal Perspective*, ISDA (August 2017), https://www. isda. org/a/6EKDE/smart-contractsanddistributed-ledger-a-legal-perspective. pdf.

② See ISDA Linklaters, *Whitepaper Smart Contracts and Distributed Ledger- A Legal Perspective*, ISDA (August 2017), https://www. isda. org/a/6EKDE/smart-contractsanddistributed-ledger-a-legal-perspective. pdf.

③ See Tim Swanson, *Great Chain of Numbers: A Guide to Smart Contracts, Smart Property and Trustless Asset Management*, Amazonaws, https://s3-us-west-2. amazonaws. com/chainbook/Great + Chain + of + Numbers + A + Guide + to + Smart + Contracts% 2C + Smart + Property + and + Trustless + Asset + Management + - + Tim + Swanson. pdf, Last Visti Date Sep. 10, 2023.

易双方的合约内容并且会将合约安排自动执行完毕。智能合约将整个合同周期内发生的所有事情均写进计算机代码。康奈尔认为,托管说和自助救济说都将智能合约理解为合同履行和救济的技术机制,以智能合约的方式进行托管是为了促进履约,而发生特定条件自动执行预先设置的自助行动则是为不履约提供救济。托管说、自助救济说都将智能合约视为技术工具,从工具论的角度视之,降低交易成本、提高合同效率的优势显而易见。康奈尔认为托管说、自助救济说均未完全抓住智能合约的本质,他们都将智能合约视为合约过程的外部增强机制,但其实智能合约的独特之处并不在于它们使执行变得更容易,而在于它们使执行变得不可避免。①

智能合约使执行变得不可避免这个属性使智能合约已经不仅仅是合同的实现机制,而成为整个合同过程。下面以传统的电子商务"点击"交易与智能合约交易的差异为例进行说明。目前市场上电子商务的操作模式为:买卖双方注册、登录互联网平台,卖方展示货物,买方在平台上浏览,买方确定购买货物之后"点击"下单,平台签约的支付系统扣收买方货款,卖方发货,买方确认收到货款之后,平台的支付系统向卖方转移买方支付的货款。如果买方收货之后,发现货物质量存在问题,可以通过平台向卖方要求退货回款。从这个过程来观察,电商平台上的自动交易程序仅仅是双方买卖合同实现的一个部分,真正约束双方的是买卖合同关系。相比之下,建立在区块链平台上的智能合约交易,一旦交易方点击进入智能合约交易,就已经启动了部署于智能合约中的权利、义务、责任,智能合约就会不可避免地被执行,成为交易方完成整个合同的过程。只要没有被写进代码,区块链平台就不会执行,智能合约之外的事情(如质量未达到要求而主张退款、智能合约交易违法等)在区块链系统都不会得到自动执行。The DAO 事件是一个典型的案例。用户在以

① Kevin Werbach & Nicolas Cornell, *Contracts Ex Machina*, Duke Law Journal, Vol. 67, p. 313 – 382(2017).

太坊区块链平台上注册参与 DAO 项目，以太坊网站在其服务条款中明确以太坊区块链上的智能合约是具有控制性的法律权威。任何网站上可读的文件或解释，仅仅是为了向客户提供解释，让客户明白智能合约交易的运行效果，并不能取代或者修改区块链上智能合约已经编辑完成的 DAO 代码所表达的合同条款。DAO 受到黑客攻击，黑客利用 DAO 智能合约代码漏洞窃取了超过 6000 万美元的以太币。黑客的窃取行为明显是违反刑事法律的，但是黑客是通过正式有效的智能合约完成的。从智能合约运行规则来看，黑客的盗取资金行为符合智能合约既定规则。即使该事件进入法院审理范畴，法院认定窃取以太币的智能合约交易违法，要求恢复原状，但是当时没有在不破坏整个系统的前提下用法律或技术的方法实现"恢复原状"的法律目标。众所周知，DAO 窃取事件最后是通过说服大多数节点实现"硬分叉"才否定了之前的盗取行为。

智能合约将整个合同过程编辑成计算机代码，没有为交易方再额外留出可以反映各方意图的书面协议的空间。如果智能合约被法院审查认定为不能充分反映交易方的真实意思，而是其他的书面文字更能体现合意，法院也不能直接让既有的智能合约无效，而只能另辟蹊径扭转之前智能合约执行所产生的效果。

（六）法律合同说

该学说认为智能合约本身就是法律合同或者法律合同的一部分。比如斯塔克（Stark）就指出，在法律人眼里，智能合约这个术语被用来指由计算机软件表示和执行的法律合同或者法律合同的一部分。① 亚历山大·萨韦利（Alexander Savelye）指出，智能合约是以软件代码为表现形

① See Stark, J., *Making Sense of Blockchain Smart Contracts*, 2016, http://www.coindesk/com/making-sense-smart-contracts/; Clack, C., Bakshi, V. & Braine, L., *Smart Contract Templates: Foundations, Design Landscape and Research Directions*, Computer Science, March 15, 2017.

式在区块链平台上执行的协议。智能合约不能够为某一方当事人所违反,具有自治的特性,其本质决定了智能合约的平等性,无效的同意不会影响智能合约的效力,存在违法智能合约的可能性。[①] 虽然智能合约会出现规避法律甚至违法的情况,但是费尔菲尔德指出,纠正严重偏离法律的智能合同具有可能性。[②]

(七)对智能合约合同属性的批评之声

马克·詹卡斯普罗从计算机视野将智能合约理解成为一种计算机程序,但他同时指出无论是大陆法系还是普通法系,智能合约的应用都会产生法律的可执行性问题,[③]即计算机程序是否能够在法律意义上具有可执行性,该程序虽然是计算机领域的事物,但是它仍然会受到法律的评价以及存在是否能够得到法律强制力保障实施的问题。

凯伦·E. C. 莱维(Karen E. C. Levy)批评了基于区块链的智能合约,她认为智能合约的技术特性忽视了人们利用合同作为社会资源管理工具的属性。[④] 在智能合约刚走入法律人士的视野时,批评和质疑之声也是有的。有人认为,智能合约与法律合同并不是同一个事物,并提醒学界:"智能合约"一词用词不当,因为在许多情况下,智能合约既不智能也不是合约。

然而,不管怎样,托马斯·博切克(Thomas Bocek)和伯克哈德·斯蒂勒(Burkhard Stiller)(2018)认为,法律框架和政府规制都不得不考虑

---

① See Savelyev, A., *Contract Law* 2.0:"*Smart*" *Contracts as the Beginning of the End of Classic Contract Law*, Information & Communications Technology Law, Vol. 26, p. 116 – 134(2017).

② See Joshua A. T. Fair eld, *Smart Contracts, Bitcoin Bots, and Consumer Protection*, Washington & Lee Law Review, Vol. 171, p. 35 – 50(2014).

③ See Mark Giancaspro, *Is a "Smart Contract" Really a Smart Idea? Insights from a Legal Perspective*, Computer Law & Security Review, Vol. 33, p. 825 – 835(2017).

④ See Karen E. C. Levy, *Book-Smart, Not Street-Smart: Blockchain-Based Smart Contracts and the Social Workings of Law*, Engaging Science, Technology, and Society, Vol. 3, p. 1 – 15(2017).

如何适应区块链和智能合约的发展这一重大问题。[①]

(八)智能合约各说之评析

智能合约作为新生事物问世之后,从法学视野对它进行观察,虽然形成了不同的学说,但细细品鉴之后,各学说其实都不约而同地注意到了智能合约非常明显的典型特征:(1)智能合约具有代码外观,看起来是一段计算机程序,与传统的自然语言合同"长相"不同;(2)在智能合约设定的条件满足时,它会自动执行;(3)部署于区块链上的智能合约,无须借助第三方的力量就可以让合约予以执行;(4)智能合约代码一旦事先部署到区块链,在条件满足的时候,程序就一定会执行,执行不可避免;(5)智能合约包含当事人对交易的具体安排,在这个设计中自然会有对各方权利、义务、利益的配置。

智能合约的"与众不同"显而易见,不同观察者对智能合约的不同特征予以了不同程度的侧重,致使不同学说从不同维度对智能合约作出了解读。在各说之中,不少学者注重从智能合约功能视角得出结论,但他们对智能合约功能的理解亦有所不同。

托管说、自助救济说、电子代理人说均关注了智能合约的功能。托管说类比二手房托管账户,突出为双方交易增信的功能,认为智能合约是一种托管方式,是破解"囚徒困境"的一种"巧解"。自助救济说从智能合约客观上解决合同不履行、确保合同约定能够得到执行的功能认识智能合约,认为智能合约是私领域当事人为防范对方违约而采取的自助措施。该学说还从合同法律制度功能这个更为高阶的维度检视了智能合约,认为从宏观的制度层面,整个合同法的设计其实是为了解决当事人之间的合同得不到实施的困境,合同法本身具有救济功能,智能合约自动履行合约客观上起到了替代合同法的救济功能。电子代理人说将

---

① See Bocek, T. & Stiller, B., *Smart Contracts – Blockchains in the Wings*, in Linnhoff-Popien, C., Schneider, R., Zaddach, M. eds., Digital Marketplaces Unleashed, Springer, Berlin, Heidelberg, 2018.

智能合约视为电子形式的代理人，智能合约的执行是接受委托人指示的结果，该说体现了智能合约承载委托人意思的功能。

合同履行工具说是从合同履行方式的角度对智能合约本质的归纳。传统的合同履行方式由当事人自己亲身履行，创新的合同实施方式由计算机程序自动完成，借助技术履行是传统合同履行方式的嬗变，该学说突出强调了智能合约不同于传统合同的履行方式。“合同过程说”从合同履行过程纵览智能合约，智能合约将当事人的整个交易过程都设计为计算机程序，合同的方方面面由智能合约代劳。如果当事人的意思没有写进智能合约代码，智能合约将径直依据预设而自动执行。从合同实施的过程来看，智能合约已然成为整个合同过程。

前面这些学说从履行的自动化、履行的方式、履行的过程对智能合约典型特征予以了回应，但似乎仍停留在合同履行的某个特质之上，对于智能合约是不是传统合同法中的合同并没有正面回答，或许持前述学说观点的学者更大程度上认为智能合约对合同履行作出了创新，是不是合同法中的合同并不易得出结论。法律合同说正面回应了智能合约是不是法律合同的问题，并且给出了肯定的答案。该学说认为智能合约同样能够承载当事人的交易意思，计算机代码中内含交易方的承诺，能够成为在法律上有约束力的合同。然而法律合同说面临挑战：违法的智能合约能否具有法律的强制执行力？从人类合作的视角来看，合同是人类合作中资源分配、资源管理的一种重要方式，智能合约是不是同样能够实现该种功能？正是法律合同说的理论解释力还不足以全面应对所出现的各类疑惑，批评和质疑的声音仍然客观地存在。从探究的角度来看，法律合同说还需要进一步深入地研究智能合约和传统法律合同的关系。

从前文的梳理我们可以发现，计算机界着重从技术维度认知智能合约，指出智能合约的表现形式是可以由硬件、软件处理的数字代码，运用区块链环境，当特定条件满足时会触发计算机自动实施智能合约。法学理论界(主要是美国和欧洲的法学界)承认智能合约外观表现形式为一种计算机程序,侧重从智能合约的协议本质、法律效力、法律执行、法律规制方面进行认识和界定。美国的立法实践吸收了计算机和法学研究既有成果,明确"不得因采用智能合约而否认合同的效力",认可智能合约运行环境为分布式、去中心、共享和可复制的账本如区块链,承认智能合约具有自动托管、转移资产的功能。

四、智能合约广阔应用前景的内在逻辑

智能合约在金融债权清收、供应链金融、支付清算、保险、证券等领域的创新运用已经显现出其具有广阔应用空间的巨大潜力。智能合约为何能够在金融领域有广泛的应用及潜力?智能合约具有何种特质使其能够具有如此"魔力"?对智能合约影响力缘由的内源性解读,既可以让我们清晰地意识到智能合约的内在逻辑必然使其在今后的金融科技时代有着广泛的用武之地,也表明我们对智能合约进行法律问题前瞻性的研究是必要的,也是具有战略眼光的明智之举。

(一)自动贩卖机与智能合约

智能合约的概念虽然直至 1994 年才提出,但是智能合约的理念早在几千年前就已经显现。公元 1 世纪,希腊的一位工程师设计出一款自动出水机,只要向该机器投入一枚硬币,该机器就能如约自动出一桶水。[①] 该款设施实现了无须专人出售货物的无人自动售卖,节省了卖方的人力成本。现代社会随处可见的如售水、售零食等的各类自动贩卖机(vending machine),在设计基本思路和原理上与 2000 多年前的自动出水机其实如出一辙,只是现代社会的自动贩卖机搭载了电子等科学技

---

① See Savelyev, A., *Contract Law 2.0: "Smart" Contracts as the Beginning of the End of Classic Contract Law*, Information & Communications Technology Law, Vol. 26, p. 116 - 134(2017).

术,丰富了售卖产品种类,拓展了买方的支付方式:不仅可以使用传统硬币,还可以采用银行卡、微信、支付宝等第三方支付方式。许多学者也认为自动贩卖机即为智能合约的原型。目前基于自动履约原理而设计的计算机交易系统被越来越广泛地运用到各类金融交易市场。如果仅从自动执行合约这个角度来看,智能合约并不是一件新鲜事物。但是,从信任机制的供给方式观之,智能合约相较于自动贩卖机就有了本质的改进。自动贩卖机模式下的买方,要么选择相信支付货款后机器会自动出货,要么离开该贩卖机去寻找人工售卖方式。一旦买方支付货款之后,贩卖机不出货,买方只能请求卖方履行货物买卖合同的交货义务,但是贩卖机的提供、维修、停止都由卖方决定,买方只能祈求卖方的诚信。一旦卖方不诚信、不履约,买方会因举证困难等处于不利地位。现实生活中,大家看到的自动贩卖机多是金额不大的货物买卖,出售价值较大货物的自动贩卖相当少见。也正是因为信任源自卖方和卖方提供的机器,能够自动履行的合约"施展才华"的空间也就相当受限。

区块链的出现成为智能合约发展进程中的"拐点"。区块链去中心化的网络结构、多方验证形成共识的机制,一旦经过双方确认的智能合约被放进区块链将不能由任何一方叫停,改变了自动贩卖机模式中卖方可随时停止甚至操纵交易的格局。具有防篡改特性的区块链也为当事人提供了值得双方信任的交易环境。至此,智能合约也就获得了可以快速发展的信任环境。

(二)区块链上的智能合约:基于技术的陌生人点对点信任

突破基于熟人彼此熟悉的身份信任而重新寻觅新的信任基础是陌生人智能合约交易能否成功的关键,区块链提供了技术之路,并真正实现了突破身份信任的质变。

区块链是按照时间先后顺序,将数据区块以前后相连的方式组合形成的链式数据库，是以密码学方式保证不可篡改和不可伪造的分布式账本。[①] 首先，分布式记账为从熟人记账向陌生人记账转变提供了可能。作为底层技术构架，区块链是分布式的计算网络，没有中心服务器，没有一个权威的记账中心，而是网络中的所有人都参与记账、共同见证交易。该方式可以防止中心作假和见证信息丢失。其次，区块链具有不可篡改性，从技术上确保记载信息具有公信力。已经达成共识、经过确认的数据形成的区块与前面一个区块紧密相连，区块与区块之间环环相扣，如果需要修改其中一个区块上的信息，则需要修改该区块及之后的所有区块的信息。一旦该区块之后已经形成 6 个以上区块，就概率角度而言几乎该区块信息不能篡改。该特性使区块链上的信息可信度高，能够形成公信力。再次，特殊的共识机制使即使是毫不相关的陌生人也不会出现“胡乱见证”“虚假见证”的情形，确保了见证信息的真实性。区块链的隐形共识(implicit consensus)使其他节点可以通过隐形地接受或是拒绝前面随机选择出来的节点。一个节点如果想放进一个密码学上不正当的交易，[②]由于参与见证的第三方人数众多，串谋的成本高，最终作出与事实相符的见证的概率也高，因此该交易不会被纳入长期共识链。[③] 最后，奖励机制激励陌生人前来见证，为陌生人见证交易提供动力。如果没有长久的激励机制，陌生人见证交易将是偶然现象而不能成为可持续的机制。但是，如果向每一位前往见证的陌生人都支付报酬，

---

① 参见邓建鹏、孙朋磊:《区块链国际监督与合规应对》，机械工业出版社 2019 年版，第 2 页。

② 参见[美]阿尔文德·纳拉亚南、约什·贝努、爱德华·费尔顿、安德鲁·米勒、史蒂文·戈德费德:《区块链:技术驱动金融》，林华、王勇等译，中信出版社 2018 年版。

③ 见证交易需要确认“交易内容是否正确”和“谁来记账”两件事情，以比特币系统为例，共识机制通过比拼计算能力来进行，谁能在最短的时间内完成具有一定目标难度的哈希散列值的计算，谁就获得这个记账权。在哈希值的求解过程中，必须输入交易信息，经过运算得出的结果同样会经过其他“矿工”的运输验证，你所播报的信息只有经过其他矿工的认可才能被确认，这个证伪的过程确保记账的信息是正确的。因此如果对交易内容信息作假，在概率上难以得到其他矿工的验证，自已也失去获得奖励和手续费的机会。最早计算正确的矿工获取记账权。

无疑将增加交易成本,而引入竞争机制既可以吸引陌生人前来见证交易,竞争获得记账权的陌生人方能获得奖励的方式又能够降低交易成本。比特币、以太坊等区块链平台均采用了谁先解题成功即获记账权的竞争机制,记账的陌生人能够获得交易方支付的比特币、以太币等作为报酬。

智能合约部署于区块链中的每个节点,并被分配一个 20 字节的唯一地址。用户只需将交易发送到合同地址,智能合约即可自动运行。然后该交易将由网络中的每个有效节点执行以达成共识并储存更新。[①] 区块链分布式、不可篡改、共识机制、激励机制为智能合约的自动运行构建了良好的社区生态环境,为陌生的交易方、见证方能够参与交易提供了信任的技术环境。

(三)智能合约大幅降低成本和出错率

区块链不容篡改、多方认证的技术特征,再加上智能合约自动履行的增信功能,可以让即便是陌生的交易方也放下更多的疑虑和戒心进入交易,大幅降低了进入交易的成本。交易过程中许多细节需要计算和结算,如应收账款融资中,收益率、手续费、违约金等,运用智能合约事先确定计算方法和计算依据,根据不同情形自动计算交易方各自的利益得失,降低交易过程中的计算和结算成本。合同的履行最终都会涉及支付,支付是交易方价值互换中的货币支付,是交易的核心环节。支付在传统交易中是必需的成本开支,在某些未能及时支付的合同纠纷中,为支付所耗费的精力和时间将更多。智能合约改变了支付不确定的交易模糊地带,在支付条件满足的情况支付一定会发生。智能合约的"if... then..."机制大大降低了交易双方为支付所发生的成本。

---

① See Maher Alharby & Aad van Moorsel, *Based Smart Contracts: A Systemtic Mapping Study*, Fourth International Conference on Science & Information Technology, October 17, 2017, p. 125 – 140.

（四）智能合约创新交易模式，增加新的交易类型

智能合约为全新的交易类型创造了十分丰富的想象空间。商业模式创新理论表明：缩短价值链的举措能够带来成功的商业模式创新。金融交易双方从最初的磋商、确定交易合约到合约的履行，有些甚至违约之后走上合同的救济之路，整个交易目的实现的流程长且充满不确定性。一旦一方违约，守约方将寻求纠纷解决专业人士、专门机构定分止争，这个过程费时费力、增加成本，而智能合约通过技术手段可以防范合同履行违约，省却违约之后维权的救济流程。从这个意义上讲，智能合约可以缩短价值链，本身就是一种商业模式的创新。另外，合同履行的自动化甚至合约磋商、制定的自动化是一种抽象的交易模式创新，可以适用于各类不同领域的具体交易。21 世纪初流行的共享经济（sharing economy）改变着经济资源的配置模式，典型的案例如爱彼迎（Airbed and Breakfast，Airbnb）创造了新类型的房屋出租机会，智能合约的运用可以进一步扩展共享经济交易机会。

下面以卡车租赁为例予以说明：马特需要以合理的价格租一辆卡车，并确保自己不被欺骗。同时，卡车车主塔拉希望从自有的卡车中赚取额外收入，并确保自己能够及时获得报酬、卡车不被损坏。马特和塔拉彼此不认识，他们通过一个名为“eTruck Bay”的市场实现互联。他们在智能合约上达成了共识，该合约设定了当天的费率和超额里程、超重的费率，以及马特取车以及还车的地点。马特到达取车地点时，智能合约会核实其存款已存入塔拉的账户，并核实车辆保险有效。智能合约可控制车门及点火装置。如果马特实际行驶比预期里程要远，智能合约会根据预先安排的超额里程率计算额外费用；如果实际用车比预期负荷重，则智能合约会根据预先安排的超重费用调整应付款余额；如果该卡车遭遇了罚单，智能合约也会自动处理。一天结束时，马特将卡车开往还车地点，并通过智能合约验证了他已向油箱加满了油，则应付余额会

自动从马特的账户转移到塔拉的账户。[①]

以上只是智能合约创新共享卡车经济的一个案例，只要不束缚我们的想象力，智能合约可以为我们的经济拓展更多的创新空间。

（五）资产数字化为智能合约的应用奠定了前提基础

资产数字化（asset digitalization）是将物理世界的资产映射至数字空间转化为数字形式的过程。[②] 资产，是能为主体带来经济效益的资源，体现着主体的财产权利。资产的范围广泛，按流动性可以划分为流动资产、长期资产、固定资产、无形资产和其他资产。这些资产最开始由纸质的书面形式予以记载，逐步形成了关于会计账目的科学。会计账目不仅反映资产种类，还要反映资产价值，该价值由具体的数字表示。随着数字计算机、互联网的出现与普及，会计账目也逐步走上了数字化道路。会计账本的数字化，在形式上实现了各类资产的数字化表示。资产数字化的重大意义在于该资产具有可以在数字世界存在和流通的数字形式。然而这类数字样态的资产真正能够在数字世界流通交易，还须满足以下条件：第一，潜在的资产受让方相信数字化的资产与物理世界的资产具有一一映射的关系；第二，数字化的资产价值与物理资产的价值具有对等性；第三，数字世界的资产转让能够实现物理世界的资产流通。

如何让资产受让方信任该数字资产以及数字资产交易是数字世界资产交易的核心。从目前的数字金融实践来看，主要沿着两类路径在前行：第一类是通过第三方增信的方式；第二类是通过科技增信的方式。第一类方式主要是借助投资银行、会计师、律师、评估师、托管人等第三方的力量，对物理资产和数字资产采用尽职调查、核查资产，对资产估

---

① See Three ways that Smart Contracts will Change the Way You do Business, Medium (Aug. 11, 2018), https://medium.com/@adamdavidlong/three-ways-that-smart-contracts-will-change-the-way-you-do-business-2e175fa43e20.

② 参见姚前：《资产数字化，证券化与通证化》，载《当代金融家》2022 年第 11 期。

值、评级、设计金融交易方案、管理资产等方式让潜在的买方相信该物理资产以及以此为基础的数字资产真实存在、物有所值且交易能够成功。这类路径成功的典型案例是资产证券化(asset securitization)。资产证券化以具有稳定现金流的基础资产为支持发行证券,实现了企业内部的资产数字化并成功借助第三方力量将该数字资产拆分出售给金融市场中的其他投资者。一般而言,资产证券化需要一个发起人(originator,原始权益人),以证券化为目的而设立的公司(Special Purpose Vehicle,SPV)作为发行人向发起人收购资产。通过 SPV 的创设,实现了原始权益人的资产与已经转移给 SPV 的资产的隔离,防止原始权益人出现破产、资不抵债时对 SPV 资产的负面影响。接着第三方会通过提供担保的方式对 SPV 持有的资产进行信用增级,进而增强流动性。发行人还会对资产进行分层并定价,最终将资产证券化产品出卖给不同的投资者。通过资产证券化,原始权益人实现了资产数字化,数字资产进入资产池,数字资产池分层定价出售,投资者手中持有的是数字资产权益凭证,借助多个第三方主体的力量以及金融产品的结构创新,资产在数字世界进行了流通,其映射的物理资产也实现了交割和运营。

第二类方式是依靠科技所提供的信任。区块链分布式账本技术通过非对称加密验证和确保数据可信,借助特殊的共识机制确保新增和更新数据可信,区块链提供了可被信任的技术环境,使底层资产具有可被信任的属性。"随着未来区块链技术的广泛应用以及 5G、物联网(IoT)的发展,区块链技术有望使与资产有关的各类原生数据,无论是链上还是链下,均可以被穿透和追溯,可以被自证与他证。那么,此时底层资产数据的可信就是底层资产价值的可信。"[①]资产在区块链环境数字化、通证化(tokenization),具有天然的可信优势,可交易、可流转;通过可信技术的应用,资产通证化使资产全息可穿透和可验证,从而在保留原生全

---

① 姚前:《资产数字化,证券化与通证化》,载《当代金融家》2022 年第 11 期。

量信息的条件下,不用依赖传统的金融中介就可流通起来。区块链资产通证化是一种以技术可信方式呈现出来的更高级的资产数字化。

资产数字化后具备了在数字世界流转的可能性。物理资产通过数字化进入数字世界之后在传递资产信息、解决信息不对称问题方面得到了最大限度的突破。通过第三方或者科技手段进行增信,数字与价值实现了聚合,智能合约作为数字世界的程序安排,擅长将数字资产作为标的物进行流程化处置,进而实现数字资产的权属变更。资产数字化进程的加快,为智能合约自动、快捷实现交易方的权利义务设定和实现提供了条件,为智能合约的广泛运用奠定了基础。

(六)物联网为智能合约金融交易打通了"最后一公里"

物联网,借助各种信息传感器、无线通信技术、全球定位系统、红外感应器等各种装置与技术,可以实现万物互联。计算机科学家约翰·冯·诺依曼(John von Neumann)创造性地将电信号的"开"和"关"两种状态对应成"0"和"1"的二进制数制,开启了现实世界通往数字世界的大门,现实世界的语言文字、图片、声音或其组合转换成数字文本于数字世界中存储、传输和运用。虽然数字世界可以向现实世界输出和展示,但是数字世界尚不能连接和控制物理世界。无线通信技术的发展,打通了数字世界与物理世界的通道,现实世界的物可以进入数字世界并能够受数字世界的控制,典型的如"工业物联网"[①]"智慧城市"等项目。生活在数字世界的智能合约可以轻易地控制数字世界的事物,比如数字钱包账目的划转。随着物联网技术的突破和大力发展,智能合约可以控制现实世界的物,其里程碑式的意义在于智能合约不仅可以实现数字款项的支付,

---

① 工业物联网应用领域涵盖了工厂内外的各种物物连接。例如,工厂内部有许多基于 IoT 的工厂自动化控制项目,包括涵盖生产车间监控、车间可穿戴设备和增强现实、远程 PLC 控制或自动化质量控制等系统的智慧工厂整体解决方案等。参见《2020 年物联网的 10 大典型应用》,载搜狐网 2020 年 9 月 26 日,https://www.sohu.com/a/420630503_120138949。

还可以实现现实世界物的交付,进一步拓展了智能合约自动执行的功能。

物联网的发展,既可以通过影响"外部条件"输入渠道来拓宽智能合约条件的实现方式,也可以通过控制物理世界的物实现智能合约的执行进一步落实智能合约运用的现实效果。物联网使智能合约预设的外部条件可以从现实世界转换进入数字世界,比如航空延误险,现实世界中的飞机没有在设定的时间起飞,传感器或飞机操控系统将延误事实转换成数据进入数字世界触发智能合约的履行条件。

满足智能合约设定的条件后,智能合约将自动执行交易,是否能够彻底执行交易约定的权利、义务也将成为智能合约交易能否向纵深发展的重要因素。如果智能合约没有关联银行账户而只是区块链系统内部的代币的增减,则交易双方当事人仍然需要到现实世界中进行结算;如果智能合约交易标的是不动产,通过智能合约的交易不能实现不动产权属的变更,则智能合约的交易仍然不够彻底。因此,打通数字世界对物理世界的影响通道无疑会落实智能合约执行合约的效果。资产数字化与物联网的发展,让智能合约落实触及物理世界的物的执行的时候更有能力,也为交易双方提供在交易条件一旦达成,交易必将履行的交易预期,避免违约给双方可能带来的损失。智能合约控制物理世界的物从而完成合约的执行,大致可以有这样三类路径:一是现实世界的资产经数字化处理之后,智能合约可以直接控制数字资产完成物理世界的交付,最为典型的是数字货币的兑换,比如用现实世界的美元现金兑换成比特币这类数字资产,智能合约可直接在数字化的美元账户上与比特币进行交易,实现美国法定货币与数字世界数字货币的兑换交易。二是通过数字化权属证明来实现物的变更交易。物理世界中的有些物如不动产、特殊的动产(汽车、飞机、轮船等),通过权属证明来确定该物的归属,虽然物理世界的物不能直接搬入虚拟世界,其权属证书却可以数字化处理并进入数字化交易,智能合约可以控制数字权属证书从而达到处分有关物理世界的物的变更交易。三是通过与物的联系直接操控具体的物。比如在智能合约控制的支付租车费使用租赁汽车的交易中，租车人支付特定的款项后，智能合约通过控制汽车的开关装置让汽车处于适合驾驶的状态。

五、数字经济时代智能合约的深意

2014 年年底，英国中央银行首次以官方身份发表了一篇扭转对数字货币负面评价的报道，该中央银行认为：比特币没有信用风险，也没有流动性风险，并表明该科技是 300 多年来最大的金融科技创新。[①] 比特币是区块链技术的成功运用，区块链技术 2.0 版本成功引入了智能合约技术。尼克·萨博指出：智能合约超越了自动贩卖机，智能合约可以嵌入各种有价值的、由数字手段控制的财产；智能合约以一种动态的、通常是主动执行的形式引用该财产，并在主动措施无法达到预期时提供更好的观察和验证。[②] 智能合约更深远的意义在于能够交易数字化的资产，实现了通过数字手段控制财产。相较于传统的纸质合约以及新近的电子合约，智能合约在自动履行、自动意思交互方面具有显著的历史意义。

第一，智能合约将人类交易意思数字化，使交易意思适于在数字世界传播和交互，为人类社会商事交易在数字世界的形成和执行提供了技术基础。电子文书的格式合同将单方的交易意思存储于电子设备之中，通过互联网传输到不同的节点，便于与潜在的交易对象订立合同。电子签名加密、活体识别等身份认证技术加上认可电子签名等的法律制度，共同推动了电子合同的网签。陌生人之间可以通过互联网达成意思一致。虽然办公软件、电子签名技术、互联网络让人类的交易意思电子化、数字化从而可以在数字世界储存和传输，但是仍然需要交易当事方亲力

---

① 参见蔡维德：《互链网：未来世界的连接方式》，东方出版社 2021 年版，第 151 页。

② See Nick Szabo, *The Idea of Smart Contracts*, Phonetic Sciences, Amsterdam, https://www.fon.hum.uva.nl/rob/Courses/InformationInSpeech/CDROM/Literature/LOTwinterschool2006/szabo.best.vwh.net/idea.html, Last Visit Date Dec. 4, 2022.

亲为地去兑现其在电子合同中承诺的义务和责任。换言之,电子合同的履行还必须在现实世界中进行和完成。

第二,达成合意的智能合约进入数字世界,可以自动执行,尤其在标的物进入物联网的情形,当事人不需要自己履行交易行为,标的物的交付以及价款的支付都可以由智能合约来控制和完成。

第三,单方的交易意思通过智能合约进入数字世界之后,处于随时可以达成合意的状态。一旦交易对手同意智能合约条款并"点击"进入智能合约,则交易双方均受智能合约的约束,智能合约将会自动执行双方的权利义务。在交易方意思的达成和履行方面,智能合约都能显著提升交易效率和信任度。

第四,如果交易各方都采用智能合约寻找交易对手并进入交易合同关系,则智能合约实际上是借助人工智能技术实现了意思联络、互动协商、达成合意的缔约以及后期的合同。这类智能合约相较于传统的电子合同发生了本质变化。与"双方确定并形成智能合约""单方发布智能合约,交易对方点击进入"的两类智能合约模式相比,这类智能合约不仅实现了交易各方意思的交互,商事主体的意思不再是简单的表现为电子形式然后由计算机设备识别、储存和传输,更实现了不同主体意思在数字世界的交互,并且随着人工智能水平的提高,借助智能合约甚至还可以通过算法进行策略性的谈判,在数字虚拟世界实现了人类交易意思"讨价还价"的具有历史里程碑意义的一幕。加载人工智能技术的智能合约实现了人类交易意思在数字世界的自由而广泛地流动与交互,不再是传统的、静态地发布广告坐等其他潜在交易者前来观看的要约邀请,而是可以主动在数字世界中寻找交易对手,主动将交易意思向各节点传播,遇到潜在交易对手可以双方自动磋商,在各自智能合约条件均满足的前提下匹配交易、进入合约状态。

第五,处于区块链环境的智能合约为交易方提供了以技术为支撑的信任环境。区块链平台提供了分布式账本技术以及各节点共识的机制,从大概率上讲,智能合约一方当事人不太可能修改预先设置好的不能更改的内容，智能合约一旦达成双方的权利义务约定，则会按照预设条件执行合约，减少交易方对合约可能会被篡改和不被执行的担忧，增加陌生民商事主体之间进行交易的可能性。

| 第三章 |

智能合约与传统法律之间的互动

智能合约在金融领域生动而丰富的运用,已然创新了商业模式和形成了各种社会关系。面对新型的金融智能合约关系,传统法律正接受着前所未有的挑战,智能合约的代码外观、不易更改、自动执行等特性是否能够处于传统法律弹性的有效范围之内?是否需要营造新的法治环境以促进智能合约交易健康发展?同时,在传统法律打造的法治生态内,智能合约金融交易是否能够合法合规、不被禁止从而"适法生存"?智能合约与传统法律之间富有意义的互动是本章予以考察和研究的内容,也是深入研究智能合约具体法律问题之前需要宏观把握的"大势"。

一、智能合约对传统法律的挑战

(一)智能合约代码形式对合同法"书面形式"的挑战

智能合约是以计算机代码写成的计算机程序,与书面合同、电子合同的自然语言表现方式相去甚远,是否符合传统合同法的形式要件是智能合约受到合同法检视的重要议题。现代合同法通常会规定合同的法定形式,如书面形式、口头形式或者其他形式。计算机代码不是自然语言,非计算机专业人士可能并不能读懂,代码是否能够被认定为表达交易方意思表示的内容,以计算机语言写成的代码是否能够称为书面形式或者其他形式需要进一步判断,甚至可能需要突破既有法律规定。

(二)合同效力规则面对智能合约可能存在的“尴尬”

为了达到生活逻辑和法律逻辑的顺畅,不少国家的传统合同法区分了合同的成立和生效。合同成立关注的是交易方当事人的意思是否达成一致,形成合意。合同效力制度是在尊重当事人意思自治的基础上融入国家对合同行为的评价,合同会被认定为有效、无效、效力待定或可撤销。“法律行为的瑕疵程度最重者,成为‘无效的法律行为’;次严重者成为‘得撤销的法律行为’;较轻者,其行为处于不确定状态,既非无效也非得撤销,而系‘浮动的效力未定行为’。在立法政策上以违反公益者最为严重,违反私益者次之,程序有欠缺者较轻微。”[①]合同一旦被认定为无效、不发生效力或被撤销将自始无效,因前述行为取得的财产应当返还对方,有损失的依据过错程度承担损害赔偿责任。合同效力制度实现了国家法律对合同行为瑕疵的评价,违反法律强制性规定、违反公序良俗的合同行为虽然是交易方合意的结果但也不发生预期有效的法律后果。合同效力制度的落实是国家法律实施的具体要求。智能合约部署于区块链平台之后会在预设的条件下自动执行而不问合约的具体内容是否存在瑕疵,即使智能合约代码涉及的金融交易主体不具有缔约能力、编辑的内容在意思表示上有瑕疵甚至合约内容违反法律、行政法规的强制性规定进而会被法律作出效力否定评价,金融智能合约仍然会按照既定程序自动执行。利用技术漏洞以窃取他人以太币为目标的代币转移智能合约因违反法律一定会被法律评价为无效,但是,只要该“违法”智能

① 韩世远:《合同法总论》(第3版),法律出版社2011年版,第152~153页。

合约符合计算机世界的运行规则就会执行,DAO 事件就是这种情形的典型案例。一方面,金融智能合约会被法律作出否定效力评价;另一方面,该智能合约似乎又可以置法律否定评价于不顾而“我行我素”。智能合约自动执行的秉性、特质与法律效力否定评价如何落实之间形成的冲突毫无疑问让传统合同法律制度受到了挑战。

(三)合同变更、终止规则适用于智能合约时“失灵”

合同是金融交易方对交易客体、权利、义务、利益和责任的具体安排,但是市场环境随时会发生变化,交易方的状态也不是一成不变的,在既定合同的履行过程中可能需要双方重新协商变更之前的合同条款。为了应对合同履行的弹性问题,传统合同法律制度设计了合同协商变更、债权转让、债务转移等具体规则。通常情况下,写进金融智能合约程序的内容本身一旦被部署于区块链平台之后则因其被验证并达成共识而不易被更改,这是区块链智能合约的特性,也是金融交易方能够形成稳定合约预期的原因。或许选择区块链智能合约的金融交易当事人就是不希望出现任何变故,但是传统的合同变更制度在智能合约地界似乎出现了“失灵”的尴尬。客观来看,部署于区块链环境的金融智能合约不易更改虽然能够形成确定的预期,但其适应变化的未来的灵活性存在不足,该特征确实是智能合约本身面对多变交易环境时需要增强适应性的挑战。从法律适用的逻辑予以评价,金融智能合约不易更改,相应地,亦不需要适用传统合同法律制度中相关的变更规则。虽然法律并不要求在所有的情形每个板块的法律规则都得到适用,但是,传统合同法变更规则针对整个区块链智能合约交易均无“用武之地”,也着实让传统合同变更制度处于“冷落难堪”的境地。

合同终止是交易方权利义务终结的制度安排,通常各国合同法都会规定合同终止的多种原因,比如债务已经履行、合同解除、债务相互抵销、债务人提存标的物、债权人免除债务、债权债务混同等。智能合约唯有执行完毕这一条终止通道，即使交易一方享有法定解除权、抵销权等，智能合约也只能依据既定的计算机程序在计算机规则世界里执行完毕为止。换言之，“代码即法律”屏蔽了现实社会之法在计算机网络世界的实施。

（四）智能合约重在事先预防的交易成本重置模式在合同法中尚缺应对机制

传统合同法沿着合同的订立、合同的效力、合同的履行、合同的变更和转让、合同终止、违约责任的思路展开。对于合同订立阶段出现损害设计了“缔约过失责任”，主要针对以“恶意磋商”“故意隐瞒”为典型的违背诚实信用原则的行为。从司法裁判案例来看，适用缔约过失责任的合同纠纷并不是多数，传统合同法实施的重心是合同订立之后的冲突和纷争。智能合约由于部署于区块链环境的代码程序不易更改且条件满足时自动执行，使金融交易方在最初设计和部署智能合约时必须格外小心谨慎。金融智能合约交易不能够像传统的金融交易那样随着主体境况、交易环境的改变而灵活调整，所以在智能合约交易协商、代码编写、程序部署阶段势必会花费比传统交易更多的时间和注意力，交易成本在合同订立阶段明显增多，然而传统合同法针对合同订立阶段仅有“缔约过失”这一责任救济方式，尚不能应对智能合约交易成本前移的新问题。

（五）智能合约自动履行造成损害的责任传统合同法尚未完全清晰

传统合同的履行需要当事人亲力亲为，当事人履约行为造成的损害，损害行为的归属、过错性相对容易确定，依约定或依法律进行损害赔偿已经具有成熟的法律规定和司法审判经验。智能合约借助计算机网络甚至物联网技术自动执行，一旦造成损害如何判定责任的法律性质以及如何追责，可能无法在既有法律策略中迅速找到“正解”。首先会遭遇一系列的问题：作为计算机程序的智能合约自动执行造成的损失事实会涉及几方责任主体？如果提供智能合约的是交易当事人中的一方，该交易方已经按当时的技术标准尽到了合理注意义务但是仍然造成了损失，该损失依据何种规则予以分担？如果提供智能合约的是第三方，那么第三方与接受并使用智能合约的当事人之间是提供产品的合同关系还是提供服务的合同关系？第三方因智能合约技术出错或者被其他人利用技术漏洞造成当事人损失，责任又当如何配置？传统合同法或许已经有些许解决问题的原则，但是应对智能合约自动履行所带来的新问题仍然缺乏明晰、全面的规则以及娴熟的司法经验。

（六）智能合约对传统交易的升级与法律规则供给的不足

1. 智能合约对传统交易的升级

传统交易将纸质合同作为交易方法律关系的依据。"白纸黑字"与"亲笔签名"的交易方式虽然在交易史上发挥了重要作用，但在当前交易量庞大的场景其已经显现出低效问题，而智能合约可以改变传统纸质合约的低效。以银团贷款为例，在数万亿美元的银团贷款市场中，参与者通过传真机进行通信仍然很普遍，在 2012 年，贷款保管人收到了超过 400 万个传真。① 环球银行金融电信协会（Society for Worldwide Intarbank Financial Telecommunications，SWIFT）的证券市场全球负责人法比安·范德雷特（Fabian Vandenreydt）指出："证券业中仍有很大一部分，例如银团贷款和其他交易尚未转变为数字形式，主要是通过传真和实物文件进行操作。现在是行业参与者考虑运用新技术（如智能合约）作为在短期内首先数字化的方式，从长远来看这是降低运营成本的新的商业模式。"②

金融交易借助中心化机制完成，中介组织的参与延长了交易流程，

---

① See Capgemini Consulting, *Smart Contracts in Financial Services: Getting from Hype to Reality*, 2016, p. 1 – 28.

② Capgemini Consulting, *Smart Contracts in Financial Services: Getting from Hype to Reality*, 2016, p. 1 – 28.

也集中了交易风险。尤其是在 2008 年国际金融危机之后，中央交易对手越来越多地参与市场参与者之间的交易，以降低传染风险和机构倒闭的多米诺效应。虽然类似清算机构的金融中央权威机构有助于使金融体系具有互操作性，但它也导致金融合同的清算和结算延迟，以及合规性要求提高。以英国实时全额结算系统（Real Time Gross Settlement，RTGS）为例，该系统在 2014 年遭遇了 10 小时的崩溃，延误了价值数十亿美元的交易。

如何促使陌生人之间的供需达成交易一直是经济发展重要的前行方向，以淘宝为代表的电子商务借助中心平台确保交易标的和款项能够交换的担保增信功能大大提高了陌生人之间交易的概率和频率。但智能合约交易基于“数据层、网络层、共识层、激励层和智能合约层”构成的区块链分布式技术系统，较之于电商中心平台分散了风险，众多陌生人共识并见证交易增强了交易的真实性认证，智能合约势必自动履行形成了“物权必定会转移，债权一定会实现”的稳定预期，在交易史上进一步改进了既有电子商务的信任机制，弥补了中心平台的不足，增加了交易方交易目标能够实现的确信，提高了进入交易和交易完成的比率。

2. 应对智能合约的制度供给不足

我国传统电子商务交易的法律问题已由既有法律解决。依据《电子商务法》的规定，电子商务平台内经营者与电子商务平台经营者是服务合同关系，与电子商务消费者进行交易形成买卖合同或服务合同关系，电子商务消费者与电子商务平台经营者发生平台服务合同关系。与电子商务紧密相联的还有电子支付服务提供者，其与电子商务消费者形成电子支付服务委托关系。[①] 电子商务平台的服务与电子支付服务虽由不同法律主体提供，但他们实则是电子商务交易模式不可分割的整体。买

---

① 参见杨立新：《电子商务法规定的电子商务交易法律关系主体及类型》，载《山东大学学报（哲学社会科学版）》2019 年第 2 期。

方选中商品或服务之后委托支付服务方收取货款或服务费，卖方确信买方已付出货款后发货，买方收货、验货后，支付服务提供商向卖方支付货款。电子商务平台及支付服务提供者作为中间的第三方为陌生人交易供给了信用，买方消除付款后收不到货、卖方打消发出货物不能回款的顾虑。以淘宝为代表的电商平台通过将货款托管于第三方的增信方式促进了陌生人交易。中心平台的出现的确实质性地改进了传统交易模式，但中心平台也聚集了数据易丢失、被篡改，平台权威可能损害交易方，平台倒闭等风险。

作为创新交易结构的一种高科技形式，智能合约交易汇集了多方交易主体，其中核心主体包括区块链平台提供者、交易双方、智能合约制作者和交易验证者。① 以区块链为代表的分布式平台新型电子商务交易为例。由于区块链智能合约相关法律主体处于复杂的法律关系网络中，有诸多法律问题尚不能在我国现行法律规定中找到明确答案：智能合约的机器语言是否能够成为当事人的真实意思表示形式？交易双方如何以机器语言形成合意？计算机代码是不是合同的有效形式？智能合约的自动履行如果违背交易方意思或违法又当如何处理？智能合约自动履行的特性促使交易方将配置更多的交易成本在合同订立阶段，为适应这一新的交易模式，合同前责任的法律制度是否应当有所应对？区块链智能合约金融交易会产生新的金融风险，我们的金融监管又应当如何回应？区块链智能合约给电子商务带来全新交易模式的同时，也给传统的合同法律制度、金融监管等法律制度带来了挑战。

二、智能合约交易对传统法律的适应

智能合约金融创新虽然对传统合同法造成了挑战，但是金融智能合

① See Dirk A. Zetzsche, Ross P. Buckley & Douglas W. Arner, *The Distributed Liability of Distributed Ledgers*: *Legal Risks of Blockchain*, University of Illinois Law Review, Vol. 2018 No. 4, p. 1361 – 1406(2018).

约交易如欲在当前的法治环境下持续发展而不会因为违法被禁止也必须学会“适法生存”。智能合约与合同法的互动从本质上体现的是金融技术创新与法律制度的交互辩证关系。创新技术对传统法律的冲击引发的可能是法律的创新甚至是变革。传统法律对创新技术的约束需要智能合约金融交易在既有法律框架内寻求合法合规之道,从市场的反馈来看,智能合约金融交易创新者更多的是从技术路径寻求满足现行法律的要求。

(一)智能合约应对合法性审查的调整

具有经济核心地位的金融由于其具有“脆弱性”“高风险性”“负外部性”“信息不对称”等秉性,在许多国家都属于强监管领域。金融交易法律审查除了关注其中的法律风险,更为重要的是判断该金融交易是否符合金融法律制度的合法、合规性监管要求。金融交易法律风险审查保护的是审查主体作为市场主体的私利益,金融合规审查侧重从金融宏观整体利益出发维护金融安全、金融秩序等公共利益。“反洗钱”始终是金融交易必须遵守的金融监管规则,运用智能合约进行“以太币”等代币的转移支付,在客观上因其账户地址的匿名性成为跨国洗钱的方式。防止智能合约金融交易沦为洗钱工具是所有金融智能合约都应当满足的金融监管要求,否则金融监管部门有充足的理由停止该智能合约金融交易。正是出于诸如反洗钱等金融合法合规性要求,金融智能合约的设计者、使用者、监管者都在寻求合规的路径,目前利用技术手段实现“识别你的客户”(Know Your Customer,KYC)、借助区块链追溯技术侦察洗钱违法行为等均从技术维度探索创新金融科技对法律制度的调适。

(二)智能合约适应合同变更性的要求

智能合约缺乏弹性既有可能影响其在金融交易的适用性能,也可能不满足合同法变更、撤销合同的要求。智能合约作为一项科技与法律的复合新事物,进入计算机专业人士思维视野的是智能合约如何满足法律要求,他们已经开始在技术路径上寻找增强智能合约灵活性的方法。计算机学科与法学学科研究的核心问题不同,采用的研究范式相异,在计算机领域解决一个合法性问题需要进行命题转换,即将一个法学命题转化为计算机命题。针对智能合约可变更、可撤销的法学命题,转换为计算机命题为:由新的“if... then...”计算机程序替代旧的“if... then...”程序,或者令原代码不发生既定的程序效果。计算机专家作出了多种尝试,其中一种是通过预留后门程序实现对智能合约原程序的修改。计算机后门程序是通过特殊方式控制计算机程序的途径。后门程序虽然为后续修改甚至撤销智能合约程序提供了路径,但也可能为智能合约金融交易安全带来隐患,所以需要计算机专业人士在智能合约的灵活性和安全性之间作出平衡和提供技术措施保障。

(三)智能合约交易满足隐私保护的技术回应

自2008年国际金融危机爆发以来,不少国家意识到金融消费者保护应当成为金融监管的核心目标之一。金融法治作出了金融法变革,重点突出金融消费者权利保护。2009年通过的《华尔街改革与消费者保护法》就是美国应对金融危机在金融法治方面作出的快速反应,该法旨在“通过提高金融系统中的责任和透明来促进美国的金融稳定,终结‘大不容倒’的局面,通过终结救赎来保护美国纳税人,保护消费者不受金融服务中滥用做法的损害等”①。金融消费者不受欺诈、其金融隐私得到保护是当前金融监管的重心,金融科技创新事物同样应当满足隐私保护的监管规则。智能合约金融交易面对金融隐私保护会存在较大的挑战:智能合约将交易内容转换为计算机代码部署于区块链平台,交易信息是能够被陌生人看见和验证的,那么智能合约金融交易如何保障金融交

① 张路:《从金融危机审视华尔街改革与消费者保护法》,法律出版社2011年版,第28页。

易主体的金融隐私甚至其他信息不被披露、使用或侵害呢？计算机专业人士为了解决智能合约金融交易金融隐私保护问题，将该法律问题转换为“如何做到交易数据可用不可见”，目前计算机专业人士沿着“授权”“线上线下数据分离”“可信数据沙箱”“可信数据通道”等路径保护智能合约金融隐私，生动地演示着金融科技创新努力适应法律既有环境的状况。

（四）智能合约接受司法审查的途径预设

司法权威是法治社会的关键之一，法院判决“虽有犹无”无疑会令司法审判进入尴尬的境地，引发社会公众对司法的不信任。计算机、网络构建起来的虚拟世界虽然有别于真实的现实社会，但绝不是“法外之地”。金融交易借助区块链智能合约，即使存在意思瑕疵、违法等效力欠缺因素也会自动执行，如何从技术上在法院确认智能合约无效、可撤销时实现相应的法律后果，而不至于让法院判决仅仅停留于纸面，计算机专业人士开始考虑通过设定智能合约制定标准的方式为司法公权力救济保留特殊程序通道，使法院司法权力能够渗透到虚拟世界。

三、传统法律对智能合约创新的回应

每当有新事物出现之时，相关各界“远观近窥”觅其究竟。置于法学界的框架之下，遵循“法律是调整社会关系的法律规范的总称”的思路：首先，我们会分析新事物是崭新的社会关系还是大家早已熟识却穿上了“新装”的社会关系。其次，我们会在既有的法律资源库中寻找是否已经有明确的法律规则对该新事物进行调整。如果已有相关法律规范能够完成调整的功能，那么接下来的便是法律规范在新事物领域适用的具体过程；如果既有法律对新事物有所关照但缺乏具体而明细的规定，则涉及对该相关规则的完善和补充；如果既有法律中完全没有可以应对新事物的规定，那么需要考虑该事实层面上的社会关系是否需要有法律调整从而将其上升为法律关系。后面两种情形会涉及立法界的修法或者立新法的活动。对待金融科技新事物——智能合约，不同国家或地区的反应有所不同：有希望通过积极的立法活动鼓励智能合约金融科技创新的，有在传统法律框架内补充规则增强既有法律制度弹性解决智能合约带来的新问题的，也有“让子弹飞一会儿”再做定夺的法律回应。

（一）美国立法者对智能合约创新的积极拥抱

霍维茨（Morton J. Horwitz）的研究表明，美国 1780 年之后的经济高速发展得益于法律的“保驾护航”，之后法学界和整个社会也渐渐意识到将促进经济发展的各种改革纳入“法治轨道”将有利于推动经济发展本身。[①] 在金融领域，美国一直善于运用法律创新推动科学技术的发展对金融的促进作用。20 世纪末，随着计算机、互联网技术的大力发展，将现实世界的交易舞台搬上虚拟世界的电子商务展现出了商业模式创新带来的巨大发展前景。然而，电子商务在当时的发展面临法律上的不确定性。互不见面的交易当事人在互联网上采用电子签名签署电子合同是否具有法律效力？在互联网上进行电子支付是否受到法律保护？这些问题必须由法律给出明确的答案，否则参与电子商务交易的各方都将陷入法律不确定的状态。2000 年克林顿政府将《国际与国内商务电子签名法》（Electronic Signature in Global and National Commerce）签署为正式法律，统一全美国电子签名的具体规则，明确电子签名具有法律效力。另外，为了破除各州针对电子商务不同交易规则的壁垒，建立统一的电子商务交易规范体系，促进电子商务全国大市场的形成，美国统一州法全国委员会颁布了《统一电子交易法》。正是美国出台了大量促进互联

---

① 参见［美］莫顿·J. 霍维茨：《美国法的变迁：1780 – 1860》，谢鸿飞译，中国政法大学出版社 2019 年版，第 477 页。

网商务的法律规定,电子商务如火如荼地开展了起来,以互联网支付为代表的网络金融也快速地得到了成长。

美国始终希望自己引领经济发展浪潮,积极地抓住每一个能够促使其经济实力增长的创新机遇。面对区块链智能合约这个新事物时,美国表现出了深感兴趣、锐意进取和积极竞争的姿态。由于美国采用了联邦和州的二元体制,各州之间具有独立的立法权,州与州之间通过法律政策的差异展开竞争。亚利桑那州、田纳西州、怀俄明州首先通过立法肯定了利用区块链、智能合约进行交易的合法性问题,鼓励区块链产业、智能合约交易落户该州。亚利桑那州在地方立法中明确:不得仅仅因为有关交易的合同包含智能合约条款就否认其法律效力、有效性或可执行性。田纳西州通过立法进一步明确:不得仅仅因为合同是通过智能合约执行就否认与交易相关合同的法律效力、有效性或可执行性。怀俄明州立法表明:智能合约意味着一个自动的交易,是以代码、脚本或编程语言协商以执行一份协议。[①] 总体而言,美国各州通过积极地立法,希望通过法律制度给予创新主体肯定的预期进而推进区块链、智能合约、数字经济的快速、领先发展。

(二)英国合同法的弹性显现出对智能合约的包容

从"茹毛饮血""刀耕火种""田园农耕"到历次"产业革命",人类社会步入了现代文明社会。从某种意义上说,现代社会的科技和文明滥觞于英国的工业革命。之所以伟大的工业革命能够发端于英国,一个非常重要的原因是英国在社会和国家治理上采用了制度创新,如1215年签署的《大宪章》明确"王权必须服从法律,国王不得干预司法,任何人必须经过正当的法律程序才能定罪";1689年《权利法案》作为人类历史上第一部宪法性法律文件奠定了英国法治社会的基础,确立了法律的权威,

---

① 本书第十三章详细介绍了美国针对区块链、智能合约的立法情况。

解除了对工商业和贸易的各种限制，为英国构建有活力的金融体系和资本市场营造了优质的法治环境。在以法律制度促进经济发展的传统下，英国法律长期以来对科学技术领域以及金融市场保持着友好、支持的态度，激励和鼓舞了金融科技的创新发展。2019 年 11 月，英国司法辖区工作组（UK Jurisdiction Taskforce）发布了《关于英国法律框架内加密资产和智能合约地位的法律声明》。该法律声明已在英国多个司法管辖区获得司法批准，被广泛认为是普通法向前迈出的重要一步。该法律声明清楚地表明，经过充分的讨论和辩论，人们可能会毫无争议地认为，加密资产在英国法律中被视为财产的判断是正确的，而且智能合约法律合同在英国法律中确实是具有法律约束力的合同。英国司法辖区工作组主席、英国高等法院大法官杰弗里 · 沃斯（Geoffrey Vos）爵士希望英国法律处于与加密资产和智能合约相关发展的最前沿。他解释说，英国法律应“在对技术和法律界以及全球金融服务业非常重要的领域提供急需的市场信心、法律确定性和可预测性”以及“展示普通法，特别是英国法，能够一致和灵活地应对新的商业机制”。他在 2022 年 2 月 24 日英国联合交易委员会发布智能合约报告的演讲中再次强调说：“我希望英国法律将被证明是无国界区块链技术的首选法律，因为它的采用在未来几个月和几年呈指数级增长。”①

英国合同法运用其合同法原则和目的解释对智能合约这类新事物展现出了包容和适应性。正如诺内特（P. Nonet）和塞尔兹尼克（P. Selznick）所言：“规则为了保护其现实性和生命力，必定要依靠适当的历史环境。随着环境的变化，规则也必须加以改变，这不仅是为了满足政

---

① Steven Baker & Julia Bihary, *From Cryptic to (some) Clarity: English Law and Policy Rising to the Challenge of Cryptoassets*, Part 1, The National Law Review (May 4, 2022), https://www.natlawreview. com/article/cryptic-to-some-clarity-english-law-and-policy-rising-to-challenge-cryptoassets-part.

策的需要，而且也是为了保护规则自身的权威和忠实地使用规则。在这一过程中的指导方针，来自那些有权威的原则，如公平或民主的概念，任何人都不应该因其错误行为而获益的观念，等等。"[①]同样，德沃金(Ronald M. Dworkin)也认为原则和政策是法律推理的根据。对于法律的目的或宗旨在法律事业中所扮演的角色，富勒(Lon L. Fuller)认为法律目的具有中心地位，发挥着核心和关键作用。英国法借助合同法的法律目的与法律原则，以及判例法"法官造法"的灵活性，正积极应对智能合约引发的金融创新的新局面。

(三)我国传统法律对智能合约技术作出积极回应

从技术维度解读，智能合约是一段以"if... then..."为逻辑结构的自动执行的计算机程序，能够在预设条件满足的前提下实现从一种状态向另一种状态的转换。智能合约的技术特性能够在法律合同的具体履行阶段发挥重要功用。面对智能合约的技术优势，中国法快速作出了创新实践、逐步推广的态势。我国的立法、执法和司法三大法治环节中，司法界对智能合约技术的回应最为迅速。

1. 人民法院运用智能合约技术的创新实践

从2020年开始，在最高人民法院的推动下，我国法院系统开始了对区块链智能合约在审判、执行阶段运用场景的探索。北京互联网法院运用区块链智能合约技术将执行立案程序化繁为简，推动调解协议的自动执行。法院主持下形成的调解协议如果当事人同意采用区块链智能合约技术自动履行协议，则该调解书在法院系统内会有"智能合约"字样标注于"当事人端"和"法官端"。法院调解书在没有得到履行的情况下，传统的处理方式为确认义务人是否按期履行，核对

① [美]P. 诺内特、P. 塞尔兹尼克：《转变中的法律与社会：迈向回应型法》，张志铭译，中国政法大学出版社2004年版，第89页。

申请执行期限,申请执行,填写、上传当事人信息、执行申请书、执行依据等信息材料。而采用区块链智能合约自动执行调解书内容的创新实践,省却了诸多烦琐的步骤,仅需当事人在系统中点击"未履行完毕"。①

杭州市西湖区人民法院运用司法链智能合约解决金融借贷纠纷调解协议执行问题。具体的操作方式为:银行和债务人在司法区块链平台上签订线上诉前调解协议并将调解协议转换为司法链智能合约。如果债务人到期不履行债务,智能合约会在债务人的银行账户中自动扣划相应款项;如果债务人银行账户没有款项供扣划,则会影响债务人征信记录。②

除了北京互联网法院、杭州市西湖区人民法院对智能合约在优化审判、执行程序上进行了有益探索,我国其他法院也不断思考和尝试智能合约技术对司法工作的改进。

2. 最高人民法院发文推动智能合约于司法领域的运用

最高人民法院作为我国最高审判机关,高度重视科技司法在审判工作中的战略意义。在地方人民法院探索借助智能合约改进司法工作的同时,最高人民法院快速通过工作文件等方式部署、推进智能合约等高新科技在司法审判工作中的运用。2020 年 7 月,最高人民法院发布了《关于深化司法责任制综合配套改革的实施意见》,激励各高级人民法院应当"积极探索智能合约深度应用";2020 年 8 月,在《对十三届全国人大三次会议第 7126 号建议的答复》中,最高人民法院明确"在执行中应用区块链智能合约技术,提高执行规范化水平";2021 年

① 参见《全国首例!北京互联网法院采用区块链智能合约技术实现执行"一键立案"》,载最高人民法院网 2019 年 10 月 28 日,https://www.court.gov.cn/zixun/xiangqing/194591.html。

② 参见西湖区人民法院:《全国首创!西湖法院金融借贷纠纷用上司法链智能合约》,载杭州西湖区门户网,http://www.hzxh.gov.cn/art/2021/4/21/art_1177933_59007595.html。

3 月，最高人民法院在《2021 年人民法院司法改革工作要点》中强调应当“着重推进智能合约在审判执行和社会治理中的应用落地场景”；2022 年 1 月，《人民法院在线运行规则》指出“司法数据中台”和“智慧法院大脑”应当具备智能合约功能；2022 年 5 月，最高人民法院《关于加强区块链司法应用的意见》详细地表达了智能合约运用的领域和深度发展的方向，提出到 2025 年，建成人民法院与社会各行各业互通共享的区块链联盟，大幅提升智能合约等基础支持能力，着力提升智能合约的准确可控水平，建立调解协议不履行自动触发执行立案、自动执行智能合约程序，探索建立执行案件自动发起查询、冻结、扣划以及执行案款自动发放智能合约机制，构建与金融机构区块链平台跨链协同应用机制，运用智能合约处置功能服务金融风险防范化解（见表 3－1）。

表 3－1 最高人民法院推动智能合约技术运用的进程

时间	文件名称	有关智能合约的内容
2020 年 7 月	《关于深化司法责任制综合配套改革的实施意见》	该意见第 28 点明确“各高级人民法院应当依托智慧法院建设，大力推进辖区法院区块链技术应用，积极探索智能合约深度应用，加强以司法大数据管理和服务平台为基础的智慧数据中台建设”
2020 年 8 月	《对十三届全国人大三次会议第 7126 号建议的答复》	“在执行中应用区块链智能合约技术，提高执行规范化水平”
2021 年 3 月	《2021 年人民法院司法改革工作要点》	强调“推进区块链中枢建设，着重推进智能合约在审判执行和社会治理中的应用落地场景，探索实现跨链应用”
2022 年 1 月	《人民法院在线运行规则》	第 10 条规定，“司法数据中台和智慧法院大脑应当具备数据汇聚治理、共享交换、关联融合、可视化展现、知识生成、智能计算、辅助决策、证据核验、可信操作、智能合约等功能”

续表

时间	文件名称	有关智能合约的内容
2022 年 5 月	《关于加强区块链司法应用的意见》	到 2025 年,建成人民法院与社会各行各业互通共享的区块链联盟,形成较为完备的区块链司法领域应用标准体系,数据核验、可信操作、智能合约、跨链协同等基础支持能力大幅提升。 以安全可信为前提,着力提升上链数据和智能合约的准确可控水平,确保数据安全,保护个人信息,推动形成区块链在司法领域稳中求进、有序发展、安全可靠的应用生态。 联合优势力量,开展关键技术攻关,打造开放共享的全国法院司法区块链平台,提高数据核验、可信操作、智能合约、跨链协同等基础技术能力,支持各级人民法院基于司法链平台开展业务创新应用。 建立调解协议不履行自动触发审判立案、执行立案等业务规则和智能合约程序,增强调解程序司法权威,支持多元纠纷化解。 探索建立符合条件的执行案件自动发起查询、冻结、扣划以及执行案款自动发放智能合约机制,在确保程序合规的前提下简化审批环节;建立对统查财产线索足额终本案件、对不履行义务的执行和解案件,无须单独提起立案流程即可自动立案恢复执行的智能合约机制。 构建与数据权属、数据交易等区块链平台的跨链协同应用机制,支持对数据确权、数据交易等过程信息的查询核验和智能合约处置,助力数据要素市场构建和数据价值释放,更好地服务国家大数据战略实施。 构建与金融机构区块链平台的跨链协同应用机制,支持对金融贷款合同、信用卡等审批、履行、违约过程信息的查询核验和智能合约处置,更好地服务金融风险防范化解。 构建与全国信用信息共享平台、国家企业信用信息公示系统和失信惩戒部门的跨链协同应用机制,支持对失信被执行人、限制高消费信息的查询核验和智能合约处置,确保失信信息可信产生、安全传播和合规使用,更好地发挥联合失信惩戒作用,助力健全以信用为基础的新型监管机制,服务社会信用体系建设。 各级人民法院要健全事前审核和测试评估机制,确保上链数据真实性、准确性、合规性以及链上链下数据一致性,确保智能合约的合法性、有效性、安全性和可靠性

第四章

智能合约的意思表示本质

作为金融科技"新宠"的智能合约技术，能够借助区块链在陌生人之间形成的信任，目前正在金融各领域呈现如火如荼的运用态势。智能合约具有技术面相，也有法律维度的解读。从法学的视野观之，智能合约的本质是什么？是实现法律合同履行的技术手段，还是智能合约本身能够满足法律合同的内涵而直接成为法律合同？这些问题，是法学界首先应当予以深入分析的起点。中国法将法律合同界定为"民事主体之间设立、变更、终止民事法律关系的协议"；英国法认为，法律合同是具有法律约束力的允诺；[①]美国法认为，法律合同是有法律效力的许诺；[②]法国法认为，合同的成立必须是基于双方当事人意思表示的一致，即基于双方的"同意"。[③] 总体而言，法律合同必须体现合同当事人的意思表示且承载着各方业已形成的合意，那么，以计算机

① See Andrew Burrows, *A Restatement of the English Law of Contract*, Oxford University Press, 2020, p. 45.

② See David G. Epstein, Bruce A. Markell & Lawrence Ponoroff, *Cases and Materials on Contracts: Making and Doing Deals*, Thomson Reuters, 2011, p. 1.

③ 参见法国《民法典》第1101～1108条。

代码为表现形式的智能合约,除了表达着“机器意思”,是否还承载着人类的意思呢?如果是人类意思表示的机器表达,是否能成为交易双方的合意呢?梳理智能合约背后的法律关系及智能合约的形成过程无疑是破解该问题的有效路径。

一、智能合约金融交易所处的法律关系网

借助区块链智能合约的金融交易是金融科技创新运用的交易模式,汇集了多方交易主体,多主体两两之间或者多方之间形成的法律关系交织成了一张法律关系网。对智能合约金融交易法律关系网进行抽丝剥茧式地拆解剖析,有利于发掘智能合约的法律实质。智能合约金融交易的具体形式多样,表现样态各异,核心主体包括区块链平台提供者、金融交易当事人、智能合约制作者、交易验证者和与金融交易相关的第三方。①

1. 区块链平台提供者

区块链平台提供者向用户提供整套区块链系统,保证平台具有去中心化、开放性、自治性、不可篡改、可追索性等特征,具有发送和存储数据、验证交易、智能运行等功能,为陌生人之间的金融交易提供信任机制。从技术上看,区块链平台由数据层、网络层、共识层、激励层和智能合约层构成。② 区块链平台提供者与智能合约金融交易者之间是区块链平台服务供给和接受的法律关系,平台提供方应当从技术上保证平台前述特征、功能、机制的稳定性、安全性和持续性。

2. 金融交易当事人

从广义的交易定义来看,提供区块链平台、制作智能合约等也属于

---

① See Dirk A. Zetzsche, Ross P. Buckley & Douglas W. Arner, *The Distributed Liability of Distributed Ledgers: Legal Risks of Blockchain*, University of Illinois Law Review, Vol. 2018 No. 4, p. 1361 – 1406(2018).

② 工业和信息化部信息化和软件服务业司指导,中国区块链技术和产业发展论坛编写:《中国区块链技术和应用发展白皮书(2016)》,2016 年发布,第 9 页。

交易的范畴，只是交易的类型不同，区块链平台涉及平台服务的供需交易，智能合约制作涉及委托制作智能合约的交易。这里的金融交易当事人是指资金融通交易的当事人，比如，借贷交易中的借款方和出借方，资金结算交易中的资金结算委托方和受托方，保险交易中的投保人、保险人和受益人，等等。金融交易当事人是区块链平台服务使用者，其利用区块链技术所创造的信任、智能机制开展各类金融交易。金融交易当事人之间是合同关系，依据金融交易类型的不同而最终确定为不同的合同关系，如借贷交易对应债权债务合同关系，资金结算交易确定为委托合同关系，保险交易则为保险合同关系，等等。金融交易合同对金融交易标的、价格、模式、履行方式、期限等进行约定，双方依约定享有权利和履行义务。

3. 智能合约制作者

智能合约制作者，是智能合约交易中很特殊的一类主体，在传统金融交易合同中不存在。这类主体接受金融交易方委托提供技术语言转换服务，将金融交易当事人用自然语言表达的金融合约转化为用计算机语言编辑的智能合约。智能合约制作者由于其专业性而得到金融交易当事人的信任，受委托开展代码编译工作，因此智能合约制作者具有正确理解金融交易当事人合同意思、准确将当事人的自然语言意思翻译为计算机代码、确保代码能正确执行的义务。

4. 交易验证者

区块链采用分布式网络结构，各个节点均可以参与见证、验证金融交易的全过程，因此区块链网络中的有效节点扮演着智能合约金融交易验证者角色。他们依据全网统一的规则、争夺记账权、收取报酬、对交易进行见证、形成区块并记入区块链中。对于智能合约金融交易而言，有效节点的拥有者有偿提供交易见证、验证和记账服务，其核心义务在于诚实见证交易、确保所验证的交易真实合法。

5. 与金融交易相关的第三方

不同类型、不同场景的智能合约金融交易有着不同的第三方。为了能够让金融交易顺利进行,第三方扮演的各类角色亦必不可少。以下列举几类常见的第三方:(1)除了借贷金融交易本身有一方是商业银行,不需要接入银行或者第三方支付机构作为金融交易的支付服务提供者外,在其他的智能合约金融交易中通常会接入第三方支付结算主体。(2)在涉及需要核实货物销售运输的智能合约金融交易中,比如应收账款质押或者保理智能合约金融交易中,往往需要核实基于货物销售的应收账款是否真实的问题,就需要接入快递公司的快递信息以验证应收账款基础法律关系的真实性,因此快递公司也常常会成为智能合约金融交易中的第三方。(3)在涉及资产证券化的智能合约金融交易中,除了需要将特定资产证券化的资产提供方和证券产品的最终购买方外,将特定的资产设计为证券并承销需要证券公司提供金融中介服务,特定资产的拥有方和投资人才能达成金融交易,因此证券公司也会成为智能合约证券类金融交易中的常见第三方。(4)在涉及会计师、律师、资产评估师、资信评估师提供专业中介服务的场景时,这类专家主体也会成为金融交易的第三方。(5)提供现实世界信息的第三方。区块链本质是一个不可篡改的分布式账本,处理和存储的是其内部发生的交易和事件。而智能合约金融交易除了需要在区块链系统中自行运算外,也依赖于外部真实世界,既需要外部世界信息的输入,也需要将智能合约的结果传达到现实世界。预言机作为一种连接区块链和外部系统的实体能够实现"链上链下"信息交换的功能。预言机对接的信息提供方也是智能合约金融交易的第三方,如航空延误险智能合约交易中提供航空延误信息的第三方,自然灾害农业保险智能合约交易中提供天气情况的第三方,等等。

区块链平台为智能合约金融交易搭建了可以提供技术信任的平台环境,平台提供方与其他使用平台的用户之间形成服务合同关系。智能合约金融交易当事人设计具体的金融交易内容,达成金融交易的意思一致,其中的一方或者双方聘请或者安排智能合约专业人士用机器语言撰写智能合约,通过智能合约安排和落实交易各方的权利、义务、利益和责任。智能合约发挥陌生人“可置信”“自动执行”等功能,需要区块链平台提供分布式网络环境,离不开区块链节点用户积极参与交易见证和交易记录,通过竞争获取记账权的节点用户接受金融交易当事人的委托将交易记录到区块链。提供支付结算功能的银行、第三方支付公司,提供专业中介服务的证券公司、会计师事务所、律师事务所,提供外部信息接入预言机的其他第三方主体等众多种类的第三方为智能合约金融交易的顺利进行提供各种功能和服务。总体来看,智能合约金融交易当事人在众多合同关系网的包裹下完成特定的金融交易。随着智能合约的制作、部署、自动执行,金融交易当事人各方的意思以及合意得以以计算机语言进行表达,金融交易意思转化为数字之后也能够得到计算和执行。剖析完智能合约金融交易法律关系网之后,我们可以看到智能合约虽然表面上是计算机代码面相,但是其实质上承载着当事人之间关于金融交易的合意。为了更为细致、微观地观测智能合约是否能够成为金融交易当事人间的合意形式,我们将进一步分析智能合约的形成过程。

二、智能合约的形成

通过对既有典型案例的抽象提炼,以智能合约形成的方式为类型化标准,适用于金融交易的智能合约大致可以分为三种类型:一是交易双方先协商一致形成传统的自然语言合同,然后将自然语言的合同转化为计算机代码形成智能合约;二是交易一方起草金融交易条款并转化为代码部署于区块链,交易对手“点击”进入智能合约;三是交易一方没有起草自然语言的交易条款,直接将交易意思表达为计算机代码部署于区块链,交易对手“点击”进入智能合约。

在第一种类型中,金融交易双方就交易本身意思表示达成一致,形成以自然语言为表达形式的传统书面或口头合同,并同意采用区块链智能合约方式进行交易。这时交易方需要下载区块链平台客户端成为区块链网络中的节点。全节点的客户端通常包括创建账户、钱包管理、挖矿管理、数据管理、部署智能合约等功能。交易双方业已形成的口头或书面合同(很多时候是电子合同)以自然语言写成,即使作为电子记录上传至区块链亦不能被识别和运行。“制定智能合约,需要将合同条款转换为代码并上传到区块链。”[①]因此需要将已经形成的自然语言合意转换成计算机代码。交易方委托智能合约制作方(可能是交易方的内设机构,也可能是交易方之外的第三方)使用 Solidity 等计算机语言编辑智能合约,再通过编辑器编辑元数据,最后发布到区块链平台上。[②] 区块链上分散的每个节点都可以获得智能合约。[③] 智能合约在区块链平台提供的运行环境(如以太坊区块链平台的“以太虚拟机”)中,特定条件一旦满足即自动执行,智能合约及自动执行都在全网见证,金融交易双方在智能合约中部署的权利义务即得以实现。

后面两种类型,无论交易中的主导方是否起草自然语言条款,智能合约都由金融交易中的主导方单方制作并部署于区块链,体现了提供方的交易意思。这里需要讨论的问题是:交易对手的“点击”是否构成同意?后加入的一方是否同意智能合约中的权利义务安排?交易双方是否就智能合约的内容达成合意?合同相对人对交易意思的理解并对其所理解的内容进行承诺方能使合同成立,如果在意思表示上存在瑕疵有可能会使合同效力处于不确定的状态。“法律对合意的要求保护了各方的合同自由,每一方都应该有机会了解和理解拟定合同条款,并有权利选择是否决定同意。法律应该使缔约方形成合意既不太容易也

---

① Nicolette Kost De Sevres, Bar Chilton & Bradley Cohen, *The Blockchain Revolution, Smart Contracts and Financial Transactions*, Cyberspace Law, Vol. 21, (2016).

② See Maher Alharby & Aad van Moorsel, *Based Smart Contracts: A Systemtic Mapping Study*, Fourth International Conference on Science & Information Technology, 2017, p. 125 – 140.

③ See Edward D. Baker, *Trustless Property Systems and Anarchy: How Trustless Transfer Technology Will Shape the Future of the Property Exchange*, Southwestern Law Review, Vol. 45, p. 351, 360 – 361(2015).

不太难。”[①]美国《统一计算机信息交易法》第112(a)条规定，“点击同意”通常具有“同意”的法律效力，“点击”被所有理性人视为同意，正如同口头表达同意的意思一样。[②] 另外，美国《全球暨全美商业电子签章法》(Electronic Signatures in Global and National Act)也对电子签名的法律效力予以认可。我国《电子商务法》第48条第1款规定：“电子商务当事人使用自动信息系统订立或者履行合同的行为对使用该系统的当事人具有法律效力。”第49条第1款规定：“电子商务经营者发布的商品或者服务信息符合要约条件的，用户选择该商品或者服务并提交订单成功，合同成立。当事人另有约定的，从其约定。”由此可见，中美两国对于单方提供拟签订合同条款、交易对手“点击”同意的行为，通常都视为接受合同条款、达成合意。

值得注意的是，美国《统一计算机信息交易法》《全球暨全美商业电子签章法》和我国《电子商务法》对“点击”同意的认可，是建立在交易对手阅读的电子合同是以自然语言为表达形式的前提之上的。智能合约用计算机代码写成，交易对手可能并不能读懂，因此交易对手对于智能合约的认识能力、智能合约提供方是否给予说明等交易的具体因素就应当予以考虑。如果交易对手能够正确理解合约所体现的提供方的真实意思，那么交易对手的“点击”行为构成对智能合约的同意，交易双方形成合意。

无论是交易双方先形成合意再转换为智能合约，还是单方提供智能合约交易对手“点击”进入，智能合约都不是如同其表面所展示的那般仅仅是冷冰冰的计算机代码，其背后起支撑作用的是丰富的交易双方的意思甚至是已经形成的合意。

---

① Christina L. Kunz & Carol L. Chomsky, *Contracts: A Contemporary Approach*, West Academic Publishing, 2010, p. 200.

② See Ronald J. Mann, *Electronic Commerce*, Wolters Kluwer, 2011, p. 420.

第五章

智能合约代码形式的法律效力

合同是典型的民商事表意行为,当事人内心的意思要客观地表达出来让对方及第三方识别,需要将主观意思转化为客观信息被识别和传递,从意思到信息是一个从主观到客观的过程。各国或地区的合同法均关注哪些是表意信息、哪些信息体现了合同当事人的意思表示、意思表现出来的信息是否清楚、体现意思表示的信息形式是否合法、记录载有意思表示的载体是否合法、传输承载意思表示的信息的方式是否合法等一系列问题。从金融交易相关各方形成法律关系的过程来看,智能合约能够体现金融交易当事人的意思与合意,能够进入合同法的视野并成为法律上的合同或者是成为某个合同的一部分,具有合同的法律效力。但是,传统合同内容以自然语言为基础,有书面和口头两种形式,并不包括计算机代码形式,那么,智能合约的代码是否能够体现合意,是否符合法律要求的合同形式,是否具有形式效力,是智能合约法律效力探讨紧接着需要回答的问题。

将当事人已经达成一致的意思表示书写于纸张上是绝大多数国家或地区合同法认可的传统书面形式。

智能合约与传统书面形式有没有本质上的一致或差异,能否为合同法所认可呢?作为现代数字高科技产物的智能合约本质上载有关于交易的信息,回顾和探寻人类信息记载和传递史的内在逻辑可以帮助我们回答智能合约是否可以成为合同法所认可的合法形式这一问题。

一、信息理论的启示

(一)主观意思需要外化为信息进行表达和传递

1948年,"信息论之父"克劳德·香农(Claude E. Shannon)在一篇题为《通信的数学理论》的论文中提出了信息论(Information Theory)。该理论为互联网的发展、语言学的研究等诸多领域都提供了理论工具。香农认为:信息是一组可能的信号,通信的基本问题是在一点上精确地或近似地再现在另一点上选择的信息。[①] 香农的信息观反映了信息的本质,解释了信息的传播或者传递。控制论创始人维纳(Norbert Wiener)认为,"信息这个名称的内容,就是我们对外界进行调节并使我们的调节为外界所了解时与外界交换来的东西"[②]。控制论以人为主体,强调信息的交换功能。从哲学角度观之,信息与物质、能量属于自然界同一层次的客观存在,是构成宇宙的三个基本要素。维纳也指出,信息本身不是物质,信息必须依靠载体存在和传播。人的思维、意识、意思、思想要与外界进行交换,必须有一个外化表达和传递的过程,信息就是人类与外界交换的内容。

(二)自然语言是主观意思信息的载体

信息从一个点传至另一个点需要载体,而自然语言就充当了这个重

---

① See Claude E. Shannon, *A Mathematical Theory of Communication*, The Bell System Technical Journal, Vol. 27, p. 379 – 423, 623 – 656 (1948).

② [美]维纳:《人有人的用处——控制论与社会》,陈步译,北京大学出版社2010年版,第152页。

要的信息载体。语言学大家陆俭明认为,“信息是人对客观存在的事物与现象,以某种音义结合的符号为载体,发送出的指令、消息、情报、数据或信号等所包含的可传递、可感知、可提取、可交换、可处理、可利用、可再生的内容”①。以人类为主体的视角进行观察,人与客观存在之间的信息,需要借助音义结合的自然语言符号系统进行传递。认知语言学家徐盛桓认为,语言学所说的信息是指以语言为载体所输出的消息内容。②

以索绪尔(Saussure)为代表的语言符号论学者认为,从语言的本体性质上来说,语言是一个声音和意义相结合的符号系统。③“语言是表达思想的符号体系。”④“语言是作为人类交际工具的音义结合的符号系统。”⑤自然语言作为一套符号系统,最重要的一个功能就是通过声音、文字等符号形式在人类之间以及人类与客观世界之间交换信息。人类语言多种多样,但在有文字之前,自然语言最初以不同的发音、音素即声音为载体。语言学的研究成果也指出:“作为信息传递工具,不同语言都使用发音—听觉信道完成信息传递。”⑥自然语言实现了人与人、人与客观世界的信息交换,正是从这个意义上看,人类自然语言充当了人与外界信息交换的第一载体。

(三)合同当事人意思信息借助自然语言载体形成合意

具体到商事合同领域,合同当事人的意思是主观的内容,该主观意思客观化为信息,信息的表现和传递需要借助一套成熟的自然语言符号

---

① 陆俭明:《再议语言信息结构研究》,载《当代修辞学》2022 年第 2 期。

② 参见徐盛桓:《信息状态研究》,载《现代外语》1996 年第 2 期。

③ 参见[瑞士]费尔迪南·德·索绪尔:《索绪尔第三次普通语言学教程》,屠友祥译,上海人民出版社 2018 年版,第 84~88 页。

④ 束定芳、庄智象:《现代外语教学——理论、实践与方法》,上海外语教育出版社 1996 年版,第 21 页。

⑤ 《语言学百科词典》,上海辞书出版社 1993 年版,第 444 页。

⑥ 孔超、刘娟:《人类语言信息传递速率的共性——基于 61 种语言大规模语料库的计算》,载《外语教学与研究》2022 年第 3 期。

体系。民商事合同是当事人形成合意的协议,各方当事人要将主观意思表示出来,即要求当事人将主观意思以信息的方式表达和传递给合同相对方,这个过程也就是合同法所关注的“要约”;要约的信息传递到合同相对方后,合同相对方对要约信息予以认可作出承诺的意思表示,也需要以信息的方式向外传递至要约方。经过要约与承诺之后,当事人双方形成合意,合意同样需要以信息的方式表现和传递。在整个要约和承诺过程中,自然语言作为信息载体起到了沟通、确认的重要作用,其表现出来的口头协议成为商事合同的重要形式。

二、智能合约代码可以成为信息的载体:自然语言符号的再符号化

传统形式的民商事合同,当事人均以自然语言为载体承载和传递信息,智能合约展现在大众面前的却不是自然语言,而是计算机代码,那么智能合约计算机代码能否成为当事人意思与合意信息的载体?计算机代码能否成为信息的载体?在语言学家看来,自然语言作为符号系统具有不变性和可变性。索绪尔将符号界定为概念(所指,signifie)和音响(能指,signifiant)的结合,能指与所指这一组心理实体最初在社会交际的某个场合任意结合,形成了表情达意的语言符号。[①] 从这个角度来看,语言符号的形成具有任意性,也正因如此,不同国家或地区相同的概念(所指)对应不同的音响(能指)。然而,语言一旦约定俗成,语言符号基本上不会发生突然变化,而是具有相对稳定性,对语言的使用者产生约束。从语言符号学理论观之,如果智能合约代码能够完成“所指”和“能指”的结合,就能够成为金融交易合约当事人意思表示、形成合意的信息载体。

智能合约代码以计算机语言写成,目前使用较多的是 Solidity、

---

① 参见[瑞士]费尔迪南·德·索绪尔:《索绪尔第三次普通语言学教程》,屠友祥译,上海人民出版社 2018 年版,第 109~110 页。

Serpent、Mutan 和 LLL(Low-level Lisp-like Language)等语言。这几类语言属于计算机高级语言。大体来看,计算机语言包括机器语言、汇编语言和高级语言。由于机器语言和汇编语言难以识别和记忆,通常情况下计算机专业人士都采用高级语言进行编程,通过编写的程序操控计算机的运行。下面我们以 Solidity 为例研究智能合约代码能否成为人类意思信息的符号这个问题。Solidity 受 C 语言、Python、JavaScript 语言影响,属于一门面向合约的高级语言,主要用于编写以太坊智能合约,由于需要在以太坊虚拟机上执行,具有与以太坊虚拟机相匹配的特性和限制。① 然而,无论 Solidity 具备何种特殊性,它都是一种人类可读的计算机高级编程语言,必须经过编译器转化为计算机可识别的机器二进制语言才能运行。二进制语言是一种形象的表述,其实质是电子计算机利用断电(低电平)、通电(高电平)这两种状态来表示 0 和 1。0 和 1 可以借助二进制表示不同的数,而不同的数可以被定义为不同的字、词等。同时在布尔逻辑的数学理论下,0 和 1 也可以表示"真""假"两种逻辑状态,可以设定逻辑真为 1,逻辑假为 0,进而 0 和 1 可以实现布尔运算。至此,数字、字母、字、词汇、句子、标点符号等都可以用对应的"0 和 1 组合"来表示,数字计算和逻辑运算也可以由 0 和 1 来完成。于是人类可读的计算机高级编程语言经过一系列的转换,成为可以由电子表示和运行的 0 和 1 代码。从智能合约高级编程语言到计算机可以表示和处理的 0 和 1 代码,整个过程的实质是:将人类的意思用计算机高级语言 Solidity 编辑,再通过编译器等一系列技术处理成为电子技术可以表示和运行的 0 和 1 状态;计算机运算完成之后,再反向转换成人类通常可以识别的语言符号。如此剖析,智能合约代码虽然表现为不同于人类自然语言的计算机高级语言,但实际上它仍然是以表示人类意思为目的,只不过表示意思的信息符号发生了转换,进行了多次信息符号再符号化的过程:从自然

① 参见唐盛彬编著:《以太坊智能合约开发实战》,机械工业出版社 2022 年版,第 180 页。

语言符号系统转换成计算机高级语言符号系统，后又转换成机器语言 0 和 1 符号系统，最终转换成电子符号系统。

三、智能合约的电子形式：信息载体的载体

主观意思外化为信息的载体最初有行为、其他事物、口头语言表达、文字语言表达等。远古时代“结绳记事”，信息“事”通过另一种客观事物“绳”和具体的“结绳”行为来表达，虽然表达内容十分有限且传递存在困难，但是用绳索和行为同样可以表达信息。类似地，“摔杯为号”“击掌为盟”等行为都可以成为传递信息的载体。“结绳记事”通过人类的视觉进行感知，依据物理学光学的理论成果，人类之所以能够看到“结绳记事”“摔杯”“击掌”，是因为物体发出的光或者反射的光进入人眼，光可以是信息传递的载体。自然语言从发展史来看，正如恩格斯所说的，“这些在形成中的人已经到了彼此间有什么东西非说不可的地步了”，作为信息载体的人类自然语言终于“从劳动当中并和劳动一起产生出来”。[①]震动声带发出不同声音成为最初和最原始的口头语言表达方式。口头语言以及前面提到的“摔杯”“击掌”所形成的声音均是借助声音表达传递信息，声音可以是信息的载体。行为、其他事物、口头语言是信息的载体，但是这些信息需要传递到其他主体可能还需要借助其他载体。“有各种各样的信息载体，有些载体需要并且可以载带于别的载体上。纸张、磁带、文字、语音都是信息载体，但文字可以固定在纸上，语音可以固定在磁带上，一种载体载带另一种载体，前者也就盛载了后者携带的信息。”[②]因此信息载体本身也可以负载在另一个载体之上。

主观意思外化需要表达为信息并传递，信息以自然语言为符号体系

---

① 中共中央马克思、恩格斯、列宁、斯大林著作编译局编译：《马克思恩格斯全集》(第 26 卷)，人民出版社 2014 年版，第 512 页。

② 苗东升：《论信息载体》，载《重庆教育学院学报》2006 年第 1 期。

载体能够转换成其他的符号体系(如0和1符号系统),客观上可以进行自然语言符号的再符号化。符号本身是物质的,符号可以负载于其他物质载体之上,即存在信息载体的载体。回到合约的法定形式问题上来,各个国家或地区通常都认同合同的口头或书面形式,口头语言作为语言符号通过声音表达和传递信息,如果有录音的情况下,录音电子设备成为保存和传递口头语言符号的物质载体。对合同书面形式的传统理解是将合同当事人形成的合意用自然语言记录于纸质载体。自然语言是合意的表现形式,纸张是记录当事人合意以语言符号为载体的信息的载体。纸质形式通常被各国或地区的合同法认可为合法的合同书面形式,那么,除了传统的纸张,还有没有其他载体能够承载合同当事人的合意?如果有其他载体形式,该其他形式的载体是否能够成为合同的合法形式?

(一)纸质载体:信息语言符号载体的优秀载体

对于合同形式是否可以突破纸质载体的问题,剖析纸质合同的本质能够揭开谜底。当事人将合意记录于纸质载体,是对自然语言记录载体进行的选择。那么,自然语言是否可以选择其他的记录载体呢?从人类历史发展的维度对自然语言所传递的信息进行考察,我们发现,随着科学技术的发展,反映主客观世界状态与变化的信息在表达形式和载体上越发多样。自人类发明语言文字后,语言文字成为表达主客观世界的信息载体和表达工具。人类自然口头语言以音素为基础,在没有现代技术录制的情形下转瞬即逝,口头要约和承诺需要当事人自认或者其他证人予以佐证,否则口头合同的成立就会成为一个问题。正是因为口头合同的"无痕性",通常会在"一手交钱、一手交货"的及时结清的交易场景中存在,而标的大、复杂的金融合同通常不会采用口头形式。承载信息的语言文字符号记录于山洞墙壁,虽然可以再现语言符号,但是不易搬移。取材于自然界的竹简改进了墙壁记录不能搬移的属性,但是竹简笨重,在信息传递的效率上远不尽如人意。人类在绢帛上书写语言文字传递信息,绢帛确实轻盈,但是造价高,不适宜广泛使用。纸张的发明,在易于书写、易于搬移、成本控制方面都有了巨大改进,是人类对语言文字记录载体不停探索的里程碑事件。自纸张成为语言文字有效的载体之后,民商事合同广泛地采用纸张作为书写载体,“立字为契”成为合同缔结的惯例。

毋庸置疑,纸张为当事人提供了记录交易合意的优秀载体,然而,借助纸张的合意信息传递需要通过完成纸张的物理转移方能实现,“飞鸽传书”“信差信使”“快递”都是加速纸张物理移动的具体解决方式。民商事交易从熟人社会走向陌生人社会,交易的广度和深度对语言文字信息载体提出了更高的效率要求,人类的科学发现和发明在信息载体方面作出了持续的探索。

(二)“有线”载体传递意思信息

如何提高“不见面”交易当事人之间信息传递的速度是商事交易进一步发展的方向。信息学和语言学理论表明,人类自然语言是信息的编码方式,自然语言符号同样可以“再符号化”“被再次编码”。受美国医生查尔斯·杰克逊“不管电线有多长,电流都可以神速通过”的启发,借助电流的“通”、“断”和“长短”特征,摩尔斯将自然语言所携载的信息再次编码为电流的“通”和“断”的组合,塞缪尔·摩尔斯(Samuel Morse)将电流“通电”与“断电”的状态排列组合编码为英文字母、数字、标点符号等,发明了摩尔斯电码。于是再符号化的信息借助电流这个特殊载体实现了快速传递。

摩尔斯电码是对文字信息的传输。人们在探索文字信息快速传递的同时,也不停地思考如何远距离传输声音从而传递信息。从合同形式来看,声音传递的意思信息属于口头形式。远距离传输声音可以使人们远距离口头缔约,增加远距离交易成功的可能性。虽然声音与文字信息都是以电信号为载体,但转换的原理有所不同:电报是将文字符号转换为电符号;电话是将声音转化为电符号,具体而言是将声音振动转化为电子振动,再由电子振动还原为声音。

无论是文字信息还是声音信息,通过金属导线、光纤等有形媒质载体传输电信号、光信号极大地增加了当事人意思信息传递的速度,也为远距离金融交易提高了交流沟通的效率。

(三)“无线”载体进一步拓展了信息传递的空间

无论是电报还是电话,早期都将有线电缆作为信号传递的载体,属于人们通常所说的“有线”传输。有线电缆为人们肉眼可以观察到的物质载体。如果没有“有线”设施,电报或电话都因缺乏物质载体而不能完成远距离传输。在人类信息传递载体升级换代的历史上,虽然“有线”传输大大提高了信息传递的效率,但是受限于电缆物质载体的有形性,信息载体有线电缆的铺设和架设成本的存在尚不足以满足人们对信息传递更高的需求。随着对自然界事物认识的深入和对电场、磁场以及电磁场的深入研究,科学界发现人眼不能看到的电磁波同样能够承载和传递信号,通信科学家利用电磁波信号可以在自由空间中传输的特性,将文字、声音、图像转换为电信号,然后通过发射机发射,借助电磁波进行传输,再由接收机收到后还原为文字、声音、图像。由于电磁波在空间上不受电线的束缚使信息可以在更广阔的空间传播,扩大了意思信息传递的范围,从而进一步增加了潜在的民商事交易的可能性。

(四)数字信号优化意思信息的传输载体

合同当事人的意思需要转化为信息来进行表示和传递,口头意思首先借助人类语言负载信息,语言载体再次借助声音声波载体进行传输;“点头”“摇头”等行为符号让合同相对人看到则是通过“光波”传递信息;有线传输运用电信号、光信号传递信息;无线通信采用电磁波信号传输信息。信号是信息的载体,不同类型的信号具有不同的特性。声音是典型的“模拟信号”，信号波形模拟着信息的变化而变化，其主要特征是幅度是连续的，可取无限多个值。模拟信号虽然信息密度更高，但是容易受到杂讯的影响和干扰，多次复制或长距离传输之后受到干扰的状况会更为严重，同时也易于被第三方破解信息内容。采用二进制数字来表示信号的“数字信号”，运用电路的“通”与“断”两种状态将信息编码加载为电信号，其自变量、因变量都是离散的信号，在抗干扰性、保密性、传输质量、节约信号传输通道等方面优于模拟信号。

另外，自 1946 年约翰·冯·诺依曼发明计算机以来，计算机在计算、分析、储存、运算等方面具有卓越的性能，计算机联网之后，信息需要在不同计算机之间进行传输。计算机采用二进制存储信息和运算，合约当事人的意思信息进入计算机系统必须将当事人负载在自然语言符号上的信息再次转换为二进制的符号。数字信号相较于模拟信号，更有利于计算机在互联网中传输、存储、处理信息，减少了模拟信号进入计算机必经的二进制数字转换的成本。数字信号对信息的二进制编码，与计算机的工作原理紧密契合，使人类的意思信息不仅可以借助数字信号传递，还可以进入计算机系统被存储和处理，为可计算的意思信息奠定了基础。

（五）意思信息的可运算

信息是客观世界各种事物变化的特征和反映，事物的变化体现为有关事物的信息的变化。从信息的维度观察，民商事合同的签订体现为合同当事人关于合同约定事项的合意信息，合同的履行则表现为合同当事人落实合同约定权利义务事项的信息。意思信息二进制编码之后的数字代码可以在计算机上存储、借助“有线”或“无线”在不同计算机之间传输，在满足计算机逻辑的前提下还可以进行运算。合同的履行，无论是“先合同履行”“后合同履行”，还是“同时履行”，均表明在合同当事人履行义务时具有时间序列。这个特征一方面与计算机的“状态机”特质吻合,可以实现不同状态之间的转换;另一方面,金融合同的履行与计算机“If... then...”条件逻辑结构具有契合性,即在一方履行义务之后,另一方才履行合同义务,或者在检测到对方正在履行义务时,付款义务方同时履行付款义务。智能合约正是结合了合同与计算机运算的契合点,将金融电子数据合同推向了能够执行当事人意思信息的新境界。随着智能合约的深度运用,智能合约还能够为合同当事人寻找金融交易对手,按照当事人既定的意思订立金融合同,并且按照金融交易双方的合意执行合同(见表5-1)。

表5-1 信息记载和传输发展史

项目	无语言文字时代	有语言文字时代					
		纸前时期	传统书面	电子			
				有线传输	无线传输	数字传输	数字传输及运算
信息内容	主客观世界的事物、观点、思想等						
信息表达方式	行为、事物,如结绳记事	语言文字	语言文字	电符号	电磁波	数字(电子合同)	数字代码(智能合约)
信息记录载体	其他事物	墙壁、竹简、绢帛	纸张	电缆等	无线电波等	计算机、网络	计算机、网络、分布式账本
信息传播方式	事物的物理转移	竹简、绢帛的物理转移	纸张的物理转移	语言文字、电符号	语言文字、电符号	语言文字、电符号、数字	语言文字、电符号、数字、代码运算

(六)法律对合同当事人合意信息载体的确认

人类意思信息、自然语言符号、电子符号、数字符号之间的相互转换,丰富了主客观世界信息源不同的表达形式。只要再符号化过程本身不出差错,那么这种表达形式就是可靠、准确、可信赖的。商事合同体现当事人的意思,记载于纸面的意思表达基本上是各个国家或地区的法律都予以认可并赋予法律约束力的书面要式行为。电符号、数字代码符号等是自然语言的再符号化表现形式,也能准确表达当事人的意思信息。数字代码符号以电子设备为载体储存和传输,从信息理论的角度来看应当属于意思信息的载体形式。

我国《民法典》第469条第1款规定:“当事人订立合同,可以采用书面形式、口头形式或者其他形式。”这里的合同形式实质上就是合同合意信息的具体载体。我国《民法典》采用了典型列举和兜底的立法技术。“列举规定‘口头形式’和‘其他形式’的真正意义,不是为了罗列合同形式的基本类型,而是想以此表明合同形式自由的限度。”[①]《民法典》第469条第2款、第3款规定:“书面形式是合同书、信件、电报、电传、传真等可以有形地表现所载内容的形式。以电子数据交换、电子邮件等方式能够有形地表现所载内容,并可以随时调取查用的数据电文,视为书面形式。”从这一条的规定来看,书面形式在通常的理解中指自然语言的书面表现形式,“有形地表现所载内容”中的“内容”是指意思信息,“所载”表明“意思信息”的载体,合同书、信件和数据电文等书面形式则是“意思信息”载体的具体形式。目前书面形式已经包括“数据电文”,数据电文存在于电子设备之中,法律实际上已经认可计算机、光盘、U盘、硬盘等电子设备能够成为意思信息的载体。智能合约代码同样需要在计算机等电子设备中储存和运行,因此,从载体的形式上看,智能合约是满足既有法律的形式要求的。核心的问题是,合同法书面形式的传统理解是自然语言的书面形式,智能合约代码若要为法律直接所接纳,合同法书面形式是否应当突破是自然语言的书面形式?

美国《统一商法典》第2-201条规定了合同的合法形式,主张以书面形式订立货物买卖合同,同时法典对书面形式扩大解释为“打印、打

---

① 朱广新:《书面形式与合同的成立》,载《法学研究》2019年第2期。

字,或其任何意思表示的有形的形式”。美国法院认为有形的形式包括电子合同,因为电子合同可以被保存在电脑硬盘驱动中并且可以被打印出来。[①] 电子数据业已为中国法、美国法所认可。

智能合约是基于电子数据的计算机代码,其直接表现形式不是电子化的人类自然语言,但记载和传递着当事人的意思表示并可以履行和实现交易方的意思。从合同形式自由原则、合约代码承载当事人意思表示这一信息本质以及可以有形地表达出来来看,智能合约可以成为供当事人选择的合同形式,并可以扩大列入合同法的书面形式。美国商品期货交易委员会的意见正是对这一逻辑梳理的印证,他们认为:“无论合同采取何种形式,现行法律和法规都同样适用,用代码书写的合同或合同的组成部分,同样适用其他法律、法规的规定。”[②]

---

① See Bazak Intern. Corp. *v.* Tarrant Apparel Group, 378 F. Supp. 2d 377 (S. D. N. Y. 2005).

② LabCFTC, A Primer on Smart Contract, November 27, 2018, p. 1 – 32.

第六章

智能合约自动履行的法律效力

在人类交易史长河中,传统的口头合同和纸质合同扮演着异常重要的角色。随着计算机、互联网技术的发明,电子合同登上了历史舞台,我国《电子签名法》认可了电子签名的法律效力,《电子商务法》第 48 条[①]确认了电子合同对签约当事人的法律效力,于是节约交易成本的电子合同广泛运用于民商事交易中。然而,无论是口头、纸质合同,还是电子合同,合同的履行都需要交易当事人的亲力亲为或者委托他人而为。智能合约除了采用计算机代码、数字代码、电子代码等再符号化体系之外,还有一个突出的特征,即在满足预先设定的条件下会自动执行合同条款。智能合约的自动履行不同于传统合同当事人的自己履行或者委托履行,那么智能合约的自动履行是否能为法律所认可并赋予法律效力呢?这个问题值得进一步思考和剖析。

① 《电子商务法》第 48 条规定:"电子商务当事人使用自动信息系统订立或者履行合同的行为对使用该系统的当事人具有法律效力。在电子商务中推定当事人具有相应的民事行为能力。但是,有相反证据足以推翻的除外。"

一、智能合约的结构:自动履行合约的功能基础

依据系统论,结构是功能的内在根据,功能是要素结构的外在表现;一定的结构总是表现出一定的功能,一定的功能总是由特定的结构产生。智能合约之所以能够自动执行合同条款,与它特殊的结构密不可分。德国慕尼黑大学应用科学的研究人员迈克尔·莫林(Möhring)等调研了智能合约领域的51名专家,专家普遍认为,在智能合约中以下五个基本要素必不可少:电子合同(electronic contracts)、区块链(blockchain)、协议(protocols)、因果关系(causal relationships)和程序步骤(process steps)。[①]正是因为有前述五个要素,智能合约才能够自动执行。电子合同是当事人交易意思达成一致的电子数据文本,该文本存储于电子设备,能够借助有线或无线网络在不同的电子设备之间传输,而且该电子数据在技术底层对应计算机代码,容易被计算机等电子设备识别。联合国国际贸易法委员会通过的《电子商务示范法》明确认可通过数据电文手段完成要约和承诺的合同具有有效性。[②] 我国和全球不少国家通过法律的形式确认了电子合同的法律效力。[③] 电子合同具有法律效力是智能合约履行具有法律效力最基础的前提。

区块链为陌生人开展“不见面智能合约交易”提供了技术上的信任

---

① See Michael Möhring, Barbara Keller, Rainer Schmidt, Anna-Lena Rippin, Janine Schulz & Karina Brückner, *Empirical Insights in the Current Development of Smart Contracts*, Twenty-Second Pacific Asia Conference on Information Systems, Japan 2018.

② 联合国国际贸易法委员会《电子商务示范法》第11条规定:合同的订立和有效性(1)就合同的订立而言,除非当事各方另有协议,一项要约以及对要约的承诺均可通过数据电文的手段表示。如使用了一项数据电文来订立合同,则不得仅仅以使用了数据电文为理由而否定该合同的有效性或可执行性……

③ 我国2004年通过《电子签名法》《电子商务法》;美国1997年通过《统一电子交易法》、2000年通过《国际与跨州商务电子签章法》;加拿大1999年通过《统一电子商务法》;德国1997年通过《多元媒体法》;欧盟1997年通过《欧盟电子商务动议》《远程销售指令》;新加坡1998年通过《电子交易法》;澳大利亚1999年通过《电子交易法》;日本2000年通过了《电子签名与认证业务法》。

机制和环境。交易当事人愿意进入金融智能合约的前提条件是：(1)交易对手真实可信；(2)交易内容确定能够得到实施。分布式数据存储结构、非对称密码学原理以及特殊的共识机制使区块链环境具有不可篡改、留痕、值得信任的技术特征。智能合约从理念上的智能到现实世界的落地才有了可信任的技术环境，陌生人才能放下戒心踏入智能合约的交易世界。

协议是依据计算机工作原理编写的机器能够处理的"协议"，既是将人类交易意思信息由自然语言转化为机器代码的再符号化过程，也是计算机之间进行信息交换的协议。电子合同以自然语言为载体，交易当事人通过阅读电子合同语言文字判断该电子合同是否真实、准确、无遗漏地表达了交易意思，并能够对语言文字进行修改以确保"词能达意"。自然语言符号体系不是二进制系统，不能够为具有"通电""断电"二维特征的电子设备所直接表达，自然语言电子合同必须转化为二进制的计算机协议才能被电子设备识别、表示和运算。图灵完备的编程语言在自然语言与计算机二进制代码之间架起了一座桥梁，实现了自然语言信息向机器代码信息符号体系的转变，也完成了人类意思向机器意思的转换。

因果关系将不同的事件、行为以"前因后果"的方式有机地联系起来，特定事件或行为的发生会触发另一个特定的事件或行为。计算机的条件语句"If... then..."通过验证假设性条件是否为真，从而判断是否执行下一步操作。if 后面的事件或行为成为 then 后操作命令的"因"，then 语句所指涉的事件或行为就成为假设条件满足之后的"果"。一旦计算机程序设定了特定的"If... then..."因果关系，那么计算机就会严格地遵循既定的"因果律"，这一特性不同于人类行为"有因必果""有因无果""无因无果""无因有果"甚至完全随意的行动模式，因此，智能合约中"If... then..."语句所涵摄的因果关系能够为参与人提供"有因必果"的行为预期。智能合约中设置的"因果关系"在交易当事人之间会形成对称的信息披露，让陌生人之间相信出现特定的"因"，就一定会运算出预期的“果”,从而进一步增加了陌生人之间交易的信任度。

程序步骤是计算机执行指令的步骤安排,其实质是确定事件或行为发生的先后顺序。许多商事交易尤其是金融交易都有明确的交易步骤,这些交易步骤可以被梳理为一步一步的流程关系,然后用智能合约代码编写成计算机可以识别、运算、执行的程序步骤,由智能合约控制、分步骤地自动完成每一步的“既定动作”。

二、智能合约自动履行所蕴含的制度变革要义

总体而言,智能合约用技术的方式改变了金融交易的成本结构和成本大小,适用于传统合同交易成本架构的合同法律制度出现了失灵,急需针对新的智能合约交易成本框架作出新的应对。

制度经济学家约翰·康芒斯将交易描述为人与人之间利益交换关系的基本范畴,交易成为一个一般化的概念。[①] 经济学的研究表明,交易能够使交易当事人从利益互换中受益,交易因为互惠而值得鼓励。科斯定理表明,在交易成本为零的情况下,不管权利如何进行初始配置,当事人之间的谈判都会导致资源配置的帕累托最优。但现实世界中并不存在完全没有摩擦的交易,交易成本普遍存在,于是权利的配置问题就会影响资源配置的效率。法律的基本范畴是“权利—义务—责任”,因此对权利、义务进行安排的法律制度对于资源的配置有着决定性的作用。促进交易的法律制度应当是朝着降低交易成本的路径构建。值得注意的是,在交易的过程中,不仅交易成本会成为交易顺利进行的障碍,非合作博弈的“囚徒困境”同样会令交易止步。青木昌彦认为:“物品交易机会可以概括为一种典型的囚徒困境:双方能从相互诚实的交易中获益,但是任何一方欺骗对方,则可能带来更大的利益。所以,若不存在限制这

---

① 参见[美]康芒斯:《制度经济学》(上册),于树生译,商务出版社 2017 年版,第 70 页。

种不诚实行为的机制，潜在的对双方有利的交易可能无法发生。”[①]合同法是调整交易关系的核心法律制度，从促进和鼓励交易的目标来看，合同法应当从降低交易成本和减少交易中的囚徒困境来“顺滑”交易。一个普遍的交易现象是，“一手交钱，一手交货”的即时结清交易毕竟所占比例不高，合同的订立和履行在不少场景是分开进行的，“延时交易”是价值交换的常态。合同订立之后，双方意思表示形成合意，各方履行义务会构成对方的合理预期。然而，“合同的订立”与“合同最终得到履行”是两个问题，信息不对称在合同订立之前所产生的逆向选择以及在合同履行阶段所引发的道德风险都会打破“合同会得到履行”的预期。逆向选择与道德风险，一方面有可能会导致囚徒困境；另一方面有可能会增加不履约时守约方追回损失的成本。合同法的设计在于减少交易成本和避免囚徒困境，“实现允诺产生的合理预期”[②]。具体而言，传统合同法中专门安排了合同履行抗辩权制度（同时履行抗辩权、先履行抗辩权、不安抗辩权）和违约制度。合同履行抗辩权解决一方不履行合同约定，另一方行使抗辩权以维护自己的权益：应当同时履行合同义务的当事人，如果一方履行义务，另一方没有履行，履约方担心对方承诺的义务落空，因此在对方没有同时履行义务时可以进行不履行义务的抗辩；有先后履行义务顺序的交易中，先履行义务的一方没有履行，后履行义务的一方以“先履行义务一方不履行义务”为自己不履行义务抗辩；先履行义务的一方如果发现后履行义务的一方在自己履行义务之后根本不可能履行义务的情况下，可以提出基于“不安”的履行抗辩。当守约方如约履行义务，合同法规定了违约责任惩罚违约方，让守约方的损失得到填补的同时对违约方形成不诚实守信须受惩戒的预期。通过违约责任的

---

① ［日］青木昌彦：《比较制度分析》，周黎安译，上海远东出版社2001年版，第62页。

② ［美］A. L. 科宾：《科宾论合同》（下册），王卫国等译，中国大百科全书出版社1998年版，第5页。

设计,合同能够履行的预期得到加强,囚徒困境的概率降低。传统合同法在应对“延时交易”、防范当事人不履行合同构建了相应的法律制度安排,降低了交易成本和陷入囚徒困境的概率。下面以金融交易中的借贷交易为例具体分析如何通过合同权利、义务的配置进而促进资金融通交易。

借贷交易有着古老而悠久的历史,实现着交易当事人之间关于资金的跨时空价值交换。借贷交易有两方交易主体:一是资金的盈余方,也称为资金供给方;二是资金的赤字方,亦称为资金需求方。资金的盈余方将资金出借给资金的赤字方,资金的赤字方使用资金,在借款期限届满时,资金的赤字方向资金的盈余方还本付息,利息即是其支付的资金使用的对价。如果借贷交易没有成本,那么不管权利如何配置,利率的多少、期限的长短等都可以取决于借贷双方的谈判。然而,借贷交易有着各种成本:(1)为解决信息不对称而产生的信息成本。资金一旦从资金的盈余方“借出”、处于资金的赤字方的控制时,借贷交易的所有风险就全部落在了资金的盈余方身上。资金的盈余方为了防控信贷风险必须弄清楚资金的赤字方的资信状况,即资金的赤字方是否有能力以及是否有意愿归还本息;必须提前做好资金的赤字方不能归还本息时的应对措施。(2)议价成本。借贷双方关于借款的金额、利率、期限、还款方式等进行磋商、沟通的成本。(3)违约成本。一旦资金的赤字方违约,资金的盈余方为了维护自己的利益而付出的追回损失的成本。尤其是信息成本和违约成本的存在使得借贷交易通常在“熟人圈子”内发生,而不会轻易在陌生人之间实现。然而,资金交易的需求普遍存在,商业银行作为信用中介连接了资金的盈余方和资金的赤字方,扩大了借贷交易的范围。正是因为借贷交易成本的普遍存在、不可避免,在借贷双方之间如何配置权利就成为非常重要的问题。基于借贷交易标的物货币资金之上的到底是所有权还是债权就是值得思考的权利配置问题①。所有权需

① 银行法理论界和实务界曾经争论不休的存款所有权或债权之争淋漓尽致地展现了这个问题。

要返还原物，但货币资金是种类物；债权返还的是种类物，除了本金返还请求权得到法律支持，法律同样肯定了使用本金的利息请求权，对于利息债权的法律确认实际上增加了合法利息的预期、减少了资金的盈余方出借资金的交易成本，有利于促进资金借贷交易。另外，在以银行为中介的借贷交易中，法律配置给存款人随时请求银行支付存款本息的权利、银行具有“见索即付”的义务，这些权利、义务安排都有利于降低存款人实现债权的成本、从而促进和鼓励了借贷交易。

智能合约运用于金融交易之后，交易成本的结构和大小与传统的金融交易相比发生了变化。智能合约最大的特点是在满足设定条件的情况下，智能合约会自动执行事先设定的行为。在借贷交易中，贷款人出借资金，贷款期限届满，智能合约会自动扣划借款人事先设定的银行账户内的资金用于归还贷款本息。在航空延误险中，投保人投保、交付保费，在所购机票发生延误时，智能合约自动进行理赔，无须投保人申请，直接将理赔款支付至投保人账户。一方面，智能合约自动履行的最大优势在于增强了合同会得到履行的确信，直接降低了促使合同履行的成本，对传统合同法律制度的影响在于合同履行以及不履行的救济制度不再适用或者极少得到适用。另一方面，与传统合同的签署不同，智能合约需要将双方当事人的意思表示用智能合约代码表示；同时由于智能合约在满足条件的情况下势必会执行，因此智能合约在部署的时候会更为小心谨慎。基于以上原因，与传统合同相比，智能合约金融交易的签订成本增加。

科斯定理明晰了在交易成本不为零的情况下，权利的不同配置会影响资源配置的效率。智能合约金融交易出现后，对理论提出的问题是：交易成本结构中合同履行成本降低、合同签订成本增加以及具体交易成本大小发生显著的变化，那么传统的配置权利的法律制度是否应当发生变化？科斯定理隐藏了一个前提条件，即在交易成本特定的情况下，相应的权利制度安排对应相应的资源配置方案。换言之，如果既有的权利制度安排是资源配置帕累托最优的方案,也是针对特定的交易成本而言的,那么如果交易成本结构以及交易成本大小均发生变化,原来的针对特定交易成本结构和大小的权利制度安排就不再具有针对性。相应的启示是:针对新的交易成本结构和交易成本大小,需要重新评估既有制度的有效性,如果存在不能调适的情况,就需要调整既有的权利制度安排或者变革既有的权利制度,从而达到帕累托改进。具体运用到智能合约金融交易中,传统合同法中关于履行和违约的合同法律在制度使用上的效率下降,应当重新审视传统合同法关于签订部分的制度规定是否能够降低智能合约交易的成本结构,以及传统合同履行法律制度是否能够应对智能合约交易履行中出现的问题。

三、智能合约自动履行法律效力的判断

我国《民法典》第三编“合同”第一分编“通则”第四章“合同的履行”规定,“当事人应当按照约定全面履行自己的义务。当事人应当遵循诚信原则,根据合同的性质、目的和交易习惯履行通知、协助、保密等义务”。在通常的合同案件中不需要回答合同的履行是否具有法律效力的问题。因为合同在具有民事行为能力的当事人意思表示一致时成立且符合法律要求、获得法律肯定评价之后即合法有效。成立并生效的合同应当全面、完全、诚信履行,当事人依据该合同的履行自然合法有效。值得注意的是传统的合同履行是当事人或其他委托代理人“亲力亲为”的履行,传统合同法及司法实践所关注的是履行是否符合有效合同的约定,而不关心合同履行的法律效力问题,因为依合法有效合同“亲力亲为”的履行自然具有法律效力。但是智能合约的出现,带来了合同履行的不同方式,呈现出“人类履行”与“机器履行”的并行图景。相应地,出现一个问题:“机器履行”是不是一种合法有效的方式,如果具有法律效力,“机器履行”对谁具有效力?

(一)智能合约自动履行的是“谁”的交易意思?

合同的订立无论是采用要约、承诺的方式,还是采用其他方式,最为关键之处在于需要当事人将交易意思表示出来。要约是要约人将要约的意思对外表示出来,承诺是承诺人将承诺的意思对外进行表示,进而在要约人和受要约人之间形成合意。“意思表示”与“合意”始终是交易的核心内容。交易意思是“谁”的意思?这个判断关乎交易后果对谁产生法律效力以及由谁承担法律责任这两个法律问题的回答。智能合约金融交易中,计算机代码所编写的智能合约以及智能合约在网络环境中的自动执行,是金融交易主体各方独立的意思,还是新增了计算机智能的意思?也就是智能合约金融交易究竟是“谁”的意思?为了回答这个问题,还需要回答:交易意思由“谁”对外进行表示?交易意思对外表示的形式是怎样的?是采用传统的口头、纸质书面形式,还是采用电子的方式?是仅仅采用电子方式,还是在采用电子方式的基础上增加自动的方式?如果采用了自动的方式,是自动地将主体的意思用电子形式表达出来,还是在主体意思大致框架下,自动作出交易决策并表达出具体的交易意思?在智能合约自动交易模式下会出现一个问题,即自动的交易有没有超出主体的意思范围?如果没有超出主体的意思范围,自动履行的法律后果由主体承受不会产生争议。问题在于如果自动交易中的决策和具体的交易内容超出主体的意思范围,交易主体是否应当承担由此造成的法律后果?有观点认为,采用自动履行的方式意味着认可自动履行带来的便利,同时也承担自动履行带来的风险,只要选用了这种方式,自然也应当承担自动履行带来的不利后果。然而,值得注意的是,如果智能合约已经具有独立的意思表示并且远远超过部署、使用智能合约的当事人的意思范围,那么智能合约的交易后果是否一定由交易当事人承担呢?根据前文的分析,我们以意思的形成来源、意思对外表示形式和方式为标准,将智能合约意思表示分为意思对外的电子表示、意思的对外自动表示、自动的意思对外表示三类。

1. 意思对外的电子表示

意思对外的电子表示，在有些研究中也称为“意思的对外电子宣示”(electronic declaration of intention)，比如银行向客户推送的电子存单信息，告知客户起存金额、存款利率、存款期限。理论界和实务界通常认为，这种形式的金融交易虽然意思表示的形式为电子形式，但是意思形成的来源仍然是交易主体而不是计算机，因此，对外以电子形式作出意思表示而形成的交易后果由人类世界的交易主体来承担。

2. 意思的对外自动表示

与意思对外的电子表示不同的是，意思的对外自动表示的意思形成来源仍然是交易主体而不是计算机。虽然计算机程序会填写用于要约的金融交易单，但是“填哪些内容”“如何填写”都由交易主体事先设定好，计算机只是根据不同的客户做不同的填写，填写的内容在交易主体预设范围之内。交易要约形成之后，计算机程序不再需要交易主体再次点击确认即可以自动对外向交易对象发送，即整个交易意思的对外表示是自动的。例如，保险公司设置自动出具保单的程序，在收集客户的必要信息之后，可以自动向特定客户寄送有针对性的电子投保单。在这类商业案例中，保险公司根据特定保险产品的属性，将投保人的风险进行分类，设置不同的费率，收集客户信息以利于将客户归类到某一具体的保险产品中，然后程序自动发出保单。交易的内容由交易主体设计，体现的是交易主体的意思，但是交易意思的对外表示是由计算机自动作出的。归根结底，计算机虽然自动完成了意思的对外表示，但是意思本身仍然来自交易主体，由交易主体承担意思的后果自然也在逻辑和情理之中。

3. 自动的意思对外表示

自动的意思对外表示，是指计算机自动生成具体的交易意思并自动地对外表示。如果与交易主体的意思进行对比，会出现两种情况：一种是处于交易主体的意思范围之内;另一种则超越了交易主体的意思范围。

对于第一种情况,交易主体给出了大致的交易意思,但没有明确具体的交易内容、交易对手等信息,具体的交易意思由计算机程序根据不同的情况来确定和完成。例如,在证券智能合约交易中,交易主体在智能合约中给出交易底价,智能合约自动在网络中搜寻给出交易报价的交易对手,只要对手报价高于底价,智能合约自动与该交易对手订立合约并实现证券二级市场的转让。在这类交易中,最终的成交价格可能远远高于交易主体最初设定的底价,交易对手也直到最后方能确定。换言之,交易价格以及证券受让方在智能合约部署之时并不确定,均由智能合约程序在后续的运行中予以明确,但是最终由智能合约确定的交易意思处于部署该智能合约的交易主体的意思范围之内。也正因如此,让交易主体承担由计算机程序实现的最终交易后果符合一般法理。

计算机程序超越交易主体的意思范围对外表示,在复杂的网络动态环境中会不可避免地存在。计算机程序在封闭的环境和开放的环境会呈现出不同的预期性。在封闭的环境中,计算机程序可以被测试、试运行,该程序可能出现的各种情况基本可以检测出来,用计算机程序实现交易主体的意思具有可预期性。在开放的互联网环境内,计算机程序仿佛成为一个可以移动的"探索者",面对未知的网络环境,该计算机程序运行也有可能出现不在预期之内的结果。计算机程序移动到其使用者完全不知道的环境中运行,使用者对未知的环境完全没有影响力,移动的计算机程序本身将具有更大的独立性,与用户保持着更大的空间距离。在这样的场景下,移动计算机程序更像是扮演着一个电子代理人的角色。

随着人工智能时代的来临,计算机不再仅仅执行人类事先编辑好的简单程序,强人工智能逐步发展出自我决策、自我意思、自我表达的能力,突破人类意思进行决策和行动的情况呈现出丰富多样的趋势。一方面,科技企业加大对强人工智能的研发投入。谷歌研发的模拟人脑的谷歌大脑,马斯克(Elon Musk)和萨姆·奥尔特曼(Sam Altman)联合创办、微软后续也加入的 Open AI,都是强人工智能研发的典型代表。Facebook、阿里巴巴、腾讯、百度等科技企业纷纷投入强人工智能的研发中,旨在开发通用人工智能。另一方面,强人工智能的技术路径不断拓展并取得了实质进展。随着神经处理机制的发现,计算机可以对生物神经元系统复杂的电位脉冲进行模拟,在模拟人脑实现人工智能路径上取得了明显的突破。强人工智能的一个关键问题是,强人工智能的实现需要多大计算成本?“基于人脑的‘脉冲’模拟计算框架下的脉冲神经网络、神经形态计算有望在实现人工智能的同时,降低计算平台的能耗。”① 神经处理机制的发现和模拟降低了计算成本,从而在更广泛地范围有利于促进计算机“自我决策”“自我意思”的出现和运行。虽然目前学术界对强人工智能的概念并没有形成共识,但普遍认为强人工智能可以具备以下特质:自动推理,在不确定的环境中作出决策;知识表示;自主学习;自主创新;使用自然语言进行沟通。强人工智能的发展,智能合约金融交易出现计算机的自我决策、自我意思及其对外表示的情况将越来越多,那么计算机“自动的意思对外表示”所产生的法律后果如何承担将是值得探究的问题。

(二)回应计算机“自动的意思对外表示”的既有法律解

借助电子通信和计算机程序的自动交易早在智能合约出现之前就已经在电子商务领域广泛运用。电子通信给商务带来了高效和良好的互动性,但在接受传统法律规则调整时面临不确定性,如何应对互联网商务中的电子合同以及自动执行的计算机程序,联合国和欧美国家都积极地展开了探索。

---

① Kaushik Roy, Akhilesh Jaiswal & Priyadarshini Panda, *Towards Spike-based Machine Intelligence with Neuromorphic Computing*, Nature, November 27, 2019.

1."电子代理人"的寓意

为解决电子合同的法律效力问题,联合国国际贸易法委员会于 1996 年通过了《电子商务示范法》,以功能等同(functional equivalents)、技术中立(technology neutral)的思想认为法律应当同等对待"纸质"和"电子通信"两种媒介。《电子商务示范法》被评价为是一种极简主义立法方式。在理论层面,《电子商务示范法》将"是否有能力使用电子通信方式订立合同进行交易"转化为"如何做就可以达到通过电子通信进行合约交易"这个问题,这个重要的转变其实是将难以测试和评价的能力问题化解为可以外化证明的证据问题,在价值取向和政策抉择上肯定了电子通信方式。①

美国统一州法全国委员会于 1999 年通过的《统一电子交易法》,采用"电子代理人"这个全新的概念来命名计算机自动化程序,该法第 2 条规定:"电子代理,是指无需个人审查或操作而可以通过独立使用计算机程序、电子或其他自动化方式即可做出某种行为或者能够对电子记录或电子运行做出响应行为。""电子代理人"概念的提出,是一种形象化的思考,自然人不能进入互联网虚拟世界作出具体的人类行为,计算机程序好比自然人的代理人,在互联网虚拟环境作出某种运算从而呈现出特定意义的行为效果。依据美国《统一电子交易法》第 9 条和第 14 条的规定,一个人的行为既包括该人的人类代理人所采取的行为,也包括该人的电子代理人(该人的工具)所采取的行为。虽然美国法采用了电子代理人这个术语,但是在后续的司法实践中并没有将电子代理人作为具有法律主体完全权利能力、完全行为能力的真正意义上的代理人来对待,正如美国《统一电子交易法》中的表述,电子代理人成为人类在虚拟世界

① See *Uniform Electronic Commerce Act* (*Consolidation*, 2011), ULSS-CHLC, https://ulcc-chlc.ca/ULCC/media/EN-Uniform-Acts/Uniform-Electronic-Commerce-Act-(Consolidation - 2011)_1. pdf, Last Visit Date Feb. 10, 2024.

作出特定行为的工具。

为了实施联合国国际贸易法委员会《电子商务示范法》的原则，加拿大制定了《统一电子商务法》(Uniform Electronic Commerce Act)。该法第19条将电子代理人定义为："'电子代理人'是指计算机程序或任何电子手段，在无需自然人做出响应或行为时，用于做出某种行为或全部/部分地响应电子文件或电子运行。"加拿大统一法律会议(Uniform Law Conference of Canada,ULCC)对此的评论为：计算机交易在很大程度上是自动交易，电子商务的新颖性与其说是自动化，不如说是被用于需要建立具有法律效力关系的电子通信。[1] 电子通信、自动交易的计算机程序，均是技术维度的创新与运用，因技术而产生的社会关系是否能够产生法律效力，依赖于既有法律社会对新事物法学本质的认识，也取决于立法当局的价值判断和政策取向。加拿大《统一电子商务法》同样认为电子代理人只是一项工具，而不是法律意义上的代理人。

电子代理人，英文为 electronic agent，agent 源于拉丁语"同意"(agree)，意思是在同意之下的"行为"。代理人 agent，是一个人，他或她被授权代表为他人行事或代替他人行事。[2] 电子代理人作为计算机程序，与传统的软件程序相比，具有以下特性：(1)反应性。感知环境并对随之发生的变化作出反应的能力。(2)主动性。启动目标导向行为的能力。(3)自主性。在没有人类或他人直接干预的情况下运作的能力，并对自己的行为和内部状态有某种控制。(4)社交能力。通过共享价值与其他软件代理或人类互动的能力。(5)适应性行为。适应用户习惯、工

---

① See *Uniform Electronic Commerce Act* (*Consolidation*,2011), ULSS-CHLC, https://ulcc-chlc.ca/ULCC/media/EN-Uniform-Acts/Uniform-Electronic-Commerce-Act-(Consolidation - 2011)_1. pdf, Last Visit Date Feb. 10,2024.

② Longman Dictionary of the English Language 1988 (as cited in Murch/Johnson), p. 17.

作方法和偏好的能力。(6)移动性。在电子环境中移动的能力。[①]

2. "自动信息系统"使用的法律推定

我国《电子商务法》于2018年发布,没有采纳"电子代理人"这套法律制度,而使用了展现技术特征的"自动信息系统"的概念,该法第48条第1款明确规定:使用自动信息系统订立或者履行合同的行为对使用该系统的当事人具有法律效力。该法立法政策取向是支持电子商务的发展,认可使用自动信息系统具有法律效力。对当事人是否具有使用自动信息系统订立或履行合同的民事行为能力问题,在立法技术上采用了法律推定制度,规定除非有相反证据足以推翻当事人不具有使用自动信息系统的民事行为能力,否则自动信息系统的使用均具有法律效力。

(三)智能合约自动履行的法律效力辨别

随着强人工智能的深度开发,智能合约金融交易的情形亦将更加丰富和复杂,对于智能合约交易自动履行法律效力的判别也将不是一个非黑即白的简单问题。智能合约自动履行是否具有法律效力以及对谁有法律效力,一个核心的鉴别标准在于智能合约自动履行体现或者执行的是谁的意思。

1. 当事人意思范围内的智能合约自动履行

从智能合约的结构可以看出,用自然语言写就的以电子数据进行表示的电子合同是当事人的真实意思表示,而计算机真正运行的是以电子合同为脚本编写的计算机协议(protocols),计算机协议是否具有当事人履行合约的法律效力?合法有效的合同转由计算机按计算机规则履行,涉及法律对计算机履行方式的评价。

"亲力亲为"履行方式具有法律效力的依据是合同本身合法有效。

---

① Steffen Wetting & Eberhard Zehendner, *The Electronic Agent: A Legal Personality under German Law* Research Gate(January 2003), https://www.researchgate.net/publication/228978997.

自然履行,如交付货物,支付价款,是当事人亲自作出的行为,符合生效合同当事人意思表示和法律要求。智能合约存在电子合同当事人意思向计算机协议机器意思的转变,而且后续的自动履行依据计算机的程序进行,那么在这个转换过程中是否存在机器意思与当事人自然语言意思不相吻合的“与约定不符”,是否出现机器意思与法律规定相悖的不合法的情况?如果存在不相符的情形,那么智能合约履行的法律效力就可能会受到怀疑。

用代码写成的计算机协议以及运用强人工智能之后的机器意思,如果与交易当事人的意思一致或者在当事人意思范围之内,从合同自由原则来判断,是当事人亲自履行合约还是交由电子手段自动履行合约,只是合同履行方式的选择问题,应当由当事人自由抉择,不能因为当事人选择了电子自动履行合约方式就否定合约及其履行的效力。另外,从既有的法律安排来看,不少国家的立法肯定了电子通信、计算机等科技手段作为促进交易的方式,认为它们都是表现和实现当事人交易意思的工具。在采用“电子代理人”概念的国家,目前也都是将计算机程序、电子手段等作为实现交易的方式。无论是欧美“电子代理人”法律制度将“是否具有使用电子手段的行为能力问题”转化为“是否达到使用电子手段标准的证据问题”,还是中国法推定具有使用电子手段行为能力的法律推定加抗辩安排,运用计算机程序自动履行合约都被认为是有效的法律行为,其法律后果归于使用者。从合同自由原则以及既有法律安排的逻辑来看,在当事人意思范围之内的智能合约自动履行交易具有法律效力。

2. 超出当事人意思范围的智能合约自动履行

并不是所有的智能合约自动履行都能落入当事人的意思范围之内。虽然智能合约随着金融交易场景的不同而多种多样,运用强人工智能之后情形将变得更加复杂,但总体而言,超出当事人意思范围的智能合约自动履行有以下两类。

第一，使用代码写就的计算机协议在内容和运行上超出了用自然语言形成的合约。当事人达成的交易意思由人类自然语言进行表达和传递，遵循自然语言法则；计算机协议遵循计算机法则，两者存有较大差异。人类语言受人脑支配，与思维密不可分，且语言符号与事物之间的关系具有任意性，因此人类自然语言非常复杂。当前的科学技术还难以完全模拟人脑的语言功能，人类语言与计算机语言完全一致翻译尚不能做到，因此机器意思与自然意思不相符的情形客观存在。另外，智能合约的制作由计算机专业人士完成，计算机专业人士对当事人合约理解的不同也会造成计算机协议超出当事人的意思范围。合同由当事人共同协商一致达成、起草并签字认可，而计算机协议需要精通计算机编程语言的专业人士来编写。在机器语言并不是由绝大多数人掌握的背景下，交易双方均精通计算机语言并能起草协议的毕竟是极少数，计算机协议往往委托智能合约制作方来编写。当事人、计算机协议起草人的专业知识背景不同，对合同内容、法律要点理解的不同直接影响意思转换的一致性，也存在计算机协议超出当事人意思范围的情形。

第二，强人工智能的运用使智能合约自动交易在决策和运行上超出当事人的意思范围。2022 年，中国金融四十人论坛与中国金融四十人研究院发布《明珠湾智能金融发展报告(2021)》指出，当前金融创新面临的金融伦理问题主要包括数据伦理和算法伦理，应当警惕运用人工智能过度逐利、侵害消费者权益，防范人工智能对低收入群体过度负债诱惑所引发的风险。[①] 卖方运用强人工智能在具体的交易过程中以逐利为核心目标，可能在数据、算法上诱惑买方，致使买方超出其真实的意思进行交易。买方运用强人工智能利用卖方智能合约自动交易中的漏洞，迫使卖

---

① 参见杜川：《智能金融应用不断深化，警惕运用人工智能过度逐利》，载第 1 财经网 2022 年 11 月 29 日，https://www.yicai.com/news/101609150.html。

方违背其真实意思作出交易行为。强人工智能的介入使智能合约交易可能出现超越当事人真实意思而展现并执行自己独立意思的情况,采用“电子代理人”概念的国家此时会发现“电子代理人”可能已经超越了工具价值,而呈现出独立的主体人格的特质。

第一种情况是超越当事人意思的智能合约自动履行,根据意思表示有误的主体可以分为两种情况:(1)提供金融产品或服务的一方意思表示被智能合约自动履行超越;(2)接受金融产品或服务意思表示不在智能合约自动履行范围之内。针对第一种情况,需要明确超越当事人意思的具体情形和形成原因,如果是计算机专业人士编写计算机协议造成,则需要审查智能合约制作委托协议相关的约定。通常情况下,相对于智能合约交易相对方,智能合约自动履行的效果对部署智能合约的当事人具有约束力。第二种情况实际上是接受金融产品或服务的当事人(有些时候是金融消费者)意思表示错误如何处理的问题。由于存在不能理解智能合约、点击错误等客观情形,在这里应当有相应的救济方式,如果没有提供防止或纠正错误的机会则可能导致自动交易无效,比如加拿大明确规定了电子代理人错误的法律效力①。

针对第二类强人工智能超越当事人意思的智能合约自动履行,强人工智能是否只能作为工具的定论需要再度被讨论,“电子代理人”工具说之外的其他学说也值得再次被审视。电子代理人“法人说”认为,“电子代理人能够依据自己的判断为使用人利益服务,法律后果直接归属于使用人,那他们就是代理和被代理的关系”,电子代理人实际上即为

① 加拿大《统一电子商务法》第2部分第22条规定:“自然人与他人的电子代理人所作的电子文件不具有法律效力,如果该自然人在该文件中犯了重大错误并且(a)电子代理人未向自然人提供防止或纠正错误的机会;(b)当自然人得知该错误并指出他或她在电子文件中犯了错误时,该自然人在切实可行的情况下尽快将该错误通知另一人;(c)该自然人采取合理步骤,包括符合他人指示的步骤,返还因该错误而收到的对价(如果有的话),或者按照他人指示销毁该对价;和(d)该自然人未使用或收受收受他人对价的任何物质利益或价值(如果有的话)。”

新型的法人。[①] “电子人论”认为,电子代理人可以成为有限代理人,对无权代理承担有限责任。斯特芬·韦蒂格(Steffen Wettig)和埃伯哈德·泽恩德纳尔(Eberhard Zehendner)认为,代理人应当具备三项实质性条件:任务级别技能(task level skills)、知识(knowledge)和交流技能(communication skills)。他们的研究表明,自然人代理人和电子代理人在代理人实质要件上并没有本质上的区别。[②] 电子代理人需要在类似于公司登记的机构注册,电子代理人所有人在注册机构缴纳一定金额的财产供电子代理人承担民事责任,另外也可以通过保险方式解决电子代理人对外承担民事责任的问题。强人工智能极大地推进了电子代理人具备独立决策行为能力的进程,在通过有限责任、保险等具体制度的设计之后,电子代理人也可以拥有独立承担民事责任的能力,可以预见的是电子代理人具备真正代理人主体资格的时代或许并不遥远。

3. 违反强制性规范的智能合约自动履行

2016 年基于以太坊区块链平台的去中心化自治组织(DAO)发生了一次严重的安全漏洞事件。持有 DAO 代币的参与者通过投票方式共同决定被投资项目,该项目在符合相关法律的前提下是合法的,但该项目的智能合约受到黑客攻击,黑客运用智能合约窃取了大量代币。黑客借助智能合约自动履行非法获取代币的行为违反了法律的强制性规定,那么此处的智能合约自动履行行为是否具有法律效力? DAO 事件后,以太坊平台“硬分叉”,从数据被恢复的那一时点起被分叉交易(其中既有黑客交易,也有合法交易),自动履行的法律效力被否认的法理依据是什么? 这些问题都涉及违反法律禁止性规定的智能合约自动履行的法律

① 参见李晓云:《电子商务中的“电子代理人”问题研究》,载《经济体制改革》2006 年第 1 期。

② See Steffen Wettig & Eberhard Zehendner, *A Legal Analysis of Human and Electronic Agents*, Artificial Intelligence and Law, Vol. 12, p. 111 – 135(2004).

效力问题。

合同履行的法律效力与合法性虽然是不同的法律问题，但是合同的履行违反强制性规范会影响其法律效力的判定。合同的订立和履行体现当事人的意思自治，属于典型的私法领域；法律强制性的禁止规定旨在发挥公权力对重大社会秩序的调整功能，属于典型的公法范畴。有关违反强制性规定的法律效力的规范，从宏观立法功能来看，其本质在于沟通私法与公法关系，体现了公法对私法的干预。正如我国台湾地区学者苏永钦在点评德国“违反法律禁止性规定的法律行为效力规范”时所言：“从整个法律体系的角度观之，德国民法典第 134 条规定具有一项不容忽视的功能，就是提供了一条使公法规范‘进入’私法领域的管道。”[①]不少国家在完成私法与公法沟通的法律制度中设置了“违反法律强制性规范法律效力”方面的规范。德国《民法典》第 134 条规定：“违反法律禁止规定的法律行为无效，但依法律不以之为无效者除外。”我国《民法典》第 153 条第 1 款规定：“违反法律、行政法规的强制性规定的民事法律行为无效。但是，该强制性规定不导致该民事法律行为无效的除外。”

具体到智能合约自动履行的法律效力判别，同样需要考虑“机器意思”与“机器执行”是否会违反强制性法律规定。金融领域智能合约的运用涉及金融产品或服务提供者及需求者、金融消费者、科技公司、区块链平台等多方主体，业已出现的运用数字货币智能合约洗钱、开设场外交易所等案例，表明智能合约金融交易同样可能会关系到国家金融安全、金融秩序稳定、金融消费者弱势群体保护等重要的社会公共利益，因此对智能合约自动履行法律效力的判断同样需要考察智能合约自动履行行为是否违反法律强制性规定。如果特定的智能合约或者其自动履行违反了法律、行政法规的强制性规定，则需要进一步分析该强制性规定

① 苏永钦：《私法自治中的经济理性》，中国人民大学出版社 2004 年版，第 33 页。

是否会导致智能合约自动履行行为无效，在我国具体的判断标准依据为2023年12月施行的最高人民法院《关于适用〈中华人民共和国民法典〉合同编通则若干问题的解释》第16条[①]。

---

① 最高人民法院《关于适用〈中华人民共和国民法典〉合同编通则若干问题的解释》第16条规定："合同违反法律、行政法规的强制性规定，有下列情形之一，由行为人承担行政责任或者刑事责任能够实现强制性规定的立法目的的，人民法院可以依据民法典第一百五十三条第一款关于'该强制性规定不导致该民事法律行为无效的除外'的规定认定该合同不因违反强制性规定无效：(一)强制性规定虽然旨在维护社会公共秩序，但是合同的实际履行对社会公共秩序造成的影响显著轻微，认定合同无效将导致案件处理结果有失公平公正；(二)强制性规定旨在维护政府的税收、土地出让金等国家利益或者其他民事主体的合法利益而非合同当事人的民事权益，认定合同有效不会影响该规范目的的实现；(三)强制性规定旨在要求当事人一方加强风险控制、内部管理等，对方无能力或者无义务审查合同是否违反强制性规定，认定合同无效将使其承担不利后果；(四)当事人一方虽然在订立合同时违反强制性规定，但是在合同订立后其已经具备补正违反强制性规定的条件却违背诚信原则不予补正；(五)法律、司法解释规定的其他情形。法律、行政法规的强制性规定旨在规制合同订立后的履行行为，当事人以合同违反强制性规定为由请求认定合同无效的，人民法院不予支持。但是，合同履行必然导致违反强制性规定或者法律、司法解释另有规定的除外。依据前两款认定合同有效，但是当事人的违法行为未经处理的，人民法院应当向有关行政管理部门提出司法建议。当事人的行为涉嫌犯罪的，应当将案件线索移送刑事侦查机关；属于刑事自诉案件的，应当告知当事人可以向有管辖权的人民法院另行提起诉讼。"

第七章

智能合约金融隐私权保护

可以肯定的是,智能合约在提高金融交易效率、提升交易可信度方面已经展现出了惊人的魅力,不少国家或地区尤其是希望在新的科技时代保持或取得竞争优势的国家或地区,在立法政策取向上肯定了智能合约这一金融科技创新事物。通过前面的分析和论证可知,智能合约的订立和自动履行可以体现金融交易当事人的意思自治与合意,能够具有相应的法律效力。值得注意的是,部署于区块链的智能合约,各个节点均能够获得链上的全部数据,金融交易中涉及的金融隐私存在被泄露的风险。如果智能合约交易中的金融隐私权得不到有效保护、金融隐私保护措施标准不够明确,那么智能合约金融产品或服务的接受方将心存顾虑,智能合约金融产品或服务提供方亦担心金融隐私泄露被责罚而畏于加入智能合约金融交易之中。因此,对智能合约金融隐私权保护的探究实为必要。

一、智能合约金融交易中的隐私保护难题

(一)金融隐私权

1890 年,美国学者沃伦(S. D. Warren)和布兰代斯(Louis D. Brandeis)在《哈佛法律评论》上发表的《论隐私权》一文充分论证了隐私权(right to privacy)。他们认为:“普通法保障每个人在通常情况下有权决定他的思想、情感和情感应在何种程度上与他人交流”“在任何情况下,每个人都有权决定是否将自己所有的事情公之于众。”[①]我国学者王利明提出:“隐私权作为一项具体人格权,是指自然人享有的私人生活安宁与私人信息秘密依法受到保护,不被他人非法侵扰、知悉、搜集、利用和公开的一种人格权。”[②]我国《宪法》第 38 条规定了公民的人格尊严不受侵犯,[③]人格权属于宪法性的权利。《民法典》第 110 条用典型列举的方式明确了隐私权属于典型的民事权利;[④]第 1032 条进一步界定自然人享有隐私权以及隐私的内涵;[⑤]第 990 条将隐私权归为人格权;[⑥]第 111 条规定了个人信息受法律保护,并且必须依法取得并确保安全;[⑦]第 995

---

① S. D. Warren & Louis D. Brandeis, *The Right to Privacy*, Harvard Law Review, Vol. 4, p. 193 – 220(1890).

② 王利明:《隐私权概念的再界定》,载《法学家》2012 年第 1 期。

③ 《宪法》第 38 条规定:“中华人民共和国公民的人格尊严不受侵犯。禁止用任何方法对公民进行侮辱、诽谤和诬告陷害。”

④ 《民法典》第 110 条第 1 款规定:“自然人享有生命权、身体权、健康权、姓名权、肖像权、名誉权、荣誉权、隐私权、婚姻自主权等权利。”

⑤ 《民法典》第 1032 条规定:“自然人享有隐私权。任何组织或者个人不得以刺探、侵扰、泄露、公开等方式侵害他人的隐私权。隐私是自然人的私人生活安宁和不愿为他人知晓的私密空间、私密活动、私密信息。”

⑥ 《民法典》第 990 条规定:“人格权是民事主体享有的生命权、身体权、健康权、姓名权、名称权、肖像权、名誉权、荣誉权、隐私权等权利。”

⑦ 《民法典》第 111 条规定:“自然人的个人信息受法律保护。任何组织或者个人需要获取他人个人信息的,应当依法取得并确保信息安全,不得非法收集、使用、加工、传输他人个人信息,不得非法买卖、提供或者公开他人个人信息。”

条规定了隐私受到侵害的民事责任承担请求权;[①]第 1034 条界定了个人信息的内涵和外延,明确个人信息中的私密信息适用有关隐私权的规定。[②]

作为一项与生命权、身体权等并列的具体人格权,隐私权随着场景或领域的转换而有所差异。在金融领域,金融隐私既关系主体身份信息,也汇聚了金融财务等经济信息,金融消费者隐私权的保障是现代金融业经营和监管的重点问题。金融消费者,是指从金融机构购买金融投资产品或接受服务的自然人、法人或其他组织,分为专业金融消费者和一般金融消费者。[③] 金融隐私,是指在和金融机构交易的过程中企业或是个人产生的不能公开的资料信息,具体包括信用信息、财务信息、保险信息、投资信息等与财务有关的信息。[④] 金融消费者隐私权,是指金融消费者的金融账户信息、金融交易信息、金融信用信息以及与金融交易相关的其他信息等依法受到保护,未经同意或法律特别规定不被他人披露、使用、允许他人使用等权利。

智能合约在金融领域的运用具有为交易方明确合约一定会履行的预期、防止预付资金被挪作他用、保障资金依据合同约定的条件精准使用、提高交易效率等多方面的优势。运用智能合约进行金融交易的当事方享受智能合约带来的技术的同时同样具有隐私权,然而由于智能合约部署于具有独特的分布式技术结构特点的区块链之上,保护金融消费者

---

① 《民法典》第 995 条规定:"人格权受到侵害的,受害人有权依照本法和其他法律的规定请求行为人,承担民事责任。受害人的停止侵害、排除妨碍、消除危险、消除影响、恢复名誉、赔礼道歉请求权,不适用诉讼时效的规定。"

② 《民法典》第 1034 条规定:"自然人的个人信息受法律保护。个人信息是以电子或者其他方式记录的能够单独或者与其他信息结合识别特定自然人的各种信息,包括自然人的姓名、出生日期、身份证件号码、生物识别信息、住址、电话号码、电子邮箱、健康信息、行踪信息等。个人信息中的私密信息,适用有关隐私权的规定;没有规定的,适用有关个人信息保护的规定。"

③ 参见杨东:《论金融消费者概念界定》,载《法学家》2014 年第 5 期。

④ 参见熊进光:《现代金融服务法制研究》,法律出版社 2012 年版,第 120 页。

隐私权不被侵犯遇到了新的挑战。

（二）智能合约隐私问题的特殊性

与智能合约有关的金融隐私主要涉及两方面的内容：一是金融交易主体信息，核心是身份信息以及通过交易信息可以推断出来的收入、交易习惯、行为模式等个体特征信息；二是交易隐私，即通过智能合约进行的具体交易信息，包括金融交易类型（转款支付、众筹、借贷、保险等具体类别的金融交易）、交易金额、交易条件、交易履行情况等。有关金融主体信息和金融交易等隐私信息被数据化之后，隐私数据存储、流通于网络之中，隐私数据传播和被数据化分析、运用更为容易，运用计算机技术侵害隐私的方式也变得多样且易于隐蔽。

建立在区块链基础之上的智能合约兼具区块链和智能合约两项技术特征，金融隐私数据的存储、流转、运用等方面打上了新技术的"烙印"。新技术对金融隐私保护造成何种影响是首先需要分析和解决的问题。具体而言，区块链智能合约金融隐私保护具有以下特殊性：

第一，区块链分布式账本架构，没有中心化的机构，每个节点都可以存储和共享账本，账本信息具有共享性。包含金融隐私的账本信息可以被下载到节点的通信设备，金融隐私泄露、被使用的风险增加。例如，在数字货币应用中，分析人员通过分析交易记录可以获得用户的交易规律，甚至能够推测出用户的身份信息和位置信息。①

第二，区块链共识机制需要节点的广泛参与，节点对数据、信息的共识机制有可能使交易数据暴露的风险增加。区块链上的每个节点都有权利参与交易的共识机制，具有广泛的参与性；节点在交易数据存储和

---

① See Man Ho Au, Joseph K. Liu, Junbin Fang, Zoe L. Jiang & Willy Susilo, *A New Payment System for Enhancing Location Privacy of Electric Vehicles*, IEEE Trans on Vehicular Technology, Vol. 63: 1, p. 3 – 18 (2014).

变更上达成共识,需要使用交易数据,在获取、使用交易数据的过程中金融隐私存在被泄露的风险。

第三,部署于区块链上的智能合约具有公开透明性。区块链本身追求透明公开,在此基础上达成信任和验证。大部分公链都让交易透明可见,用户可以获得金融交易主体、交易标的、交易金额、交易方式、交易条件等诸多金融隐私信息。例如,部署于以太坊的智能合约,其虚拟机字节代码在全网公开。运用反编译工具可以将虚拟机字节代码转换为 solidity 语言编辑的源代码,从而掌握代码背后的信息。以太坊上的信息透明、对等,交易内容完全可见,表 7-1 是截取的一段用于以太坊众筹交易的智能合约代码,该代码清晰地展示了众筹的相关信息,比如众筹资金的目标总额、众筹期限等。

表 7-1 用于代币的智能合约代码

```
contract Crowdsale {
        address public beneficiary;
        unit public fundingGoal;
        unit public amountRaised;
        unit public deadline;
        unit public price;
        token public tokenReward;
        mapping (address = > unit256) public balanceOf;
        bool fundingGoalReached  =  false;
        bool crowdsaleClosed  = false;
        event GoalReached( address recipient,unit totalAmountRaised) ;
        event FundTransfer( address backer,unit amount,bool isContribution)
```

资料来源:参见江海、熊丽兵、段虎编著:《智能合约技术与开发》,清华大学出版社 2022 年版,第 133~135 页。

第四,智能合约的见证、验证、执行需要节点矿工的全程参与。金融交易智能合约部署于区块链需要节点见证,智能合约满足设定条件时需要节点矿工的验证方能执行。智能合约金融交易的全过程离不开节点矿工的深度参与,节点矿工掌握和运用智能合约金融交易相关的数据,集体验证、执行、提供技术信任的同时也存在泄露智能合约金融交易隐私的风险。

第五,区块链可追溯性特质可能使泄露的金融隐私处于永远不能删除的状态。区块链每个节点共享账本信息,都可以拥有从区块 0 到最新高度区块的全部数据,具有可追溯性,这意味着隐私数据的存储可能是永久的。特殊的共识见证机制使为了促使各节点快速达成共识,区块链中所有交易均可被追溯。区块链的技术特征在一定程度上泄露了数据。比如,比特币的公钥信息、时间、交易金额等交易信息是完全公开的,可以被他人用来认证交易的真实性和唯一性,但是,攻击者可以通过分析这些交易信息找到账户地址和用户身份之间的关系。[①]

第六,区块链智能合约交易方不需要像在银行等金融机构那样开设专门的实名账户,仅需要对应的地址即可进行转账等交易。比特币、以太坊运用私钥、公钥非对称加密技术生成地址,用地址进行转账,隐匿了转账用户的真名,但是与真实世界进行交互(如在交易所将代币与法定货币进行兑换),地址的持有人就会与特定的身份相联系。一长串字符所显示的地址能够隐匿背后的交易主体真名,但是经过数据分析之后,交易信息可以推测和确定具体的用户个体,相应地用户个体的敏感信息也就具有了被泄露的风险。借贷应用场景中智能合约需要确保自身的保密性,其对数据的操作有可能被攻击者观察分析并利用统计学方法推测出交易内容。[②] 比特币交易虽然表面上看起来具有匿名性,但是费加尔·里德(Fergal Reid)等人的研究已经表明单纯的区块链技术并不能

① Micha Ober, Stefan Katzenbeisser & Kay Hamacher, *Structure and Anonymity of the Bitcoin Transaction Graph*, Future Internet, Vol. 5, p. 237 – 250(2013).

② 参见王化群、张帆等:《智能合约中的安全与隐私保护技术》,载《南京邮电大学学报(自然科学版)》2019 年第 4 期。

完全保护用户的身份隐私。①

第七，网络社会数据一旦被刻在网络的某个地方，将难以被遗忘。区块链更是增强了网络社会的长久记忆功能，信息一旦上链将难以被删除，这意味着用户个体隐私信息被泄露之后难以采用删除等救济措施。

第八，区块链节点众多，各节点的安全防御能力各不相同，薄弱节点容易成为隐私泄露的“软肋”。网络中的个人节点通常使用的是个人电脑，在安全性能和抗攻击能力上弱于传统网络架构中的专用服务器，攻击者可以寻找安全性能最薄弱的个人电脑节点进行入侵。②

(三)区块链智能合约对传统隐私保护方案的挑战

人类自进入计算机时代以来，不断地将客观世界的事物转化为计算机能够识别和处理的代码，这个过程被称为“数据化”进程。互联网络技术的出现使得单个的计算机节点可以实现点对点连接，存储在一台计算机中的隐私信息通过网络渠道传播到其他计算机节点，之前的隐私信息随之泄露并传播开来。单个的计算机节点因为互联网而彼此互联互通，数据化后的信息能够通过网络到达不同的计算机节点，网络为数据共享提供了基础设施。信息数据化以及网络化促进生产力的一个正向结果是使信息的存储、复制、传播、加工、利用朝着更为方便和有效的方向发展，但其对于金融隐私而言似乎是一柄悬于头顶的“达摩克利斯之剑”。金融隐私数据化，比如银行账户、投资、资金流向等信息的代码化处理更容易将隐私信息复制、传送至第三方，也更方便数据的使用者开展大数据分析。金融隐私数据化后在互联网环境更加有利于隐私的收集、使用、分析和流转，相应地，金融隐私被泄露、被非法侵犯的风险大为

---

① See Reid F. & Harrigan M., *An Analysis of Anonymity in the Bitcoin System*, *Security and Privacy in Social Networks*, Springer New York, 2013, p. 197 – 223.

② 参见祝烈煌、高峰等：《区块链隐私保护研究综述》，载《计算机研究与发展》2017 年第 10 期。

增加。

1. 计算机隐私保护的既有技术思路

金融隐私不安全会严重影响金融业务的科技化运作，计算机界长期以来致力于研究和提供隐私安全的技术方式。计算机隐私保护大致有以下思路和方法：

(1)保护客户端的隐私数据。将保护重点放在客户端的隐私数据保护上，比如存储用户隐私信息的 Cookie 文件、个人防火墙等技术手段可以阻止木马程序或者其他病毒程序窃取用户的隐私。

(2)隐匿用户身份隐私数据。该思路的核心是将能够定位用户身份的信息进行匿名化处理，使得用户的真实信息不被外界知晓。计算机匿名化技术具体包括“增加代理服务器”“洋葱路由”等。增加代理服务器是指在用户与目标网站之间增加一个代理服务器，用户先将请求发送到代理服务器，代理服务器将用户身份匿名化后再向目标站点发送请求，目标站点不会获得真正的隐私信息。“洋葱路由”混淆网络思想，将用户数据制作成固定大小的数据包，将数据包打散随机发送到目标站点，然后再将数据包重新组合。①

(3)对隐私数据加密。该思路针对隐私信息进行加密，使外界不能看到该隐私。根据隐私信息存在位置的不同，计算机界研究了针对数据层和应用层的隐私保护方法。针对数据层的隐私加密技术，具体包括对称加密算法和非对称加密算法。针对应用层的隐私加密技术，有 P2P 架构、阈值同态加密等。P2P 架构允许用户选择可信任的交流主体，减少在网络中泄露隐私的风险。阈值同态加密是由单密钥全同态加密算法改进而来，支持多个私钥、一个(或多个)公钥，只有当参与解密的私钥数

---

① See David Goldshlag, Michael Reed & Paul Syverson, *Onion Routing for Anonymous and Private Internet Connections*, Communications of the ACM, Vol. 42; 2, p. 132 – 143(1999).

量达到一定阈值时，才能成功解密密文。[①]

(4)构建隐私保护可置信环境。该技术方案的思路是营造值得信任的网络环境，只有符合特定条件的软硬件设备、用户主体才能进入特定网络进行交往互动。例如，构建可信的第三方公共平台，设置角色访问限制，经过认证的用户才能在该平台进行信息交流。

2. 计算机隐私保护技术遇到的挑战

传统的计算机隐私保护技术为保护金融消费者的隐私奠定了技术基础，但是在面对区块链智能合约金融交易时面临新的挑战。

其一，数据能在各节点全部备份，数据隐私保护难度加大。传统的计算机隐私保护面对的是隐私数据产生、储存的特定计算机节点，需要解决的第一个问题是该节点隐私信息不泄露，因此采用防火墙等防止数据流出的方式是可行的。但是，智能合约所携带的金融隐私数据不可能仅仅存在于某一个计算机节点，而是会分布在每一个节点上，那么传统地将所有数据封闭于本地计算机的方式将不具有可行性。传统的计算机隐私保护需要解决的第二个问题是隐私数据传输至其他节点的途中不被截获破解，数据不被第三方破解或者即使数据被第三方获得也不能定位至特定个人。然而，区块链智能合约交易隐私保护的第二个问题会更为复杂和困难。传统的隐私信息从出发点向目标点传递只是一段过程，隐私到达目标节点之后传输过程就会结束，隐私传输风险即告结束，隐私信息进入目标节点计算机之内，隐私保护问题就又转化为第一个问题即如何保护计算机节点上的隐私。但是区块链智能合约交易的信息并不仅仅是从出发点向目标节点的传输，该笔交易如果需要被认证并记录到区块之上，交易信息需要向全网广播，隐私信息的在途风险远远大于传统信息传递方式。

其二，区块链智能合约金融交易要求“上链数据不可见，但是可以验

---

① 参见柴迪：《阈值同态加密在隐私计算中的应用》，载《信息通信技术与政策》2021年第7期。

证”,即计算机界通常所说的“可用不可见”。“可用”是指链上的信息可以被各个节点进行验证,只有参与验证的节点认可该信息,该交易才能被记录在区块之中;“不可见”是指虽然参与验证的节点可以验证欲记录的信息是否与广播的交易信息一致,但是参与验证的节点并不知晓信息的具体内容,尤其涉及金融隐私的信息不被披露、不被具体所见。正是对数据有着如此苛刻的要求,微众银行等创新机构拓展智能合约金融交易市场时将该隐私难题形象地称为“灵魂的拷问”。

其三,部分节点硬件、软件等基础设施薄弱,节点容易被破解。区块链中的各个节点均可以备份所有数据,但是并不是每一个节点的安全保护措施都是高标准、严要求的,总是存在数据保护力量薄弱的节点,隐私数据收集者可以将薄弱节点作为切入口获取智能合约交易的相关金融隐私数据。

其四,区块链的开源特性使智能合约代码可以被便捷获取,智能合约中记载的金融隐私也容易被第三方获取,另外智能合约代码缺陷也可能引发金融隐私的泄露或非法利用。区块链本质上是一个技术创新集成,其各个核心技术都是开放技术,并大量依赖各种开源软件能力。[①] 一方面,开源(open source)与区块链的“开放、透明、公开、共享”的特征吻合,有利于运行规则、共识机制、智能合约交易规则的公开透明;另一方面,区块链智能合约的开源也会为隐私数据带来安全漏洞引发的黑客攻击风险、开源代码质量与可维护性不高、开源代码贡献方中途退出造成的可持续性差等安全隐患。[②]

二、数据隐私保护的规则要求

数据驱动型社会中,隐私也渐趋数据化,传统的隐私保护法律制度

---

① 参见狄刚:《开源与区块链的发展道路》,载《软件和集成电路》2020 年第 8 期。

② 参见狄刚:《开源与区块链的发展道路》,载《软件和集成电路》2020 年第 8 期。

不能全面适应新时代隐私保护的新需求。不少国家或地区针对数据时代数据安全以及其蕴含的隐私保护新命题作出了快速反应,金融隐私作为隐私的下位概念也在隐私数据保护之列。

(一)我国关于隐私数据保护的相关规定

我国已经在《宪法》《民法典》等法律规范中明确了隐私权保护的原则和基础规范。针对互联网、大数据时代隐私保护的新特征,为了解决数据社会隐私保护的迫切问题,我国于2021年发布了《数据安全法》和《个人信息保护法》。前者明确数据处理活动不得损害包括隐私权在内的合法权益;①后者设立专门章节从敏感个人信息的角度保护隐私权,并且设置专门条文强化互联网平台的个人信息保护义务。中国人民银行于2020年2月发布了《金融分布式账本技术安全规范》,明确了区块链智能合约金融交易隐私保护的原则、保护内容、保护策略、保护技术要求、监控与审计。

区块链智能合约的隐私保护是关涉该新兴行业发展的重大问题,如何保护隐私一直是区块链智能合约行业的关键议题,直接关系该项新技术的扩展运用能够“行多快”“走多远”。中国区块链技术和产业发展论坛于2019年7月发布《区块链 隐私计算服务指南》和《区块链跨链实施指南》两项区块链团体标准,从产业发展标准的角度快速回应区块链隐私保护的服务标准。该标准提出了区块链隐私计算服务的原则和相关方、技术框架、隐私计算服务管理,从新技术的角度明确隐私保护的行业标准,②为区块链智能合约交易中的隐私保护提出了行业要求。

---

① 《数据安全法》第38条规定:“国家机关为履行法定职责的需要收集、使用数据,应当在其履行法定职责的范围内依照法律、行政法规规定的条件和程序进行;对在履行职责中知悉的个人隐私、个人信息、商业秘密、保密商务信息等数据应当依法予以保密,不得泄露或者非法向他人提供。”

② 参见中国区块链技术和产业发展论坛:《区块链 隐私计算服务指南》,2019年7月。

（二）欧盟关于数据隐私保护的相关规定

2018年欧盟实施的《通用数据保护条例》（The General Data Protection Regulation，GDPR）规定数据收集和处理行为不得侵害个人隐私。2017年1月18日，欧盟网络与信息安全局（European Network and Information Security Agency，ENISA）发布了《分布式账本技术与网络安全：提升金融部门信息安全》。该报告指出：智能合约为了处理交易需要访问区块链中的数据，智能合约可能会泄露有关正在处理的信息，从而导致隐私被侵犯。[①] 欧盟委员会于2020年12月发布的《网络安全战略》清晰定义了数字欧洲计划，表明"隐私权和连通性"是必须遵循的一项重要原则，强调核心技术原则包括以人为本、隐私保护、确保技术标准的安全性与法律适应性，反对数据隐私泄露等侵害行为。[②] 2021年2月，欧盟成员国通过了最新修改的《电子隐私条例》（E-Privacy Regulation），旨在加强电子通信服务中用户隐私的保护。[③]

（三）美国关于数据隐私保护的相关规定

美国联邦法和州法都对数据隐私予以关注。从联邦法的角度来看，美国颁布了一系列的法律旨在保护不同类型的隐私，其中金融隐私是联邦法着力的重点之一。1999年《金融服务现代化法》（The Gramm-Leach-Bliley Act）要求金融公司解释和说明他们是如何保护和分享消费者敏感信息的；《义务型可携带式健康保险法》（Health Insurance Portability and Accountability Act）规范受保护健康信息的披露和使用。《公平信用报告法》（Fair Credit Reporting Act）管理消费者信息的收集和

---

① See European Union Agency for Network and Information Security, *Distributed Ledger Technology & Cybersecurity Improving Information Security in the Financial Sector*, December 2016.

② 参见吴沈括、张力威：《欧盟2020年网络安全新战略解析》，载安全内参网2021年2月3日，https://www.secrss.com/articles/29099。

③ 参见吴沈括、邓立山：《欧盟2021年〈电子隐私条例〉草案的制度设计与合规启示》，载《中国信息安全》2021年第8期。

使用。《儿童在线隐私保护法》(Children's Online Privacy Protection Act)限制收集有关 13 岁以下儿童的个人信息。《家庭教育权利和隐私法》(Family Educational Rights and Privacy Act)保护学生记录的隐私,适用于所有接受美国教育部资助的学校。另外,联邦贸易委员会对商事主体有着广泛的管辖权,包括对消费者数据隐私侵犯的监管权限。①

美国的州法也有保护数据隐私安全的法律规定,州检察长办公室负责这些法律的实施。美国 50 个州都通过了数据泄露通知法(Data Breach Notification Laws),至少 35 个州颁布了某种形式的数据处理法规。其中具有典型意义的有 2020 年 1 月生效的《加利福尼亚州消费者隐私法》。该法是关于隐私和数据保护方面的法律,回应了公众对硅谷数字和技术企业数十年来悄悄收集和出售私人数据日益增长的担忧。该法吸收了欧盟《通用数据保护条例》中数据保护和数据隐私要求的核心原则,该法要求:企业必须快速回应消费者企业正在收集消费者的哪些数据、是否出售或披露这些数据的询问,企业不得歧视行使询问权的消费者;服务提供商必须根据要求删除消费者个人信息的记录。违反《加利福尼亚州消费者隐私法》的规定,该法给予公司 30 天的时间来"纠正"违规行为,如果在规定时间内未能"纠正"违规行为,对于单次故意违规行为将处以最高 7500 美元的民事处罚;对于单次无意违规行为将处以最高 2500 美元的民事处罚。②

2018 年 1 月,美国国家标准与技术研究院(National Institute of Standard and Technology,NIST)发布的《区块链技术总览》明确其下属的

---

① See Mike Tierney, *Data Privacy Laws by State: Different Approaches to Privacy Protection*, Netwrix Blog(August 27,2019),https://blog.netwrix.com/2019/08/27/data-privacy-laws-by-state-the-u-s-approach-to-privacy-protection/.

② See Admin, *California Consumer Privacy Act (CCPA): All You Need to Know*!, Stealthlabs(July 2,2020), https://www.stealthlabs.com/blog/california-consumer-privacy-act-ccpa-overview-importance-and-stay-complaint/.

信息技术实验室具有为联邦信息系统中非国家安全相关信息的成本效益安全和隐私制定和提供管理和技术方面的标准与指南的职责。[①]

（四）区块链智能合约面对金融隐私法律规制的困境

侵害金融隐私的典型行为包括未经权利人许可披露、使用或允许他人使用金融隐私数据。区块链智能合约金融交易分布式账本结构、陌生人共识机制等技术特征，使金融隐私保护受到了挑战，在满足法律保护隐私要求方面存在以下困境：

其一，智能合约将金融交易信息部署于分布式账本中，每个节点均可以下载全部账本，发布的金融地址信息、交易信息客观上面临披露、被第三人使用的风险。这里存在一个法律认定的问题，即同意采用区块链智能合约进行金融交易的客户是否同意披露金融隐私信息并允许第三人使用。换言之，参与区块链智能合约金融交易是否意味着参与者已经同意披露并允许第三人使用其金融隐私信息。金融机构每天的交易信息是否透明？上链的数据可验证但又不被看到，更不会被窃取？[②]

其二，区块链智能合约交易平台采用P2P网络架构，智能合约所内含的金融交易信息通过点对点方式向外传播。由于智能合约中的金融交易信息有可能是公开可见的，那么是否意味着隐私主体已经同意该信息的传播与合理使用？已经公开的金融信息是否构成可以从公开途径获取的数据，即数据运用者是否有权对该数据进行采集、加工和运用？经过脱敏之后，智能合约交易的大数据是否能够被运用？

其三，如果采取保密措施的金融隐私的保护技术被攻破，在认定侵

---

① See Dylan Yaga, Peter Mell, Nik Roby & Karen Scarfone, Draft NISTIR 8202 Blockchain Technology Overview, National Institute of Standard and Technology, January 2018.

② 参见周蕾：《微众银行区块链首席架构师张开翔：区块链上隐私保护的挑战和应对》，载雷峰网2020年6月30日，https://www.leiphone.com/category/DataSecurity%20/CLo471No0q0w8HN1.html。

害金融隐私的案件中，是否需要权衡保密措施的程度与隐私信息的价值匹配问题？另外，金融隐私采取了保密措施，是否可以免除智能合约制作者隐私保护的责任？

其四，如何防止对金融隐私数据的过度使用，避免或者降低对金融隐私主体的损害。将金融隐私数据收集之后运用人工智能开展算法分析，构建数据模型，基于用户的身份、交易习惯、资产情况、交易频率等信息对客户精准画像，然后针对性地销售产品或服务，最终实现大数据精准营销。

其五，金融隐私一旦泄露，权利主体的被遗忘权难以实现。互联网让“遗忘成为奢侈品”，无害负面信息如果需要被忘记，则需要借助法律制度设计的被遗忘权。欧盟《通用数据保护条例》赋予民众要求相关机构删除有关个人数据的权利。在冈萨雷斯诉谷歌案中，欧洲法院裁决：《数据保护指令》适用于互联网搜索服务提供商，并且数据主体拥有被遗忘权。[①] 区块链具有可追溯性特质，智能合约交易中涉及的金融隐私一旦部署于分布式账本，删除该数据具有困难，相应地，针对金融隐私数据被遗忘权的实现存在困境。

三、智能合约隐私保护的技术解

2021 年 12 月，国务院办公厅印发《要素市场化配置综合改革试点总体方案》，提出探索“原始数据不出域、数据可用不可见”的任务。计算机界针对智能合约隐私保护特殊性，研究出了多种应对之策。

其一，运用哈希算法可以防止隐私数据的直接暴露。针对非对称加密，目前的技术还不能由公钥推算出私钥，降低了金融隐私数据的泄露风险。保存哈希函数值而一般不直接保存交易记录或原始数据，即使数

---

① In Case C－131/12, Google Spain SL and Google Inc. *v.* Agencia Española de Protección de Datos (AEPD) and Mario Costeja González.

据被截取和破译也不一定会泄露原始数据信息。

其二,构建可信执行环境,让智能合约隐私处于一个可控的环境之中。智能合约数据风险主要是因为对交易数据进行恶意解析之后披露合同用户的信息,实务界对此的应对为设计实验验证加密技术保证数据隐私性和可验证性,营造合约数据加密可信执行环境。[①] 比如采用联盟链的技术架构,整个链只有注册核验通过的用户才能访问和运用联盟链进行交易。

其三,根据智能合约隐私分类有针对性地提出具体的解决方案。智能合约的隐私问题包括两类:一是智能合约代码隐私;二是合约执行过程中的相关数据隐私。智能合约代码隐私风险主要源于合约代码公开、代码保护机制不健全。目前技术上的应对包括拆分合约、加密合约语言、设定读写权限等。例如,艾哈迈德·科斯巴罗(Ahmed Kosba)提出将智能合约拆分成隐私和公开两部分;[②]李超等提出将智能合约拆分成链上合约和链下合约;[③]微软开发出 Coco 框架,对合约代码进行加密。(见表 7 -2)

合约执行过程的数据隐私风险主要源自合约内数据泄露和数据输入输出时的暴露,技术领域的解决思路包括构架可信数据环境、设计保护隐私的智能合约框架、创设隐私协议等。例如,Zhang 等提出了可信数据输入系统;Cheng 等设计出一种新架构保护智能合约隐私;Bünz 等提出一种分布式、保密的隐私协议;李超等提出了一种高效隐私协议平衡

---

① 参见胡甜媛、李泽成、李必信、包骐豪:《智能合约的合约安全和隐私安全研究综述》,载《计算机学报》2021 年第 12 期。

② See Ahmed Kosba, Andrew Miller, et al., *Hawk: The Blockchain Model of Cryptography and Privacy-Preserving Smart Contracts*, IEEE Symposium on Security and Privacy, 2016, p. 839 - 858.

③ See Chao Li, Balaji Palanisamy & Runhua Xu, *Scalable and Privacy-Preserving Design of On/Off-Chain Smart Contracts*, 2019 IEEE 35th International Conference on Data Engineering Workshops (ICDEW), April 2019.

智能合约的 gas 成本和计算复杂性。[①]（见表 7－3）

表 7－2　合约代码隐私保护方法

提出人/机构	保护方法
Kosba	提出保护用户隐私的智能合约编程框架 Hawk，将智能合约拆分成隐私和公开两部分
微软	开发出 Coco 框架。合约代码可以全部用私钥加密，并保证在可信计算黑盒内才能解密和执行
Samuel Steffen	提出 zkay 语言，该语言规定了智能合约中隐私和变量的读写权限控制和逻辑
Banmann	Zkay v 0.2，支持最先进的非对称加密和混合加密
李超等	将合约分成链上合约和链下合约，涉及高成本计算或敏感信息置于链下合约，只由利益相关方签署和执行

资料来源：参见白国柱、张文俊、赵鹏：《智能合约隐私保护技术发展现状研究》，载《信息安全研究》2022 年第 5 期。

表 7－3　智能合约数据隐私保护方法

数据隐私风险	提出人	方法
输入输出数据	Zhang 等	可信数据输入系统，将以太坊的智能合约和可信硬件相结合
	Cheng 等	提出 Ekiden，利用一种新颖的架构将共识与执行分开，实现了 TEE 支持的智能合约隐私保护
	Yan 等	提出了一种通过 TEE 支持链上机密性的系统设计方案 CONFIDE，其安全数据传输协议、数据加密协议保证数据的机密性和完整性
	Zhu 等	提出基于 SMPC 的智能合约框架，系统地阐述基于 SMPC 的智能合约执行流程、语言结构和语法规范，实现了具有输入隐私性和计算正确性的 SMPC 方法，增强区块链中智能合约执行安全性

① 参见白国柱、张文俊、赵鹏：《智能合约隐私保护技术发展现状研究》，载《信息安全研究》2022 年第 5 期。

续表

数据隐私风险	提出人	方法
合约内交易数据安全	Bünz 等	提出一种分布式、保密的隐私协议 Zether,能够在多种账户模型上实现匿名支付。Zether 智能合约不仅能够保密用户账户的余额,还能够隐藏智能合约交易金额,除交易本身的细节外,还允许混淆交易中各方的身份,隐藏参与者的身份
	Li 等	应用 zk-SNARKs 提出一种高效隐私协议 Phantom,该协议通过选择合适的哈希加密函数平衡了智能合约的 gas 成本和 zk-SNARKs 计算复杂性的关系,实现了数字货币等去中心化应用的隐私保护
	Origo 等	在隐私协议中加入 ZKP 为智能合约添加匿名保护,将用户信息、交易金额和合约执行细节进行保密,但其他用户仍可以验证这笔合约交易是否被正确执行
	Raziel 等	Raziel 编程框架将 SMPC 和 NIZK 结合,使用 NIZK 向第三方证明合约有效性而不泄露任何信息,通过 SMPC 提供一个编程框架,实现方便形式化验证和隐私保护的智能合约
	Dolev 等	SodsMPC 是一个量子安全的智能合约系统,SodsMPC 权限服务器(验证节点)通过安全多方计算协议执行合约,保证合约执行正确的同时保护数据隐私。此外,SodsMPC 保护合约用户匿名身份的同时,也保护合约业务逻辑隐私
	Kang 等	设计并实现了支持 Hyperledger Fabric 的 FabZK,FabZK 只存储每笔交易的加密数据(如支付金额),并将区块链网络中成员之间的交易关系(如付款人和收款人)匿名化,隐藏共享账本上的交易细节,通过 Pedersen 承诺和零知识证明实现可审计的智能合约隐私保护

资料来源:参见胡甜媛、李泽成、李必信、包骐豪:《智能合约的合约安全和隐私安全研究综述》,载《计算机学报》2021 年第 12 期。

四、智能合约金融隐私保护的法律新方案

隐私权是我国《宪法》保护的基本权利。金融隐私属于金融领域内特定的与资金融通有关的隐私。区块链智能合约金融交易打上了“分布

式”“可追溯”的技术特征,在保护金融隐私方面存在不同于传统隐私保护的新挑战。计算机理论界和实务界发挥其科学技术专长研发出多种金融隐私保护方案,这些成果效果显著。实际上,从法学维度,运用权利、义务、责任配置资源的独特模式,同样是有效保护智能合约金融隐私、推动智能合约金融交易蓬勃发展的路径和方式。

(一)法律明文禁止未授权方获取、披露、使用、允许他人使用智能合约交易中涉及的金融隐私

金融隐私意味着隐私主体不愿将金融信息公之于众。隐私主体具有不公开的意愿,并且也有将隐私信息置于保密状况的行为。区块链智能合约交易中,交易主体的地址信息、智能合约中所载明的金额、用途、汇兑比率、代币种类等多样的金融交易信息部署于分布式账本,全国节点均透明可见。采用区块链智能合约进行交易,意味着交易主体明示将交易信息处于全网节点可见的状态,对于全网公开的信息不再是保密状态。即使已可见的信息属于金融隐私的范畴,如传统金融领域内的转账记录、私募情况等,金融主体只要选择运用区块链智能合约交易,知晓该交易方式会于全网公布金融交易类型、交易金额、转账等信息,那么金融隐私主体实际上也同意对该类信息的公开,同意在区块链 P2P 网络中点对点传播相关信息。

需要注意的是,区块链上的数据虽然全网节点可下载,但是区块链中的地址并未采用实名制,持有私钥的主体从技术上和法律上会被认定为该地址对应数字货币的所有权人。密码学的方法实现了无须公开身份即可获得信任予以交易,区块链地址的匿名性使即使公开地址、金融交易信息,也并不能定位到具体的金融个体。未被定位到个体的金融信息没有让公众看到确定的归属,金融主体虽然公布了部分金融信息,但并未将归属于特殊主体的金融隐私公布于众。

面对大门敞开的房屋、未密封的信件,顺手牵羊、偷阅信函没有任何

技术难度,但法律从保护财产权、通信秘密的角度禁止对权利的侵犯,法律的保护与追责的威慑,使权利保护处于有序的状态。虽然区块链智能合约交易通过技术手段可以定位到金融交易信息的主体,但是法律可以从保护金融隐私的宗旨出发禁止通过技术等手段的隐私主体定位,借助法律威严的力量有效保护金融隐私权。具体的法律规则,可以作以下考虑:

自然人的金融隐私受法律保护,任何组织、个人不得侵害自然人的金融隐私权。

区块链智能合约交易中,任何组织、个人不得以技术等手段将区块链网络中公开的金融隐私范畴内的信息用于分析并定位到自然人个人,不得非法获取、披露、使用、允许他人使用智能合约交易中涉及的金融隐私,但符合下列情形之一的除外:

(1)取得个人的同意;

(2)为履行法定职责或者法定义务所必需;

(3)法律、行政法规规定的其他情形。

(二)构建智能合约交易金融隐私保障体系

区块链智能合约交易镶嵌于复杂的法律关系网之中,金融隐私保护并非一己之力即可完成,需要给各方配置不同的权利、义务、责任。

其一,区块链智能合约交易平台应当建立金融隐私保护机制。区块链网络平台为智能合约金融交易提供基础设施,分布式账本如何构架、各类计算机编程采用何种技术标准等均由平台开发者决定,智能合约部署于平台需要平台设计的共识机制方能执行。平台汇聚各方主体参与智能合约交易,在金融隐私保护体系中具有举足轻重的作用。首先,平台的开发者应当对获悉的金融隐私予以保密,不得泄露或非法向他人提供;其次,平台开发者应当设计隐私保护方案,向使用者告知金融隐私保护思路和逻辑;再次,平台开发者需要明确区块链智能合约金融交易采取了哪些技术手段保护金融隐私,针对网络层、交易层、运用层各自采取了何种隐私保护方法;最后,平台开发者需要告知运用于区块链的智能合约需要满足哪些技术要求从而实现金融隐私保护目的。

其二,提供金融产品或服务的当事人应当具有金融隐私保护措施安排。金融产品或服务的供应者尤其是金融机构本身就具有保护金融隐私的法定义务,在使用区块链智能合约平台开展金融交易时应当有充分的措施保障金融隐私不被泄露或受到其他形式的侵害。比如,微众银行在借助区块链平台进行金融交易时,自主研发了多方大数据隐私计算平台 WeDPR-PPC,使金融主体可以参与隐私数据协作。

其三,金融消费者往往是弱势群体,容易成为隐私被侵害的受害者。在参与区块链智能合约金融交易时,金融消费者应当被告知区块链智能合约的工作原理、哪些信息会于全网公开、采用了哪些隐私保护措施,在金融隐私受到侵害时,有专门的渠道快速、有效解决消费者的隐私纠纷。

其四,智能合约制作者应当制作符合隐私保护要求的智能合约。金融智能合约具有专业性,可能并不能由金融产品或服务提供者自行制作,而需要委托第三方计算机专业人士编写智能合约代码。对智能合约制作者应当有明确的职责要求,所制作的智能合约必须采用隐私保护技术。

其五,金融监管部门、金融行业协会、区块链行业协会在扮演监管角色时,应当将金融隐私保护作为监管指标之一,通过监管督促区块链智能合约平台设计者、建设者、其他参与方落实金融隐私和保护措施。

(三)金融隐私泄露应急机制

金融隐私数据一旦从隐蔽状态走向公开,就完全违背了隐私主体对隐私保密的初衷。快速消除隐私的公开状态,是对隐私权利人采取补救措施的第一步。金融隐私权主体往往是金融消费者,他们难以凭自己的力量改变区块链网络世界中隐私泄露的糟糕情况。由区块链智能合约平台设计者、建设者、参与交易的金融机构、隐私技术的布局者采取消除隐私公开的补救措施更有利于问题的解决。金融隐私数据保护义务主体,必须毫不延误地通知金融隐私主体,应在极短的时间(如 72 小时)内向监管机构报告金融隐私泄露情况并采取消除等有效补救措施。

第八章

智能合约的法律责任

运用智能合约进行金融交易的参与者，依据合同或法律应当为而不为或者应当不为而为所应承担的不利后果，即本章所研究的法律责任问题。智能合约作为可以承载交易当事人意思的计算机代码，外观表现形式是计算机程序。虽然智能合约因以太坊的运用以金融创新的形象展现在人们面前而声名大噪，但是人们对于计算机程序并不陌生。在计算机领域，人们将智能合约定位为计算机软件。我国《计算机软件保护条例》第 2 条规定："本条例所称计算机软件(以下简称软件)，是指计算机程序及其有关文档。"对于何谓"计算机程序"，该条例第 3 条第 1 项规定："计算机程序，是指为了得到某种结果而可以由计算机等具有信息处理能力的装置执行的代码化指令序列，或者可以被自动转换成代码化指令序列的符号化指令序列或者符号化语句序列。同一计算机程序的源程序和目标程序为同一作品。"美国版权局将软件定义为"一组计算机程序、流程和可能与数据处理系统操作相关的相关文档，例如，编译器、库例程、手册、电路图"。世界知识产权组织在《保护计算机软件示范条例》(Model Provisions on the Protection of Computer Software)明确:软件包括程序、程序说明和程序使用指导三项内容。"程序"是指在与计算机可读介质合为一体后,能够使计算机具有信息处理能力,以标志一定功能、完成一定任务或产生一定结果的指令集合;"程序说明"是指用文字、图解或其他方式,对计算机程序中的指令所作的足够详细的、足够完整的说明、解释;"程序使用指导"是指除了程序、程序说明以外的,用以帮助理解和实施有关程序的其他辅助材料。①

从计算机视野观之,智能合约作为计算机代码其实就是网络时代大家所熟知的计算机程序。与传统的软件开发商提供软件产品或委托软件商开发软件不同的是,运用于金融交易的智能合约除了具备传统软件的特点,还以代码形式凝聚了金融交易方交易的意思表示与合意。智能合约金融交易的核心参与方为智能合约委托方、智能合约制作方(通常为软件公司)。金融交易的双方可以共同委托智能合约制作方,也可能是金融交易单方当事人委托软件公司制作智能合约,金融交易相对方点击同意进入智能合约。智能合约金融交易需要在核心主体间配置风险和法律责任。智能合约委托方与制作方通常会形成技术开发合同关系,借助智能合约进行金融交易的双方之间是金融交易合同关系。当智能合约出错,产生纠纷需要确定法律责任时,首先寻求的便是合同责任。

智能合约作为计算机程序属于计算机软件,软件是相对于硬件而言的。硬件是计算机系统中人们能看、能摸、能感觉的部分。硬件的故障通常由设计故障或者部件故障引起。软件能够使硬件做用户想让硬件

① 参见国家版权贸易基地(越秀)、广州市华南版权贸易股份有限公司编著:《版权维权研究与实务》,知识产权出版社2017年版,第2~3页。

做的事情。软件是指令、数据或计算机程序的集合,用于运行机器和执行特定的活动;设备上运行的程序、脚本和应用程序统称为“软件”。① 软件失败的原因主要包括“不能满足客户的需求”“设计缺陷”“错误代码”“设计实施不当”。② 置于智能合约语境,智能合约错误具体包括两种情形:一是智能合约代码设计错误;二是智能合约代码没有反映交易方真实的意思表示,智能合约偏离合同本意。

一、智能合约引发法律责任的法律事实

结合智能合约的计算机代码和交易方意思表示的特征,智能合约代码出现漏洞或者代码没有达到交易意思表示要求,常常是产生纠纷、造成损害以及请求承担法律责任的事实。下面先来观察现实世界中已经出现的智能合约代码漏洞的类型和具体案例。

(一)智能合约的典型漏洞

智能合约自动执行的属性将区块链技术升级到 2.0 版本,在提高交易效率,增强交易可预期、可规划性方面迈出了实质性创新的步伐。然而,智能合约计算机代码难以避免漏洞出现的事实,使智能合约金融交易享受创新增效的同时也必须应对计算机程序错误、缺陷所带来的风险和损失。以太坊是第一个允许运用智能合约的区块链平台,支持将计算机高级语言 Solidity 作为编程语言。Solidity 虽然看起来类似

① See *Software and Its Types*, Geeksforgeeks Aug. 29, 2023, https://www.geeksforgeeks.org/software-and-its-types/.

② See Vikas Sitaram Chomal, Jatinderkumar R. Saini, *Identification and Analysis of Causes for Software Failures*, National Journal of Computer Science and Technology, Vol. 4, p. 45 – 51 (2012). 8.1 *Software Faults and Failures*, Computer Science and Engineering at MSU, https://www.cse.msu.edu/%7Ecse435/Lectures/2014-Lectures/Notes/Lecture7-02-Testing-PA-chapter08-Overview-notes.pdf, Last Visit Date April 8, 2024.

JavaScript 类语言，但是 Solidity 的一些功能以特殊的方式予以实现，这容易造成 Solidity 的语义和程序员的直觉错位，从而出现程序漏洞。2017 年的一份调查报告显示，19, 366 个既有的以太坊智能合约中有 8833 个智能合约存在漏洞，比率达到 45. 6% 。[①]

对以太坊智能合约漏洞的调查研究显示，智能合约的漏洞可以分为 12 个类型，具体为"召唤未知"（call to the unknown）、"处理异常方式的不统一"（exception disorder）、"燃料不足异常"（gasless send）、"类型转换错误"（type costs）、"可重入性错误"（reentrancy）、"保守秘密的漏洞"（keeping secrets）、"不可变的错误"（immutable bugs）、"以太币转移丢失错误"（ether lost in transfer）、"堆栈大小限制"（stake size limit）、"不可预测状态造成的错误"（unpredictable state）、"基于随机性的错误"（generating random）、"基于时间限制的攻击"（time contrains）。（见表 8 - 1）利用智能合约漏洞进行攻击，会给权利人造成损失，有些损失巨大甚至不可挽回，如以太坊钱包智能合约漏洞使高达 2 亿美元数字货币虚拟财产冻结在以太坊中。[②]

2018 年 4 月，黑客利用智能合约中的漏洞 Batch Over Flow 攻击 BEC，成功向两个地址转出了天量级别的 BEC 代币，导致市场上大量 BEC 被抛售，BEC 的价值暴跌，相当于 60 亿人民币人间蒸发。[③] 针对智能合约漏洞造成的损失，是否由相关主体承担责任，以何种依据承担何种标准的责任，值得研究。

---

① Loi Luu, Duc-Hiep Chu, Hrishi Olickel, Prateek Saxena & Aquinas Hobor, *Making Smart Contract Smarter*, CCS'16, Vienna, Austria, October, 2016, p. 24 – 28.

② 参见郑惠敏编辑：《2 亿美元被锁死在区块链中？以太坊智能合约被爆有巨大漏洞》，载金评媒网 2018 年 3 月 5 日，http://m. jpm. cn/article-51256-1. html。

③ 参见《智能合约频出漏洞，一行代码蒸发 64 亿人民币》，载新浪科技网，https://tech. sina. com. cn/roll/2018-04-29/doc-ifzvpatq8632295. shtml。

表 8－1　智能合约的典型漏洞

序号	名称	含义及举例
1	召唤未知	Solidity 语言中用于调用函数和传输以太币的一些原语可能具有调用“被调用方”或“接收方”的回退函数的副作用。 举例： 调用另一个合约或它自己的函数，并将以太币转移给被调用者。例如，可以调用合约 c 的函数 ping 如下： c. call. value(amount)(bytes4(sha3(“ping(uint256)”)),n); 其中被调用的函数由其散列的前 4 个字节标识签名，amount 决定要转多少个 wei 给 c，n 是 ping 的实际参数。如果具有给定签名的函数在地址 c 存在，则正常执行该程序；如果具有给定签名的函数在地址 c 不存在，则执行 c 的回退函数
2	处理异常方式的不统一	在 Solidity 中，有几种可能会引发异常的情况，例如，如果(1)执行用完 gas；(2)调用堆栈达到其极限；(3)命令 throw 被执行。然而，Solidity 在处理异常的方式上并不统一：有两种不同的行为，这取决于合约如何相互调用。 举例： 没有设置调用中 gas 使用的上限： c. call. gas(g)(bytes4(sha3(“ping(uint256)”)),n); 在异常情况下，如果没有指定界限，那么所有可用的 gas 都会丢失，这一点可能会导致被攻击
3	燃料不足异常	当使用函数 send 将以太币转移到合约时，可能会发生燃料不足异常。转移以太币通常与执行代码无关。此异常背后的原因很微妙。c. send(amount)的编译方式与空签名调用相同，但是被调用者实际可用的 gas 单位数总是由 2300 绑定的。现在，由于调用没有签名，它将调用被调用者的回退函数。然而，2300 单位的 gas 只允许执行一组有限的字节码指令，如那些不改变合同状态的。在任何其他情况下，调用都会以气体耗尽异常结束
4	类型转换错误	Solidity 编译器可以检测一些类型错误(例如，将整数值分配给字符串类型的变量)。类型也用于直接调用：调用者必须声明被调用者的接口，并在执行调用时将被调用者的地址转换为它。 举例： 对 ping 的直接调用： contract Alice { function ping(uint) return (unit) } contract Bob { function pong(Alice c){ c. ping(42); } } pong 的签名通知编译器 c 遵守接口 Alice。 但是，编译器只检查接口是否声明了 ping 函数，而不会检查：(1)c 是合约 Alice 的地址；(2)Bob 声明的接口与 Alice 的实际接口匹配。合约可以进行类型检查的事实可能会欺骗程序员，使他们相信检查(1)和(2)中的任何错误都已被检测到。此外，即使存在此类错误，合约也不会在运行时抛出异常

续表

序号	名称	含义及举例

5	可重入性错误	事务的原子性和顺序性可能使程序员相信，当调用非递归函数时，在其终止之前不能重新进入。然而，情况并非总是如此，因为回退机制可能允许攻击者重新进入调用者函数。
		举例：
		contract Bob {
		    bool sent = false;
		    function ping(address c) {
		      if (! sent) {
		          c. call. value(2)();
		          sent = true;
		}}}
		contract Bob { function ping(); }
		
		contract Mallory {
		    function() {
		        Bob(msg. sender). ping(this);
		    }
		}
		Bob 中的 ping 函数旨在使用具有空签名且没有 gas 限制的调用将 2wei 精确地发送到某个地址 c。现在，假设使用 Mallory 的地址调用了 ping。该调用具有调用 Mallory 回退的副作用，后者又会再次调用 ping。由于变量 sent 尚未设置为 true，Bob 再次向 Mallory 发送 2wei，并再次调用她的回退，从而开始一个循环。当执行最终耗尽气体时，或达到堆栈限制时，或当 Bob 的所有以太币耗尽时，此循环结束。
		例如：DAO 攻击；DeFi 平台 Uniswap 被攻击[1]；DeFi 借贷协议 Lendf. Me 被攻击[2]

6	保守秘密的漏洞	合约中的字段可以是公开的，即每个人都可以直接读取；也可以是私有的，即其他用户或合约不能直接读取。将字段声明为私有并不能保证其保密性。因为要设置字段的值，用户必须向矿工发送合适的交易，然后矿工将其发布到区块链上。由于区块链是公开的，每个人都可以检查交易的内容，并推断该字段的新值

续表

序号	名称	含义及举例
7	不可变的错误	一旦合约在区块链上发布,就不能再更改。因此,用户可以相信,如果合约实现了他们想要的功能,那么它的运行时行为也将是预期的,因为这是由共识协议确保的。缺点是如果合约包含错误,则没有直接的方法来修补它。因此,程序员必须在其实现中预测更改或终止合约的方法。 举例:窃取以太币或使其无法被任何用户赎回
8	以太币转移丢失错误	发送以太币时,必须指定接收地址,该地址采用 160 位序列的形式。然而,这些地址中有许多是孤立的,即它们不与任何用户或合约相关联。如果一些以太币被发送到一个孤儿地址,它就会永远丢失(需要注意的是,没有办法检测一个地址是不是孤儿地址)。由于丢失的以太币无法恢复,程序员必须手动确保接收地址的正确性
9	堆栈大小限制。	每次合约调用另一个合约(也可能是调用自身)时,与交易相关的调用堆栈都会增长一帧。调用堆栈限制为 1024 帧,当达到此限制时,进一步调用将引发异常。攻击者首先生成一个几乎已满的调用堆栈(通过一系列嵌套调用),然后调用受害者的函数,该函数将在进一步调用时失败。如果受害者的合同没有正确处理异常,对手就可以成功攻击。 此漏洞可以与其他漏洞一起利用
10	不可预测状态造成的错误	合约的状态由其字段和余额的值决定。通常当用户向网络发送交易以调用某个合约时,他无法确定交易将在发送该交易时合约的相同状态下运行。这可能是因为与此同时,其他交易已经改变了合约状态。即使用户足够快,成为第一个发送交易的人,也不能保证该交易将首先被运行。事实上,当矿工将交易分组时,他们不需要保留任何顺序,他们也可以选择不包括某些交易
11	基于随机性的错误	EVM 字节码的执行是确定性的:在没有不当行为的情况下,所有执行交易的矿工都将获得相同的结果。因此,为了模拟非确定性选择,许多合约(如彩票、游戏等)生成伪随机数,其中为所有矿工唯一选择初始化种子。 由于矿工控制将哪些交易放入区块以及以何种顺序放置,恶意矿工可能会尝试制作他的区块,从而使伪随机生成器的结果产生偏差。对比特币区块链随机性的分析表明,攻击者控制了网络的少数挖矿算力

续表

序号	名称	含义及举例
12	基于时间限制的攻击	应用程序广泛地使用时间约束来确定在当前状态下允许（或强制）哪些操作。通常时间约束是通过使用所有矿工都同意的区块时间戳来实现的。合约可以检索区块被开采的时间戳；一个区块内的所有交易共享相同的时间戳。这保证了执行后与合约状态的一致性，但它也可能使合约受到攻击，因为创建新区块的矿工可以选择具有一定程度任意性的时间戳。如果矿工持有合约的股份，他可以通过为他正在挖掘的区块选择合适的时间戳来获得优势

资料来源：Nicola Atzei，Massimo Bartoletti & Tiziana Cimoli，*A Survey of Attacks on Ethereum Smart Contracts*（*SoK*），Computer Science，April 22，2017，p. 164－186.

〔1〕2020 年 4 月 18 日，DeFi 平台 Uniswap 被黑客利用了 Uniswap 和 ERC777 标准的兼容性问题缺陷实施了重入攻击，攻击者利用此漏洞消耗尽 Uniswap ETH-imBTC 池约 1278 个 ETH。（参见 PeckShield：《Uniswap 和 Lendf. Me 遭攻击始末：DeFi 乐高组合下的"多米诺"式崩塌》，载 CSDN 博客网 2020 年 4 月 21 日，https://blog. csdn. net/PeckShield/article/details/105671833。）

〔2〕2020 年 4 月 19 日，网传国产 DeFi 借贷协议 Lendf. Me 被曝遭受黑客攻击，黑客利用 imBTC 的 ERC 777 合约漏洞来实现重入攻击，Lendf. Me 损失了大约 2500 万美元。Lendf. Me 为此被嘲笑沦为黑客取款机。（参见链茶馆：《Lendf. Me 遭黑客攻击损失 2500 万美元背后 谁来背锅?》，载搜狐网 2020 年 4 月 23 日，https://www. sohu. com/a/390452072_100217347。）

（二）智能合约代码翻译错误

与一般计算机程序代码不同的是，金融交易中的智能合约承载着交易方的意思表示，智能合约代码如果没有完整反映交易方真实的意思，合约的现实执行效果未完全达到金融交易方的预期，智能合约的代码编写、执行与实际的金融交易意思不一致甚至相悖，则造成交易方损失。比如，金融交易方的合意是在当日以市场最高价转出持币账户中的代币，但是智能合约将最高价编写成最低价，造成持币人的损失。

智能合约的代码意思转换出错和前述现实中已经出现的智能合约漏洞，都会造成损失。面对损失，是否应当由相关主体承担责任，以何种依据以及以何种依据、标准承担，都值得进一步细致研究。

二、智能合约漏洞损失是由市场还是法律来决定

智能合约漏洞导致的损失，是通过市场化的手段来解决，还是通过合同约定或者设定侵权规则转移或分担损害赔偿？这是智能合约漏洞造成损失后首先需要思考的问题。

（一）智能合约市场失灵

智能合约制作专业性强，信息不对称明显。如果委托方自身不具备开发能力、不能辨别智能合约代码的优劣和识别代码安全隐患，那么关于智能合约的信息在委托方和制作方之间的信息不对称是客观存在的。在典型的信息不对称市场（如柠檬市场和二手车市场），市场运作逻辑会呈现出以下市场均衡状态：智能合约委托方与智能合约制作方之间的博弈会呈现莱纳·博梅（Rainer Böhme）在分析计算机安全市场失灵时的市场均衡，即不具备智能合约开发知识的委托方对智能合约的安全性能知之甚少，不能区分安全的智能合约和不安全的智能合约，造成的结果是委托方更愿意购买价格便宜的智能合约。制作方限于资金的约束，没有激励开发更安全的智能合约。[①] 智能合约被部署于区块链网络之后，因其漏洞被攻击的风险并不仅仅由委托方单方承担，相关的参与主体也可能会遭受损失，造成的风险共担的经济利益格局让委托方、制作方等个体更没有动力投资改进安全性能，智能合约安全领域内的“公地悲剧”随之出现。[②] 针对市场失灵，既有理论虽然没有彻底研究清楚产生的原因，但通常会有一些应对措施：国家通过制定法律制度进行干预，或者构

---

① See Rainer Böhme, *A Comparison of Market Approaches to Software Vulnerability Disclosure*, Lecture Notes in Computer Science, Vol. 3995, p. 298 - 311(2006).

② Shalom N. Rosenfeldl, Ioana Rus 建立动态模型对计算机安全市场进行研究，得出计算机安全市场存在“公地悲剧”的结论。See Shalom N. Rosenfeld, Ioana Rus & Michel Cukier, *Modeling the Tragedy of the Commons Archetype in Enterprise Computer Security*, Journal of Information Assurance and Security, Vol. 4, p. 10 - 20(2009).

建合适的新的市场。

（二）软件漏洞新市场及不足

金秉卓等和 Mukhopadhyay 的研究表明，信息不对称是软件漏洞风险分担的关键因素。[①] 改善软件的信息不对称现象是防范漏洞或降低漏洞所带来损失的重要路径。软件部署到互联网之后会受到来自公众的广泛监督，同时有利于公众发现漏洞。新发现的漏洞信息具有市场价值：一方面，该信息将决定黑客利用该信息发起网络攻击是否能够成功；另一方面，诚实的用户可以用该信息来评估该软件的安全性能，从而采取要求软件供应商提供补丁的策略或者转而使用其他竞争者提供的同类产品。[②] 正是因为新发现的漏洞信息具有价值，市场中才会时不时出现软件漏洞悬赏广告，或者发现漏洞的"发烧友"将该信息拿到黑市上去兜售的消息。软件漏洞已然成为一个自软件诞生之后的新兴市场，典型的案例如 Mozilla 安全赏金计划，该计划旨在激励对 Mozilla 软件安全展开研究，并奖励那些发现软件漏洞并使互联网更安全的人。[③] 莱纳 · 博梅将软件漏洞市场类型划分为计算机漏洞市场、漏洞经纪人市场、基于漏洞的金融衍生品市场和网络保险市场。

1. 计算机漏洞市场

计算机漏洞市场在国外较为常见，国内也渐渐出现了该类市场，如作为国内首家漏洞悬赏平台的 SOBUG。[④] 智能合约出现之后，关于漏洞

---

① See Byung Cho Kim, Pei-yu Chen & Tridas Mukhopadhyay, *An Economic Analysis of the Software Market with a Risk-Sharing Mechanism*, International Journal of Electronic Commerce, Vol. 14, p. 7 – 39 (2009/2010).

② See Rainer Böhme, *A Comparison of Market Approaches to Software Vulnerability Disclosure*, Lecture Notes in Computer Science, Vol. 3995, p. 298 – 311(2006).

③ See *Security Bug Bounty Program*, Mozilla, https://www.mozilla.org/en-US/security/bug-bounty/, Last Visit Date April 8, 2024.

④ 参见《SOBUG 漏洞悬赏平台发布会中国版 HackerOne 进阶之路》，载今日头条网 2016 年 8 月 1 日，https://www.toutiao.com/article/6313702499049079041/? channel = &source = search_tab。

的悬赏也走入了人们的视野，在这个领域渐渐形成了市场，如 dYdX 的“存款代理”智能合约漏洞事件中，dYdX 官方发布漏洞悬赏并在漏洞信息提供之后向提供者支付了漏洞赏金。[①] 斯图尔特 · 谢彻（Stuart Schecher）创造了“漏洞市场价格”（market price of vulnerability）这个术语，解释现实世界中关于漏洞的市场价格问题。[②] 计算机漏洞市场作为一个新兴市场，看似能够以漏洞市场价格为指引进行信息资源的市场化配置，但该市场存在一个难题：漏洞市场价格难以确定。[③] 现实世界中，漏洞信息购买者为降低漏洞购买成本，在每次漏洞相关报告出来之后都会重新调整漏洞价格。由于漏洞市场价格不易形成，计算机漏洞市场并不能像传统市场那般有效配置漏洞信息。

2. 漏洞经纪人市场

软件漏洞经纪人（如市场中的 Accenture 公司[④]）购买漏洞信息然后出售给需要修复漏洞的软件供应商或者销售给需要提前防范漏洞风险的客户。对于漏洞市场中出现的经纪人是否能够解决软件漏洞问题并改进社会福利，卡蒂克 · 坎南（Karthik Kannan）和拉胡尔 · 泰朗（Rahul Telang）的研究给出了不同的结论：作为社会公益组织的计算机响应小组（Computer Emergency Response Team）一直充当漏洞信息自愿提供者与软件用户之间的信息中介，在验证报告的漏洞信息之后，该小组会发出公共“建议”，以便用户保护他们的系统免受潜在攻击，计算机应急响应小组的运行机制优于“漏

---

① Choyee，《dYdX：代理智能合约漏洞事件中共有 206，134.87 美元和 1.5 WETH 被盗，已全额补偿》，载引领外汇网 2021 年 12 月 11 日，https://www.ylfx.com/Show/index/cid/37/id/1056009.html。

② Stuart Edward Schechter, *Computer Security Strength & Risk: A Quantitative Approach*, PhD thesis, Harvard University, Cambridge, MA, 2004.

③ Rainer Böhme, *A Comparison of Market Approaches to Software Vulnerability Disclosure*, Lecture Notes in Computer Science, Vol. 3995, p. 298 – 311 (2006).

④ 参见 Accenture 公司网，https://www.accenture.com/us-en/about/company-index, Last Visit Date April 8, 2024。

洞经纪人市场”。[①] 经纪人以追求利润为目标,软件客户的效益并不总是能够得到保护,社会福利时常因为经纪人的自身利益而被牺牲。

3. 基于漏洞的金融衍生品市场

利用二元期权理论构建计算机漏洞金融衍生品市场。比如,有一对合约(C,C′)。合约 C 的核心内容为如果在未来某段时间内存在针对服务器软件的漏洞的攻击利用行为,则支付固定金额。合约 C′的核心内容为如果在特定时段内没有向市场权威机构提交针对软件漏洞的利用情况,则支付相同的固定金额。合约 C 和 C′可以单独交易,价格由匹配的买单和卖单决定,C 的市场价格与其面值的比率近似地表明了某软件在特定期限内被破坏的概率。与前两类市场相比,软件漏洞金融衍生品市场可以吸引更多的参与者参与交易。与其他市场类型一样,漏洞利用衍生品需要受信任的第三方在每份合约结束时测试候选漏洞并公布结果。[②]

4. 网络保险市场

针对网络安全的保险是克服安全市场失灵的传统解决方案。保险公司在精算师的测算之后会提供针对软件漏洞的保险产品。从长期来看,该类保险产品的保费会收敛到同类漏洞的实际安全风险水平。然而值得注意的是,计算机软件的漏洞多种多样,保费会根据每个被保险人的风险状况的安全风险进行调整,针对软件漏洞的非标保险产品既会增加保险公司的成本,也会增加投保人的保费支出。现实的保险实践情况是,网络保险业务的数量相对较低。[③]

---

① See Karthik Kannan & Rahul Telang, *An Economic Analysis of Market for Software Vulnerabilities*, Infosecon (May 3, 2004), https://infosecon. net/workshop/downloads/2004/pdf/kannan-telang. pdfs.

② 以上内容参见 Rainer Böhme, *Vulnerability Markets: What is the Economic Value of a Zero-Day Exploit?*, CCC Event Blog, https://events. ccc. de/congress/2005/fahrplan/attachments/542-Boehme2005_22C3_VulnerabilityMarkets. pdf, Last Visit Date April 8, 2024.

③ Rainer Böhme, *A Comparison of Market Approaches to Software Vulnerability Disclosure*, Lecture Notes in Computer Science, Vol. 3995, p. 298 – 311 (2006).

莱纳·博梅(Rainer Böhme)从信息、激励、风险平衡和效率四个方面研究了计算机漏洞的四种市场解决方案,得出以下结论:漏洞市场的四种类型都不同程度地实现了激励功能。漏洞经纪人市场因为存在经纪人利益目标,通常希望赶在公众的前面获取敏感信息,可能会造成软件用户利益受损,从而出现不利于用户的激励机制。网络安全保险有利于漏洞搜寻者、开发者和最终用户,可以很大程度促进安全意识,激励功能最为明显。在信息功能方面,计算机漏洞市场在漏洞频繁报告时无法提供准确的指标,软件漏洞经纪人根本不会及时向公众及时披露信息。网络安全保险由于需要重新谈判,价格信息的及时性受到影响,同时多次谈判交易效率低。计算机漏洞市场和漏洞经纪人市场交易的核心是买卖漏洞本身,这两个市场不会提供风险平衡工具。基于漏洞的金融衍生品市场和网络保险市场利用金融的资源、风险分配方式,起到了风险分散和配置的功能,提供了风险平衡功能,但是,保险的高成本导致有关网络安全保险实践较少,而金融衍生产品很可能因全球事件而不是公司的个人损失来定义,这会造成难以形成个体风险状况管理的最佳投资组合。①

从表现形式来看,智能合约作为软件的定位,不可避免地会出现漏洞,针对智能合约漏洞,同样也存在漏洞市场,找寻漏洞、买卖漏洞的市场较为自然地会出现,基于漏洞的金融衍生品和网络保险产品则会因为我国的具体金融环境而可能会出现。智能合约漏洞市场具有解决部分激励、安全、风险平衡等的功能,但无论是何种形式的漏洞市场类型,都会有不同方面或程度的市场失灵,对智能合约漏洞的应对和解决并不会给出人们预期和可以接受的答案,因此有必要探寻其他解决问题的路径。

---

① See Rainer Böhme, *A Comparison of Market Approaches to Software Vulnerability Disclosure*, Lecture Notes in Computer Science, Vol. 3995, p. 298 – 311(2006).

（三）法律责任的有效性

1. 是否对软件漏洞承担责任的争论

对于软件漏洞是否应当承担责任存在否定说和肯定说。凯里·赫克曼(Carey Heckman)认为,软件与传统产品(如汽车)并不具有相同的能够支持追求法律责任的特征,因此,责任不是降低软件安全漏洞数量和严重程度的合适工具。① 在软件出现的早期,法律没有明确软件制造商需要对软件漏洞承担责任。丹尼尔·瑞安(Daniel Ryan)认为,软件客户没有办法让他们购买的软件处于安全的状况,他们也没有办法测试软件是否安全,那么让软件的制造商确保他们产品的可靠性就是合理的。② 计算机安全行业处于次优但自支持的平衡状态,不支持软件改进所需的努力,迈克·菲斯克(Mike Fisk)认为,这个问题的解决方案是经济和社会的,而不是技术的,具体而言,如果没有法律责任,各方就没有足够的动力来解决安全问题。③ 软件安全问题是信息安全最重要的问题之一,但是软件安全信息的高度不对称造成市场竞争机制不能发挥应有的作用;构建软件漏洞新市场亦不能解决软件漏洞问题。而对软件开发商设置法律责任,可以促进软件质量的改善。④ 安全研究者认为,除非软件供应商对他们的产品负责,否则他们不愿意生产安全的软件。不像汽车等其他行业,制造商对汽车的任何缺陷要承担责任,软件的供应商尤其是在垄断的状态下,没有激励和压力去开发安全的软件。

---

① See Daniel Ryan, Carey Heckman *Two Views on Security Software Liability: Let the System Decide*, IEEE Security and Privacy Magazine, February 2003.

② See Daniel Ryan, *Carey Heckman Two Views on Security Software Liability: Let the System Decide*, IEEE Security and Privacy Magazine, February 2003.

③ See Mike Fisk, *Causes & Remedies for Social Acceptance of Network Insecurity*, The Computer Laboratory(May 10,2002), https://www.cl.cam.ac.uk/~rja14/econws/35.pdf.

④ 参见李承:《软件漏洞责任制度研究》,华中科技大学2013年博士学位论文,第92页。

2. 软件购买者或使用者的安全需求增加

软件出现无须承担责任的现实状况让软件制造商并不需要面临软件不安全的法律责任压力，但是一些购买或使用软件的公司（尤其是有实力的大公司）要求软件的制造商对安全性能承担合同责任，他们将责任条款写入了软件委托开发或买卖合同中。软件买卖双方博弈的一个后果就是软件制造商提供的软件不安全就构成了违约，软件制造商应当承担违约责任。

软件消费者作为软件的终极使用者的维权意识增加，也推动了软件制造商承担法律责任的进程。一个典型案例是2003 年10 月马西·汉密尔顿诉微软案（Marcy Levitas Hamilton VS Microsoft Corporation）。原告存放于电脑中的社会安全号和银行账号被黑客利用微软安全漏洞窃取，马西·汉密尔顿状告微软安全漏洞可能造成全球电脑网络大面积瘫痪，违反了加利福尼亚州保护消费者权益法，侵犯了电脑数据库中个人信息隐私权。[①]

3. 软件责任是改进软件安全的一种重要的激励机制

法经济学将法律看作一种影响未来行为的激励系统。[②] 预防措施的采取者和不采取预防措施可能的受害者是同一个人，没有法律干预也将取得最佳预防。[③] 但是，预防措施的采取者和不采取措施可能的受害者不是同一人，则恰当的法律干预将有可能形成有效的激励从而使得社会福利最大化。智能合约的开发者、制造商出现设计错误，智能合约出现事故后所造成的损失最初是发生在使用智能合约进行交易的当事方或

① 参见《每周法治热点（9 月 29 日 - 10 月 5 日）》，载中国法院网 2003 年 10 月 6 日，https://www.chinacourt.org/article/detail/2003/10/id/84688.shtml。

② 参见［美］理查德·A. 波斯纳：《法律的经济分析》（上），蒋兆康译，中国大百科全书出版社 1997 年版，第 211 页。

③ 参见［美］理查德·A. 波斯纳：《法律的经济分析》（上），蒋兆康译，中国大百科全书出版社 1997 年版，第 211 页。

者用户身上，即预防措施的采取者与不采取预防措施的可能的受害人是不同人，法律干预将可能形成有效的激励。

侵权法的经济分析就会考察不同规则对安全投入的效应。[①] 换言之，不同的侵权规则的设置对应不同的激励模式，会影响侵权人、受害人等相关人的行为模式，进而改变安全的整体状态。Byung Cho Kim 等讨论了软件安全责任的有效性问题。他们的研究表明：一方面，在软件漏洞所造成的损失是同质损失时（同一攻击，软件客户遭受的损失是相同的情况），责任不会对软件供应商提高软件安全质量形成激励，在责任框架下，软件供应商最终通过提高价格将责任转移给客户，这意味着风险仍然完全由客户承担；另一方面，当客户遭受不同程度的损失时（如系统不可用导致业务中断的损失），我们发现只要安全改进具有合理的成本效益或不发生灾难性损失，责任就会引导软件制造商带来更好的安全质量。[②]

总体而言，针对金融智能合约出错，运用市场机制并不能很好地解决问题，出于大型软件使用者和广大分散的软件消费者的需求压力，对软件供应商苛以法律责任能够改进软件的安全质量。具体到智能合约，需要研究相应的合同责任和侵权责任。

三、智能合约的前合同责任

智能合约，作为计算机软件，对其相关主体配置法律责任，需要关注“智能合约一旦设定难以更改”的技术特征。相比于传统的合同交易，该特征使参与金融交易的当事人在部署智能合约之前应当通盘考虑各种

① 参见[美]理查德·A.波斯纳：《法律的经济分析》（上），蒋兆康译，中国大百科全书出版社1997年版，第15页。

② See Byung Cho Kim, Pei-Yu Chen & Tridas Mukhopadhyay, *The Effect of Liability and Patch Release on Software Security: The Monopoly Case*, Production and Operations Management, 2011, p. 603 - 617.

情形,因为智能合约一旦部署至区块链环境后续将不易更改。金融交易当事人在合约磋商阶段会投入更多精力和注意力,因此,有必要先讨论智能合约的前合同责任。

(一)智能合约订立阶段具有成本增加的特征

自动执行的智能合约可以为交易方消除合同不被履行的预期,为双方节省合同履行成本。然而,智能合约运行的以下特点,使交易方相较于传统合同交易方在订立阶段付出更多的成本:

第一,区块链环境保证智能合约实现其成效,但智能合约条款一旦上链就独立于交易各方且当特定条件满足时一定会得到执行。智能合约的难以修改特性要求运用智能合约创建合同关系的交易方应当事先全面、精确地界定与交易相关的各种情况、事先提前做好未来可能发生的各种情形下各方的权利义务安排,这势必要求交易方在智能合约订立阶段付出比传统合约订立阶段更多的成本。

第二,智能合约订立阶段存在语言转换成本。交易方无论是自然人还是法人,最初的意思表示都借助于人类自然语言。传统书面合同在同一种语言环境下法律技术化即可,而智能合约由区块链计算机网络系统识别和运行,自然语言的意思亦需要转换为机器语言,因此,智能合约交易较之于传统合约交易多出了智能合约制作者这类主体,相应地也会增加语言翻译成本。

第三,智能合约介入交易对手的内部事物更深,双方付出的信任成本更高。智能合约以代码编写并直接与公司信息系统相关联,[①]在本书前文提到的运用各自的区块链应用程序卡车租赁案例中,智能合约与交易对手的银行账户、汽车运行等信息相连。智能合约发现租车方银行账户未按期支付租金,则会开始定位监测租赁车辆的具体情况,在适当时

---

① See Marco Iansiti & Karim R. Lakhami, *The Truth about Blockchain*, Harvard Business Review, Vol. 95, p. 118 – 127(2017).

刻停止租车方对汽车的使用;并在租车方银行账户支付租金时恢复租车方对汽车的使用。在其他涉及财产所有权变动的区块链运用案例中,智能合约还会直接与个人或企业的动产或不动产或者特定的经营指标挂钩。智能合约自动执行势必或深或浅深入个人或企业的内部经营,向交易对手的"曝光"以及相互之间的影响大于传统合约。因此,交易方在智能合约订立阶段更为慎重、所花注意力也会更多。

(二)智能合约订立阶段的信赖利益及其保护

智能合约订立阶段交易成本增加这一客观经济事实的法律面是交易方之间的依赖程度、信赖利益增加:订立阶段要求交易方形成相互绑定的心理预期;双方为智能合约最终部署至区块链付出更多成本;智能合约的设计牵涉更多的交易对手内部经营信息。相较于传统合约,智能合约交易方对相对人的允诺必须产生更大的信赖,否则投入成本让对手深入内部经营、与对方绑定均难以成为可能。因此,促进智能合约健康发展、为其创造良好的法治环境必须有预见性地对智能合约订立阶段的信赖利益予以保护。

我国对信赖利益的保护采用缔约过失责任,相关规定主要集中在《民法典》第500条[①]。美国法对信赖利益的保护采允诺禁反言原则,《合同法第二次重述》[Restatement(Second) of Contract]第90条第1项规定:"若允诺人有理由相信期望其允诺会引致受诺人或第三人作为或不作为,且其允诺引致了此种作为或不作为,则唯有强制执行该允诺方可避免不公正时,该允诺具有拘束力。因违反允诺而准许的救济可以限制在维护公正所需的范围内。"美国法允诺禁反言原则建立在对价理论的基础上,"作为对价之替代而被援用,目的是使一项让受诺人单方受益的允诺产生相当于合同的强制执行力"。以大陆法系理论为框架的我国《民法典》

① 《民法典》颁布之前,相关规定为《合同法》第42条、第58条。

以双方的合意为基础，两种制度的法理基础不同，构成要件亦不相同。二者最大的不同点包括：缔约过失责任强调“合同尚未成立时违反诚实信用原则的先合同义务”“主观上有过错”；允诺禁反言原则重在“必须无对价或不等对价”“受诺人合理信赖允诺并产生依赖”“允诺禁反言制度只要求允诺人自身合理预料到受诺人将信赖其允诺，并不要求允诺人在撤销其允诺时主观上有过错，从这一点上说，缔约过失责任的成立要比允诺禁反言制度严格”。[①] 我国《民法典》第500条采用典型举例加兜底条款的立法技术，但列举的“假借订立合同，恶意进行磋商”“故意隐瞒与订立合同有关的重要事实或者提供虚假情况”，[②]均要求主观为故意，兜底条款“有其他违背诚信原则的行为”虽然没有要求主观故意，但参照前两项列举容易给司法实践形成主观只能是故意的误导。另外，诚信原则作为民法帝王原则，基础性特征明显，信赖利益保护在缔约过失责任构成要件中并不突出。目前我国《民法典》关于缔约过失责任的制度安排对智能合约订立阶段出现的信赖利益保护尚不充分，今后修改《民法典》缔约过失责任时可以明确主观过错包括故意和过失两种状态，同时立法目的突出信赖利益保护。

四、智能合约的合同责任

智能合约在计算机世界被视为软件。通常情况下，软件的制作大致分两种情形：一是由软件开发商制作完毕之后投放市场，用户购买使用，软件开发商与用户之间形成软件买卖合同关系；二是由软件开发商依据委托要求开发制作软件，委托方与软件开发商之间形成委托开发合同关系。智能合约的制作通常由金融交易的单方或双方发起委托，要求软件

---

① 参见裴明学：《缔约过失责任与允诺禁反言原则比较研究》，载《现代法学》2004年第2期。

② 《民法典》第500条：“当事人在订立合同过程中有下列情形之一，造成对方损失的，应当承担赔偿责任：(一)假借订立合同，恶意进行磋商；(二)故意隐瞒与订立合同有关的重要事实或者提供虚假情况；(三)有其他违背诚信原则的行为。”与《合同法》的规定保持了一致。

开发商根据金融交易合同编写智能合约代码,将自然语言的合同转化为计算机语言的智能合约,软件开发商与委托方之间形成的委托开发合同成为双方确定权利义务的重要依据,那么软件开发商的具体合同义务,违反合同义务的违约责任也随之清晰明确了。我国对计算机软件合同责任的应对历史并不长,针对软件合同纠纷在最高人民法院发布的《民事案件案由规定》中主要通过"第五部分知识产权与竞争纠纷"项下的"计算机软件开发合同纠纷"与"计算机软件著作权"相关的纠纷等案由予以解决,总体来看,我国对软件的保证责任等合同责任立法和司法实践尚不完善。美国是计算机的发源地,拥有最发达的计算机软件产业,考察美国法律和司法实践如何对计算机这一新生事物作出的持续的应对和创新可以为我们回应智能合约的法律责任问题提供经验和例证。

软件被定制以符合买方提供的规格、目标等要求,但软件商通常不能细致了解买方的真实意图和想要完成的任务,软件商和定制方之间关于软件的知识背景差异很大,信息在双方不对称分布的情形明显,计算机程序难以完美等多种原因造成软件的定制方和使用者因软件预期目标落空并遭受损失。大量向软件商提起损害赔偿的诉讼令英美两国在软件合同责任方面的立法和司法不得不正面应对。

(一)软件的法律定位

软件纠纷出现之后的几十年间,美国法院对软件的定性集中在软件是货物还是服务的争论上。软件的法律定位关系到法律的适用以及责任的主张的问题,如美国《统一商法典》适用范围仅为货物,不包括服务,基于货物的损害可以请求产品责任,而基于服务的损害可以请求职业过失责任。

美国《统一商法典》第2条规定的货物是指"所有在特定于买卖合同项下时可以移动的物品(包括特别制造的货物)"。在海德曼钢铁制品有限公司诉康博公司(Heidtman Steel Prods. ,Inc. 诉 Compuware Corp.)[①]等案例中,美国法院认为交易主要内容为服务的,如维修、培训等,则不属于《统一商法典》调整的范围。但是,有一些法院在服务合同中包含货物销售时也适用《统一商法典》,如在联邦快递公司诉泛美世界航空公司(Federal Express Corp. 诉 Pan American World Airways, Inc.)[②]等案件中,销售合同中货物比例的增加,会让美国法院更倾向于适用《统一商法典》。多数的软件交易可能既包含存储软件的介质等的有形物,也包括提供安装、维修、培训等服务,与有形物捆绑的服务通常被认为是货物交易的附带服务,整个合同受《统一商法典》调整。三角保险公司诉霍尼韦尔公司(Triangle Underwriters, Inc. 诉 Honeywell, Inc.)案中法官的论述具有代表性,法官认为:"虽然定制软件中的观点或概念是卖方的知识产权,但买方购买的是这些概念的产品,该产品需要付出努力来生产,虽然观点或概念是无形的,但更具有货物的特征而不是服务。"[③]绝大多数软件都属于捆绑软件,虽然在以服务为主导的捆绑软件中存有争议,但是基于上面的逻辑,美国多数案例都适用《统一商法典》予以调整。

(二)软件的明示保证责任

1. 美国立法和司法对软件明示保证责任的基本态度

明示保证责任体现了交易双方讨价还价的磋商,在美国成文法中也得到承认,具体的法律依据是《统一商法典》第 2 - 316 条。该条的规定为:"做出明示担保的语句或行为,与否认或限制担保的语句或行为,在合理的情况下,应做一致解释;但除本篇有关口头证据和外部证据的条款另有规定外(第 2 - 202 条),在此种解释不合理时,否认或限制担保的

---

① Heidtman Steel Products, Inc. *v*. Compuware Corp. ,168 F. Supp. 2d 743 (2001).

② Federal Express Corporation, Appellant, *v*. Pan American World Airways, Inc. , Appellee, 623 F. 2d 1297 (8th Cir. 1980).

③ Triangle Underwriters, Inc. *v*. Honeywell, Inc. ,457 F. Supp. 765,769 (E. D. N. Y. 1978).

语句或行为无效。”美国《统一计算机信息交易法》(Uniform Computer Information Transactions Act)允许许可人向被许可人通过确认或者承诺的方式创建明示保证，广告、样品、模型、演示等可能成为明示保证的基础，放弃明示保证的文字必须在合理的情形下与明示保证相关的文字保持一致。①

美国法中任何确认的事实、一个承诺或是交易双方讨价还价过程对货物的描述、在小册子或样品中所作的确认，都可以被美国司法认定为明示保证。以 USM 诉 Arthur D. Little Systems, Inc. 为代表的案例中，法院承认明示保证责任。该案计算机系统提供商作出了一个明示保证：计算机系统没有设计缺陷并且有一个可接受的反馈期。然而，该系统事实上的反馈时间远远比提供商承诺的时间长，法院认为该提供商违背了明示保证责任。②

2. 明示保证与免责条款的冲突

计算机软硬件提供商在合同中概括写明“本合同提供商没有任何明示或默示的保证责任”，但在提供商与买方之间的讨价还价过程中，提供商表达了特定的明示保证，或者是提供商在宣传册等文书中清楚表明了明示保证责任。很显然，概括性的免责条款与特定的明示保证发生了冲突，到底是依据免责条款还是采用明示保证条款，法院必须予以裁决。在 Consolidated Data Terminals 诉 Applied Digital Data Systems, Inc. 案中③，软件商的免责条款载明：“除了针对材料和工艺的 90 天保证外，没有任何明示或默示的保证。”同时，计算机设备制造商在宣传册中明确保证计算机终端可以高速可靠运行。但是该提供商提供的计算机设备终端既不高速，也不可靠。法院认为：特定的包含明示保证的文字优先于

---

① UCITA § 406(a).

② USM Corporation *v*. Arthur D. Little Systems, Inc., & another, 28 Mass. App. Ct. 108 (1989).

③ Consolidated Data Terminals *v*. Applied Digital Data Systems, Inc., 708 F. 2d 385 (9th Cir. 1983).

免责声明,计算机设备提供商违反了明示保证责任。

3.完整条款

美国法院有些时候不仅审查合同文本本身,还会考虑双方的交易过程、贸易惯例、履行过程、附加条款等,从而综合判断提供商是否作出了明示保证。在 Sierra Diesel Injection Service 诉 Burroughs Corp. 案中,被告提供商向原告发送了一封包含对计算机运行相关明示保证的信件,原告对于计算机的知识甚少,对被告的表述具有依赖性。原告签署的销售合同是由被告事先准备好的,其内容并没有经过原告和被告之间的协商,销售合同中包含"完整条款",法院认可了完整条款本身的法律效力,但是该条文的效力被提供商的信件中的明示保证推翻,法院支持了被告具有明示保证的主张。①

4.口头证据规则

口头表达的明示保证没有落到书面上可能不能得到法院的支持。在 Jaskey Finance & Leasing 诉 Display Data Corp. 案②中,被告向原告销售了一台电脑和软件,向原告口头保证电脑和软件都只需要常规保养即可,并且适合原告的业务类型,但是前述保证没有写进销售合同。法院认为:口头证据不可接受,因为如果接受了该证据将违背口头证据规则。

(三)软件的默示保证责任

明示保证的内容直接、明确,与之相对应的默示保证则更为间接、模糊和微妙,在实践中也更容易产生混淆、误解和纠纷。

1.美国成文法的规定

美国《统一商法典》第 2-314 条规定了货物适销性的默示保证责任,该条明确至少具备以下六个条件,货物才具有适销性:第一,货物在

---

① Sierra Diesel Injection Service *v.* Burroughs Corp., Inc., 890 F. 2d 108 (9th Cir. 1989).

② Jaskey Finance and Leasing *v.* Display Data Corp., 564 F. Supp. 160 (1983).

本行业可以不受异议地通过;第二,货物如果是种类物,应在说明的范围内具有平均良好品质;第三,适用于该种货物的一般目的;第四,货物每个单位内部或全体单位之间的种类、质量或数量应均匀,差异不超出协议许可的范围;第五,货物应按协议的要求装入适当的容器,进行适当的包装和附以适当的标签;第六,如果容器上或标签上附有保证或说明,货物应与此种保证或说明相符。

美国《统一计算机信息交易法》规定,特定类型软件的许可商提供的产品应"适合适用此类计算机程序的普通目的";该法也承认具有特定目的和用途的程序适用默示保证;该法关于默示保证的免责声明要求与《统一商法典》的要求类似。①

美国《统一商法典》第 2 条规定了明示保证规则,针对该规则的理解和适用已经引发了大量的诉讼。第 2 - 313 条规定了"讨价还价基础测试"(the basis-of-the-bargain),但是该测试的不明确性会导致卖方的过度扩张和法院的操纵,评论者对该标准争论不休。② 软件合同法原则放弃了"讨价还价基础测试",转而采用"对依赖承诺或陈述是否合理的客观测试"。③ 该原则设定了软件开发商的默示担保义务:担保软件没有隐藏的实质瑕疵④。没有转让人知道的、隐藏的实质性缺陷的默示保证。⑤ 该默示保证的构成要件包括:第一,软件开发商知道该缺陷。软件开放商知晓的缺陷必须告知购买方,这一点符合合同的诚信义务和披露义务,也是欺诈隐瞒法的要求;如果软件开发商知道缺陷而不告知,则构成欺诈。第二,实质缺陷包括严重到足以构成重大违约的软件错误。法院询

---

① UCITA § 403.

② See Robert A. Hillman, *UC C Article* 2 *Express Warranies and Disclaimers in the Twety-First Century*, 11 DuQ. Business Law Journal 167, 168 - 170(2009).

③ An objective test of whether reliance on the promise or representation would be reasonable.

④ See Robert A. Hillman & Maureen O'Rourke, *Principles of the Law of Software Contracts*: *Some Highlights*, Tulane Law Review, Vol. 84, p. 1519 - 1538, (2010).

⑤ The Implied Warranty of No Hidden Material Defects of Which the Transfer is Aware.

问受害人是否实质上收到其在讨价还价和合理预期的软件内容，即合同承诺的功能是否实现，如果出现长时间停机不工作或从未实现承诺的功能，这样的软件通常会被判定具有重大缺陷。第三，缺陷是隐藏的实质缺陷，这意味着该缺陷不会在受让人进行或应该进行的任何测试中出现。①

2. 有关特定目的的适用性的默示保证

除了适销性，如果卖方有理由知道买方对货物的特定目的并且买方信赖卖方可以提供合适的物品，那么此处的默示保证能够得到法院的支持。比如，Neilson Business Equipment Center 诉 Monteleone 案中，法院认为买方依赖卖方提供特殊目的的合适的电脑，卖方向买方作出了特定目的的适用性的默示保证。②

3. 默示保证的排除

在美国法中，有一些规则可以排除适用默示保证。《统一商法典》要求“适销性”一词必须被提及，如果采用书面形式，则“适销性”的表述必须显眼，否则将适用口头证据排除规则，适销性默示保证将不被认可。《统一商法典》第 2－316 条同样要求目的适用性默示保证应当采用书面形式，并且书面表达必须显眼。Jaskey Finance and Leasing an Samrus Corp. 诉 Display Data Corp. 案中，法院认为以下条款足以排除所有默示的适销性、适用性保证：“没有超出表面描述的保证。”③

4. 卖方对“软件保证责任救济”的限制

买方基于软件合同向卖方主张明示或默示保证责任，从而维护买方的权利，但针对买方的该种救济卖方也会采取多种限制。大体而言，卖方对软件保证责任救济的限制可以分为以下四种类型：一是限制卖方义

① See Robert A. Hillman & Maureen O'Rourke, *Principles of the Law of Software Contracts: Some Highlights*, Tulane Law Review, Vol. 84, p. 1519－1538, (2010).

② Neilson Business Equipment Center *v.* Monteleone, 524 A. 2d 1172 (Del. 1987).

③ Jaskey Finance and Leasing an Samrus Corp. *v.* Display Data Corp., 564 F. Supp. 160.

务发生的情形;二是限制买方有权获得的救济方式;三是限制损害赔偿可支付的类型;四是限制违约时应支付的损害赔偿总金额。[①]

在美国,由于没有“合理性测试”(Reasonableness Test),软件的供应商能够较为容易地对买方的救济进行限制。美国法院倾向于接受由合同双方共同约定的违约金数额。[②] 当排除救济使卖方的货物不能达到基本目的时,原告可以寻求所有可用的救济措施。对间接损害的合同限制在美国法中是可以接受的,除非该限制是不合理的。美国《统一计算机信息交易法》第 803(b)条规定:“除(c)款另有规定外,如某一排他性救济或受限制的救济的履行将导致救济的基本目的得不到实现,则被违约方可以根据本法寻求其他救济。”第 803(d)条规定:“双方可以协议排除或限制后果性损害和附随性损害,除非此种排除或限制不公平。适用本法的与计算机程序有关的消费者合同,如对人身伤害造成的后果性损害作出排除或限制,即为有失公平的表面证据,但对商业性损失的损害赔偿的排除或限制,不构成有失公平。”在 Fargo Machine & Tool Co. 诉 Kearney & Trecker Corp. 案中,卖方通过合同约定将买方的救济措施限制为修理或更换有缺陷的零件,并排除间接损害赔偿的救济措施的适用,法院认为修理并不能解决所有缺陷,合同约定的补救措施不能达到合同的基本目的,最后法院判决卖方赔偿其对买方造成的损害。[③]

5. 卖方通过格式条款免除责任

由单方制作、提供并被反复适用的金融智能合约可能被界定为格式合同,对格式合同法律责任制度的考察也是应有之义。由于建立在双方

---

① See Noriko Kawawa, *Contractral Liability for Defects in Information in Electronic Form*, Intelligence Property Law Journal, Vol. 69:8, p. 154(1999).

② Colonial Life Ins. Co. *v*. Elec. Data Sys. Corp., 817 F. Supp. 235.

③ Fargo Machine & Tool Company *v*. Kearney & Trecker Corp., 428 F. Supp. 364(E. D. Michigan 1977).

谈判实力不平等的基础上,各国出于对实质正义的考量,通常会制定有关保护接受格式合同一方的法律规定。

美国《统一商法典》《马格努森 - 莫斯保证法》允许在某些情况下与消费者交易中免除默示保证。然而,《马格努森 - 莫斯保证法》限制了购买“消费品”的合同中的免责声明,该法对消费品的定义为:“在商业中分配的任何有形个人财产,通常用于个人、家庭或家庭目的。”

第一,软件拆封许可合同。在软件销售活动中,软件拆封许可合同是一种常见的形式。软件商为了保护其合法的知识产权,将软件的许可、软件商的品质担保证明、排除“一次用尽”规则(First Sale Doctrine)等合同条款印制在软件外包装上或封条上,买方的拆封行为视为对软件许可这一要约的承诺。软件拆封许可合同是标准的格式合同。

拆封许可条款可能会限制卖方的责任、使用、保证或指定管辖合同的法律。[①] 由于软件拆封许可合同是“要么接受、要么离开”的格式合同,买方没有协商和讨价还价的权利和机会,因此拆封软件的人是否已经签订合同经常成为早期争议的法律焦点问题。[②] 在美国的司法实践中,如果拆封许可条款清晰易读,并且用户在购买软件之前接受了这些条款,则拆封许可中的所有条款都是可执行的。

第二,点击合同。点击合同(clickwrap),是指经营者通过强迫买方点击鼠标同意由经营者提供的条款的电子合同。金融智能合约的消费者同样会面临点击同意智能合约内容的情形。在我国,判断点击合同中经营者是否承担责任的法律依据为《民法典》第 496 条至第 498 条关于格式条款的规定。由于法律规定简单宽泛且隐含了一些冲突,司法实践

---

① See David L. Hayes, *Shrinkwrap License Agreements: New Light on Vexing Problem*, Computer Law, Vol. 9, No. 3, p. 657 – 669, (1992).

② See Garry L. Founds, Note, *Shrinkwrap and Clickwrap Agreements: 2B or Not 2B?*, Federal Communication Law Journal, Vol. 52, p. 99 – 123(1999).

对于点击合同的免责、限制消费者权利的条款效力的认定存在不同的意见。[①] 美国的判例法显示，法院对在点击合同中合意是否形成保持敏感的态度，但是对电子媒介本身并没有表现出敌意。[②] 在典型判例 Lawrence Feldman 诉 Google 案[③]中，法院仔细审查了 Google 提供的点击合同，认为 Feldman 已经合理地注意到了合同条款，点击了“是的，我同意以上条款”，即同意了该合同条款，最后法院认可了该点击合同。另外两个经典案例 Specht 诉 Netscape Communications Corporation 案[④]以及 Bragg 诉 Linden Research，Inc. 案[⑤]中，均涉及点击合同中载明的仲裁条款是否应当适用的问题。法院认为，点击合同中关于仲裁的规定不明显、是一方强加于另一方、交易中处于弱势的一方没有机会进行有意义的协商、程序上不合理等，都会影响到点击合同条款的认定。

从合同法的路径追究智能合约提供商的法律责任，最核心的是从合同约定本身出发，查找有没有对智能合约作为软件的安全质量以及意思表示准确性进行过明示或者默示保证的约定，如果没有相应的约定，那么智能合约的委托方或使用者通过追究合同责任的方式挽回损失存在困难。通常情况下，大型企业作为智能合约委托方有着较强的话语权，能够将智能合约的安全和表意要求落实到委托开发合同中，然而使用智能合约的消费者由于谈判能力弱基本不可能将智能合约的相关要求写入智能合约买卖合同。在智能合约委托开发或买卖合同中，可能并没有任何针对消费者或使用者保证智能合约质量方面的条款，相反智能合约提供方还约定了对“软件保证责任的限制条款”。美国司法视域认可对

---

① 《网络购物点击格式条款之效力判定研究——兼论司法实践之应然态度》，载上海市第二中级人民法院网，https://www.shezfy.com/view.html? id=67983，最后访问日期：2024 年 4 月 10 日。

② Ronald J. Mann, *Electronic Commerce*, Wolters Kluwer, 2011, p. 427.

③ Lawrence Feldman *v*. Google, Inc., 513 F. Supp. 2d 229 (2007).

④ Specht *v*. Netscape Communications Corp., 306 F. 3d 17 (2d Cir. 2002).

⑤ Bragg *v*. Linden Research, Inc., 487 F. Supp. 2d 593 (E. D. Pa. 2007).

救济方式的限制,除非该限制不公平。除了限制买方或受托方的救济方式,智能合约的卖方或受托方还可以通过格式条款作出对自己更为有利的规定。“拆封许可”“点击合同”在条文清晰可读情况下被法院认可的概率高,中国法认定格式条款无效同样需要满足严格的条件。从总体来看,依循合同法路径落实智能合约提供方责任的空间有限,还需要从其他维度夯实智能合约提供方的法律责任。

五、智能合约的侵权责任

如果合同有关于智能合约责任承担的约定,损害出现之后,受损方依据违约责任的路径可以解决纠纷;如果合同没有预先约定或者根本没有合同关系与依据,智能合约造成的损失又当如何分担?或者即使存在智能合约漏洞责任的合同约定,但基于合同责任的损害范围受限等原因,受损方是否能够寻求侵权责任以跨越合同法上的约束去寻求其他形式的责任承担?另外,与智能合约开发者没有合同关系的终端消费者如果因为智能合约漏洞造成损失,又应当以何为据请求赔偿?在既有的法律框架中,法律责任的依据源于合同法、侵权法和法律的特殊规定,那么智能合约所造成的损害是否能进入侵权法律的视野了?如果能够为侵权法所调整,又应当对应的是哪一种侵权责任?对于这些问题,在计算机软件纠纷出现后的 20 年内,法学理论界和实务界一直在争论与研讨中。

(一)软件走入侵权责任法视域

侵权法有着悠久的历史,它跟随时代的进步不断应对科技新事物而进化着,在计算机出现之后,侵权法逐步应对硬件、软件、网络侵害的损害赔偿问题,慢慢地形成了法律责任方面的对策。在软件兴起之初,侵权法受到了挑战。美国著名经济学学者戴尔 · W. 乔根森(Dale W. Jorgenson)发表的实证证据表明:“信息技术的发展和部署是美国经济复苏的基础,而计算机一直是加快增长的主要动力,半导体是经济增长的突出因素,通信设备和软件也作出了重要贡献,软件和硬件是信息科技的基础。"[①]正是因为软件在经济增长中扮演了举足轻重的角色,软件业界、社会公众都希望法律责任对软件有正确的态度并安置合适的位置。

计算机软件是否适用侵权责任,采用何种过错程度作为承担责任的主观要件,在计算机软件问世之初的很长一段时间内,美国司法实务界普遍认为对于绝大多数的软件应用(如文字处理程序和视听游戏)可能并不能适用侵权法。的确,软件发展的早期,法律也确实没有明确软件制造商需要对软件漏洞承担责任。

然而,美国 2002 年出台的《萨班斯—奥克斯利法》(Sarbanes-Oxley Act)要求公司不得有欺诈行为,公开交易的公司应当确保公司的计算机系统安全,否则将面临罚款和监禁的处罚。一方面,司法实践普遍不认为计算机软件不安全是侵权责任;另一方面,《萨班斯法》却会追究计算机系统不安全责任。面对这样的一个困境,除非推动立法以促使软件公司改善软件安全,否则使用软件的公司由于不能把握和决定软件安全要承担软件不安全所带来的责任从而造成实质不公平。针对如此窘境,学者认为侵权法能够为软件被许可方和用户提供有用的机制。[②]

许多专业人士建议将侵权法作为与计算机有关的追责依据。[③] 那么在何种情形下,智能合约制作者应当承担侵权责任呢? 德国法学家耶林曾言:"使人负损害赔偿的,不是因为有损害,而是因为有过失,其道理就

---

① Dale W. Jorgenson, *Information Technology and the U. S. Economy*, American Economic Review, Vol. 91, p. 1 – 32(2001).

② See Michael D. Scott, *Tort Liability for Vendors of Insecure Software: Has the Time Finally Come?*, Maryland Law Review, Vol. 62:2, p. 1 – 70(2008).

③ See National Research Council, *Critical Information Infrastructure Protection and the Law: An Overview of Key Issues*, Steward D. Personic & Cynthia A. Patterson eds. 2003.

如同化学上之原则,使蜡烛燃烧的,不是光,而是氧,一般的浅显明白。”[①] 对于智能合约制作者而言,他们通常不会故意制作有漏洞的智能合约损害购买者或用户的权益,那么他们的疏忽过失是否会导致侵权责任?侵权责任法规定的主观要件包括过错和无过错两大类,过错又可以细分为故意、一般过失和职业过失三种情况。智能合约制作者的过失同样有可能会引发侵权责任。

(二)一般过失侵权责任

2020 年 4 月 18 日,dForce 创建的 Lendf. Me 借贷平台因智能合约漏洞遭“重入攻击”,黑客在进行 ETH-imBTC 交易时连续利用智能合约盗取资金 2500 万美元,造成投资者巨大损失。所幸的是 Lendf. Me 追回被盗资产,该平台向用户发布了被盗资产返还方案。[②] 这个案例中的智能合约用户是幸运的,但是如果没有定位到黑客,智能合约用户因黑客利用智能合约漏洞所造成的损失是不是欲诉无门了?智能合约制作者虽然没有故意制作漏洞,但对于漏洞的存在有没有过失,需不需要因为过失承担相应的漏洞责任?

在英美法系和大陆法系侵权法中,侵权均有故意侵权与过失侵权之分。智能合约制作者故意制作漏洞造成他人损失,由于其主观故意的恶性,适用故意侵权;如果智能合约制作者非因故意造成他人损失,并且合同没有明示或默示的约定,则会考虑是否构成过失侵权。智能合约制作者应当对故意侵权所造成的损失承担责任争议不大,但是否构成过失侵

---

① Rudolf von Jhering, Das Schuldmoment im römischen Privatrent, 1867, S. 40: “Nicht der Schaden verpflichtet zum Schadensersatz, sondern die Schuld, ein einfacher Satz, ebenso einfach wie derjenige des Chemikers, dass nicht das Licht brennt, sondern der Sauerstoff der Luft.”转引自王泽鉴:《民法学说与判例研究》(第 2 册),中国政法大学出版社 2005 年版,第 106 页。

② dForce 发布 Lendf. Me 资产返还方案,仅存款无借款用户将在一周内收到原资产,或可以用钱包登录系统,确认条款并发起退款申请,官方将以先后顺序处理。而有借款的用户需要归还欠款后才可以拿回抵押资产,否则仓位在 7 天后可能会被清算为稳定币退还,参见 https://www. panews/ab. com/nftassts/artic/edetails/1587917468434006. html。

权则有截然相反的声音。现实世界中,故意侵权的案例只是少数,多数漏洞并不是出于智能合约制作者的明知和故意,因此探讨智能合约制作者是否应当承担过失侵权责任是必要且重要的问题。

英美法系在讨论过失侵权行为的案件时通常会考虑以下因素:(1)应当明确被告对原告负有义务;(2)有违反该义务的行为;(3)违反注意义务与被害人损失之间具有因果关系;(4)存在损害。在这个思路框架之下,智能合约制作者是否承担一般过失责任的基本逻辑为:智能合约软件的制作者对于买方或用户而言,是否存在某种义务?如果存在特定的义务,智能合约软件的制作者是否违反了该义务?对于买方遭受的损害,智能合约软件制作者违反义务的行为是不是最直接的原因?买方遭受应予赔偿的损害是不是智能合约软件制作者违反义务的后果。下面详细分析每一个构成要件。

1. 是否有注意义务

侵权行为的性质包括非法性、违法性、不法性、违反注意义务。① 过失侵权行为的性质是违反注意义务的行为。《牛津法律大辞典》对"注意义务"的解释为:一个人对他人造成损害后,只有当法院判定被告在当时情况下对原告负有不为加害行为或不让加害行为发生的法律义务,而被告未加注意,或未达到法律所要求的注意标准,或未采取法律所要求的预防措施而违反此义务时,他才在法律上对受害人承担过失责任。② 注意义务是一种法律责任,要求行为人在做出可能对他人有潜在危害的行为时应当有合理的注意。行为人有义务不以疏忽或鲁莽的方式行事,如果未能采取合理措施来预见和防止原告的伤害,则应承担责任。

在考虑软件制作者是否存在注意义务时,往往需要法院平衡许多因

---

① 参见[意]毛罗·布萨尼:《西方对待过失侵权法的态度:一项比较性的批判研究》,徐铁英译,载《中外法学》2009年第5期。

② 参见[英]戴维·M.沃克编辑:《牛津法律大辞典》,北京社会与科技发展研究所译,光明日报出版社1988年版,第137页。

素,包括:计算机入侵或其他违反安全行为的危害的可预见性,软件漏洞和损害之间的确定程度,松懈的互联网安全实践与计算机用户遭受的伤害之间的联系紧密程度;防止未来入侵的政策;信息产业的负担和对社会施加维持足够安全的责任的后果;安全解决方案和保险的可用性、成本和普及率。①

智能合约制作者在开发智能合约时应当尽到合理的注意以防止出现智能合约已经出现过的漏洞类型,或在智能合约投入使用之后发现该合约存在漏洞风险应做出及时的补救和警示防止损失的出现或扩大。值得讨论的问题是:哪些漏洞类型属于智能合约制造者注意义务范围?是不是应当防范所有的已知和未知的风险?侵权法理论以“是否可以预见”为判断标准,智能合约的过失侵权同样适用该理论。

注意义务必须可以预见(foreseeable),否则不能进入义务范畴。何谓“可以预见”?英美法系认为,应当以“合理人”标准判断损害的发生是否可以预见。“合理人”标准是一个假想的比较标准,以一个合理和谨慎的人是否应预见损害的发生为标准。如果“合理人”应当预见则侵权人具有注意义务。智能合约制作者的注意义务需要以一个合理的智能合约制作者为标准。智能合约是一个新出现的事物,随着开发实践的增多、商务场景的丰富、运营经验的增加,有关智能合约的经验和知识正被逐步累积,相应的智能合约制作者“合理人”标准也不可能一成不变,而应当随着智能合约知识和经验储备的增加而有所提高。那么,对于智能合约制作者而言,是否要求其掌握当下有关智能合约的全部知识和经验呢?“百科全书”与具备所有经验的智能合约制作者是理想中的最佳制作人,体现了该领域的最高要求,而不是智能合约制作者在实践中的“合

---

① See Michael L. Rustad, *The Negligent Enablement of Trade Secret Misappropriation*, Santa Clara University School of Law Digital Commons, https://digitalcommons. law. scu. edu/chtlj/vol22/iss3/4, Last Visit Date May 19. 2024.

理人”标准。

计算机软件与其他领域相比有一个显著的特征:任何复杂的软件都不可避免地会存在漏洞。“漏洞始终会存在”成为软件界稳定的预期。那么漏洞可预期是否意味着软件制作者就应当对软件漏洞承担责任?对于软件制作者而言,现实的困境往往是并不清楚软件到底会出现何种漏洞。正因如此,不能依据“软件漏洞总会存在的客观事实”判定软件制作者对于不能具体预见的特种漏洞具有可预见性。

智能合约制作者有明显的准入门槛,与一般的社会大众在专业知识和技能上有标志性的区别,那么他们的注意义务是否仅仅局限于一般的“合理人”标准?回答这个问题需要进一步厘清注意义务标准问题。

2. 是否违反注意义务

如果智能合约制作者具有注意义务,接下来需要判断的是他有没有过失(包括作为和不作为)违反注意义务从而使原告处于不合理的损害风险之中。在安全软件领域,尚无普遍接受的可决定特定的软件供应商何时违反注意义务的检测,[①]那么如何确定智能合约制作者是否违反注意义务呢?“在不安全软件案例的语境下,我们认为应在已有消除或降低高度可预见损害风险的措施的情况下,软件供应商才应当对市场中的产品或服务具有过失责任。”[②]Michael 和 Thomas 的研究表明软件制作者违反注意义务有两个前提必须具备:(1)违反注意义务所导致的损害是高度可预见的(high foreseeability);(2)已有措施可以消除或降低高度可预见损失的软件缺陷。这意味着软件的有害缺陷能够通过合理的软件检测实践被侦测和纠正。

智能合约制作者一般过失责任诉讼中,原告需要证明智能合约制作

---

① See Michael D. Scott, *Tort Liability for Vendors of Insecure Software: Has the Time Finally Come?*, Maryland Law Review, Vol. 62:2, p. 1 – 70(2008).

② Michael L. Rustad & Thomas H. Koenig, *The Tort of Negligent Enablement of Cyberspace*, 20 Berkeley Technology Law Journal 1553 – 1611(2005).

者有违反注意义务的疏忽，但原告往往在完成证明主张时存在困难：一方面，软件购买者与软件开发者距离远，双方之间没有直接的合同关系；另一方面，软件购买者作为一般公众难以洞悉软件“黑箱”或软件开发程序中的疏忽。软件购买者在证明软件制作者存在疏忽过失时往往需要聘请专业人士发表专业意见或鉴定报告以完成证明侵权人疏忽的主张责任，这里的后果之一是造成原告诉讼成本增加。①

3. 违反注意义务与被害人损失之间具有因果关系

在美国法中，因果关系的认定需要通过两项测试：一是被告的过失必须与原告所受损害有事实因果关系（cause-in-fact）；二是被告的行为必须是造成原告所受损害的近因（proximate cause）。近因作为判断是否承担侵权责任的法律标准，又被称为法律上的原因（legal cause）。

事实因果关系测试通常采用“若无法则”（but-for-test）和“实质因素法则”（substantial factor）。“若无法则”，是指如果没有被告的疏忽，则原告的损害就不会出现，那么被告的疏忽就是原告所受损害事实上的原因。“实质因素法则”要求被告的疏忽是带来原告损害的实质性因素。近因测试在美国诸多司法判例中意味着原告所受损害必须是被告疏忽行为可预见的损害。

将上述两项测试运用于智能合约软件案例中，事实因果关系和近因的证明均会存在困难。在第三人利用智能合约漏洞窃取运用智能合约交易的当事人的财产时，没有该智能合约的漏洞不一定不会出现当事人财产被盗的后果。但是智能合约漏洞似乎确实是制作者违反安全注意义务造成损害的实质性因素。随着智能合约复杂程度的增加，漏洞的可预期性降低，智能合约安全缺陷与原告的受损害的近因分析也越来越困难。

---

① See Karen Mercedes Goertzel, *Legal Liability for Bad Software*, Cross Talk, Vol. 29 No. 5, p. 23 – 28(2016).

4. 存在损害

受到损害的原告有权请求被告因疏忽造成的损害，包括人身伤害和财产损害，不包括惩罚性损害赔偿，在特定法域可能还包括经济损失。损害赔偿范围同样运用“合理人”标准，即站在一个合理的智能合约制作者的位置上，在事件过程中通常预见到卖方违反注意义务将导致的损害。如果智能合约是由大众市场销售的用于智能交易的软件，则可以预见的是将未经修改的智能合约用于指定范围的交易，该交易应当在满足预设条件时自动履行，而且该软件中如果有漏洞，可能会导致未授权主体的入侵、破坏、侵害甚至犯罪行为。

（三）职业过失责任

职业过失，是对那些被寄予信任的具有特殊知识和重要任务的人士以更高职责的一个概念。[①] 该责任通常用于医生、律师、会计师等职业人员在业务上的不端、违法、过失、缺乏业务技术或不道德行为而造成的损失或伤害。

1. 注意义务“合理专业人”标准

职业过失责任与一般的疏忽责任相比，最核心的区别在于注意义务的标准不同。专业人士由于具备特定领域的知识和技能，被相对方委以信任和期待，会比一般人具有更高的注意义务标准。注意义务“合理人”标准中的“合理人”中被具体定位为“专业人士”，“合理人”标准转换为“合理专业人”标准。美国侵权法明确：为了证明被告存在专业过失，原告通常必须使用专家证词来确定一个合理的专业人士在该种情况下会做什么。对于专科医生，他必须遵守所有从事该专业的人的国家标准（例如，如果医生自称是董事会认证的骨科医生，那么他必须遵守骨科专业内的国家标准。如果原告的证据表明被告低于专业标准，则法院将直

① See Danny Tobey, *Software Malpractice in the Age of AI: A Guide for the Wary Tech Company*, The Texax Lawbook, June 11, 2019.

接对被告作出判决）。[1] “合理专业人”标准不会因为侵权人专业技能及经验优秀就提升司法认定标准，也不会因为被告经验不足、技能缺乏就降低谨慎标准，专业人士应当在其专业领域内承担普通专业人士应具备的技术与谨慎标准。

2. 智能合约“合理专业人”标准

智能合约制作者作为计算机语言的编辑者，需要熟练运用计算机编程语言，在计算机领域通常被称为软件开发者。在侵权法框架下请求智能合约制作者承担职业过失责任，原告必须证明：(1)智能合约制作者属于一个业已承认的专业职业，通常这个职业是由政府授予特殊许可的，如软件工程师等；(2)智能合约制作者所开发的缺陷软件没有达到该职业所公认的标准。

讨论智能合约制作者是否承担职业过失责任，需要回答“该制作者是否属于专业人士”和“是否应当以专业人士的注意义务标准予以要求”两个问题。在 Commissioner of Inland Revenue 诉 Maxse 案中，Scrutton 法官认为，“专业”应被视为以运用智力技能为主的行业。[2] Carr 诉 Inland Revenue 案，上诉法院认为，对于专业及专业人士的判断必须基于个案的具体情况。[3] 张新宝将专业人士定义为：(1)受过某一方面的专门职业教育和训练；(2)具有从事某项专业工作的执照；(3)以其专业知识和执照向社会上的当事人或顾客提供智力性的专业服务；(4)与其所服务的对象即顾客和当事人之间存在特别的信赖关系。[4] 从经典案例和学者的论述来看，专业人士应当是具备特定专业技能以提供智力劳动为特征的人。智能合约制作者的培养需要经过特定的职业教育和训练。对

---

① Restatement of the Law, Third, Torts by The American Law Institute.

② Commissioners of Inland Revenue *v*. Maxse. NO. 5 *. -High Court of Justice (King's Bench Division). Court Of Appeal. 26 March, 1919.

③ Carr *v*. Inland Revenue, 1944. 2 ALL. ER 163.

④ 参见张新宝：《侵权责任法原理》，中国人民大学出版社 2005 年版，第 220 页。

从事软件开发相关工作的人员需要熟练掌握和运用C++、JAVA、Solidity等编程语言、数据库技术、平台技术等。软件开发具有专业性，虽然我国已有全国职业资格认证中心、IEEE计算机协会等权威机构对软件开发等职业技能进行鉴定并颁发软件工程师职业资格证书，但是针对软件开发者的全国统一的、具有可操作性的专业标准尚付阙如。实践中，评价特定的软件开发者是否达到专业标准存在现实的困难。智能合约制作者需要将交易方的自然语言合同转换为计算机可以识别的代码以便于代码在条件满足时自动执行，以其特定的专业知识、技能、经验为使用智能合约交易的当事方提供智力劳动。智能合约的购买方、使用者基于相信制作者的专业能力而信赖使用智能合约。如果没有信赖基础，交易双方将很难下定决心选择智能合约作为商事合约的自动履行方式。虽然智能合约制作者被认定为专业人士具有社会共识基础，但是智能合约作为新生事物，智能合约制作者专业人士标准远未成型，裁判其行为是否达到专业人士注意义务标准更不具有实操性。今后如果能够形成全国统一的智能合约制作者专业标准，那么智能合约制作者承担职业过失责任就具备了专业标准基础。

3. 是否能够预见

与一般过失责任一致，能否预见是判断“合理专业人”是否承担职业过失责任的重要因素。一个合理而谨慎的智能合约制作者如果能够预见漏洞以及漏洞可能带来的损害，那么智能合约制作者可能由于过失而承担侵权责任。这个标准看起来似乎清楚明了，但运用在技术创新日新月异的时代并不是那么容易把握。随着智能合约安全漏洞不断地暴露、漏洞类型的不断总结，作为智能合约制作者可能面临更多的注意义务。一个合理智能合约制作者在防范智能合约对委托方、购买方、使用者造成损害时尽到小心、谨慎合理程度的范围，会随着技术创新、技术知识的累进、技术漏洞披露而相应扩大，智能合约制作者注意义务的合理范围呈扩大趋势。但这是否意味着一位智能合约制作者需要将所有的与智能合约编程相关的文献都阅读完并掌握？Gover 诉 South Australia 案中，法院认为：提供专业服务的专业人士无须阅读所有的出版物或者相关的文献，但是应该对其专业领域内可能的知识发展有合理的关心并且有所了解。①

4. 美国法院关于计算机软件开发者适用职业疏忽责任的司法实践

自 1989 年以来，美国法院几乎普遍拒绝让软件工程师达到与医生、律师、建筑师和工程师相同的专业标准。② 其中一个原因是对于软件工程师还没有一个公认的国家专业标准，职业标准的缺乏使得职业过失的确认存在困难。在美国法院，原告提出的软件制作者承担职业过失责任的诉讼请求基本上不会得到支持。绝大多数法院采用了类似 Columbus McKincon Corp. 诉 China Semiconductor Co. , Ltd. 案的司法裁判态度。该案法院认为 China Semiconductor Co. 声称 Columbus McKincon Corp. 在选择原始微处理器时依赖于 Newman 公司的专业知识，这样做显然是试图构建某种类型的职业疏忽索赔，但这种努力不能被法律认可，将职业过失原则延伸至计算机顾问并无法律依据。法院进一步指出：将职业过失理论从其为非专业患者或客户提供的个人、专业服务的狭隘起源中提炼出来，并将其应用于商业合同法，将会混淆这两个法律领域的必要界限。③

但也有职业疏忽责任得到法院支持的案例：Diversified Graphics, Ltd. 聘请了 Ernst & Whinney 来协助其获得满足其数据处理需求的计算机系统。Diversified Graphics 认为其与 Ernst & Whinney 有着长期的合作

---

① See Gover *v*. South Australia, (1985) 39 SASR 543. 转引自王灏：《专业人士过失侵权责任论——以普通法系侵权法为视角的实证研究》，载《东方法学》2017 年第 6 期。

② See Danny Tobey, *Software Malpractice in the Age of AI: A Guide for the Wary Tech Company*, The Texax Lawbook, June 11, 2019.

③ Columbus McKinnon Corp. *v*. China Semiconductor Co., 867 F. Supp. 1173 (W. D. N. Y. 1994).

关系，在此期间前者对后者的服务产生了极大的信任和依赖。由于 Diversified Graphics 缺乏计算机专业知识，它决定委托 Ernst & Whinney 选择和实施内部计算机数据处理系统。Ernst & Whinney 曾承诺给 Diversified Graphics 建立一个“交钥匙”系统，该系统无须大量员工培训即可全面运行。但 Ernst & Whinney 交付的是一个难以操作且未能充分满足 Diversified Graphics 需求的系统。Diversified Graphics 认为，鉴于 Ernst & Whinney 在计算机系统领域有着卓越知识和专长，其应当尽到专业的谨慎标准，但 Ernst & Whinney 未能采取合理行动。美国上诉法院第八巡回法院认为 Ernst & Whinney 应当为其疏忽承担责任。①

（四）产品责任

产品缺陷严格责任突破紧密联系原则从无到有，逐步为许多国家所接受，无论是英美法，还是我国的产品法，对于产品缺陷都适用严格责任归责原则。下面将讨论聚焦于智能合约这一软件。从表面上看，软件制作者将软件出售给买方，就如同将自己的产品卖出去一样，但是软件和一般的产品在特征和性质上具有明显不同，不加分析地套用产品责任可能并不合适。软件纠纷出现之后至少有 20 年的时间，法律人士试图将产品责任运用到软件。但是这样的主张存在不少障碍，法院在分析中指出：最重要的区别在于产品、服务和信息之间的差异。② 软件到底是产品，还是服务，抑或信息？服务的提供者对于伤害后果并不适用严格责任，而是采用特殊的“标准注意义务”。③ 最为典型的案例是医生提供的诊疗服务和大型产品生产商在承担责任方面存在明显的不同，医生在职业过失的前提下对诊疗患者的损害承担赔偿责任。如果软件制作者提

---

① Diversified Graphics，LTD.，A Corporation，Appellee *v*. Ray J. GROVES，United States Court of Appeals，Eighth Circuit. 868 F. 2d 293（8th Cir. 1989）.

② Restatement（Second）Of Torts：Products Liability §19（b）.

③ Michael R. Maule，*Applying Strict Products Liability to Computer Software*，TULSA Law Journal，Vol. 27，p. 735 – 740（1992）.

供的是服务,在既有的法律框架下对应的则是过失责任。包含某种信息的物品提供者即使在大量有问题的物品已经生产出来的情况下,也免于严格产品责任,典型的例子是图书的发行者。即使图书存有不正确的信息,读者阅读该书之后受到了损害提出损害赔偿之诉,法院也不适用严格责任。[①] 如果软件被界定为包含信息的物品,司法界通常也不会采用无过错的严格责任。

产品责任为无过错责任。一旦认定智能合约制作者因智能合约存在缺陷而应当承担产品责任,那么对于智能合约制作者而言无疑是一项"高压"政策。智能合约制作者是否能够被追究产品责任？这个命题转换成熟悉且已探讨过的论题为:软件制作者是否应当因缺陷而承担产品责任？侵权法统摄了所有产品和服务的缺陷责任,也有大量的呼吁认为软件制作者对于软件缺陷应当承担侵权责任,尤其是通过特定的产品责任诉讼。[②] 产品缺陷责任适用于软件的前提为软件是产品。对于这个先决问题,在软件纠纷早期就遇到了挑战。为了剖析软件缺陷是否适用产品责任,英美学界和实务界试图从回顾产品责任的缘起、发展脉络和逻辑来探寻谜题之门。

1. 英美法中严格责任历史简要回顾

早在严格责任确立之前,普通法一直遵循 Winterbottom 诉 Wright 案所确立的"买者自慎"原则。Winterbottom 认为,原告、被告之间的"直接关系"对于追偿是必要的。这个判例既反映了 19 世纪的社会观念,也直接引领了当时法院对生产者责任的司法裁判态度。司法界普遍认为生产

---

① See Frances E. Zollers, Andrew McMullin, Sandra N. Hurd & Peter Shears, *No More Soft Landings for Software: Liability for Defects in an Industry that has Come of Age*, Santa Clara Computer & High Technology Law Journal, Vol. 25, p. 758 – 759(2005).

② See Frances E. Zollers, Andrew McMullin, Sandra N. Hurd & Peter Shears, *No More Soft Landings for Software: Liability for Defects in an Industry that has Come of Age*, Santa Clara Computer & High Technology Law Journal, Vol. 25, p. 758 – 759(2005).

者或提供商因为与消费者之间的距离太过遥远而不应当承担责任。[①]

Thomas 诉 Winchester 案突破了 Winterbottom 诉 Wright 一案所确立的"远距离交易不承担责任"的原则。原告 Thomas 给他生病的妻子买药,但是药品是被告错贴标签的毒药,原告妻子服药之后造成了病情加重的恶果。尽管原告及其妻子缺乏与生产商之间的直接联系,原告状告该药生产商仍然得到了法院的支持。该案法官认为药品是存在固有危险的物品,可以突破"直接联系"这个追责要件。[②]

在广为引用的 Greenman 诉 Yuba Power Products Inc. 案中,法官进一步削弱了责任请求依据原告、被告密切联系的基础,根据首席大法官 Trayor 的意见,法院确立了 Greenman 规则,允许对制造商实施严格责任,而无须根据《统一销售法》仅在违反明示保证时方才承担责任的规则。[③]

在以上一系列里程碑式判例的指引下,美国《第二次侵权法重述》正式用成文法的方式确立了严格责任概念,以明确的成文规则认同了侵权判例法在产品责任中的突破。

2. 产品严格责任的政策缘由

判例法和成文法先后认可产品应当适用严格责任基于数个政策原因。John Riper[④], William R. Russell[⑤], Michael[⑥] 等多名学者深入探讨了产品责任背后的政策动因,认为正是基于以下政策动因的考虑才会在产

---

① Winterbottom *v*. Wright 152 Eng. Rep. 402 (1842).

② Thomas *v*. Winchester, 6 N. Y. 397 (1852).

③ Greenman *v*. Yuba Power Products, Inc., 59 Cal. 2d 57, 377 P. 2d 897, 27 Cal. Rptr. 697, 13 A. L. R. 3d 1049 (Cal. 1963).

④ See John Riper, *Strict Liability in Hybrid Cases*, Stanford Law Review, Vol. 32:2, p. 391 – 408 (1980).

⑤ See William R. Russell, *Products and the Professional: Strict Liability in the Sale-Service Hybrid Transaction*, Hastings Law Journal, Vol. 24, p. 111 – 132 (1972).

⑥ See Michael R. Maule, *Applying Strict Products Liability to Computer Software*, Tulsa Law Journal, Vol. 27, p. 735 – 756 (2013).

品领域适用无过错的严格责任：

第一，产品严格责任更有利于损失的社会分摊。如果不适用产品严格责任，因缺陷产品遭受损害的个人将以“一己之私力”承受缺陷产品所带来的人身或财产损失，个人处于不利的境地。相较而言，若适用严格责任，生产者虽然承担了损害赔偿责任，但可以通过提高产品的售价将损失进行转移和分摊。生产者成本转嫁应对策略客观上起到了将损失由单个购买者承担转化为由购买者群体分担的模式。通过由生产商无过错地承担产品缺陷所造成的损失的方式，那些受伤的人得到了充分的补偿，而这种补偿的成本则分配给了从产品中受益的人。[①] 同时生产者还可以通过购买保险降低缺陷产品所造成的损失。正是因为生产者能够多种渠道分摊风险和损失，对生产者实行严格责任具有政策基础。

第二，让生产者承担产品严格责任有利于激励生产者开发更为安全的产品。虽然生产者能够将缺陷产品的损失进行转移和分摊，但是生产者毕竟是产品缺陷责任的直接责任人和损害赔偿金的直接支付主体。降低产品缺陷的概率、提高产品的安全性能、减少缺陷产品损害赔偿金支出，生产者能够在经济利益上受益，因此生产者有动力改进产品安全性能。如果仍然由产品购买者承担损失，产品缺陷未对生产者造成直接的经济利益减损，生产者将没有压力提高产品安全性能。

第三，产品由生产商设计和生产，产品的相关信息和生产质量由生产商把控，生厂商在产品信息的掌握上具有绝对优势。由控制产品设计与生产且信息优势方把控产品缺陷、对缺陷负责，从缺陷的因果关系和可控性角度更具合理性。

第四，制造商在向市场推荐其产品时通常都会宣传其产品安全适用，买方信赖制造商的承诺而购买产品。产品缺陷造成产品本身或其他

---

① See L. Nancy Birnbaum, *Strict Products Liability and Computer Software*, Computer/Law Journal, Vol. 8, p. 135 – 156(1988).

人身、财产损害的，买方的信赖利益受损，买方基于制造商产品安全承诺主张严格责任应该得到支持。

因为产品质量上的缺陷所造成的损害由生产商承担在逻辑性上有着自洽性，正是基于这些原因和政策上的考量，英美法对产品缺陷采用了严格责任。

3. 服务豁免严格责任的缘由

产品的生产者可以通过大量的产品来吸收和分散缺陷产品事故所造成的损失。服务主体提供服务，专业人士的自然人属性制约了提供服务的数量，不可能像产品的生产商一般能够供给大量产品。单一服务主体受到不能大规模提供服务的限制，一方面，致使服务者的资产能力通常弱于产品的生产者；另一方面，服务提供方不太可能通过提高价格转移损失成本。资产能力和交易量有限制约了服务提供者分散损失和风险的能力，相应地，服务提供者的风险承受能力弱于产品提供者。服务提供者不像产品提供者那般可以侦测和消除缺陷，服务由特定的专业人士提供，不可预期的缺陷往往是不可避免的。服务内容因对象不同而有所差异，不可能有一个简单、一致地对策应对所有交易。（见表 8－2）

表 8－2 产品、服务政策动因满足情况及责任适用

类型	政策动因				责任适用
	风险损失分担	发现和控制风险的能力	消费者举证能力	消费者预期	
产品	能够	强	弱	无缺陷	无过错责任
服务	不能	弱	能够举证	不是完全无缺陷	职业过失责任

4. 混合销售情形下的责任承担

产品基于四大政策动因而适用严格责任；服务不满足四大政策动因不适用严格责任，而适用职业过失责任。在单独提供产品和服务出现缺陷并导致损失时，具体适用何种归责原则裁断侵权责任业已有明确的规则。但实践中还会出现混合销售的情况，即出售产品的同时提供服务或者提供服务的同时出售产品，又应当如何应对呢？美国法院通常会审查交易的主要目的是获得产品还是获得服务。在 Allied Properties 诉 John A. Blume & Association 案中，法院指出，当“交易的主要目标是获得服务时，默示保证和严格责任原则不适用”[①]。另外，导致损害的是缺陷，因此缺陷是来自产品还是来自服务肯定是混合销售判断侵权归责原则的重要依据。按照主要交易目的和缺陷来源两个维度，产品、服务混合销售按照排列组合可以矩阵的方式列为四种情形：(1)混合销售主要交易目的是产品，缺陷来自产品；(2)混合销售主要交易目的是产品，缺陷来自服务；(3)混合销售主要交易目的是服务，缺陷来自产品；(4)混合销售主要交易目的是服务，缺陷来自服务。[②]

第 2 种情形中，交易的主要目的是获得产品，缺陷来自商家提供的服务。对于一个主要目的为产品的交易，消费者预期得到无缺陷的产品，对于产品销售商提供的常规的、偶然的服务，消费者也会抱着无缺陷的一致期待。该情形下的卖方发现和纠正缺陷的能力低于第 1 种情形中的卖方。以产品为主的销售方能够通过规模交易分散风险，但另外两项政策动因在该情形下并不满足，因此法院在面对这一类混合销售案例时通常会谨慎适用严格责任。

第 3 种情形中，交易的目的主要是服务，缺陷来自产品。首先，在这类交易中，消费者的期望不同于产品交易，不会预期所购买的服务完全没有缺陷，对于附带提供的产品也容易一并产生不会完全没有缺陷的预期。即使缺陷来自产品，消费者也不会像第 1 种情形下对产品有非常高的质量期待。其次，服务商虽然附带销售产品，但通常不擅长生产该产

---

① Allied Properties *v*. John A. Biume & Associates, 25 Cal. App. 3d 848(Cal. Ct. App. 1972).

② See John Riper, *Strict Liability in Hybrid Cases*, Stanford Law Review, Vol. 32, p. 391 – 408, Jan., 1980.

品,缺乏检测和发现产品缺陷的能力。再次,第 3 种情形交易的本质是服务,而服务业务缺乏分散风险的能力,而这一点是严格责任适用的最重要的合理性依据。最后,证明缺陷产品提供者疏忽对于消费者而言会存在困难,消费者会有追查取证的负担,这一点似乎能够支持严格责任的适用。综观第 3 种情形,附带销售产品只符合适用严格责任四大政策动因的第四项,其他三项均不具备,正因如此,法院通常不会将严格责任扩展适用至第 3 种情形。

第 4 种情形下,主要交易目的是服务,缺陷来自服务。这类交易类似于第 1 种情形。在该类案例中,交易的本质是服务,缺陷也来自服务。消费者预期不是产品无缺陷而是服务无过失。服务者预防风险和分散风险的能力与单纯服务者相同,除非取消服务人员无过错责任的传统豁免权,否则法院不会将严格责任扩展适用至第 4 种情形。(见表 8-3)

表 8-3　四种混合交易情形的严格责任承担

严格责任政策动因	交易目的是产品,缺陷来自产品	交易目的是产品,缺陷来自服务	交易目的是服务,缺陷来自产品	交易目的是服务,缺陷来自服务
分散风险,转移成本	可以	可以	不可以	不可以
检测、控制风险	可以	困难	困难	困难
证明难度	可以	困难	困难	困难
消费者预期	高	较高	较高	服务无过失
是否适用严格责任	适用	不适用	不适用	不适用

5. 智能合约是产品还是服务?

智能合约作为一串计算机代码、一段或多段计算机程序,会驱动计算机完成特定的计算任务,若纳入计算机硬软件的二分法,则会落到计算机软件范畴。智能合约被提供给用户或消费者的方式有多种：直接以软件形式销售给用户，销售预编智能合约的硬件，与硬件、服务一起提供给用户，通过开源智能合约的方式提供给用户，还有根据用户的要求定制的智能合约等。智能合约形成和销售给用户的方式不同，会直接影响智能合约是否满足产品责任适用所依据的政策原因。

结合产品责任政策缘由，将不同情形的智能合约根据是否满足政策条件划分为以下两类。

第一类是现成的以软件形式对外出售的智能合约以及预编于硬件的智能合约。该类智能合约符合产品责任适用的政策动因，可以考虑适用产品责任。前者如直接对外出售的智能合约程序；后者如数字人民币公交预付卡中搭载的智能合约随预付卡一同出售，帮助预付卡完成附条件的支付功能。这两种形式的智能合约形式能够大批量生产和大规模销售，出售给大量的未知消费者。智能合约的生产者能够检测、控制风险和损失，将损失进行分摊。这两类智能合约的创作技能或许要求很高，但具体制作可能并不一定由专业人士完成。在搭载智能合约的硬件出厂之前，制造商可以检测和发现问题，对出厂的硬件和所搭载的软件进行质量控制。制造商量产、大规模销售，处于分散风险、转移成本的最佳位置。从这个角度看，大批量设计、生产出来的智能合约或搭载智能合约的硬件看起来与其他适用严格责任的产品一样。这里的分析思路与 Winter 诉 G. P. Putman's Sons 案①一致。

第二类是定制智能合约。定制智能合约供应商通常不会进行大批量交易，无法将损失风险分散到众多消费者中去。智能合约的提供方根据委托方的要求制作智能合约，二者具有紧密的委托关系，不同于软件终端用户与软件生产者之间遥远的距离。因定制智能合约受损的用户

---

① Winter *v.* G. P. Putnam's Sons, 938 F. 2d 1033, 91 Daily Journal DAR 8421, 19 Media L. Rep. 1053, CCH Prod. Liab. Rep. P12, 847 (9th Cir. Cal. July 12, 1991).

相较于成品智能合约购买用户,更容易证明受托开发智能合约的制作者有疏忽。定制智能合约的购买者基于智能合约开发者的专业知识和能力而进入智能合约委托开发关系,而不是单纯基于开发者的陈述。定制智能合约的开发者不具备流水线生产式的安全测试优势。定制智能合约的开发者不能被视为产品的提供者,定制智能合约更应当被视为计算机专业服务的提供者。

6. 产品责任的构成要件

(1)美国有关产品责任的规定。美国法律研究会发布的《法律重述(第三次):侵权法·产品责任编》规定:"当产品在销售或分销时存在制造缺陷、设计缺陷或由于说明或警告不充分而存在缺陷时,该产品即为缺陷。一个产品:(a)当产品偏离其预期设计时包含制造缺陷,即使在产品的准备和销售过程中已尽了所有可能的谨慎;(b)当卖方或其他分销商或商业分销链中的前手疏于采用合理的替代设计减少或避免产品造成损害的可预见风险时,该设计存在缺陷,并且替代设计的遗漏导致产品缺乏合理的安全性;(c)当卖方或其他分销商或商业链中的前手提供合理的说明或警告本可降低或避免产品造成损害的可预见风险时,由于说明或警告不充分而存在缺陷致使产品缺乏合理的安全性。"①

(2)我国有关产品责任的规定。我国关于产品责任的规定主要集中在《民法典》和《产品质量法》两部法律当中。《民法典》第1202条规定:"因产品存在缺陷造成他人损害的,生产者应当承担侵权责任。"该条是产品责任采用无过错的基础法律规范。该规定的逻辑结构为:假设为"因产品存在缺陷造成他人损害",法律后果为"生产者应当承担侵权责任"。运用请求权要件分析法,产品责任案件有三个要件:

要件一,案涉标的是产品;

要件二,产品存在缺陷;

---

① The American Law Institute, Restatement of the Law, Third, Torts: Products Liability, § 2.

要件三,产品缺陷与他人损害有因果关系。

《产品质量法》第 41 条第 1 款规定:“因产品存在缺陷造成人身、缺陷产品以外的其他财产(以下简称他人财产)损害的,生产者应当承担赔偿责任。”该条表达了与《民法典》相同的产品责任构成要件。

以上是产品严格责任认定的基础规范,但认定何为产品、何为缺陷、何为具有因果关系,需要其他规范予以补充。补充规范分别为:《产品质量法》第 2 条第 2 款“本法所称产品是指经过加工、制作,用于销售的产品”;《产品质量法》第 46 条“本法所称缺陷,是指产品存在危及人身、他人财产安全的不合理的危险;产品有保障人体健康和人身、财产安全的国家标准、行业标准的,是指不符合该标准。”对于产品的界定,我国强调的是与自然物品的差别,即是经过加工、制作过程的产品,但对产品的实质没有明确予以表达。

判断是否为产品的要件有:

要件一,经过加工、制作;

要件二,用于销售。

判断产品是否有缺陷的要件有:

要件一,产品存在不合理的危险;

要件二,该不合理危险危及人身或财产安全。

我国对于如何认定“损害结果是因为缺陷产品所引致”因果关系时并没有明确的补充规范,由具体案件的法官根据通常的因果关系理论定夺。一旦认定损害由缺陷产品造成,接下来会涉及损害赔偿的问题,基础规范为《产品质量法》第 44 条:“因产品存在缺陷造成受害人人身伤害的,侵害人应当赔偿医疗费、治疗期间的护理费、因误工减少的收入等费用;造成残疾的,还应当支付残疾者生活自助具费、生活补助费、残疾赔偿金以及由其扶养的人所必需的生活费等费用;造成受害人死亡的,并应当支付丧葬费、死亡赔偿金以及由死者生前扶养的人所必需的生活费等费用。因产品存在缺陷造成受害人财产损失的,侵害人应当恢复原状或者折价赔偿。受害人因此遭受其他重大损失的,侵害人应当赔偿损失。”根据该规范,产品责任损害赔偿的范围广于销售合同的赔偿范围,超过了合同所要求的具有合同关系的紧密联系,包括纯粹经济损失。

值得注意的是,我国关于产品缺陷的界定与英美法产品缺陷的认定保持了一致,都认为缺陷是指存在不合理的危险(unreasonably dangerous)。

(3)智能合约产品责任的构成要件。根据前文对产品责任构成要件的分析,智能合约缺陷成立产品责任应当满足以下要件:

第一,智能合约存在缺陷。

第二,智能合约是产品,不是服务。判断该构成要件是否成立,需要运用前文已经确立的分析方法和分析结论。将智能合约的产品责任主张限制在了商用现货软件或者内置智能合约的商用现货产品。

第三,用户以预期的方式使用智能合约或内置有智能合约的产品,用户的使用没有引入缺陷。如果智能合约或内置智能合约产品的使用需要用户的修改,用户修改引入的缺陷不能成为智能合约或内置智能合约产品的开发者或生产者承担产品责任的缺陷依据。

在智能合约产品责任侵权赔偿请求权诉讼中,上面的构成要件属于基础法律规范要求的内容,也是请求人应当完成的诉讼主张。然而对于何为缺陷?还需要明确的辅助规范予以确定。从前文比较法的分析来看,智能合约的缺陷可以考虑以下因素:

其一,缺陷在智能合约产品销售时存在于软件代码中。

其二,设计有缺陷,这意味着虽然智能合约的性能完全符合供应商的预期,但预期的性能并不安全。虽然用户完全按照规定方式执行,但智能合约本质上存在的设计缺陷可能会引发不安全的风险事件。

其三,警示缺陷。智能合约供应商没有充分警告客户存在已知危险,或者智能合约必须在哪些限制和参数下运行。

(五)智能合约制作者的抗辩

1. 智能合约与传统产品或服务的不同

厂商根据市场需求设计产品或服务,向其客户提供,客户运用该产品或服务进行经营或者直接消费该产品或服务。虽然产品或服务的设计,厂商会充分考虑市场与具体客户(定制产品或服务的情形)的需求,然而客户需求也只是反映到产品或服务中去,产品或服务始终处于客体的地位,是厂商与客户之间具体的交易标的。将智能合约视为软件,置于委托开发软件合同关系之中,受托开发商同样具有向委托方交付特定功能软件的义务。智能合约作为委托合同的交易标的的客体化特征,在智能合约由交易方单方提供的场景尤为明显,但是智能合约与一般产品或服务不同的地方是:当以计算机代码为表现形式的智能合约符合合同法所规定的条件时,智能合约会成为合同法意义上的合同,凝结和承载交易各方的意思表示与合意。智能合约本身是交易各方约定权、义、利、责的合同,在这个意义上,智能合约就不仅是智能合约制作者提供的产品或服务,而是交易各方商事交易的合同文本。

2. 商务条款漏洞抗辩

事物之所以复杂,要么是因为该事物是之前完全没有出现过的新事物,完全超出了人们的认知边界;要么缘于既有事物的复合、不同特质的相互影响;亦有可能出现完全崭新的事物与既有事物的混合与复合。智能合约运用于金融交易呈现出复杂的面向,人们需解析其中参与复合的因素以及复合之后有没有产生新的特质。能够成为法律合同的智能合约,既是交易方的金融交易以代码为表现形式的合同,也有可能是智能合约制作者(销售或委托或开源)提供的产品或服务。该两种特质复合,类似于第三方合同起草服务方为交易方提供法律服务的过程。交易方商事磋商之后聘请第三方律师起草交易合同,合同经过各方多轮修改确认后,各方签字盖章,交易合同成立生效。交易合同文本既是交易方意思表示磋商的结果与合意的体现,也是第三方律师提供专业服务的工作成果。对于合同中的重大漏洞,应以职业标准判断第三方律师是否承担职业过失责任,但合同中的商务条款是交易各方就交易标的、价款、期限、方式等谈判的结果,第三方律师并没有承担责任的依据。智能合约的制作者依据交易方的单方授意或交易合意制作智能合约,合同各方商事谈判之后形成的商务条款并不由智能合约制作者决定,商务条款出现漏洞并不是智能合约制作者的过失所致,智能合约制作者不能识别智能合约内容中的法律问题和风险,由智能合约制作者承担商务条款漏洞引发损失的责任缺乏依据。

3. 法律漏洞抗辩

智能合约制作者负责将交易各方的权利义务编辑成计算机语言,如果交易各方已经商定好自然语言版本的合同,那么智能合约制作者的具体工作则是将自然语言合同翻译为计算机代码,合同拟定的工作并不是智能合约制作者的长项,其中的合同效力等法律风险也不适合归咎于智能合约制作者。智能合约制作者需要对依据其计算机专业知识和经验提供的代码程序的技术准确性和安全性负责。如果计算机程序准确表达了交易各方合意,计算机运行的逻辑和效果已向交易方披露,并得到交易方认同,可以对智能合约代码与自然语言合同之间的不同之处免除责任。智能合约代码的技术安全性属于制作者的职业和职责范围,针对技术安全漏洞所引发的损失,智能合约制作者是否承担侵权责任适用本章前文的分析路径,符合侵权责任承担要件的技术漏洞情形不能够成为抗辩事由。

4. 开源软件的抗辩

前文讨论了智能合约由制作者直接开发或者委托开发的情形,智能合约源代码通常不对外披露,也不能被公共使用,侵权责任的讨论适用前文的逻辑分析。然而在实践中尚存另外一种形式的智能合约,即开源智能合约(open-source smart contracts),对外公布该智能合约的源代码供公共验证、使用或修改后使用。由 IBM 支持的 Hyperledger 就是一个典型的开源智能合约平台。[①] 我国互联网银行的代表“微众银行”牵头开发了区块链底层开源的 FISCO BCOS 平台，该行同时提供开源智能合约库供使用者选择以适应不同商业场景完成金融交易。[②] 开源智能合约供公共免费直接使用或者经修改过后使用，如果出现漏洞造成损失仍然依据前文分析的智能合约责任承担规则分担损失，在激励公共服务行为以及责任承担逻辑上存有怀疑。

开源智能合约因其的开放性、可检验性、可重塑性对于推动智能合约创新实践快速发展有着举足轻重的意义。开源软件的作者可以被视为向社会捐赠服务的志愿者。一个开源软件项目的贡献者不会从提供公共服务中获得任何收入，但他们的贡献能够为免费使用该软件的市场主体带来收益，同时也为孵化该新兴市场做出努力。随着这些开源项目的贡献者数量的增加，软件的价值不断增加，市场也渐具热度。开源软件通常免费提供给任何希望使用它的人，开源智能合约的提供者可以不限身份、年龄，开放地向网络使用者提供，也被互不相识的用户开放地使用。因此，即使是未成年的学生也可以在业余时间创建最终被全球数千家公司使用的开源智能合约，但是该学生没有获得任何收入，如果该开源软件出现漏洞造成损失，该学生也并没有可用于抵销责任索赔的收入。如果该学生的智能合约存在一个漏洞，该漏洞被攻击者广泛利用，攻击者利用智能合约漏洞在类似淘宝、京东或者亚马逊等平台上发起数小时的暂停服务攻击，结果电子商务平台损失了数小时的收入，以及调

---

① See Ankur Gupta, 9 Best Smart Contract Platforms in 2021, CoinFunda (February 7, 2021), https://coinfunda.com/best-smart-contract-platforms/.

② 2020 年，微众银行与分布式账本技术提供商 Digital Asset 共同研究在 FISCO BCOS 上引入 DAML 智能合约引擎，为 FISCO BCOS 的开发者提供更多的智能合约开发方式。参见 ENet & Ciweek，《微众银行和 Digital Asset 将基于开源智能合约 DAML 开展合作》，载 ENet 硅谷动力网，http://www.enet.com.cn/article/2020/0416/A202004161123271.html。

查、恢复和损害公众形象的额外成本。那么该学生是否对创建不安全的智能合约负责？他参与的智能合约项目可能不是法律实体，那么承担责任的是项目负责人还是项目组织？

开源软件开发者类似于志愿者。志愿者是否应当与获取收益或者具有职务工作要求的主体一样采用相同的责任承担标准？我国对志愿者相关的规定集中在《志愿者服务条例》，但该条例尚未明确志愿者提供志愿服务的责任豁免制度。美国由于在 20 世纪七八十年代遭遇了大量针对志愿者服务的诉讼，志愿者组织和志愿者为了应对诉讼风险支付了大量应诉和保险成本，而且更为严重的是志愿者服务的数量大为降低。[①] 美国为了应对这一紧急情况出台了《联邦志愿者保护法》，明确规定在满足法定条件之下志愿者享受豁免责任。对于开源智能合约制作者，可以从鼓励的角度，采用不同于非开源智能合约的责任承担原则，以保护为主，采用除非证明该制作者故意、重大过失行为等更高的证明标准。

---

① 参见王立武：《美国〈联邦志愿者保护法〉述评》，载《工会论坛（山东省工会管理干部学院学报）》2010 年第 5 期。

第九章

区块链智能合约的金融监管

本书的前八章主要讨论了金融科技背景下智能合约私法视域下的法律问题,智能合约在金融领域的纵深运用和良性发展、对智能合约金融交易的金融监管同样是必须予以关注的重点议题。从表面上看,金融监管是对技术创新的限制和约束,为了满足监管要求技术创新需要额外支付合规成本;但从实质来看,技术创新需要满足社会群体的安全、有序的价值追求和社会心理需求,监管立法将技术创新所引发的金融风险引导到社会容忍阈值范围之内,有助于技术创新的可持续、健康发展。在"技术创新—监管立法—技术再创新"的动态均衡过程中,技术创新与监管立法实现了一种螺旋式上升的良性互动。

一、区块链智能合约金融技术创新的本质

金融创新大致可以分为四种类型:(1)增强资本配置的新金融产品,如股票、债券、衍生工具和共同基金;(2)有利于获取资本的新组织和新程序,包括建立新的金融机构、网络银行等;(3)用于处理源自金融交易和商业交易的风险的新风险管理技术;(4)用于改善产品

和流程创新并推动风险管理的技术创新，包括在产品设计和交易中使用新技术。[①] 区块链智能合约采用分布式账本、区块相连、计算机程序自动执行的技术创新，改进了金融产品和流程，大体上属于前述金融创新的第四类“技术创新”。区块链智能合约作为技术创新运用于金融领域并未改变所运用领域的金融本质。例如，区块链智能合约用于贷款产品，信贷产品的信用交易实质、信用风险及操作风险等并未改变，金融监管理论和实务长期发展起来的金融监管目标仍然适用。

二、区块链智能合约金融监管的目标

智能合约具有广阔的运用场景。在金融场景中，基于金融负外部性、系统性风险、公共利益等诸多原因，智能合约需要受到特定监管。在金融监管理论和实务框架中，监管目标具有核心的导向性功能，是金融监管行为和制度成本付出的合法和合理依据。

依据通说，金融监管目标包括保护金融投资者或消费者（确保消费者在金融交易中被公平对待，免受欺诈、不充分竞争市场滥用等不当行为的侵害）、金融安全和稳定（消除或降低金融中介机构运营失败所带来的负外部性）。除这两类目标外，金融监管还会考虑其他社会性目标，如金融公平、预防金融犯罪、防止垄断等。[②] 区块链智能合约运用于金融场景的监管仍然要遵循前述监管目标。

三、区块链智能合约的金融监管路径

金融监管可以有多种路径组织和配置监管资源。从全球范围来看，大

---

① Emilios Avgouleas, *Regulating Financial Innovation*, The Oxford Handbook of Financial Regulation, November 12, 2015, p. 1 – 37.

② See Michael S. Barr, Howell E. Jackson & Margaret E. Tahyar, *Financial Regulation Law and Policy*, 2nd edition, Foundation Press, p. 76 – 78(2018).

体有四种方式:(1)依据金融服务部门进行监管。银行、证券、保险分业监管。(2)统一主体下的综合监管,如日本、韩国、瑞典等。(3)依据监管客体的责任进行监管,如澳大利亚的双峰监管(澳大利亚证券投资委员会负责市场行为,澳大利亚审慎监管局负责审慎监管)。(4)依金融产品或服务所做的监管。不同的成文法调整不同的金融产品和服务,如美国的功能监管。

在这四种路径中,前两种路径是在监管主体上思考分行业式和综合式监管。分行业式监管是按照金融领域各行业的不同特点进行针对性监管。但现代金融混业经营的情形增多,风险在不同行业间流动,为监管金融系统风险、金融稳定,统一监管主体进行综合监管成为应对金融业新形势的监管方式。后两种路径重在对监管客体的考量,关注金融业的风险以及不当行为。功能监管看中金融产品或服务的实质,而不管是由何种金融机构提供。四种监管路径是对金融监管实现监管目标的实践,不同国情采用不同的监管资源配置,但无论何种方式的配置,了解新的金融产品或服务的金融本质、风险状况,对消费者的影响是不同监管路径下监管主体必须厘清的关键问题。

监管路径启示我们,不同的金融场景可能面临的金融风险和消费者保护要求有所不同。本书的第一章已经表明区块链智能合约已经运用于银行、证券、保险等多个金融领域。不同领域金融风险不同,监管的侧重点亦有所不同。因此对智能合约的监管首先应当辨别其运用的具体金融场景,根据不同的金融风险明确具体的监管措施。

四、区块链智能合约的金融监管切入点

促进和支持自治系统的区块链将越来越多地为寻求控制、塑造或影响区块链技术发展的监管机构带来挑战。[①] 法学界和政策制定者将不得

---

① See Primavera De Filippi & Aaron Wright, *Blockchain and the Law*, Harvard University Press, 2018, p. 167.

不面对以下两个问题:既有的法律框架如何适用于新技术;如何立法进行必要的干预。区块链的监管与互联网出现时监管面临的困境呈现出惊人的相似。网络乌托邦自由主义者大卫·约翰逊(David Johnson)和大卫·波斯特(David Post)提出了网络空间独立宣言。他们认为,以国家主权为基础的监管无法在网络空间中发挥作用,从而使互联网实际上不可监管。[①] 网络乌托邦主义的基本假设是:由于网络空间没有固定在领土空间中,因此各国将无法行使领土权。针对目前出现的区块链公链,该链在全球都有复制的节点,公链网络遍布全球,人们再次引用了当时网络自由主义者的论调,他们认为"由于在区块链网络上没有单点控制,因此它不受监管和执行"。然而,从过去对互联网监管的几十年历史经验可以看出,区块链自由主义者会面临监管的现实。Jack Goldsmith 和 Tim Wu 早在 2006 年就已经提出由于互联网并不是完全分散的,对控制点强制执行法律,互联网监管可以精准到位,[②]如欧盟的《电子商务指令》(Directive 2000/31/EC,Directive on Electronic Commerce)和《通用数据保护法》,美国的《数据千年版权法》(Digital Millennium Copyright Act,DMCA)。以上仅是宏观监管框架中的几个法律规范例证,适应互联网的监管框架仍在重建的过程之中。这些监管事实反驳了网络乌托邦主义的观点,也否定了仅能依靠服务器所在地进行监管的论断。需要注意的是,这些监管举措并不是针对网络本身,而是针对监管机构更易接触的接入点。与网络空间本身不同,自然人或法人虽然在线上参与网络活动,但其仍然在现实世界中有实实在在的主体。"一个主体总是既在网络空间同时也在物理空间。"[③]现实空间规范(法律、社会规范和市场

---

① See David Post & David Johnson, *Law and Borders: The Rise of Law in Cyberspace*, Stanford Law Review, Vol. 48, p. 1367 – 1402(1996).

② See Jack Goldsmith & Tim Wu, *Who Controls the Internet?*, Oxford University Press, 2006, p. 13 – 28.

③ Lawrence Lessing, *Code and other Laws of Cyberspace*, Basic Books, 1999, p. 21.

力量)与网络空间(代码)的相互作用相对复杂。[①] 区块链智能合约本质是计算机代码,监管需要探寻法律规则与代码之间相互关系的复杂性。代码可以成为自治的方式,也可以被用作加强或破坏法律的工具;同样,法律既可以加强代码的发展也可以阻止或阻碍代码的发展。法律和代码也可以共同发挥作用,英国政府的一份报告强调,“可以通过法律和技术法规的结合来发挥公共监管影响力”[②]。本书第四章分析了智能合约相关主体的法律关系,在对相关主体法律关系梳理的基础上,我们可以看到有以下监管切入点。

1. 网络服务器提供商

网络服务提供商(Internet Service Providers)由于具有网络数据交通可控性而成为区块链智能合约交易监管的关键切入点。如果政府希望防止市场主体使用区块链或使用基于区块链的运用程序,他们可以要求网络服务提供商封锁经过他们网络的加密数据流或者切断网络服务提供商与分布式账本运用程序之间的数据交换。例如,文件共享网站海盗湾(Private Bay),包含大量盗版视频和音乐的链接,违反了《版权法》,英国高等法院下令英国所有网络服务提供商禁止访问海盗湾。[③]

2. 矿工

矿工是向区块链添加新数据的节点,也是区块链监管的切入点。政府可以强制矿工去执行特定的计算机程序,改变或阻止应用程序、组织、个人或者设备。政府可以为矿工提供激励,遵守法律的矿工或为合法智

---

① See Michele Finck, *Blockchain Regulation and Governance in Europe*, Cambridge University Press, 2019, p. 39.

② Mark Walport, *Executive Summary in Government Office for Science*, *Distribted Ledger Technology*: *Beyond Block Chain*, A Report by the UK Government Chief Scientific Adviser, January 19, 2016.

③ See Feikert-Ahalt, Clare, *United Kingdom*: *Use of Pirate Bay File-Sharing Website Illegal*, *ISPs Required to Block Access*, Library of Congress, https://www.loc.gov/item/global-legal-monitor/2012-05-16/united-kingdom-use-of-pirate-bay-file-sharing-website-illegal-isps-required-to-block-access/.

能合约交易进行认证的矿工可以享受责任限制或“安全港”等制度激励。政府也可以利用征税或惩罚机制引导矿工不为违法智能合约交易做认证。另外,由于采用了能源密集型工作量证明共识机制,电力资源是矿工认证工作的重要成本,政府可以通过控制电力资源间接控制矿工的行为。在选择将矿工作为监管切入点时,需要注意以下两个问题:一是矿工逃离监管区域。矿工可能会向电力资源便宜、监管环境轻松的司法管辖区域转移,这就造成具有属地性质的政府监管失去监管对象。二是矿工识别能力有限。与网络服务提供商依赖于深度数据包检查不同,矿工可能缺乏区分合法交易和非法交易的能力。

3. 核心软件开发者

在数字时代,不仅是政策制定者,科技的设计者包括核心软件开发者都成为型塑我们现代生活的重要主体。大多数区块链的开发者,如比特币或以太坊的核心开发者引导着区块链网络的进化。鉴于核心开发者在区块链及智能合约交易中举足轻重的作用和现实世界的实体性质,将其作为监管的切入点是监管的重要路径。

4. 最终用户

最终用户的地域基础使他们成为监管的重要突破口。监管者可以阻止用户将某些材料上传到区块链或使用特定的基于区块链的应用程序。比如,当用户将违法内容添加到分布式分类账系统时,将追究最终用户的法律责任。但这种方式也面临监管困境:与监管网络服务提供商相比,监管机构将面临数量庞大的最终用户,监管难度和执法任务繁重程度呈几何级数增长。普通的最终用户对底层技术和相关法律含义几乎不了解,在大多数情况下,他们在给定网络的精确配置上没有改变的余地。尽管最终用户应当为自己的行为负责,但监管他们并不能直接影响整个区块链治理。

在将最终用户作为监管对象的同时,也需要注意到最终用户也可以成为监管执行的配合者。可以考虑给最终用户设计举报机制,在最终用户提供违法信息准确、属实的情况下，对最终用户进行奖励。例如，美国大宗期货交易委员会建议客户避免所谓的加密资产"pump-and-dump"的计划，并创造了鼓励举报人揭露加密资产"pump-and-dump"计划的奖励机制，如果举报人提供的原始信息促成了成功的执法行动，导致了100万美元或更多的金钱制裁，则举报者可能有资格获得制裁金额的10%～30%。[①]

五、区块链智能合约监管要点

虽然区块链智能合约在金融场景作为技术创新的运用并未实质性改变金融监管的目标、模式等监管法制框架，但分布式、技术共识、代币交易等创新点所引发的新风险、新问题仍然需要特别的监管关注。从智能合约交易的特殊性来看，自动执行和借助区块链数字令牌或代币进行支付这两点是智能合约不同于其他金融科技创新的突出点。根据不同金融场景的特殊属性确定监管要点，将是破解监管难题的关键。

（一）智能合约自动执行的监管要点

智能合约作为区块链2.0的升级，最大的创新就在于一旦事先设定的条件满足，智能合约代码一定会自动运行下一步程序。民商事领域的私人交易因智能合约执行所产生的损益在不违反金融消费者利益保护的前提下，采"风险自担，责任自负"的私法原则。但智能合约交易破坏一国金融管理秩序则会落入金融监管视域，这里的逻辑与一般金融交易监管逻辑一致，但智能合约在条件满足的情况下即使违法犯罪也一定会执行增加问题的特殊性和复杂性。

智能合约在金融场景自动执行应着重监管两个问题：一是非法使用

---

① Commodity Futures Trading Commission, CFTC Issues First Pump-and-Dump Virtual Currency Customer Protection Advisory, February 15, 2018.

智能合约进行洗钱、资助恐怖主义、分裂国家等犯罪活动；二是金融消费者或投资者保护，防止欺诈交易。

1. 防止金融犯罪

智能合约运作的区块链环境，基本上是数字记录（区块）的列表（区块链），每个记录都存储交易数据。从理论上讲，网络是去中心化的，可以在互联网上运行。网络根据某种协议对每条记录进行集体验证，并在分布式分类账（共享和同步的数字数据）上发布。该技术的关键特征在于它使参与者可以在不信任第三方的情况下进行记录和交易（不信任的信任系统），或者通过信任保证交易真实性的多方（分散的信任系统）来进行记录和交易。这种新的金融技术可能会改变金融交易的结构。[①] 但是，区块链技术的匿名性和智能合约的自动执行特征对犯罪活动，尤其是洗钱活动具有某些脆弱性，可能会掩盖来自非法活动的利润来源。

我国《反洗钱法》第 2 条规定："本法所称反洗钱，是指为了预防通过各种方式掩饰、隐瞒毒品犯罪、黑社会性质的组织犯罪、恐怖活动犯罪、走私犯罪、贪污贿赂犯罪、破坏金融管理秩序犯罪、金融诈骗犯罪等犯罪所得及其收益的来源和性质的洗钱活动，依照本法规定采取相关措施的行为。"法律要求境内设立的金融机构和特定非金融机构"应当依法采取预防、监控措施，建立健全客户身份识别制度、客户身份资料和交易记录保存制度、大额交易和可疑交易报告制度，履行反洗钱义务"。美国现有反洗钱法规的核心要求是各州必须将洗钱定为犯罪，监视可疑交易并与其他州合作，特别是在信息交换方面。在国际层面，联合国《禁止非法贩运麻醉药品和精神药物公约》[②]、《打击跨国

---

① See OECD, *OECD Blockchain Primer*, Global Inprastructure Hub, https://cdn. gihub. org/umbraco/media/2431/oecd-blockchain-primer. pdf; Vitalik Buterin, *On Public and Private Blockchains*, Ethereum Foundation Blog(August 7,2015).

② United Nations, United Nations Convention Against Illicit Traffic in Narcotic Drugs and Psychotropic Substances,December 20,1988,1582 U. N. T. S. 95.

有组织犯罪公约》[①]、《制止向恐怖主义提供资助的国际公约》[②]规定了反洗钱义务。

反洗钱的具体规则主要有两个方面:一是要求金融机构确认客户的身份;二是将可疑交易报告给专门部门[如我国的国务院反洗钱行政主管部门,美国的金融犯罪执法网络部门(The Financial Crimes Enforcement Network)、接收和分析与洗钱和其他金融犯罪有关的信息的国家中心]。前述两项规则被称为"了解你的客户/可疑交易报告"或"KYC/STR 义务"。如果发现违反规定,则金融机构可能会根据适用的国内法律面临刑事指控。原则上,当罪犯使用区块链网络掩盖非法利润的来源时,适用现行法规。但是,使用区块链技术时,某些规则无法有效发挥作用,现行的反洗钱法规面临挑战。

第一,区块链智能合约交易的去中介特征使得传统的中介监管模式失效。

传统的反洗钱监管路径,不管是"了解你的客户"还是"报告可疑交易",义务的主体集中在金融机构或有特定义务的非金融机构等第三方。区块链智能合约交易是去中介的点对点交易,不需要像银行这样的金融机构,传统的以金融中介为监管路径的思路在区块链智能合约交易中需要有所调整。在通过公共区块链网络进行的直接交易中,没有权威机构可以验证参与者的身份并监控可疑交易。区块链网络中的每个虚拟地址均由随机生成的签名号表示。证明账户属于某个人的唯一方法是通过他或她的密码(一串字母和数字),该密码由数学算法加密地对应于签名号。网络的这种固有性质使 KYC 或 STR 义务失效。

在区块链代币普遍不是法定货币的前提下,交易方需要将代币转换

---

① United Nations, United Nations Convention against Transnational Organized Crime, November 15, 2000, 2225 U. N. T. S. 209.

② United Nations, International Convention for the Suppression of the Financing of Terrorism, December 9, 1999, 2178 U. N. T. S. 197.

为其他代币或特定法定货币，一旦与法定货币进行转换，交易者的身份就有很大可能被认证，秉持该思路，反洗钱部门对虚拟资产进行监管的最初目的是监管第三方可兑换的交易者，即从事以法定货币或其他有价物品进行虚拟资产交换的个人或实体。[①] 当一个国家允许这样的交易所运行时，相关的国家法律通常要求他们向金融情报机构注册并履行"了解你的客户/可疑交易报告"义务。虽然监管交易所第三方的思路有很大可行性，但它们无法完全解决区块链技术固有的所有漏洞，因为通过交易所进行的交易在结构上与通过区块链网络进行的直接交易不同。同时，技术开发者开发的信息掩盖工具掩盖了互联网上发布的区块链交易信息，进一步增加了"了解你的客户/可疑交易报告"的难度。例如，混合服务遮盖了交易的路径，而暗网则使参与者可以进行交互而不暴露其 Internet 协议地址。[②]

第二，区块链智能合约交易跨境监管难度大。

反洗钱需要加强国际监管合作，现有的国际条约明确规定了反洗钱合作义务。然而在区块链智能合约交易领域，国际合作面临新的问题。

首先，关于虚拟资产及有关交易的合法性和政策，各国认识不一、规定不同，为虚拟资产反洗钱国际监管合作设置了第一道实质性障碍。具体而言，各国对反洗钱法律、代币交易所、消费者和投资者保护措施、虚拟资产、代币首次发行以及虚拟资产税收等问题的理解和规定上存在差异，因此针对区块链智能合约涉及的反洗钱国际合作基础缺失严重。

---

① See FATF, *Guidance for A Risk-Based Approach Virtual Currencies*, FATF (June 6, 2015), https://www.fatf-gafi.org/content/dam/fatf-gafi/guidance/Guidance-RBA-Virtual-Currencies.pdf.coredownload.inline.pdf.

② Ahmed Ghappour, *Searching Places Unknown: Law Enforcement Jurisdiction on the Dark Web*, Stanford Law Review, Vol. 69, p. 1075 – 1136 (2017); Orin S. Kerr & Sean D. Murphy, *Government Hacking to Light the Dark Web: What Risks to International Relations and International Law*, Stanford Law Review, Vol. 70, p. 58 – 69 (2018).

其次,由于区块链网络通过互联网运行,因此执法挑战包括通常与网络犯罪相关的挑战,如缺乏集中的监控机构或有限的跨境执法。①

第三,美国对加密货币监管的思路和实践。

区块链智能合约交易虽然给反洗钱监管带来了挑战,但是它的某些功能可能有助于创建加密货币的反洗钱治理,如某些区块链网络包含跟踪交易历史的机制。因为在技术上可以追踪被盗或以其他方式非法获得的虚拟资产,并且交易商可以合作以确保不会将这些资产交换为法定货币或其他贵重物品。这些方法有利于加密货币的监管,但是,这样的措施有可能危及网络的信任,因为这意味着交易对手可能放弃接受虚拟资产,相应地也会导致该区块链网络中代币币值的下降。

美国对反洗钱的执法由金融犯罪执法网络局完成,该局于 1990 年由美国财政部设立,旨在"维护美国金融体系免遭非法使用,打击洗钱和促进国家安全"。为了应对区块链、虚拟货币等不断出现的金融科技事物,该局专门成立了信息和科技部门(Technology Division)。2018 年、2019 年该局提出并被国会通过的改进法案,承认虚拟货币的使用和交易本身是符合法律的实践,同时也认识到目前包括国际犯罪组织在内的一些恐怖分子和罪犯试图利用全球金融系统中的漏洞,并越来越多地使用新兴支付方式来转移非法资金。该法案明确指出,金融犯罪执法网络局的数据收集和分析工作应包括"涉及新兴技术或替代货币的价值事项",并且其在执行任务时,应优先考虑各种形式的恐怖主义以及新兴的恐怖主义和非法融资方法。

---

① See Council of Europe, *Cybercrime Convention Committee* (T-CY), Consejo de Europa (November 5, 2013), https://rm. coe. int/CoERMPublicCommonSearchServices/DisplayDCTMContent?documentId = 09000016802e712e; David Johnson, David Post, *Law and Borders-the Rise of Law in Cyberspace*, Stanford Law Review, Vol. 48, p. 1367 – 1462 (1996); lrich Sieber, Neubert Carl-Wendelin, *Transnational Criminal Investigations in Cyberspace: Challenges to National Sovereignty*, Max Planck Yearbook of United Nations Law, Vol. 20, p. 239 – 321 (2017).

2. 保护金融消费者权利

在区块链智能合约运用于金融领域涉及消费者时,对金融消费者权利的保护是监管关注的另一个核心。金融消费者有多种权利,受区块链智能合约交易影响较大的是信息权。消费者的信息体现在区块链中就是具体的数据,个人数据受到法律保护。从全球的范围来看,数据保护法律制度的设计都是建立在中心式数据库的收集、存储和处理数据的基础之上的,但该制度不能轻易地适用于分布式数据库。2018 年 5 月 25 日,欧盟实施了《通用数据保护条例》,该条例在适用于区块链交易时存在不小困难。区块链交易在欧盟碰到的数据保护难题,对于我们国家的区块链交易健康发展和数据保护法的前瞻性设计都有重要的借鉴意义。

数据保护的一个前提问题是需要明确区块链中的哪些数据属于个人数据。区块链在金融领域的运用案例都围绕交易进行,而具体的交往往往与特定的个人信息相连。这些信息涉及个人身份、财物、医疗等方面的信息,以及处理这些信息有关的加密方面的信息。如果这些信息能够被识别为属于特定个人,那么这些信息将被界定为个人信息,受到数据保护法律的保护。

区块链上的数据通常以三种形式出现:纯文本形式、加密形式和经过哈希处理之后加载到链上的形式。纯文本形式的数据能够清晰地表明属于个人,这种形式的信息明显属于个人信息。较为迷惑的是后面两种形式的数据。讨论的关键在于“加密”“哈希”之后是否能将数据确定为特定的个人。加密数据之后,使用正确的解密方法可以访问数据,这意味着加密这种匿名化方法并不会导致信息主体的不可识别和确认。当区块链线上交易与线下真实世界相连时,以及加密资产在货币交易所将代币转为法定货币时交易所在“认识你的客户”和“反洗钱”监管规则的指引下,加密数据最终都会与数据主体相连,因此,即使通过加密方法,加密数据仍然可以被确认为个人数据。经过哈希处理的数据,由于哈希函数单向不可逆的特征,能够提供更强大的隐私保护。哈希散列函数是一种假名技术，而不是匿名技术，仍然能够将数据块与数据主体相连。理论上，当函数输入值的范围确定，仍然能够抓取原始数据，所以用哈希函数处理的数据仍然可以确定数据主体，仍然属于个人数据。

中本聪认为：隐私的保护不是通过加密数据而是通过“打破另一处的信息流：通过使公钥保持匿名”来实现的。接下来的问题是“公钥是否真的是匿名数据”。[①] 数据要符合匿名条件，必须防止不可逆转的身份识别。公钥并非像中本聪所说的那样，当出现用户公开其用于接受资金的公钥等情况时，尽管加密不对称，但身份识别仍然是可能的。在比特币区块链上，加密数据已被证明能够揭示用户和交易之间的关系，允许将交易追踪到用户。无论从理论上还是实践中，公钥都不是真正的匿名，也属于个人数据。

上文的分析表明纯文本、加密、哈希处理的数据以及公钥信息都可以成为个人数据，然而消费者在区块链智能合约中交易时其数据权利的实现面临挑战。

第一，数据最小化原则与分布式分类账本之间的矛盾。数据保护法通常都要求：收集特定的个人数据，需要提供明确的、合法的目的，之后的数据活动必须在该目的之内，收集的数据应当符合最小化原则。区块链账本有其特殊性，一旦添加到区块链，数据将永远存在，区块环环相连、块块相扣，区块链不断增长，链上累积的数据不断增长。由于原则上不能对区块链进行修改，这就使区块链数据库难以实现数据最小化原则。

第二，数据修改权。数据保护法要求个人数据准确及时。个人数据出现不准确、不及时的情况时，要求数据控制者及时更新，不存在合理的延迟。数据主体有权向任何节点或所有节点提出纠正请求。在区块链

---

① Satoshi Nakamoto, *Bitcoin: A Peer-to-Peer Electronic Cash System*, Bitcoin, https://bitcoin.org/bitcoin.pdf, Last Visit Date May 20, 2024.

的环境下，数据主体请求更新个人数据时存在两个困难：一是数据主体可能无法识别部分或全部的区块链节点；二是即使数据主体能够识别区块链，存储数据的节点也无法更改区块链中任何加密数据。

第三，数据访问权。根据数据保护法，数据主体有权从控制者那里获得其个人数据是否正在处理的确认，要求数据控制者提供收集、处理数据的目的、有关个人数据的种类、将要披露的个人数据的收据或证明、存储的持续期、自动决策的情况、数据被移至其他国家数据主体能够得到通知的保障措施等。然而，区块链的数据控制者并不清楚经过加密的个人数据在何处，因此控制者也难以提供具体的个人信息。这里似乎有一个替代措施：数据主体自己进入公链，获得数据的副本，也包括他自己的个人数据。

第四，被遗忘权。《通用数据保护条例》第 17 条规定：数据主体有权从控制人那里获取"立即删除与他/她有关的个人数据"的权利。数据控制人在以下条件有义务删除个人数据：(1)不再需要出于收集或处理目的的使用个人数据；(2)数据主体撤回了该数据处理所基于的同意或失去其他处理依据的同意；(3)数据主体反对处理，并且数据控制主体没有完全压倒该理由的合法处理依据；(4)数据已被非法处理；(5)信息社会服务中向 16 岁以下儿童收集的个人数据。被遗忘权不是绝对权。当面临删除请求权时，在数据公开或其他主体处理时数据控制主体需要考虑技术的可获得性以及实施删除的成本。鉴于区块链技术的特殊性和删除数据技术的难度，区块链数据控制主体是否能够得到免除，可能存在一定的讨论空间。为了调和区块链技术不可篡改特征与数据主体删除权之间的矛盾，有人提出建议变通实现被遗忘权：将正式密钥传输给数据主体或在受监管的环境下删除私钥的正式程序，使没有人能够接触到区块链上需要删除的数据，这样也就达到了该数据不被知晓的目的。但是，严格地讲，失去进入数据的大门钥匙并不等于信息被删除。

第五，数据设计保护和数据默认保护。《通用数据保护条例》中两个非常重要的原则是“通过设计保护数据”以及“通过默认保护数据”。这两项原则并不是针对个人,而是对数据控制人提出的数据保护要求。数据控制人在确定处理手段时和处理过程中都应当采取适当的技术和组织措施,例如假名;旨在实施数据保护原则,例如数据最小化;应当有效地将必要的保护措施整合到处理过程中,从而满足保护数据主体的权利。以上数据控制人的义务,必须由软件开发者设计到区块链的实施机制中去。区块链的系统开发者必须从一开始就将数据保护的立法目标考虑进去,包括:个人数据的最小化处理,尽快地实现数据假名化,个人数据处理功能的透明化,让数据主体能够监督数据处理,能够让数据控制人创造和改进安全功能。数据最小化处理原则在区块链技术中实现存在困难,有人提出将交易数据移到线下的方案,这样一来链上的数据可以最小化,同时交易数据也可以修改,满足数据主体数据修改权的要求。

(二)智能合约交易支付方式监管要点

区块链智能合约交易使用的支付方式大体上有两类:一是利用区块链代币支付;二是外接银行或第三方支付机构直接以法定货币进行支付。如果以代币为支付方式,监管首先面临的问题即是代币的法律性质,根据代币的不同性质采取不同的监管思路和措施。关于代币的分类主要集中在“证券”(securities)和“消费功能性代币”(consumer token or utility token)的争论之上。如果代币被定性为“证券”,则会受到证券监管部门的监管;如果被定性为“消费功能性代币”,则可能不受证券监管部门的监管。美国实务界和实务界有关代币的争论具有典型性,具体分析详见本书第十一章“智能合约交易系统中的代币及其监管”中第四部分“智能合约交易中代币的法律性质及其监管”的分析。

六、区块链智能合约交易的监管策略

面对区块链智能合约金融科技创新事物,各国或地区随着区块链的发展程度、风险暴露程度、法治环境等的不同采用的监管策略各有差异。从制度形成的软硬程度和正式化程度由软到硬、由非正式到正式，监管策略大致可以分成观望、运用既有法律框架、发布软法指引、“监管沙盒”、制定新法等类型。

(一)观望

法律促进科技创新，从来都不是一件易事。在技术发展的早期，监管者缺乏充分的信息作出决策，于是静观其变之后再行判断是很多国家或地区最容易想到和采取的策略。观望不是被动地观看，而应当是积极的观测。比如，2017 年欧盟宣布要积极观察区块链科技，成立了欧盟区块链观测论坛，聚集专家观察区块链、智能合约的发展。[①] 英国成立专门的法律委员会(The Law Commission)在智能合约、电子签名和自动化设施方面进行观察和研究。[②] 这些观测组织的功能是为监管部门收集有关区块链科技最新的数据，观察新的技术会对经济社会产生何种影响和后果，从而确定是适用既有法律还是制定新的监管规则。

观望给智能合约金融创新提供了发展的空间。在观察期，新技术其实是在一个类似“准无法律约束”的环境下运行。在灰色地带游弋的新科技运用并不一定就是坏事，如果任何新事物出现之前都必须得到许可，或许创新的商业模式就难以出现。正如 Kevin Werbach 所言，Google 在创业初期面临未经许可引用全文网页是否违反版权法的法律风险，如果 Google 必须坐等许可，那么它可能不会产生。[③]

---

① See *EU Blockchain Observatory and Forum*, https://blockchain-observatory. ec. europa. eu/about_en.

② See *Smart Contracts*, Law Commission Reforming the Law, https://lawcom. gov. uk/project/smart-contracts/.

③ See Kevin Werbach, *The Song Remains the Same: What Cyberlaw Might Teach the Next Internet Economy*, Florida Law Review, Vol. 68, p. 887 – 957(2018).

（二）运用既有法律框架

既有的法律制度适用于创新事物，需要辨别的问题是，在既有法律框架下，金融创新事物属于具体的哪个法律部门来调整。比如，用于智能合约交易的代币是货币还是特殊的资产，直接导致不同的法律适用和相应的法律后果。美国将比特币划归为财产而不是货币，调整比特币的法律就是财产法而不是货币法，相应地，税务部门依据财产的税目对比特币征税。在 Skatteverket 诉 David Hedqvist 案[①]中，欧洲法院表明，如果比特币被认定为货币，则由于货币豁免，比特币交易所的兑换服务将免于增值税的缴纳。

值得注意的是，法律上的类型化操作会产生长期的、不易辨别的影响。PayPal 如今的繁荣得益于当年没有将其认定为银行加以监管。因此，政策当局在运用既有法律框架调整智能合约交易等创新事物时，需要判断新事物的法律本质、对各种预归类的效果进行评估，并观察商业模式、对社会公共利益的影响等多种因素，防止归类之后的创新抑制。

（三）发布软法指引

针对新技术，如果既有法律框架适用于新事物存在不确定性，政策制定者也没有形成非常明确的应当如何监管的立法态度，则不少政府选择发布柔性的、非正式的指引，给市场传递支持与观察、鼓励金融创新及规范发展的信号。比如，欧盟为应对影子银行，在柔性指引中陈述不仅应当关注影子银行所产生的风险，还得承认影子银行在金融中所扮演的重要角色。

软法可以与观察策略并用，监管者通过一段时间的观察，对新事物有了一定的判断，可以通过指引表达市场监管者的态度，从而指引监管

① Case C－264/14 Skatteverket *v*. David Hedqvist［2015］EU：C:2015：718.

部门对市场创新的规范。比如,区块链经济在美国运行一段时间之后,美国证券交易所给出了一个态度:代币如果满足证券法规定的证券的条件,那么首次代币发行就应当遵循证券法的规定。

软法既可以给监管者和市场主体一个行为的基本方向,也可以避免正式的法律突然出台所引发的没有任何心理准备的市场“哗然”与“举足无措”,因此,不少国家或地区在应对金融创新时选择恰当的时机出台软法。

（四）“监管沙盒”

“监管沙盒”是一个让创新者暂时性豁免既有的法律要求从而测试其产品或商业模式的设置。“监管沙盒”于 2015 年首次出现在英国,于 2016 年通过了第一个沙盒金融科技服务,该制度为新科技测试创造了宽松的监管环境,有利于促进金融科技创新。“监管沙盒”制度允许金融创新的存在与发展,但它不同于纯粹的观察策略,它是在特定的环境中对金融创新从金融风险、金融消费者权益保护等诸多方面进行测试,是一个更积极主动的金融市场主体与金融消费者、金融监管者之间的交互模式。

以英国“监管沙盒”为例进行说明。英国金融行为监管局(Financial Conduct Authority,FCA)通过申请进入沙盒的标准、沙盒测试检测和沙盒退出各方评估来规范“监管沙盒”的运行。申请进入沙盒的公司需满足以下标准或条件:第一,公司的计划创新旨在支持英国金融服务行业;第二,所申请的方案必须是真正的创新,需要与现有的创新有实质上的不同;第三,公司的创新必须带来直接或间接且可见的消费者福利;第四,公司需要论证沙盒测试的必要性;第五,潜在的参与者需要就其创新进行充分的研究,并准备好与实际市场中的实际客户进行交互测试。①

① Financial Conduct Authority (2015): Regulatory Sandbox.

在创新项目于沙盒运行的整个过程中，英国金融行为监管局全程观察并提供个人指导或豁免等帮助。在“监管沙盒”结束或测试主体主动退出时，各个参与主体都得向英国金融行为监管局提交最终报告以利于对该金融创新项目的最终评估或改进。

第十章

智能合约算法及其监管

计算机具有强大的计算能力,可以将输入的数据通过特定的算法得到输出的结果,算法似乎就成了计算机计算的“黑箱”。由于算法“黑箱”的存在,目前我们生活的数字经济社会已经不断地出现了各类算法歧视、算法共谋等案件①。这些事实表明:作为“技术中性”的科技可以被网络经济主体用来追求“市场完美价格”导致消费者权益受损的结局。在计算机和网络中运作的智能合约是不是一种算法,当智能合约借助人工智能的力量变得更为智能之后是否也会出现算法歧视等危害弱势消费者利益的局面?或许我们应该先从算法的视角深度剖析智能合约的潜在威力。

一、何为算法?

“算法是广义的计算方法,包括数值算法、非数值算法,强调计算的机械的规则。”②“算法关注输入与输

---

① 如国内的胡某某诉上海携程商务公司“大数据杀熟第一案”、美国的Topkins案、欧盟的Eturas案等。

② 刘宇航、张菲:《计算概念谱系:算势、算力、算术、算法、算礼》,载《中国科学院院刊》2022年第10期。

出之间的转化过程、建立已知与未知之间的桥梁。""非形式地说,算法(algorithm)就是任何良定义的计算过程,该过程取某个值或值的集合作为输入并产生某个值或值的集合作为输出。这样算法就是把输入转换成输出的计算步骤的一个序列。"①算法这个概念难以被严格界定。随着社会的发展,算法概念处于扩展的状态。Andrei Kolmogorov 认为:"算法以有限复杂度的步骤进行计算。"②这个界定是从顺序(sequential)算法所作的一个非正式定义。公理性的算法定义认为算法不仅包括顺序算法,其定义还应将算法扩展至同步并行(synchronous parallel)算法③和交互式(interactive)顺序算法④。

算法概念虽然有不同维度、不同表述,但也呈现出一些共同的特征:(1)算法是求解某个计算问题的工具或技术,具有"有限性"、"确定性"⑤、"顺序性与正确性"、"不唯一性"和"普遍性";(2)算法这个计算过程处理和实现的是输入和输出的关系;(3)算法包括数值算法和非数值算法,强调计算的机械规则,适合于计算机执行;(4)算法由人脑设计,但人脑善于巧思而不善于执行机械的规则,计算机更擅长机械计算,而大量问题往往通过机械的规则更容易解决;⑥(5)并不是所有的问题都能够通过设计机械的算法予以解决,算法有发挥功用的场景,也有不能施

---

① [美]Thomas H. Cormen, Charles E. Leiserson, Ronald L. Rivest, Clifford Stein:《算法导论》(原书第 3 版),殷建平等译,机械工业出版社 2021 年版,第5 页。

② Kolmogorov, A. N., *On the Concept of Algorithm*, Uspekhi Mat. Nauk, Vol. 8, p. 175 – 176 (1953) (in Russian); *Algorithms: Main Ideas and Applications*, translation by uspensky, V. A., Semenor, A. L., Kluwer, 1993.

③ See Blass, A., Gurevich, Y., *Abstract State Machines Capture Parallel Algorithms*, ACM Transactions on Computational Logic, Vol. 4, p. 578 – 651 (2003).

④ See Blass, A., Gurevich, Y., *Ordinary Interactive Small-Step Algorithms*, translation by ACM, Computational Logic (Part I), Vol. 7, p. 363 – 419 (2006).

⑤ 有限性是指一个算法的步骤是有限的;确定性是指算法中的每一步应该是确定的,并且能够被有效执行和得到结果。

⑥ 参见朱岩、王静、郭倩、刘国伟:《基于区块链的智能合约技术研究进展》,载《网络空间安全》2020 年第 9 期。

展的领域。

二、算法在数字经济中的地位

算法作为数字经济的基本要素之一，在大数据要素被广泛认可和得到深入研究之后，其基石地位正逐步进入理论界和实务界的视野。人类社会历经农业经济、工业经济，现在进入数字经济时代，目前人们对数字经济的认知还处于研究探索阶段，随着海量数据的涌现，人们对数据的存储、计算、交换、利用等的能力逐步加强，数据作为数字经济的基本生产要素已经得到了公认。中共中央、国务院在2020年3月发布的《关于构建更加完善的要素市场化配置体制机制的意见》中明确表示：数据是市场五要素之一。数据是数字经济的基础，光有数据而无合适的用法，数据的威力亦无法发挥，数据需要在特定的运算规则之下被分析、运用和执行，因此算法将是数字经济发展过程中又一个应当得到高度重视的要素。“数字经济是以大数据、智能算法、算力平台三大要素为基础的一种新兴经济形态……没有智能算法，数字经济不能‘创造价值’……”[①]数据是数字经济的基础原材料，算法是组装数据的各种方法，算法让数据要素活跃起来。具体到金融科技智能合约交易中来，算法能够让智能合约交易背后的信息流、资金流、物流动起来从而实现交易目的。

数字经济的大力发展需要以海量的大数据为基础，而数据的收集、使用需要打破数据壁垒，当前各国数字经济竞争提出“数据共享”，通过鼓励数据交易商、中间商的方式发展数据产业。随着各国数字经济竞争激烈程度的增加，以及对数字经济理解的加深，理论界和实务界发现算法生产商和算法中间商会扮演除“数据共享”中数据交易商之后的又一类举足轻重的角色。华为技术有限公司人工智能算法及服务供应体系

① 石勇：《数字经济的发展与未来》，载《中国科学院院刊》2022年第1期。

招募算法供应商[①];极视角科技公司专注提供人工智能计算机视觉算法[②];非凸科技公司为证券公司提供量化交易的智能算法[③];美团配送技术部建设的图灵算法平台为算法工程师提供“一站式”服务[④];等等。市场上日益增多的算法供应商和算法平台表明数字经济的运行逻辑中,算法绝对是不可缺少的一环。

另外,数据运用需要满足数据安全、隐私保护方面的要求,在技术上可以通过加密、原始数据“链下储存”等方法保护原始数据不被泄露。然而,原始数据的保护以及数据的隔离并不利于数据的运算,大数据的分析和经济功能也不能最大限度地发挥。虽然原始数据不能分享给其他主体,但是如何在功能上实现“共享”“可用不可见”,计算机界都在做不同的尝试。麻省理工媒体实验室最新的研究成果显示作为智能合约的开放算法可以提供蹊径。麻省理工学院开放算法(Open Algorithms, OPAL)项目提供了一种基于许多关键原则的信息共享替代范式[⑤]:第一个原则是将算法移动到数据,这意味着算法(查询)被发送到相关数据的位置(数据存储库)并在那里执行。这与目前收集或整理原始数据到一个大型存储库并在那里执行分析的方法形成了鲜明对比,传统方法只有在整理者拥有合法访问所有所需数据的权限时才有效。第二个原则是原始数据绝不能离开其(分布式)存储库,并且必须始终处于其

---

① 参见《全国首批华为“人工智能算法及服务”供应商出炉》,载中国电子商会 2024 年 3 月 20 日,http://www.cecc.org.cn/m/202204/566560.html。

② 参见极视角科技公司简介,https://www.extremevision.com.cn/about/,最后访问日期:2023 年 2 月 16 日。

③ 参见非凸科技公司简介,https://ft.tech/about/company,最后访问日期:2023 年 2 月 16 日。

④ 参见永波、季尚、艳伟、非凡:《算法平台在线服务体系的演进与实践》,载美团技术团队,https://tech.meituan.com/2021/05/13/turing-os-online-serving.html。

⑤ See Pentland, A., Shrier, D., Hardjono, T. & Wladawsky-Berger, *Towards an Internet of Trusted Data: Input to the Whitehouse Commission on Enhancing National Cybersecurity*, in T. Hardjono, A. Pentland & D. Shrier eds., Trust: Data - a New Framework for Identity and Data Sharing, August, 2016, p. 21 – 49.

所有者或数据存储库所有者的控制之下。这一原则与欧盟《通用数据保护条例》的隐私要求一致。然后，高级加密技术，如同态加密和多方安全计算可以应用于其存储库中的数据。第三个原则是数据存储库只执行经过审查的算法。“审查”一词意味着算法必须由该领域的专家进行研究和审查，以“安全”地避免偏见、歧视、侵犯隐私和其他意想不到的后果。①

麻省理工媒体实验室将经过专家审查的算法表示为智能合约，该智能合约在经过数字签名之后被分发到区块链各节点上，针对设定的数据集进行运行；智能合约被部署在各个节点可以供查询者搜索和运用，智能合约所蕴含的特定算法也就处于公开的状态。为了解决数据“不出原地”、隐私保护与数据运用的难题，麻省理工媒体实验室没有延续数据加密后传出原储存库的传统思路，而是反其道而行之，数据保持“原地不动”，让智能合约进入特定数据库运行，解决了数据安全、隐私保护的问题，同时数据也被智能合约加以运算而得到了运用。

三、智能合约中的算法表达

智能合约运用了“If... then...”计算机语句，采用的是典型的条件逻辑结构。条件逻辑结构由条件语句来表达，是一种处理条件分支逻辑结构的算法语句。条件结构是算法的一种基本逻辑结构，该算法表达的是“只有在一定条件下才会被执行”的程序安排，算法的流程因条件是否成立而选择不同流向。

从计算模型的观点来看，智能合约可以理解为是执行状态转换函数

---

① See Thomas Hardjono, Keeley Erhardt & Alex Pentland, Open Algorithms as Smart Contracts: Enabling Future Data Markets using Blockchain Technology, Thirty eighth International Conference on Information System, Seoul, 2017.

数组的程序。智能合约代码就是一段已预定义的智能合约代码，它以交易形式被分享和部署在区块链中，在外部事件或其他账户发来交易信息时，通过状态转换函数预制的条件来激活合约代码的运行，该合约代码仅限于对所在交易中的资产数值和运行状态进行改变。①

智能合约中设置的状态转换函数实际上是特定的算法。函数是对代码的封装，记录了特定的算法。算法作为解决某一问题的方法需要用计算机代码写下来，为了能够让某类算法被反复运用，需要对该类算法的代码进行封装，形成特定的函数，待下次遇到相同问题时直接调用该函数即可。智能合约中采用的状态转换函数蕴含了不同的算法。不同的智能合约运用场景适用不同的状态转换函数，比如，航空延误险智能合约中，航空延误事件引发延误险理赔状态的出现，等等。随着智能合约在金融科技领域的广泛应用，越来越多的算法被设计出来，除了前述的航空延误险算法，还有"盲拍算法""抵押分红算法""连续流动性算法"等。

四、智能合约的算法风险

智能合约运行的技术本质为某种预设的算法运算，算法是智能合约的技术灵魂，通过特定的算法，智能合约可以完成交易当事人形成合意的金融交易。然而，算法在赋予智能合约自动履行的神奇力量的同时，也带来了不容小觑的风险。

（一）算法歧视风险

智能合约中有各种函数，相应地也就包含不同的算法。在区块链环境中，虽然智能合约会被部署到各个节点，各节点能够储存智能合约，但

① 参见朱岩、王静、郭倩、刘国伟：《基于区块链的智能合约技术研究进展》，载《网络空间安全》2020年第9期。

智能合约代码的计算机属性,不是智能合约交易对手尤其是消费者能够认识和理解的范畴。如果在智能合约自动化交易中设置了歧视算法,那么这种歧视将可能处于一种隐蔽、不易发现的状况。美国白宫于 2014 年发布一份题为《大数据:抓住机遇,保存价值》的报告显示:受数据来源的特定性和算法设计者主观意图的影响,算法自动化决策往往会对申请者的工作、教育或信贷构成隐形偏见;这种结果可以自我强化,从而系统性地减少个人获得信贷、就业和教育的机会,这会使申请者的处境恶化并在未来的申请中处于不利地位。[①] 市场中的买卖交易,卖家总是希望在买家能够接受的最高卖价出售商品,每个买家对同一类商品的价格承受能力和价格评估不同,如何找到买家能够接受的最高价格是卖家需要努力发掘的"完美价格"。电商平台通过大量数据追踪、分析客户对某种商品的购买意愿、价格承受能力、购买价格接受范围等信息,向买方提供针对不同个体的差异性价格。最近信息技术的进步使在线零售商能够在互联网上实时和几乎免费地识别和跟踪单个消费者。结合新的自动化算法的可用性,价格的个性化日益成为在线环境中合理的定价选项。例如,ZipRecruiter,表示它可以通过试验个性化价格增加 84% 的利润,其他竞争者如旅游网站(如 Orbitz、Hotel Tonight、DeAmicis 2015、Mattioli 2012)、零售商(如亚马逊、家得宝),甚至是杂货店也开始根据客户的个人特征实施个性化价格。[②]

随着智能合约与人工智能技术的提升以及运用场景的丰富,人工智能介入智能合约交易的趋势业已初步显现,然而人工智能的渗入将有可能加大智能合约算法歧视的风险。金融科技人工智能中,计算机已经可

---

① See Bruno Lepri et al., *Fair, Transparent, and Accountable Algorithmic Decision-Making Processes*, Phil. & Tech, Vol. 31, p. 611 – 618(2018).

② See Anna Priester, Thomas Robbert & Stefan Roth, *A Special Price Just for You: Efects of Personalized Dynamic Pricing on Consumer Fairness Perceptions*, Journal of Revenue and Pricing Management, Vol. 19, p. 99 – 112(2020).

以从累积的大数据里自我分析和学习,常用的解析路径是探寻不同因素之间的相关性和规律。不同因素之间相关性的探寻有利于发现影响金融信用的潜在维度从而帮助融资决策,但并不是所有计算机发现的相关因素都有真正的因果关系。例如,在借款人的偏好数据中发现借款人是否吸烟与借款人是否违约有相关性,但是"吸烟与否"与借款人资信状况并没有明确的因果关系;如果仅仅将"吸烟与否"作为发放贷款及决定贷款金额的因素,这样的信贷决策并不科学。计算机擅长机械的统计、计算以及研究数据之间的客观关系,但是难以作出主观的因果关系和价值判断。人工智能算法自动找出了没有因果关系的相关因素并将该因素作为融资模型要素,会导致模型与真实世界运作规律的偏差,更为严重的是会造成不同融资对象的不公平对待。又如,借助人工智能升级算法模型、运用智能合约对接相应融资交易,依据借款人的信用评级并对不同评级的借款人发放不同数额的贷款。如果人工智能从大数据中发现某个地区的借款人逾期违约率高,于是自动提高该地区借款人融资的条件甚至拒绝对该地区居民发放贷款。从算法的角度来看,该后果符合数据显现出来的客观情况,但是人工智能并没有分析造成该地区借款违约率高的真实原因是经济体制改革该地区做出牺牲引发的还款能力弱。人工智能合约交易虽然实现了机器智能、自动化,却实质性地造成了金融资源配置的地区歧视。

(二)智能合约算法共谋风险

智能合约被广泛应用于金融交易时,相关的利益主体有可能利用算法进行共谋,提升共谋者利益的同时损害消费者的利益。牛津大学的阿里尔·扎拉奇(Ariel Ezrachi)在《算法的陷阱:超级平台、算法垄断与场景欺骗》一书中将算法共谋依据不同层次分为四种形式:"信使形式"(messenger),通过算法设计实现利益相关主体之间的共谋;"中心辐射式场景"(hub-and-spoke),市场中提供产品或服务的主体使用同一个定价算法;“预测型代理人场景”(predictable agent),定价算法充当代理人,自动监控竞争对手定价和市场数据调整自己的定价;“电子眼模式”(autonomous machine),通过人工智能技术,算法在机器学习的过程中不断升级持续找寻利润优化的路径。[①] 美国司法部指控亚马逊网站某商家的电子商务主管 David Topkins 算法共谋案[②]、Meyer 诉 Uber 算法共谋案[③]是现实数字经济社会业已出现的算法合谋案例。数字经济结构的一大特征是借助平台培育商业生态环境,平台和商家都有可能采用智能合约进行交易。平台与商家共谋然后通过算法实现共谋、平台和商家的智能合约算法通过机器学习发现二者共谋利润最大化,这些智能合约算法共谋都是有可能出现的。将智能合约算法共谋的风险考虑在列,提前做好应对的心理准备和应对措施十分必要。

(三)智能合约的算法“黑箱”风险

“黑箱”(Black Box)泛指由输入得到输出但不知道其内部运行机制的系统。“黑箱”问题常常与缺乏透明度紧密相关,Jenna Burrell 认为机器算法的不透明分为“组织不透明”、“算法不透明”和“机器学习算法不透明”三个层面。[④] 人工智能神经网络算法属于典型的“黑箱”。神经网络算法中隐藏层的存在加上算法精练简化表达,导致甚至连算法开发者都无从知晓算法最终将推导出何种结果。[⑤] 智能合约运用人工智能技术

---

① 参见[英]阿里尔·扎拉奇、[美]莫里斯·E. 斯图克:《算法的陷阱:超级平台、算法垄断与场景欺骗》,余潇译,中信出版社 2018 年版,第 52 ~ 53 页。

② 2013 年 9 月至 2014 年 1 月,Topkins 与其他亚马逊网站卖家协商一致,对于同类海报通过算法设定同样的价格,导致固定、增加、维持、稳定商品价格的垄断效果。See United States of American *v*. David Topkins. No. CR 15 – 00201 WHO. Violation: Price Fixing, 15 U. S. C. § 1.

③ Meyer *v*. Uber Techs., Inc. 868 F. 3d 66 (2d Cir. 2017).

④ See Jenna Burrell, *How the Machine “thinks”: Understanding Opacity in Machine Learning Algorithms*, Big Data & Society, Vol. 3, p. 1 – 12(2006).

⑤ 参见浮婷:《算法“黑箱”与算法责任机制研究》,中国社会科学院研究生院 2020 年博士学位论文,第 9 页。

实现高度智能交易时,智能合约算法如何理解条件、认定条件、执行交易将更为隐蔽和不易辨识。随着人工智能技术与智能合约交易深度结合,算法“黑箱”的情况将不可避免。

算法“黑箱”的存在会使金融智能合约交易进一步增加算法风险。首先,算法“黑箱”潜藏技术风险。人工智能所引发的算法“黑箱”有可能超出算法设计者的预期而自我发展演化,其演算出来的结果可能与交易目标背道而驰,人工智能算法难以避免地会存在技术偏离设计目标甚至技术缺陷的风险。其次,算法“黑箱”可能导致智能合约交易经济损失。算法的不透明容易将潜在的利益减损隐藏在“黑箱”中,交易对手尤其是消费者受到损失,商家就可以获得更多收益,而该利益输送路径可以借助算法“黑箱”一直潜伏在具体的每一笔交易中,消费者不易发现自己的不利地位而一直利益受损。再次,算法“黑箱”可能规避监管。哈佛大学的 Emmanuel Mesthene 认为,技术具有中立性,技术产生什么影响、服务于什么目的,都不是技术本身所固有的,重要的是人通过技术来做什么。[①] 金融领域属于强监管范畴,算法“黑箱”的计算过程如果融入设计者规避监管的意图,则会使金融交易离开监管部门的视线。即使设计者主观上没有作出规避监管的布局,由于算法“黑箱”深层人工神经网络算法的存在,机器有可能自主选择了规避监管的策略,造成金融监管落空。最后,算法“黑箱”有可能导致交易的实质不公平或者将不公平交易隐匿至“黑箱”之内。这里的不公平既包括对不同交易对手的歧视,也包括对市场中小商家的不公平竞争。前者是随着“大数据杀熟”已经进入公众视野的算法歧视,后者则是业已出现端倪的“算法共谋”“自我优待”等不正当竞争。

算法“黑箱”成为商家的一块幕布,算法歧视、算法共谋等算法侵权

---

① See Emmanul G. Mesthene, *Technological Change: Its Impact on Man and Society*, New American Library, 1970, p. 60.

行为被掩盖其中。金融智能合约配置金融资源更为有效，金融合约得到执行更为确定。然而算法“黑箱”中隐藏的侵权风险必须被监管，处于金融智能合约交易的另一端的交易对手尤其是金融消费者的权益必须被重新审视并被加强保护。

五、智能合约算法风险的法律规制

智能合约金融交易发生在势均力敌的商事主体之间，双方通过谈判与博弈可以实现金融交易的公平，降低算法歧视发生的概率。然而，消费者作为与商事主体运用智能合约进行金融交易的对手时，基本没有谈判能力，智能合约算法被设置歧视因子的可能性增加。算法歧视侵害了消费者公平交易的权益，损害了法律所追求的公平价值。智能合约金融交易算法共谋发生在市场主体之间，通过算法实现价格、数量、区域等方面的联合、共谋，侵害了其他市场主体公平竞争的权利，更损害了广大消费者利益。算法共谋的垄断恶性，对公平竞争秩序和消费者福利二元法律价值目标无疑造成了双重践踏。智能合约算法“黑箱”适用于金融交易会进一步增加情况的复杂程度。一方面，算法“黑箱”使得算法的运作被遮蔽；另一方面，金融产品或服务可能因为结构、模式等本身就不易理解。算法“黑箱”笼罩于复杂的金融产品或服务之上，确实叠加了智能合约金融交易运行的复杂程度。算法“黑箱”作为技术，具有中立性，关键是看使用算法的金融主体用其做什么。如果运用算法“黑箱”作为歧视、共谋等违法行为的掩护，算法“黑箱”成为其他违法行为的工具。从这个意义看，算法“黑箱”会成为其他算法违法行为的隐匿手段。

（一）我国调整算法风险的法律资源

在我国，算法所导致的歧视、共谋如果构成垄断行为由《反垄断法》《关于平台经济领域的反垄断指南》予以调整；算法所造成的价格歧视可以处于《价格法》的规制范围；算法被互联网平台用于电子商务，受到《电子商务法》的制约；平台企业运用算法推荐产品或服务，接受《关于加强互联网信息服务算法综合治理的指导意见》《互联网信息服务算法推荐管理规定》的约束。虽然我国应对算法风险有一些法律资源，但总体而言，规定较为原则，充分、有效、具体的法律规则尚付阙如。（见表10－1）

表10－1　我国有关算法侵权的法律规定

法律法规	具体规定	存在的问题
《反垄断法》	第二十二条第一、二款　禁止具有市场支配地位的经营者从事下列滥用市场支配地位的行为： （一）以不公平的高价销售商品或者以不公平的低价购买商品； （二）没有正当理由，以低于成本的价格销售商品； （三）没有正当理由，拒绝与交易相对人进行交易； （四）没有正当理由，限定交易相对人只能与其进行交易或者只能与其指定的经营者进行交易； （五）没有正当理由搭售商品，或者在交易时附加其他不合理的交易条件； （六）没有正当理由，对条件相同的交易相对人在交易价格等交易条件上实行差别待遇； （七）国务院反垄断执法机构认定的其他滥用市场支配地位的行为。 具有市场支配地位的经营者不得利用数据和算法、技术以及平台规则等从事前款规定的滥用市场支配地位的行为。	（1）适用本条的前提必须是经营者具有市场支配地位，如果不满足该前提条件，即使经营者运用算法侵害消费者利益，反垄断执法机构、消费者也不能依据该法条约束经营者和保护消费者合法权益。 （2）目前，我国运用《反垄断法》进行私人诉讼的效果不佳
《关于平台经济领域的反垄断指南》	第十七条第二款的一部分　条件相同是指交易相对人之间在交易安全、交易成本、信用状况、所处交易环节、交易持续时间等方面不存在实质性影响交易的差别。	平台掌握数据和算法，消费者难以发现其他条件相同的消费者，也难以觉察条件相同消费者之间的差异对待

续表

法律法规	具体规定	存在的问题
《价格法》	第十四条 经营者不得有下列不正当价格行为： （一）相互串通，操纵市场价格，损害其他经营者或者消费者的合法权益； （二）在依法降价处理鲜活商品、季节性商品、积压商品等商品外，为了排挤竞争对手或者独占市场，以低于成本的价格倾销，扰乱正常的生产经营秩序，损害国家利益或者其他经营者的合法权益； （三）捏造、散布涨价信息，哄抬价格，推动商品价格过高上涨的； （四）利用虚假的或者使人误解的价格手段，诱骗消费者或者其他经营者与其进行交易； （五）提供相同商品或者服务，对具有同等交易条件的其他经营者实行价格歧视； （六）采取抬高等级或者压低等级等手段收购、销售商品或者提供服务，变相提高或者压低价格； （七）违反法律、法规的规定牟取暴利； （八）法律、行政法规禁止的其他不正当价格行为。	《价格法》规制的是经营者之间的价格等不正当价格行为，不能适用于针对消费者的算法歧视行为
《电子商务法》	第十八条第一款 电子商务经营者根据消费者的兴趣爱好、消费习惯等特征向其提供商品或者服务的搜索结果的，应当同时向该消费者提供不针对其个人特征的选项，尊重和平等保护消费者合法权益。	有学者认为“应当提供不针对个人特征的选项”这一措辞能够反证电商经营者拥有“针对消费者个人特征”进行营销乃至定价的权利，否则“应当提供”就该表述为“应当仅提供不针对个人特征的选项”[1]
《关于加强互联网信息服务算法综合治理的指导意见》	四、促进算法生态规范发展 （十五）防范算法滥用风险。维护网络空间传播秩序、市场秩序和社会秩序，防止利用算法干扰社会舆论、打压竞争对手、侵害网民权益等行为，防范算法滥用带来意识形态、经济发展和社会管理等方面的风险隐患。	对于如何防范算法滥用风险缺乏具体的操作规则

续表

法律法规	具体规定	存在的问题
《互联网信息服务算法推荐管理规定》	第二十一条　算法推荐服务提供者向消费者销售商品或者提供服务的，应当保护消费者公平交易的权利，不得根据消费者的偏好、交易习惯等特征，利用算法在交易价格等交易条件上实施不合理的差别待遇等违法行为。	针对利用算法实施差别待遇的行为，消费者请求损害赔偿缺乏明确的具体规则
最高人民法院《关于审理侵犯商业秘密民事案件适用法律若干问题的规定》	第一条第一款　与技术有关的结构、原料、组分、配方、材料、样品、样式、植物新品种繁殖材料、工艺、方法或其步骤、算法、数据、计算机程序及其有关文档等信息，人民法院可以认定构成反不正当竞争法第九条第四款所称的技术信息。	算法可以被认定为商业秘密行为，意味着不能通过披露作为商业秘密的算法来保护消费者

〔1〕赵海乐：《当权利面对市场：算法价格歧视的法律规制研究》，载《华中科技大学学报（社会科学版）》2021 年第 3 期。

（二）法学界对算法风险规制的研究与对策

正是由于智能合约算法风险的存在，市场规制法律还应尤其关注算法风险所带来的消费者利益的减损问题。针对算法风险如何保护消费者的棘手问题，法学界已经开始了讨论，大致形成了以下看法和建议：

第一，修改或完善《反垄断法》以规制算法歧视或算法共谋。周学荣结合算法共谋的技术、制度、治理三大困境，提出应当放宽平台经济算法共谋的认定标准、创新规制执法技术，明确共谋种类、确认责任归属，完善宽大制度、设置额外宽大制度。①

第二，通过完善《消费者权益保护法》为受到算法侵权的消费者提供保护。孟勤国认为：算法歧视侵权不是经济学问题，不是算法技术提高整体效率就可以获得法学领域的宽容；应当出台消费者权益保护法实施细则，专章规定算法侵权与大数据杀熟，明确算法歧视认定的价值取向、

① 参见周学荣：《算法共谋下反垄断的规制困境与路径选择》，载《行政论坛》2024 年第 1 期。

构成要件、行政处罚情形等。[①]

第三,通过《个人信息保护法》约束算法设计者、算法使用者的数据行为,从而限制算法被用于歧视、共谋等其他非法目的。比如,陈远茵、宋敏认为,应当以《个人信息保护法》为抓手,通过将经营者的信息处理行为约束在"最小的信息收集范围""处理信息与处理目的直接相关""采取对消费者权益影响最小的方式"三大条件之内,从而实现规制算法价格歧视的目的。[②]

第四,借助算法审计,由专业的计算机、法学专业人士对算法进行审计评估。刘友华认为,算法偏见的技术控制路径在于"透明",算法有可能涉及商业秘密而处于不透明状态,为了实现算法偏见规制的技术控制,可以通过成立独立的、专门的算法偏见审计机构进行审计。[③] Christian Sandvig 等为应对算法所带来的算法歧视等问题,结合算法"黑箱"的特点,设计了五种算法审计模式:代码审计(code audit)、非侵入式用户审计(noninvasive user audit)、抓取式审计(scraping audit)、马甲审计(sock puppet audit)和协作式审计(crowdsourced audit/collaborative audit)。[④]

第五,通过对违法算法行为进行问责,降低算法风险发生的概率。郑玉双、鲍梦茹提出设立专门的算法监督问责机构,完善算法歧视问责机制,提升可问责性。[⑤] 明确算法风险的责任主体,通过责任承担增加惩

① 参见孟勤国:《治理算法歧视侵害消费者权益的关键问题——以大数据杀熟为视角》,载《法律适用》2023 年第 3 期。

② 参见陈远茵、宋敏:《论算法价格歧视的法律规制——从〈个人信息保护法〉第 6 条的角度探讨》,载《中国市场》2022 年第 35 期。

③ 参见刘友华:《算法偏见及其规制路径研究》,载《法学杂志》2019 年第 6 期。

④ Christian Sandvig, Kevin Hamilton, Karrie Karahalios & Cedric Langbort, Auditing Algorithms: Research Methods for Detecting Discrimination on Internet Platforms, paper presented to "Data and Discrimination: Converting Critical Concerns into Productive Inquiry," a preconference at the 64th Annual Meeting of the International CommunicationAssociation, May 22, 2014, Seattle, WA, USA.

⑤ 参见郑玉双、鲍梦茹:《算法歧视的法律规制模式再探》,载周少华主编:《数字法学》第 1 辑,社会科学文献出版社 2023 年版。

罚机制进而规制算法风险。吴太轩、谭娜娜认为，信使型、轴幅型算法合谋本质属于默示合谋，合谋属于算法使用者的意思，算法合谋法律责任承担主体为算法使用者；预测型、自我学习型合谋依赖计算机，人工智能因素增加，应综合算法类型、算法可预期性、使用者主观意图、损害后果等各因素，最终确定是算法机器人、算法设计者或算法使用者承担责任。①

第六，针对算法所在的计算机网络世界，将法律转化为代码，算法相应也就受制于代码化的法律。马长山认为，对算法风险的规制应当从对代码和算法结果的规制转向对代码和算法过程本身的规制，通过把法律规则转换成代码，重视"代码即法律"的规制路径。②

（三）美国、欧盟对算法风险法律规制的法治实践

美国、欧盟同样面临算法风险的威胁，美国发生的 Amazon、Uber 算法合谋案，欧盟法院审理的 Eturas 案③，表明算法合谋等侵权已经切实发生，法学界必须予以回应。美国、欧盟在法律本土资源的基础上业已作出研究，并在立法和司法领域进行了积极应对。

---

① 参见吴太轩、谭娜娜：《大数据时代，如何应对算法合谋带来的执法挑战》，载《检察日报》2019 年 8 月 10 日，第 3 版。

② 参见马长山：《人工智能的社会风险及其法律规制》，载《法律科学（西北政法大学学报）》2018 年第 6 期。

③ 欧盟关于算法的典型案例是 Eturas 案（2016）。Eturas 是 E-TURAS 系统的专有权人和管理者。E-TURAS 系统是一个在线旅游预订系统，允许获得 Eturas 经营许可证的旅行社通过 Eturas 确定的统一展示方式，在其网站上提供旅游预订。根据一家使用 E-TURAS 系统的旅行社提供的合谋线索，竞争委员会调查发现：2009 年 8 月，Eturas 的主管向几家旅行社发送了一封题为"投票"的电子邮件，要求收件人就将在线折扣从 4% 降至 1% ~3% 是否合适进行投票。2009 年 8 月 27 日至 2010 年 3 月底，有 30 家旅行社和 Eturas 参与了针对通过 E-TURAS 系统预订的折扣的反竞争行为。由于 E-TURAS 系统在发送主要程序中存在争议的信息后进行了技术修改，尽管没有阻止有关旅行社给予其客户超过 3% 的折扣，但他们必须采取额外的技术步骤才能这样做。反竞争做法始于主要诉讼中有关降低折扣率的信息出现在 E-TURAS 订票系统上以及在该系统的操作中对折扣率实行系统限制的日期。［CVRIA, *Reports of Cases*, EUR-Lex (Jan. 21, 2016), https://eur-lex.europa.eu/legal-content/EN/TXT/PDF/?uri=CELEX:62014CJ0074.］

1. 美国

2016 年,美国联邦贸易委员会(Federal Trade Commission,FTC)发布了《大数据:包容性工具抑或排斥性工具》(Big Data A Tool for Inclusion of Exclusion?),表达了对数字、算法社会的效率与公平问题的关注。联邦贸易委员会观察到大数据经济(当然也包括算法的设计者、使用者的参与)可能对低收入人群具有潜在的偏见,而偏见或歧视将损害低收入人群的切身利益。例如,公司会运用收集的数据更好地分析他们的消费者,根据消费者过去的消费记录、网络搜寻记录、购物习惯和支付的价款来创建统计模型以预测不同消费者愿意支付的不同购物价格。为了保护弱势群体的利益,联邦贸易委员会认为消费者保护方面的法律适用于大数据经济,这些法律具体包括《公平信贷报告法》(Fair Credit Reporting Act)、《公平信贷机会法》(Equal Credit Opportunity Act)、《1964 民权法》(Civil Rights Act of 1964)、《美国残疾人法》(The Americans with Disabilities Act)、《就业年龄歧视法》(The Discrimination in Employment Act)、《公平住房法》(The Fair Housing Act)、《遗传信息非歧视法》(The Genetic Information Nondiscrimination Act)和《联邦贸易委员会法》(The Federal Trade Commission Act)。①

2017 年,美国计算机协会发布的《关于算法透明和问责的声明》(Statement on Algorithmic Transparency and Accountability)指出:也有越来越多的证据表明,一些算法和分析可能是不透明的,这使人们无法确定它们的输出何时可能有偏见或错误;用于有关个人的自动决策的算法可能会导致有害的歧视。该声明特别提出算法透明和可问责的七项原则:可意识、可质疑与可补救、可问责、可解释、数据治理、可审计、可验证

① See *Big Data:A Tool for Inclusion or Exclusion?*, Federal Trade Commission (January 2016), https://www.ftc.gov/system/files/documents/reports/big-data-tool-inclusion-or-exclusion-understanding-issues/160106big-data-rpt.pdf.

与可测试。[①]

纽约作为美国城市的风向标，在数据、算法来临的时代，领先将算法应用于有关再犯罪风险评估、儿童福利制度、预测性警务等诸多领域的政府决策。为了让算法在实现高效的价值追求的同时也保持公平公正，2018 年纽约市出台了《自动化决策特别工作组法》(Auto Decision System Task Force Law)，2019 年纽约市政府发布了《纽约市自动决策系统特别工作组报告》(Auto Decision System Task Force Report)。[②]《自动化决策特别工作组法》将"公平"、"透明"、"创新"和"问责"作为关键原则，用以指导负责任的城市机构使用和管理自动决策系统(Automated Decision Systems，ADS)，该法是政府首次对政务使用大数据和算法的反思与应对。

2019 年，美国纽约州的 Yvette D. Clarke 向众议院能源和商业委员会提出《算法问责法案》(Algorithmic Accountability Act of 2019)。该法案明确：联邦贸易委员会为算法风险的法定监管机构；联邦贸易委员会要求使用、存储或共享个人信息的实体应当进行自动决策系统影响评估和数据保护影响评估。依据该法，针对现有的高风险自动决策系统，如果联邦贸易委员会认为有必要，或者针对新的高风险自动化决策系统在实施之前，自动决策系统的运用实体应当进行自动决策系统影响评估和数据保护影响评估。在合理、可能的情况下，要求自动决策系统运用者与外部第三方(包括独立审计专家和独立技术专家)协商，根据该法进行影响评估，并要求自动决策系统运用者及时合理地处理影响评估结果。[③]

---

① Association for Computing Machinery US Public Council, *Statement on Algorithmic Transparency and Accountability*, Association for Computing Mach-inery (January 12, 2017), https://www.acm.org/binaries/content/assets/public-policy/2017_usacm_statement_algorithms.pdf.

② Automated Decision Systems Task Force, New Yorker City Automated Decision Systems Task Force Report, November 2019.

③ See Rep. Clarke, Yvette D., *H. R. 2231-Algorithmic Accountability Act of 2019*, Congress.gov (April 10, 2019), https://www.congress.gov/bill/116th-congress/house-bill/2231/text.

2022 年，参议员 Yvette Clarke 在 2019 年《算法问责法案》的基础上向众议院提出了《算法问责法案》。相较 2019 年《算法问责法案》，新的法案有以下变化：扩大了使用范围，即该法用于对自动化决策系统和增强关键决策过程进行影响评估，并用于其他目的；进一步强调联邦贸易委员会的监管职责；提出联邦贸易委员会应开发一个可公开访问的存储库，旨在发布联邦贸易委员会根据该法收到的每个自动决策系统和增强关键决策过程的有限信息子集，以利于监管算法和促进消费者保护。① 总体而言，《算法问责法案》重视事前评估与事中审查，联邦贸易委员会管辖范围的任何个人、合伙企业或公司在使用新的自动化决策作出关键决策前，应当进行系统化的影响评估，提出相应的评估总结报告，自行申报技术是否存在对消费者的不公平对待。一旦造成歧视性后果，则应当提出补救或减轻措施。

2. 欧盟

欧盟颁布了专门规制数据行为的《通用数据保护条例》、规范数字市场和数字服务的《数字市场法》（Digital Markets Act）和《数字服务法》（Digital Service Act）。《通用数据保护条例》前言部分规定数据控制者应当采取合适措施以确保个人数据安全，防止因种族或民族等对自然人产生歧视性影响，公民有权知晓自动化决策的具体情况并表达个人观点或做适当干预，数据控制者亦应提供与算法逻辑相关的、有意义的信息。公民有权在任何时间拒绝或撤回同意与其相关的各种数据处理活动，包括可能对其产生歧视性影响的自动化决策活动。《数字市场法》和《数字服务法》对算法所处的数字环境进行了规制，实际上也对算法的透明性、审计性等提出了要求。比如，《数字服务法》第 37 条要求超大型在线平台和超大型在线搜索引擎应接受外部审计；《通用数据保护条例》通过对

① See H. R. 6580 – 117th Congress 2D Session, Congress. gov (February 3, 2022), https://www.congress.gov/117/bills/hr6580/BILLS – 117hr6580ih. pdf.

数据处理者、控制者数据行为的控制以及对数据权利人配置诸如访问权等多项权利,在实际效果上起到了对算法的约束。

2019 年 4 月欧洲议会发布的《算法问责与透明度治理框架》(A Governance Framework for Algorithmic Accountability and Transparency)中至少有以下一些观点值得关注:(1)采用算法系统进行决策的一个重要因素是它们处理大量不同数据集(大数据)的能力,这可以与机器学习方法相结合,以便直接从数据中推断统计模型。(2)算法对受其影响的人们而言缺乏透明度,并且并不能向人们做出明确的解释。透明度的缺乏会破坏有意义的审查和问责。(3)对算法监管采用的方法强调按社会风险的比例分配资源,考虑到影响本身及其发生的可能性,从而实现技术使用带来的利益最大化和风险最小化,以便建立适当的控制水平。(4)用于支持基于风险的方法的一个常用工具是影响评估。(5)需求侧和供给侧市场解决方案作为算法透明度或问责制的监管机制大多不太有效。(6)在立法措施中,考虑到《通用数据保护条例》的作用可能还不够。将第三方审计作为保持"目标和结果"透明度的一种手段,同时也有建议基于适用无过错或严格侵权责任,并根据算法系统的透明度和重要性进而可能修改责任级别。①

2021 年 4 月,欧盟委员会发布了关于欧洲议会和理事会制定人工智能法案的建议;2023 年 12 月,欧盟议会和理事会就人工智能法案达成临时协议;2024 年 2 月,欧盟 27 个成员一致通过了人工智能法案。《人工智能法》认为,人工智能系统的一个主要特点是具有推理能力,这种推理指的是获得输出的过程,如预测、内容、建议或决策,也指人工智能系统从输入或数据中推导出模型和(或)算法的能力。该法与算法有关的重

---

① See European Parliament, *A governance Framework for Algorithmic Accountability and Transparency*, Europa (April 4, 2019), https://www.europarl.europa.eu/RegData/etudes/STUD/2019/624262/EPRS_STU(2019)624262_EN.pdf.

要规定包括:(1)人工智能系统中所使用的算法以及相关风险管理系统的文件应当以清晰和全面的形式进行绘制,以利于监管部门掌握高风险人工智能系统如何开发及其在整个生命周期中如何运行的可理解信息;[①](2)建立依据系统风险对通用人工智能模型进行分类的方法,其中算法的改进会影响系统风险判断的最初阈值;[②](3)具有系统风险的通用人工智能模型的提供者具有评估和减轻可能的系统风险的义务,在该模型生命周期内,提供者应酌情确保对算法等方面的安全提供适当水平的网络安全保护;[③](4)超大型在线平台和超大型搜索引擎的提供者有义务评估其服务的设计、运作和使用所产生的潜在系统性风险,包括服务中使用的算法系统的设计如何可能导致此类风险;[④](5)如果人工智能系统在投放市场或投入使用后继续"学习",经过合格性评价的算法和性能发生的变化不应构成实质性修改;[⑤](6)算法的改进或硬件效率的提高,对

---

① See The European Parliament and The Council of the European Union, *Proposal for a Regulation of the European Parliament and of the Council Laying Down Harmonised Rules on Artificial Intelligence (Artificial Intelligence Act) and Amending Certain Union Legislative Acts*, Data. Consilium (January 26, 2024), https://data.consilium.europa.eu/doc/document/ST-5662-2024-INIT/en/pdf.

② See The European Parliament and The Council of the European Union, *Proposal for a Regulation of the European Parliament and of the Council Laying Down Harmonised Rules on Artificial Intelligence (Artificial Intelligence Act) and Amending Certain Union Legislative Acts*, Data. Consilium (January 26, 2024), https://data.consilium.europa.eu/doc/document/ST-5662-2024-INIT/en/pdf.

③ See The European Parliament and The Council of the European Union, *Proposal for a Regulation of the European Parliament and of the Council Laying Down Harmonised Rules on Artificial Intelligence (Artificial Intelligence Act) and Amending Certain Union Legislative Acts*, Data. Consilium (January 26, 2024), https://data.consilium.europa.eu/doc/document/ST-5662-2024-INIT/en/pdf.

④ See The European Parliament and The Council of the European Union, *Proposal for a Regulation of the European Parliament and of the Council Laying Down Harmonised Rules on Artificial Intelligence (Artificial Intelligence Act) and Amending Certain Union Legislative Acts*, Data. Consilium (January 26, 2024), https://data.consilium.europa.eu/doc/document/ST-5662-2024-INIT/en/pdf.

⑤ See The European Parliament and The Council of the European Union, *Proposal for a Regulation of the European Parliament and of the Council Laying Down Harmonised Rules on Artificial Intelligence (Artificial Intelligence Act) and Amending Certain Union Legislative Acts*, Data. Consilium (January 26, 2024), https://data.consilium.europa.eu/doc/document/ST-5662-2024-INIT/en/pdf.

《人工智能法》中规定的基准和指标应当进行补充或者修改，以使规定中的阈值能够反映先进的技术水平。[①]

（四）金融智能合约算法风险下的消费者保护

美国从交易公平、不受歧视的维度，欧盟从数据权利的路径，都重视保护接受算法产品或服务的消费者，并且美国和欧盟均认为，算法透明度和可问责是算法治理的重要方式。算法监管确实会有利于改善消费者享受算法产品或服务的宏观生态环境，但消费者私主体维权的落实是实现微观个体公平的最有力的武器。从对我国有关算法风险法律规范的梳理来看，金融智能合约消费者在受到算法侵权时维权所采用的请求权基础法律规范并不清晰，致使金融智能合约消费者在监管并未关切到个体权益时能够自主借助法律维权的依据缺失，因此，有必要首先明确金融智能合约消费者的请求权基础。

1. 明确金融智能合约消费者算法歧视侵权的请求权基础

从前文梳理的美国和欧盟对算法法律规制的法治实践来看，算法所带来的风险已经进入监管势力范围。总体而言，美国和欧盟针对算法的监管思路，一是防范算法所带来的安全风险；二是保护消费者免受算法之侵害。这两个方面是算法监管的核心价值目标。从“时间轴”维度考察，对算法风险的监管包括事前、事中和事后三个阶段，美国和欧盟认为每个阶段的监管都不应放松。具体到算法所独有的技术和“黑箱”特征，美国和欧盟达成了一些共识并转化为立法：算法准入、算法信息保存及运算留痕、算法风险评估、算法审计、算法出险后的救济等业已有法可依。

金融智能合约交易中，购买或接受运用算法的经营者的产品或服务

---

① The European Parliament and The Council of the European Union, *Proposal for a Regulation of the European Parliament and of the Council Laying Down Harmonised Rules on Artificial Intelligence (Artificial Intelligence Act) and Amending Certain Union Legislative Acts*, Data. Consilium (January 26, 2024), https://data. consilium. europa. eu/doc/document/ST-5662-2024-INIT/en/pdf.

的消费者，虽然可以从算法监管中间接获益，然而一旦消费者权益真正被算法侵害，损害赔偿机制的顺畅和富有效率才是最直接和最有力的保护方式。损害赔偿路径中，算法侵权诉讼是私权保障的最后救济方式，因此算法侵权诉讼制度设计和实施的具体情况将直接衡量一个社会体系对消费者权益的保护程度。美国社会的多种族、多民族、多肤色等多元文化属性使生活在这个混合大熔炉中的民众对歧视问题格外敏感，关于平权方面的立法在社会的多个维度被推进，反歧视的司法案例不断丰富。反歧视、平等权作为民事权利中的基本权利在美国法治实践中能够在法律制度和判例中找到充足的依据。数字时代，算法歧视虽然披着"算法"这层科技外衣，但是其实质仍然是歧视这个侵害平等权的顽疾。因此，美国消费者在面对歧视时，很容易从基本权利"平等权"中找到切实有效的法律资源，实现损害赔偿和权利救济。

欧盟对消费者的权利保护，虽然也是从基本权利落实请求权依据，但是基本权利的选择路径与美国有所不同。欧盟主要通过数据基本权利来实现对算法风险的控制和对消费者权益的维护。该路径发挥功能的逻辑在于算法作为计算的方式必须建立在"有数据可算"的基础之上，故而对数据的收集、处理等行为的限制将严重影响算法运行和算法功用。依据《欧盟基本权利宪章》(Charter of Fundamental Rights of the European Union)和《通用数据保护条例》对个人数据权、个人信息权予以确认，算法使用数据需要消费者的"知情同意"，消费者也有权不受由算法达成的决策规制。算法使用者获得数据和使用算法都存在法律限制，因此欧盟对个人数据基本权利的保护客观上压缩了算法歧视的空间。

我国针对算法歧视、算法共谋侵权的案例较少，从已有的裁判文书观察，消费者不太容易得到法院对算法歧视、算法垄断的违法确认以及对损害赔偿的支持。例如，在刘某诉北京三快科技有限公司侵权责任纠纷案[①]中，刘某与另一位消费者通过美团平台，分别于 2018 年 7 月 19 日的 11 时 55 分 20 秒、12 时 8 分 20 秒购买了同一款产品，送货地址相同，但是刘某多支付了 1 元配送费，刘某认为北京三快科技有限公司（以下简称三快科技公司）“大数据熟杀”区别定价，侵犯了其知情权、公平交易权。二审法院归纳的争议焦点之一为：“三快科技公司是否存在利用‘大数据杀熟’的价格欺诈行为。”二审法院认为，刘某应当对三快科技公司存在价格欺诈行为负举证责任，刘某只是提供了三快科技公司在刘某下单时比其同事多收 1 元的配送费的证据，但三快科技公司的外卖配送费是动态调整的，订单量大时配送费上涨，而刘某与其同事下单时间并不一致，两者的配送费不具有可比性。刘某诉请算法歧视导致知情权和公平交易权的损害未获法院支持，引起了法学界的关注和思考。从我国既有的法律资源来看，《消费者权益保护法》第 8 条规定了消费者的知情权，第 10 条宣示了消费者享有公平交易的权利，但是侵犯消费者知情权、公平交易权并没有明确的法律责任。《民法典》以保护民事权利为主旋律，《民法典》在民事权利概念外延范围内将知情权、公平交易权作为典型列举，而司法裁判中法官往往不会轻易将尚未进入典型列举范围的权利归入“其他民事权利”的兜底范围。郑某高诉上海携程商务有限公司侵权责任纠纷案[②]便是佐证。该案中，法院认为被侵犯的权益必须在原《侵权责任法》第 2 条列举的民事权益范围之内方可请求侵权责任救济，而郑某高所主张的知情权和公平交易权的权利来源为《消费者权益保护法》，但该法中对上述权利的规定均系消费者在购买、使用商品和（或）接受服务时对经营者可以主张的权利，具有相对性，其请求权基础应为合同之诉而非侵权之诉，故郑某高在选择侵权之诉的情况下主张知

① 刘某、北京三快科技有限公司侵权责任纠纷案，湖南省长沙市中级人民法院（2019）湘 01 民终 9501 号民事判决书。

② 郑某高与上海携程商务有限公司侵权责任纠纷案，上海市第一中级人民法院（2020）沪 01 民终 13989 号民事判决书。

情权和公平交易权缺乏法律依据。

我国既有的司法实践表明,面对算法风险,消费者将知情权、公平交易权作为请求权依据存在“不被认可为侵权客体”“举证不能”等困难,那么是不是对算法消费者的保护就应当学习欧盟的做法,重在从数据、个人信息权利保护的路径保护算法消费者?本书认为算法风险所带来的歧视,从根本上说侵犯的是消费者的“平等权”,从理顺法理逻辑的角度而言,保护消费者的平等权是直接面对问题的解决方法。平等权与数据权、个人信息权在权利内容、权利功能、权利实现、权利救济、法律调整的重心等方面存在差异,通过保护个人数据权和信息权即使客观上达到了保护消费者平等权的效果,也不如直接保护消费者平等权更能彰显法律对平等权的重视与保护,更何况通过保护数据权、信息权救济消费者平等权也并不总是能够达到理想效果。因此,对算法消费者的保护,应当从权利被侵害的法律实质出发,本着保护消费者利益的宗旨,平等权受到侵害就应当保护平等权,数据权、信息权遭受损害则保护个人数据和信息权利,在立法和司法实践中明确各种权利保护的思路和具体规则,从不同权利的维度多方位保护消费者的综合权利。

首先回答消费者的公平交易权是否能够成为侵权的权利客体的问题。郑某高诉上海携程商务有限公司侵权责任纠纷案中,法院认为,公平交易权是相对于经营者的权利,作为相对权应当从合同违约责任寻求救济。或许在《民法典》出台之前,侵权责任客体债权否定说在法学理论界和实务界都有一定的市场,但是《民法典》对民事权利专章进行规定,其条文的表述与《侵权责任法》有较大差异。原《侵权责任法》第 2 条第 2 款没有将债权列入民事权益的范围。《民法典》第一编“总则”第五章“民事权利”第 118 条第 1 款规定:“民事主体依法享有债权。”第 120 条规定:“民事权益受到侵害的,被侵权人有权请求侵权人承担侵权责任。”债权既然是典型的民事权益,在其受到侵害时债权人寻求侵权责任救济自然是符合三段论逻辑的法律推理。2022 年最高人民法院发布的《关于审理涉执行司法赔偿案件适用法律若干问题的解释》第3条明确债权受到侵害的可以请求国家赔偿,该司法解释直接认可了债权能够成为侵权的客体。由此可见,如果将智能合约算法歧视侵害消费者公平交易权作为请求权依据,法院不应当以公平交易权是相对权而否定侵权责任请求权基础。

2. 侵害消费者公平交易权的裁判标准

既然要从平等权这项基本权利出发保护受到算法歧视的消费者,那么如何判断消费者公平交易权受到了侵害?有关公平交易权的请求权基础规范应当如何塑造?消费者公平交易权是一个需要进行比较之后才能得出的判断,那么“与谁比,怎么比”是需要予以明确的。算法消费者之所以会感受到不公平、受到了歧视,是因为运用算法的经营者向另一个交易对手提供了不同的交易条件,消费者经过比较之后感知到了不公平的待遇。算法消费者的公平交易请求权需要满足何种条件才能成立?这个问题值得细致讨论。

第一,受到算法歧视侵害的主体应当是消费者。我国《消费者权益保护法》以追求实质正义为价值取向,采取了赋予消费者多项权利、让经营者承担多种法定义务的倾斜式法律资源配置方式,消费者据此享有公平交易权、知情权等一系列权利。如果依据《消费者权益保护法》请求法院确认公平交易权受到侵害,则要求算法歧视受害者应当具有消费者身份。

第二,是否需要考虑交易的同等性。我国《反垄断法》第22条规定了滥用市场支配地位中的差别待遇行为,该条明确了三个构成要件:(1)没有正当理由;(2)交易相对人条件相同;(3)在交易价格等交易条件上实行差别待遇。《欧盟运行条约》第102条规定差别待遇的法定条件包括:(1)经营者具有市场支配地位;(2)与其他交易方相比该交易属于同等交易;(3)经营者采用了不同条件;(4)被采用了不同交易条件的交易方处于竞争不利地位。从以上规定可以看到,反垄断法视域下的差别待遇（包括价格歧视）需要判断经营者的交易相对人条件是否相同。从既有的立法、司法判例以及学术研究来看，交易相对人既包括经营者也包括消费者。[①] 如果是算法消费者，在判断算法歧视时是否需要考虑同等交易条件要件呢？依据我国《消费者权益保护法》第 10 条[②]的表述，消费者作为弱势群体，在个体上具有群体性特征，如果是为生活消费而购买商品或接受服务的自然人则都是同等的消费者，因而该条文的用语上并未规定“条件相同的消费者”。

第三，算法消费者是否购买了相同的产品或者接受了相同的服务。消费者只有在购买的商品或者服务相同的情况下，其是否受到了歧视才具有可比性。在刘某诉北京三快科技有限公司侵权责任纠纷案中，刘某与另外一位消费者都通过美团外卖平台购买了一份“套餐：金枪鱼三明治＋红豆薏米汁”，二人所购的商品相同，同一商品的价格具有可比性。

第四，价格差异构成价格歧视的判断标准。反垄断法律规制的基本原则包括本身违法原则和合理原则。我国《反垄断法》采用的表述是具有市场支配地位的经营者“没有正当理由”采取差别待遇，对以价格歧视为典型代表的差别待遇的反垄断规制采用的是合理原则。我国《消费者权益保护法》规定消费者有权获得“价格合理”的商品或服务，对价格公平的判断采用合理性标准。我国《个人信息保护法》第 24 条规定了自动化决策不得对个人在交易价格等交易条件上实行不合理的差别待遇。总体而言，在判断价格差异是否构成歧视时，不同部门法都采用了合理性标准。

消费者权益保护视野下的价格不公平、反垄断法视域内的差别待遇，以及个人信息保护法中算法价格歧视的认定标准都是合理，那么，这

---

① 参见李倩、［荷兰］尼尔斯・J. 菲利普森：《人工智能驱动下算法价格歧视的反垄断规制：一个法经济学分析》，载《财经法学》2023 年第 4 期。

② 《消费者权益保护法》第 10 条规定：“消费者享有公平交易的权利。消费者在购买商品或者接受服务时，有权获得质量保障、价格合理、计量正确等公平交易条件，有权拒绝经营者的强制交易行为。”

些法律中的合理性标准是否存在差异呢？从我国《反垄断法》的立法目标来看，反垄断法中合理性的具体判断标准为是否有利于竞争、是否有利于维护消费者利益和社会公共利益；《消费者权益保护法》的立法宗旨为“保护消费者的合法权益，维护社会经济秩序，促进社会主义市场经济健康发展”；《个人信息保护法》旨在保护个人信息权益、规范个人信息处理活动和促进个人信息合理利用。三部法律追求的法律价值有相同的地方，但也各有侧重。《反垄断法》更侧重于保护市场公平竞争秩序、竞争者合法利益；《消费者权益保护法》突出保护消费者合法权益；《个人信息保护法》从限制信息处理者滥用个人信息的角度防范出现不公平的价格歧视等差别待遇行为。

反垄断法中的合理原则重点考虑价格差异对竞争影响的严重程度。例如，欧盟及成员国的法院在不断丰富的司法裁判中确立了“扭曲竞争”标准。“欧洲法院的裁决强调，只有在价格歧视‘倾向于扭曲竞争’的情况下，歧视性定价才是滥用。仅仅处于劣势并不意味着竞争被扭曲或能够被扭曲。在这方面，需要对差别定价的影响进行分析，以找出滥用做法。”①在一个价格歧视行为中既存在有利于竞争的效果、又存在有害于竞争的后果时，还需要对竞争利弊进行比较，方能最终认定该价格差异是否构成歧视。反垄断法旨在防止对竞争的损害，从而使消费者福利最大化。反垄断法对竞争秩序的关注更为宏观，在具体判断某个价格差异行为是否构成反垄断法中的价格歧视时，消费者福利往往从整体福利角度予以考虑。“竞争法中的消费者损害可能不同于消费者保护领域中的消费者损害。在消费者保护领域，危害是比较容易界定的。该损害产生于消费者交易或补救措施的失败，破坏了消费者对其自身福利的优化。消费者权益保护法针对个人消费者交易中的过失给予个人消费者救济。

---

① *EU Court Provides New Guidance on Price Discrimination*, Jones Day (June 1, 2018) https://www.jonesday.com/en/insights/2018/06/eu-court-provides-new-guidance-on-price-discrimina.

这种私人救济方式填补了市场力量未填补的空白。而在竞争法中界定消费者损害是困难的，消费者福利往往成为具体的抗辩理由，消费者个体的损害可能并不能从反垄断法中得到救济。”[①]从反垄断法和消费者保护法的差异而言，消费者公平交易权中价格差异的合理性标准内涵并不完全一样。消费者价格差异合理性应该建立在具有可比性的两笔或数笔交易之上，而不是从整个市场的宏观、整体维度进行评价。

3. 算法侵权主观构成要件与举证责任配置

金融智能合约交易中的消费者在举出与对比交易的价格具有差异之后，消费者是否完成了举证责任？无论是《消费者权益保护法》，还是《反垄断法》《个人信息保护法》，对于侵权的规定都没有突破普通侵权的范畴，主观要件上需要由受害方证明侵权方存在过错，价格歧视中的价格不合理亦需要由消费者举证予以证明。然而以算法价格歧视侵害消费者公平交易权为代表的算法侵权案件，是大数据和算法技术运用引发的新型侵权，[②]算法侵权案件的特殊性以及消费者维权的困境值得我们进一步思考采用普通的主观归责要件和举证规则在人工智能数字经济时代是否仍然合适。

针对一般的侵权责任案件，侵权损害赔偿责任的请求权如果要获得法院支持，需要满足“具有侵权行为”“侵权人主观上有过错”“具有损害后果”“侵权行为与损害后果之间具有因果关系”四个构成要件。其中主观要件这一实体法构成要件的规定与程序法中举证责任具有紧密的联系。侵权责任主观要件描述的是侵权人的主观状态，“在理性哲学的引导下，法学家们顺理成章地从主观状态上寻找归责根据，主观意思的可

---

① Max Huffman, *Competition Law and Consumer Protection*, British Institute of International and Comparative Law, https://www.biicl.org/files/4553_the_integration_of_competition_law_and_consumer_protection.pdf, Last Visit Date March 16, 2024.

② 参见孟勤国：《治理算法歧视侵害消费者权益的关键问题——以大数据杀熟为视角》，载《法律适用》2023 年第 3 期。

责性正好符合归责的价值判断标准”[①]，于是根据不同的主观状况进行归责。通常而言，归责原则包括“过错”、“过错推定”和“无过错”三种。过错归责原则之下，需要被侵权人证明侵权人的主观过错状态，举证责任采用的是“谁主张，谁举证”；对于特殊侵权案件，主观构成要件如果采用“过错推定”的归责原则，那么由侵权人证明自己没有过错；而对于更为特殊的领域，侵权责任的归责原则采用“无过错责任”（或者称为“严格责任”），侵权人承担侵权法律责任将不问过错，除非侵权人有法定免责事由。实体法有关侵权责任主观构成要件归责原则的不同规定，直接影响举证责任在受害人与侵权人之间的分配。那么，什么样的特殊情形能够采用特殊侵权的归责原则？情形需要特殊到何种程度才能适用“无过错”归责原则？换言之，确定特殊归责原则的标准是什么？结合到智能合约算法侵权案件，算法侵权人的主观构成要件归责原则是不是应当突破一般侵权责任“过错原则”的范围，对主观构成要件进行改造，相应地对举证责任也进行重新配置？

人类社会进入工业时代后，各种各样的机器设备、工业产品对自然人及其财产造成了损害，工业发展带来的能源耗用引发了环境污染，过错责任勃兴的社会背景发生了重大变化。出于对受害人的保护和救济，侵权责任法与时俱进发展出了过错推定和无过错原则。正如张新宝所言：“过错推定理论和立法的出现，是对当时工业事故等侵权受害人扩大法律救济的一种措施。其基本方法是法律推定加害人有过错，从而实现举证责任的倒置。”[②]为维护公平，现代社会除以过错推定、违法视为过失等法律技术扩张“过错原则”适用范围外，针对高风险行为产生的责任，逐渐广泛地采用无过错责任。对于无过错责任的理论基础存在多种学说。“损失分担说”认为，严格责任的基础不在于对不法行为的制裁，而

① 孔祥俊：《论侵权行为的归责原则》，载《中国法学》1992 年第 5 期。

② 张新宝：《中国侵权行为法》，中国社会科学出版社 1998 年版，第 53 页。

在于对不幸的损害的合理分配。[①]“损益一致说”认为,“利之所在,损之所归”,谁从高风险获得收益,谁应当对风险后果承担责任。[②]“长臂理论”认为,通过使用辅助人或机器来扩张其影响和危险范围的企业应当对其扩张的危险承担责任。[③]“危险控制理论”认为,形成危险者对危险能够有更真切的认识、能够更好地控制危险,应当对其危险所致的后果负责。[④]以罗斯科·庞德为代表的“维护社会安全理论”认为,民事归责的哲学基础不在于意志自由哲学,而在于“一般社会上之安全利益”,持有危险物或从事危险事业而未能阻止损害发生所致的损害。[⑤]

过错推定、无过错原则在工业时代有了生存和发展空间,解决了相较于农业社会出现的新问题,为公平正义在工业经济社会的实现提供了新的解决思路。历史的车轮驶进信息时代,计算机、互联网、大数据、云计算、算法模型等数字经济的基础设施或者构成要素正在形塑我们的生活方式、生产方式,商业模式业已发生翻天覆地的变化,高科技带来的技术风险与传统工业社会的机器、产品风险相比具有不同的特征,相应地,侵权责任在回应信息科技社会新形势时应当考虑科技新风险属性。具体到金融智能合约算法领域,以下风险特性值得重点考虑:(1)算法的专业性强。算法是计算机专业人士编写的程序,作为普通的金融消费者难以理解算法本身、算法运行的机制,通常情况下只能被动接受。(2)算法“黑箱”的存在,使算法发生作用的机制和过程,外界不易知晓,更无法理解,通过算法经营者损害金融消费者利益更为隐蔽,消费者在侵权类维

① 参见王泽鉴:《侵权行为》,北京大学出版社2009年版,第15页。

② 参见欧洲侵权法小组编著:《欧洲侵权法原则:文本与评注》,于敏、谢鸿飞译,法律出版社2009年版,第109~110页。

③ 参见欧洲侵权法小组编著:《欧洲侵权法原则:文本与评注》,于敏、谢鸿飞译,法律出版社2009年版,第137页。

④ 参见程啸:《侵权行为法总论》,中国人民大学出版社2008年版,第123页。

⑤ 参见[美]伯纳德·施瓦茨:《美国法律史》,王军等译,中国政法大学出版社1990年版,第67、207页。

权案件中由于因果关系要件举证不能而往往诉讼请求得不到法院的支持。(3)金融智能合约交易采用P2P式的网络架构,商家与消费者点对点在虚拟空间完成交易,消费者只能知道自己的交易情况,难以找到可供对比的其他消费者的交易信息,有利于商家寻找最完美价格,但是不利于消费者完成与其他消费者相比自己受到区别对待的举证义务。(4)金融智能合约算法的运行需要消费者的个人数据作为计算的原材料,个人数据所承载的个人信息在收集、处理、运用等方面需要得到金融消费者的授权,然而经营者在获取授权过程中容易通过格式条款方式限制消费者的权利。另外,在消费者要求经营者提供智能合约算法相关信息时,消费者容易被经营者以"算法信息属于商业秘密"为由拒绝。(5)金融智能合约交易会按照算法的设计而自动执行,在智能合约执行的过程中,消费者没有中途"叫停"的权利和机会,可能会引发消费者信息扩散而被泄露,或者导致消费者利益损害扩大等不利局面。

总体来看,数字经济时代背景下,金融智能合约算法专业性、隐蔽性、特定性都很强,消费者对算法及算法运行的不知情、不可谈、不可控使得在算法交易中,数字经济时代下的消费者与工业时代的消费者相比处于更为弱势的地位。历史出现惊人的相似,法学界过往的经验也为此时金融消费者出现的困境给出了被验证可行的思路与方案。"出于制裁违法行为、平衡双方当事人的利益以及促进程序效益等价值考虑和政策衡量,立法者总要适当地将举证责任分配给当事人双方。"①"若权利受损害的原因处在被告控制的领域,则由被告就因果关系负举证责任。"②金融智能合约算法提供的是金融交易在数字世界自动运行的计算机解决方案,算法在目前看来还不属于高度危险的事物,如果将其确定为无过

① 肖建国:《论民事举证责任分配的价值蕴涵》,载《法律科学(西北政法大学学报)》2002年第3期。

② 肖建国:《论民事举证责任分配的价值蕴涵》,载《法律科学(西北政法大学学报)》2002年第3期。

错主观归责原则并不恰当，且苛责过重不利于发展数字经济。但是为了平衡算法所加剧的经营者与消费者之间的失衡，实现实质正义法律价值，将金融智能合约算法侵权由一般侵权界定为特殊侵权，主观归责原则从“过错责任”转变为“过错推定”。算法侵权案件中，证据处在被告经营者的控制之下，证据离被告近而离原告远，举证责任由原告消费者配置给被告经营者。重新配置举证责任以降低信息不对称，从法律技术维度可以改善金融消费者在金融算法世界的维权处境。

4. 不同子法对智能合约算法风险的协同调整

从本章梳理的我国现行调整算法风险法律资源的情况来看，金融智能合约算法风险防控从电子商务法、反垄断法、个人信息保护法、价格法、互联网信息服务算法推荐管理、金融监管法律规范几大方面进行。既有法律规范从促进电子商务、公平竞争、个人信息保护、金融安全等维度调整金融智能合约算法风险相关的法律问题。虽然不同法律各司其职，不同执法主体积极应对不同算法风险场景，但是站在消费者维权立场，相关子法的衔接、各执法主体之间的配合与对消费者的支持尚有较大改进空间。

算法专业性以及算法交易信息严重不对称的客观存在，消费者在察觉和证明被算法侵权方面都存在实质性障碍和困难。市场监督管理部门、网络安全和信息化部门、金融监管部门等监管主体在依法监管的过程中能够掌握大量与算法有关的企业的信息，并且监管部门依据职权还可以责令相关企业提供相关的数据和材料。监管部门具有信息优势，而形成鲜明对比的则是金融消费者在诉讼或仲裁中用于维权的证据匮乏。如果金融消费者能够借力监管部门，那么合法权益得到维护、平台垄断势力受到制约的概率将大为增加。现有法律资源中虽然有一些制度设计，但制度要么不完善、要么实施效果不佳，还需进一步完善与改进。

（1）将支持起诉制度扩大到算法侵权领域。我国《民事诉讼法》第58条规定了在环境污染、资源保护、食品药品安全、侵害众多消费者合法权益等损害社会公共利益的领域，“法律规定的机关和有关组织”（如消费者协会、证券投资者保护机构等）可以提起诉讼，人民检察院可以支持起诉。算法在数字经济时代得到了充分运用，算法成为网络平台的核心竞争力，算法歧视、算法垄断等导致的侵权可能并不受限于一两个消费者，在算法侵权侵害的是多数消费者利益的时候，算法侵权案件进入公益诉讼符合公益的内涵，但是做到“有法可依”则必须得借助“侵害众多消费者合法权益等损害社会公共利益”的“等外”的解释。然而，在地方司法实践中，对于“等内”典型列举领域采用公益诉讼不会受到怀疑，对于算法侵权是否属于公益诉讼“等外”范围出现争议的概率会比较大。“民事支持起诉制度意在使那些诉讼能力欠缺的弱势群体将自己合法权益受侵害的情况置于司法公平保护的状态下，使他们在此情况下能够接近司法，实现司法保护上的机会公平。”[①]为了更好地保护受到算法侵害的消费者的权益，建议通过司法解释明确将算法侵权造成的大范围消费者受损的案件列入公益诉讼范围。

（2）进一步扩展支持起诉主体的范围。能够提起公益诉讼、支持起诉的主体，依据《民事诉讼法》第58条的规定必须是“法律规定的机关和有关组织”。人民检察院依据《民事诉讼法》具有提起诉讼和支持诉讼的主体资格；“投资者保护机构”依据《证券法》第94条的规定可以支持投资者起诉；消费者协会依据《消费者权益保护法》第37条具有提起和支持提起诉讼的主体资格。如果没有明确的法律规定，相关机关和组织不能提起或者支持诉讼，既有法律授权的机关或者组织范围很小。虽然涉及证券交易的算法侵权可以寻求投资者保护机构支持诉讼，但无论是投资者保护机构还是消费者协会在算法领域都不是专业机构，对算法、计算机、互联网相关的原理和运作机制均不甚了解，在支持起诉方面存在不明原理、支持不力的困难。因此，从立法上将网络信息部门、反垄断等

① 李德恩：《接近司法视阈下检察机关支持起诉的体制建构》，载《法治研究》2016年第1期。

市场监管部门也纳入支持诉讼的主体范围,有利于增强消费者与网络平台进行对抗的实力,进而也有助于约束和限制平台企业的市场势力。

(3)增加支持起诉制度的具体支持内容。有学者认为,支持起诉制度在起诉和受理阶段有助于民事案件的立案,但是对案件后续的审理没有发挥作用。[①] 既有的支持起诉的法律条文采用的是"支持起诉"的文字表达,从文义解释来看支持的范围确实只包括起诉,即帮助原告完成民事案件受理之后,支持起诉的主体也就完成了法定职责。但是在算法侵权诉讼中,原告提起诉讼或许困难并没有那么大,困难的是向法院举证证明自己受到了算法侵权。为矫正信息不对称带来的利益失衡,将支持起诉拓展为支持诉讼,将调查取证也纳入支持的具体内容中来,即有关机关或组织在其掌握的信息范围内,在不违反法律规定的前提下为消费者提供信息和专业服务,从而落实支持消费者诉讼制度的实施效果。

---

① 参见张玉国:《我国民事诉讼法原则在新时期的完善》,载《政法学刊》2013 年第 2 期。

第十一章

智能合约交易系统中的代币及其监管

智能合约部署于区块链系统中，为了实现智能合约交易功能通常会设计代币系统。“基于区块链智能合约的代币系统主要应用于金融领域。”[①]在智能合约金融交易中，代币具有非常重要的功能，在某些交易环境中，如果没有代币作为价值中介，智能合约金融交易将不可能完成。因此，为了将智能合约金融交易剖析清楚，从而深入探究智能合约金融交易的相关法律问题，代币、代币与智能合约的关系是必须予以探究的重要问题。

一、代币的概念与分类

（一）何为代币？

中文“代币”来自英文“token”一词的翻译。在计算机领域，token 意指“令牌”，令牌是一种能够控制站点占有媒体的特殊帧，以区别数据帧及其他控制帧。从经济学的角度观察，token 在某些机器中用以代替纸币。

---

① 方燚飚、周创明：《基于区块链智能合约的代币系统》，载《计算机应用研究》2020 年第 12 期。

一般来说,代币大致代表了在特定系统或市场中用于交换的事物,[①]即"一个组织为自我管理其业务模型而创造的价值单位,并授权其用户与其产品交互,同时促进对所有涉众的奖励和利益的分配和共享"[②]。

代币以不同的形式存在,展现出不同的特征和属性。多年来,代币(或类似的概念)其实一直存在于大量的计划中,比如从许多公司的忠诚度计划到赌场筹码,再到 IT 安全访问权限或洗衣积分项目都涉及代币发挥作用的场景。[③] 在区块链世界中,代币已经成为代表特定区块链项目固有资产、效用或主张的人工选择。[④] 代币的可分割性、易用性和可交易性已经将它们变成了理想的价值容器,交易主体可以运用代币轻松地进行交易。[⑤] 代币的存在是由于它们以数字方式表示某些东西的有用性,这与在区块链中表现数字商品稀缺性的需求密切相关。[⑥]

(二)代币的分类

从目的、功能、技术层、法律状态、底层价值不同维度,代币可以做出不同分类。其中,从法律状态的维度,代币可以分为功能代币(utility tokens)、证券代币(security tokens)、加密货币(cryptocurrencies)。[⑦] 虽然

---

① See Antony Lewis, *A Gentle Introduction To Digital Tokens*, Bits on Blocks, https://bitsonblocks.net/2015/09/28/gentle-introduction-digital-tokens/.

② Willian Mougayar, *Tokenomics-A Bussiness Guide to Token Usage, Utility and Value*, wmougayar, https://wmougayar. com/2017/06/10/tokenomics-a-business-guide-to-token-usage-utility-and-value/.

③ See Avtar Sehra, *Economics of Initial Coin Offerings*, Research Gate (August 1, 2017), https://www. researchgate. net/publication/351626829_Economics_of_Initial_Coin_Offerings.

④ See Marc Pilkington, Chapter 11: Blockchain Technology: Principles and Applications. F. Xavier Olleros and Majlinda Zhegu, Research Handbook on Digital Transformations, September 30, 2016.

⑤ See Marc Pilkington, Chapter 11: Blockchain Technology: Principles and Applications. F. Xavier Olleros and Majlinda Zhegu, Research Handbook on Digital Transformations, September 30, 2016.

⑥ See Miscione, G., Ziolkowski, R., Zavolokina L. & Schwabe, G., 2018, Tribal Governance: The Business of Blockchain Authentication, 51st Hawaii International Conference on System Sciences, 2018).

⑦ See Thomas Euler, *The Token Classification Framework: A Multi-dimensional Tool for Understanding and Classifying Crypto Tokens*, Untitled INC (January 18, 2018), https://www. untitled-inc. com/the-token-classification-framework-a-multi-dimensional-tool-for-understanding-and-classifying-crypto-tokens/.

代币有这样几种分类，但是在具体的区块链应用程序中如何区分不同种类的代币并不是一个容易的问题；在区块链应用程序中，作为设计者又如何更好地运用代币功能从而制作代币使用决策更是开发者通常会斟酌的问题。[①] 不同商业模式的区块链项目需要运用与代币设计的相关辅助工具，Luis Oliveira 等学者设计出基于八种代币原型列表和决策树构成的理论框架，该框架有助于对区块链代币设计的决策进行分类、系统化和结构化。[②]

二、代币的典型案例：以太币

大家熟知的比特币是区块链 1.0 版本上的典型代币，而加载智能合约的区块链 2.0 版本是以太坊，因此研究智能合约与代币的关系问题，以太坊中的以太币是不容错过的典型案例。以太币是以太坊区块链平台上发布的代币，代码为 ETH。获取以太币的途径大致有以下几种："挖矿"成功获取记账权的矿工，获得记账请求人支付的以太币以及平台奖励给该矿工的以太币；从拥有以太币的人手中通过支付法定货币（如美元）购买以太币。以太币在以太坊具有等价物的功能，在虚拟世界成为交换虚拟物的支付工具。由于以太币在现实世界接受程度较高，客观上以太币在物理世界亦具有支付功能，可以与法定货币进行兑换，从而实现了数字世界与现实世界真实价值的联通。

1. 以太坊中的 token

以太坊区块链平台允许任何人在平台中建立和使用由区块链技术

---

① Luis Oliveira, Liudmila Zavolokina, Ingrid Bauer & Gerhard Schwabe, To Token or not to Token: Tools for Understanding Blockchain Tokens, Thirty Ninth International Conference on Information Systems, San Francisco 2018.

② Luis Oliveira, Liudmila Zavolokina, Ingrid Bauer & Gerhard Schwabe, To Token or not to Token: Tools for Understanding Blockchain Tokens, Thirty Ninth International Conference on Information Systems, San Francisco 2018.

运行的去中心化应用，这些去中心化的应用需要借助 token 来运行，这里的 token 不同于以太币（ether），其本质是区块链应用的通证。以太币和以太坊发行的代币（token）之间的关系，初看起来会让人觉得困惑不解。以太币是一种 token，以太坊上发布的代币也是一种 token，那二者有什么不同呢？总体而言，在以太坊区块链系统的生态环境中，二者具有不同的功能。二者之间的关系类似于在游乐场用货币购买游戏币的场景，以太币好比用于购买游戏币的货币，代币类似于游乐场里的游戏币。货币不能直接适用于游乐场内的游乐设施，游乐设施（如旋转木马）不能识别货币，只有在投入游戏币时游乐设施方能正常工作。代币这个词语在中文世界中有些让人琢磨不透，但在英语世界里，人们在日常生活中经常会接触到这个词，如游乐场的游戏币上标注的英文就是 token，所以人们更容易理解和明白该词就是指适用于特定场景内的权益通证。

2. 以太币与代币构成的闭环生态

智能合约交易的信息需要见证和记账到区块链上，而见证和记账并不是一个免费的过程，而是需要对算力付费；矿工运用矿机挖矿提供算力，成功获得记账权的矿工获得以太币作为报酬；获得以太币的矿工可以将其持有的以太币对外出售以获得法定货币（如美元）；需要以太币的主体从以太币盈余方购买以太币以完成支付功能。

以太坊可以部署多种灵活的运用，可以进行多种项目的众筹。借助以太坊上自行发布的代币可以实现陌生人之间的众筹。众筹项目的发起人在以太坊区块链系统中自行制作一个发行代币的智能合约，上传并部署至以太坊区块链中，以太坊每个节点都可以知道该发行人的众筹项目。如果有投资人看好该众筹项目，就通过以太币购买该众筹项目的代币；以太币触发智能合约，智能合约会将对应的代币转发至对应的投资人的钱包内，把募集的以太币转移至发行人的钱包内，如果募集的条件没有满足，智能合约会将以太币原路返还给投资人，该项目众筹失败；如果众筹条件都满足，则众筹成功，智能合约继续履行。在整个项目的履约期,持有项目代币的投资人可以将该代币部分或者全部出让给受让人,受让人用以太币购买承接项目的代币。

3. 从众筹视角看以太坊

以太坊区块链平台的打造本身就是一个众筹项目。“以太坊众筹始于 2014 年 8 月,为期 42 天,目标金额为 1970 万美元,分为 3 个阶段进行。在第一阶段的 14 天里,以太币:比特币的兑换比例为 2000 : 1,不过随后兑换比例降至 1337 : 1,最终,为期 42 天的 ICO 募资 31,000 枚比特币,售出以太币 60,102,216,以当时的汇率,约合 1840 万美元。”①“以太坊发布的文件显示,募集资金的 76.5% 将用于以太坊平台和工具的开发和拓展,13.5% 的资金将用于社区服务,而剩余的 10% 资金将会用于支持加密货币研究小组(CCRC)的研究。”②

4. 代币标准与运用智能合约创建代币

代币采用相同的技术标准就可以相互兼容,可以进行互操作。市场上很多代币采用以太坊 ERC20(Ethereum Request for Comments 20)合约标准函数进行创建。ERC20 是以太坊平台的数据通信标准或通信规则,是支持使用代币的标准,所有基于以太坊开发的代币合约都遵守该代币协议。正是因为这些代币都遵守 ERC20,这些代币可以相互兼容,能够被各种以太坊钱包支持,能够被用于不同的项目。遵循 ERC20,可以实现项目监控、供应管理和支付代币的智能合约。

三、智能合约与代币的关系

在智能合约金融交易中,智能合约与代币协同发挥作用。智能合约

---

① Huskar:《以太坊与 ICO 众筹》,载未央网 2017 年 7 月 5 日,https://www.weiyangx.com/249352.html。

② Vitalik Buterin, *Ethereum: A Next-Generation Smart Contract and Decentralized Application Platform*, Ethereum, https://ethereum.org/content/whitepaper/whitepaper-pdf/Ethereum_Whitepaper_-_Buterin_2014.pdf, Last Visti Date April 14, 2024.

金融交易需要借助代币的桥梁功能，激励多方主体进入智能合约金融交易；同时代币的发行也离不开智能合约，代币需要运用智能合约进行发行，而且遵守标准的智能合约模式发行的代币才能具有兼容性。依靠智能合约和 ERC20 标准，任何人都可以在以太坊发行自定义的代币，代币能够被高效和快捷地创建。ERC20 标准函数包括指定代币名称、代币符号、代币小数点位数、代币总量、查看对应账号的代币余额、实现代币交易等函数，只有满足函数标准才能被以太坊钱包支持。（见表 11－1）

表 11－1　代币智能合约代码（部分）

```
pragma solidity ^0.4.24;
/**
 * @title FakeToken
 * @dev ERC20 代币合约
 */
Contract FakeToken{
    string public name  = "FakeToken";                          //代币名称
    string public symble = "FTK";                               //代币符号
    unit8 public decimals  =2;                                  //保留多少位小数
    unit256 public totalSupply  =  1000000;                     //发行总量
       mapping (address = > unit256) private balance;           //账户与余额
```

资料来源：唐盛彬编著：《以太坊智能合约开发实战》，机械工业出版社 2022 年版，第 441 页。

1. 代币具有经济功能，为智能合约金融交易注入活力

区块链如果没有代币的存在就仅仅只是一个分布式账本，代币给区块链系统注入了价值流动的载体，让区块链智能合约交易具有了商业逻辑的动力。从经济学意义上看，代币是去中心化系统中的激励机制。代币作为区块链生态系统中的价值媒介，解决了激励节点的问题，让节点有动力参加各种活动（比如记账），维持了系统活力，解决了区块链系统长期稳定运行的内生动力问题。

2. 代币环境下智能合约降低了合同管理成本

类似以太坊这样的网络平台，通过应用程序完成与陌生人之间的交易，通过智能合约减轻管理合同的压力和降低合同管理的成本。在

ERC20 代币支持的区块链环境中,智能合约框架允许从智能合约模板库中搜寻适合的智能合约运用到具体的交易中。整个智能合约运行的交易过程不需要人力监管,一切设定的权利义务会依据智能合约的安排进行,在交易结束时,收款方会收到相应的款项。

3. 代币的各种功能有助于智能合约完成特定的交易

ERC20 要求发布的代币必须具有六个功能,这六个功能通过六个功能函数予以实现:totalsupply; balanceOf; transfer; transferFrom; approve; allowance。[①] 代币所具有的这些功能可以进一步帮助智能合约完成特定的交易,实现交易各方安排的权利义务。在分布式运用中可以使用 ERC20 代币作为完成某些任务的奖励或者作为获得某类商品或服务的支付工具。正是因为代币可以被用来执行合约中的各项功能,在界定代币的法律性质时需要仔细甄别才能准确定夺。

四、智能合约交易中代币的法律性质及其监管

Thomas Euler 的研究认为,依据法律性质,代币可以分为功能代币、证券代币和加密货币。[②] 于程远认为,虚拟代币可分为货币代币、使用代币、投资代币三种基础类型,各类代币的法律性质不同。[③] Philipp Hacker and Chris Thomale 在研究欧盟如何应对首次代币发行时,将代币原型分为货币型(currency)、投资型(investment)、功能型(utility)三类。[④] 智能

---

① 参见江海、熊丽兵、段虎编著:《智能合约技术与开发》,清华大学出版社 2022 年版,第 133 ~ 136 页。

② See Thomas Euler, *The Token Classification Framework: A Multi-Dimensional Tool for Understanding and Classifying Crypto Tokens*, Untitled INC (January 18, 2018), http://www.untitled-inc.com/the-token-classification-framework-a-multi-dimensional-tool-for-understanding-and-classifying-crypto-tokens/.

③ 参见于程远:《论民法典中区块链虚拟代币交易的性质》,载《东方法学》2021 年第 4 期。

④ See Philipp Hacker & Chris Thomale, *Crypto-Securities Regulation: ICOs, Token Sales and Cryptocurrencies under EU Financial Law*, European Company and Financial Law Review, Vol. 15, p. 645 – 696(2018).

合约语境中所讨论的代币是数字世界的代币,有别于物理世界的实物代币,所以也被称为虚拟代币。证券投资属于投资中的直接投资方式,其概念的外延要比投资窄。将代币作为募集资金的权益凭证,从本质上看其实是发行证券的行为。世界各国对证券范围的界定存在较大差异。例如:美国证券法律规定了20多种类型的证券,证券的范围非常宽泛;而我国《证券法》第2条规定了证券包括"股票、公司债券、存托凭证和国务院依法认定的其他证券""政府债券""资产支持证券",证券外延相对较窄。正是因为以美国为代表的国外证券范围广泛,代币作为投资权益证明可以直接被归类为证券,该代币因此也被Thomas Euler、Marco Schletz、Darius Nassiryh和Myung-Kyoon Lee[①]等诸多国外学者称为代币证券。而我国证券范围相对狭窄,除了法律明文界定的种类可以被直接定位为证券外,其他的即使在美国法视域下属于证券的对象亦不能被认定为证券。而且,2017年中国人民银行等七部门联合发布的《关于防范代币发行融资风险的公告》明确:代币发行融资本质上是一种未经批准非法公开融资的行为,涉嫌非法发行证券等违法犯罪活动。[②] 所以在中国法语境中,用于募集资金的代币并没有被直接称为证券,而是用了一个更为宽泛的用语——"投资代币"。虽然有证券立法及背景的国别差异,但是运用国际视野,从证券的本质以及代币的投融资功能来看,将用于募集资金的代币界定为证券代币更能凝练该类代币的个性化特征。

(一)证券代币

代币的虚拟特征、商业模式的多样性和灵活性、交易设计的复杂性等,使得判断某个智能合约金融交易中的代币究竟是证券代币还是其他

---

① Marco Schletz, Darius Nassiry & Myung-Kyoon Lee, Blockchain and Tokenized Securities: The Potential for Green Finance, Asian Development Bank Institute Working Paper Series, No. 1079, February 2020.

② See *Ethereum White Paper*, *at* 13, https://whitepaperdatabase.com/ethereum-eth-whitepaper.

法律性质的代币,并不是一件十分容易的事情。如果代币被界定为证券代币,则受证券法调整,接受证券监管部门监管。

1. 证券代币的判断标准

区块链智能合约交易出现之后,代币引起了美国监管部门尤其是美国证券交易委员会的注意。美国证券交易委员会对代币具有监管职权的前提为“代币是证券”。在美国,证券的外延宽泛,判断“某项新的金融产品/服务是否为证券”采用实质重于形式的标准,证券的实质条件判断方法是 SEC 诉 W. J. Howey 案所确立的 Howey 测试。该案表明:即使该金融产品不属于传统的证券产品,但只要通过该测试具备证券的实质要件仍然会被认定为证券从而受到证券法的监管。Howey 测试表明一项投资合同的实质要件包括:(1)是一项金钱投资;(2)是一项共同投资;(3)投资者有利润期待;(4)来自一个或多个第三方的企业家或管理者的努力。[①] 在 SEC 诉 W. J. Howey 案的基础上,美国部分州法院发展出了风险资本分析法。风险资本测试(risky capital test)由加利福尼亚州最高法院首席大法官罗杰·特雷纳(Roger Traynor)撰写的一份意见书发展而来,它出现在一个预售会员资格以资助建设一个新的乡村俱乐部的案件中。[②] 针对该案,地方上诉法院认为:定义证券的第一个标准一直是“有盈利预期的投资”,由于不向会员分配利润或收入,“利润”不太可能是购买会员资格的动机,而使用乡村俱乐部的娱乐设施显然是唯一的动机,因此俱乐部资格不是证券。但是加利福尼亚州最高法院在其具有里程碑意义的裁决中推翻了地区法院的裁判,裁定乡村俱乐部会员资格是财产所有权的实权体益(beneficial interest),因此根据《公司法》第 25008 条(a)的规定,该会员资格是一种证券。加利福尼亚州最高法院几乎无视在此案之前 30 多年来一直遵循的“利润动机”标准,从《公司

---

① SEC *v*. W. J. Howey Co.,328 U. S. 293 (1946).

② Silver Hills Country Club *v*. Sobieski,361 P. 2d 906 (Cal. 1961).

法》第 25102 条找到依据，表示投资者的投资行为并不局限于希望从投资中获得利润，冒着资本风险的人，无论他们是否期望以这种或那种形式获得资本回报，都应当受到证券法律公平的对待。[①] 虽然乡村俱乐部的会员资格通常不是证券，但是如果乡村俱乐部没有建成，对于购买会员资格的人而言就有很大的损失资金的风险，于是法院认为，即使会员资格的价值不太可能增加，它们也是证券。在 Silver Hills Country Club 诉 Sobieski 案中，美国法院发展出了风险资本测试，是对 Howey 测试中追求利润标准的突破。

2017 年 7 月，美国证券交易委员会首次将 Howey 测试运用于数字资产，得出结论认为：基于以太坊区块链的分布式自治组织所销售的代币是未登记注册的证券发行，并且不属于 1933 年《证券法》第 5 部分的豁免范围。美国证券交易委员会认为该代币满足 Howey 测试，包括该代币设计目的即为投资者提供投资回报。美国证券交易委员会清晰表明该代币属于投资合同工具，应根据证券法进行买卖，任何此类工具销售的中介机构，包括进行此类工具交易的交易所都应遵守证券法规定的注册与合规要求，该报告同时还提醒新兴市场，无论证券的创建和出售形式如何，都适用证券法。具体在判断代币是不是证券的这个问题上，可以考虑以下五个方面。

第一，是否"来自一个或多个第三方的企业家或管理者的努力"。美国证券交易委员会对代币进行监管的判断集中在 Howey 测试的第 4 个条件，即基于令牌的网络是否充分分散或独立于发起人的创业努力。拥有最广泛使用人群的两个著名数字资产（比特币和以太币）很好地说明了数字化资产的非证券化。Howey 测试中的"他人的努力"的要求是"不可否认的重大努力，影响企业失败或成功的重要管理工作"，比特币

---

① See Robert S. LuJt, *Expanding the Definition of Security: Silver Hills Country Club v. Sobieski*, Hastings Law Journal, Vol. 14, p. 181 – 185 (1962).

和以太币的使用具有广泛的分散特性，并不需要某个他人的重要管理工作，因此不能满足 Howey 测试的第 4 个条件。美国证券交易委员会金融部主任威廉·希曼（William Hinman）明确表示这两个数字资产不构成证券。基于此，他进一步认为代币交易有可能不被视为证券交易。① 一方面，代表权利的数字资产赋予持有人财务权益，这种数字资产仍然是一种证券；另一方面，在充分分散的分布式生态系统中购买商品或服务的代币可能不需要置于《证券法》之下。以上观点和分析也表明美国证券交易委员会业已注意到代币的属性并非只能是"证券"，还可以具有非证券属性。

以上是美国证券监管部门的意见，美国法院也表达了相同的司法态度。Noa 诉 Key Future② 和美国证券交易委员会诉 Belmont Reid & Co.③，是美国具有开创性的两个判例，为发达市场上的交易工具提供了司法指导。美国第九巡回法院将 Howey 测试应用于贵金属的销售，发现如果对经济收益的期望是基于市场力量而不是基于发起人的努力，那么并不能满足 Howey 测试。该案例应用到代币分析中，得出的启示为：判断比特币、以太币等代币是不是证券的 Howey 测试适用标准应当是"是否已经建立分散的市场，即代币价格是否由普通的市场力量来决定"。

第二，网络发展状况。作为代币经济发展赖以依存的平台网络，其发展和维持的状态也是判断代币是不是证券的重要因素。为了使基于令牌的网络真正去中心化，任何一家企业都不应当具有直接影响网络上交换的代币的价值的能力，这意味着平台网络发展和维持的分散状态是重要的考量因素。威廉·希曼在分析比特币和以太币时指出："当

---

① Nick Tsakanikas *SEC's William Hinman Says Bitcoin and Ethereum are not Securities in Landmark Speech*, Bitrates (June 15, 2018), https://www.bitrates.com/news/p/secs-william-hinman-says-bitcoin-and-ethereum-are-not-securities-in-landmark-speech.

② Noa *v.* key Futures, Inc, 638 F.2d 77 (9th Cir. 1980).

③ Securities and Exchange Commission *v.* Belmont Reid & Co., 794 F. 2d 1388.

我今天看比特币时，我并没有看到一个需要依靠其努力方能成功的第三方。比特币正在运行的网络似乎已经是分散的状态，也许从一开始就是如此……抛开伴随以太币的建立而进行的筹款，根据我对以太币现状的了解，以太坊网络及其分散的结构，以太币的当前报价和销售都不是证券交易，同时，与比特币一样，将联邦证券法的披露制度应用于以太币的当前交易似乎没有多大价值。"[①]从这一点可以知道，在有大量参与者为网络的持续发展做贡献的开源项目中，网络的分散程度更高，代币不被认定为证券的可能性更高。

第三，代币销售收益的使用。来自代币销售的收益的预期使用会影响基于代币的网络是否分散。例如，发行人"使用涉及进一步发展和维护网络的收益"，可以得出这样的结论：发行人的努力仍然是代币价值的核心。我们需要注意到作为传统融资工具的使用和未来代币发行中的经济权利。利用此类工具的发行人能够根据此类工具获得的投资为其网络的发展提供资金，随后将能够使用代币销售的收益向投资者提供资本回报，从而可以清楚地区分早期阶段来自代币购买的投资与不被视为证券的代币。

第四，网络治理。美国证券交易委员会指出，在确定网络是否去中心时，将考虑基于代币的网络治理结构。去中心化的治理结构将为代币持有者提供直接确定与网络发展相关事宜的能力。发起人保留治理权与其影响潜在投资价值的能力有关。发起人保留网络治理权越多，其发行的代币被认定为证券的可能性越高。相应地，在审查代币是不是证券的案件中有必要考虑"发起人以外的个人或实体是否行使治理权或有意义的影响力"。

---

① William Hinnman, *Digital Asset Transactions*: *When Howey Met Gary* (*Plastic*), U. S. Securities and Exchange Commission (June 14, 2018), https://www. sec. gov/newsroom/speeches-statements/speech-hinman-061418.

第五,发行人销售代币的意图。2017 年 12 月 11 日,美国证券交易委员会签发了 Munchee Inc. 发行 MUN 代币的禁止令。① 在该案中,MUN 代币确实具有消费代币而不是证券的特征,但该代币的销售未将 Munchee 的实际用户群作为销售重点而是将该产品营销策略定位于投资属性之上。美国证券交易委员会认为 MUN 代币发行的性质和存在的投资意图是确定该交易是否应适用证券法的重要因素,因此,MUN 代币虽然确实具有实用的消费功能,但仍然被界定适用证券法。

2. 以太币是不是证券

比特币、以太币现世之初,美国证券监管部门即开始关注和思考加密货币是否应当进入证券监管的视域。在 2017 年,美国证券交易委员会发布了一份调查报告,指出有些代币将进入美国证券法的视野而受到监管。那么,各种各样的代币是不是证券呢?同年,威廉·希曼在一次广受关注的演讲中,首先提出了一个反问句:"一种最初以证券发行形式提供的数字资产,能否在后来以不构成证券发行的方式出售?"他回答说:后来不构成证券的情况是"如果不再投资任何中央企业,或者出售数字资产只是为了通过创建它的网络购买商品或服务"。在应用这一框架时,他得出结论:"根据我对以太币现状、以太坊网络及其去中心化结构的理解,目前以太币的报价和销售不是证券交易。"②威廉·希曼的演讲暗示:作为一种重要的加密货币,以太币不再是一种证券。

以太坊将以太币定义为"以太坊主要的内部加密燃料,用于支付交

---

① See *Company Halts ICO After SEC Raises Registration Concerns*, U. S. Securities and Exchange Commission(Dec. 11,2017), https://www. sec. gov/newsroom/press-release/2017 - 227.

② William Hinnman, *Digital Asset Transactions*: *When Howey Met Gary* (*Plastic*), U. S. Securities and Exchange Commission (June 14, 2018), https://www. sec. gov/newsroom/speeches-statements/speech-hinman-061418.

易费用”。[①] 代币能够被用来支付特定的服务,难以被归为仅仅是作为投资的证券。在 Noa 诉 Key Futures 案中,美国第九巡回法院指出,当买方“所承担的风险是任何买方在为未来交付的货物提前付款时所承担的风险”时,交易就不是证券,而是一种产品的预售。[②]

美国证券交易委员会认为以太币不再是一种证券的立场可能是基于某种形式的风险资本测试。虽然在以太币发售之初,购买和持有以太币的人将资金转移给以太坊区块链系统的构建者以供其开发以太坊项目,但是以太坊区块链项目是否能够建成并顺利运营存在不确定性。按照风险资本测试似乎在以太币发售的时期,以太币符合证券的风险特征,但是一旦以太币发行、以太坊项目正常运行,则以太币就成为支付交易费用的“加密燃料”,以太币就更像是一种产品的预售。这种情况类似于在 Silver Hills Country Club 诉 Sobieski 案中的推测,即乡村俱乐部一旦建成,会员资格就可以在不被视为证券的情况下出售。从这样的分析进路进行思考,就不难理解威廉・希曼提出的“最初以证券发行形式提供的数字资产,能否在后来以不构成证券发行的方式出售”的疑问了。

以太币不被视为证券的另外一个理由是其不满足 Howey 测试的第 4 个条件。Howey 测试要求“利益的产生源自发行人或第三人的努力”,然而以太坊项目不同于通常的中心化项目,它不需要由一个中心化的机构进行运营。以太坊由众多节点组成分布式网络结构,每个节点都有权参与交易验证和数据存储,以太坊区块链的运营依靠的是众多节点的努力,而不是发行人或者其他第三人的努力。正是以太坊区块链项目去中心化的独特属性使以太币被认定为证券代币存在疑问。

---

① Vitalik Buterin, *Ethereum: A Next-Generation Smart Contract and Decentralized Application Platform*, Ethereum, https://ethereum.org/content/whitepaper/whitepaper-pdf/Ethereum_Whitepaper_-_Buterin_2014.pdf, Last Visit Date April 14, 2024.

② Noa *v.* Key Futures, 638 F.2d 77, 80 (9th Cir. 1980).

3. 其他数字代币是不是证券

区块链项目采用去中心化的架构,没有一个处于中心的管理机构,其运作依赖于分散的节点,代币价值的增加没有可以依靠的中央管理者,即代币价值增加没有明显地、直接地依赖于一个中央管理者的持续努力,其他区块链代币在进行 Howey 测试时往往也会遇到同样的疑问。在区块链环境的首次代币发行,通常不具备第 4 个条件,而被认为该代币不构成证券,这一点是代币销售不涉及证券销售的主要依据。

数字代币多种多样,对以太币的分析不代表对所有数字代币是不是证券的最终结论,每一种具体的数字代币都需要根据个案进行具有针对性的分析,个案之间的本质差异有可能导致对该数字代币是不是证券的最终判断。在美国,美国证券交易委员会作为行政部门对数字代币作出独立的判断,但是该数字代币最终是否构成证券的最终决定权在法院。近年来,美国证券交易委员会提出了不少针对数字代币是证券的诉讼案件,SEC 对数字代币的分析思路以及美国法院的裁判逻辑正为社会认识数字代币的法律性质提供经验。

美国证券交易委员会对 Ripple 提出了诉讼,指控 Ripple 在机构销售(institutional sales)和其他销售方式(other distributions)两个方面存在销售证券行为。2020 年,美国证券交易委员会指控 Ripple 发行规模 13 亿美元、未经注册的瑞波币(XRP)证券,违反了投资人保护法律。2023 年 7 月 13 日,美国纽约南区地方法院作出了裁决,认为:在公开交易所和通过算法出售 XRP 不构成投资合同要约和销售行为,由于从公开交易所购买 XRP 的买家不可能意识到可以将代币价格表现与 Ripple 业绩关联,而且美国证券交易委员会亦无法证明 Ripple 从他人的创业或管理努力中获得利润有合理的预期,因此向公开交易所提供 XRP 的“程序化销售”不满足 Howey 测试的第 3 个条件。

然而,该初审法院认为,Ripple 向机构投资者出售 7.289 亿美元 XRP 违反了联邦证券法,这部分 XRP 销售行为构成证券发行行为。购买 XRP

的机构投资者通过作为经纪人、做市商等角色将 XRP 再次出售给公众。机构投资者直接向 XRP 项目方实名协议购买,向 Ripple 支付资金,满足 Howey 测试中的“要有资金的投入”这个要求。Ripple 把向机构投资者销售 XRP 的钱存放在可以由 Ripple 控制的账户中以支持其项目的运作,满足 Howey 测试“共同投资事业”的第 2 个条件。Ripple 在市场推广阶段传递“XRP 的价值与公司的成功紧密相连”的理念,在 Ripple 与机构投资者的销售合同中有一些条文显示买家购买 XRP 主要是为了投资而不是消费,因此法院认为机构买家合理期待从他人的企业或管理中获利。①

美国证券交易委员会还认为 Ripple 向员工和第三方公司分发 XRP 作为报酬的“其他销售方式”构成非法发行证券。法院认为“其他销售方式”不满足“要有金钱的投入”这个条件,接受 XRP 的员工和第三方公司没有向 Ripple 支付任何形式的金钱或有形财产,而 Ripple 向员工和第三方公司支付了 XRP。因此,初审法院否定了“其他销售方式”构成投资合同的指控。②

4. 证券代币的融资功能

证券监管部门在实现促进证券市场健康发展和保护投资者合法权益的监管目标时,会考虑证券代币对于促进融资创新方面的功能。比如,美国对首次代币发行交易的考虑,除了认定其是不是证券从而解决其是否应当受到证券法的监管之外,还考虑了首次代币发行是否能够为创新企业起到融资的功能。

早在 2002 年,美国出台了《萨班斯法》。该法要求上市公司必须在

① United States District Court Southern District of New York, Securities and Exchange Commission *v*. Ripple Labs, Ins., Bradley Garlinghouse, and Christian A. Larsen. Case 1:20 – cv – 10832 – AT-SN Document 874 Files 07/13/23.

② United States District Court Southern District of New York, Securities and Exchange Commission *v*. Ripple Labs, Ins., Bradley Garlinghouse, and Christian A. Larsen. Case 1:20 – cv – 10832 – AT-SN Document 874 Files 07/13/23.

防范欺诈方面做出充分的投入，对于不符合该法合规要求的公司不得向公众投资者出售证券。在该法严厉的管控之下，许多初创公司不可能获得公开市场的融资，其资金需求通常只能寻求私人风险资本和天使投资者的融资。虽然私募资金投资无须在美国证券交易委员会注册，也不需要接受其监管，但是他们通常会通过私募协议要求初创企业将部分股权或者其他权利交予外部投资者。换言之，为了获取私募基金的注资，项目方往往会损失部分权利。如果智能合约证券代币能够既让融资方获得资金注入，又因为区块链智能合约的技术信任和自动执行而让资金投入方有稳定的预期，那么证券代币将为初创企业的融资提供创新的方式和路径。在 2019 年，Justin Swart 和 James Kilroe 认为，证券代币发行将成为区块链领域初创企业的首选融资渠道，这些产品中的大多数将采用 SAFT-E 结构（鉴于其提供的灵活性，可能会受到投资者的青睐）；马耳他、直布罗陀和新加坡为此提供了可接受的监管框架。[①] 然而美国证券交易委员会认为，首次代币发行虽然可以起到募集资金的作用，但不太可能彻底改变初创公司的融资方式。对于证券代币在改进初创企业融资方面的效果还有待进一步的观察。

5. 证券代币的发展前景

开放、可编程、逻辑嵌入式的数字或智能证券可以实现金融创新的爆炸式增长。如果加密资产如比特币可以被视为可编程货币，那么证券代币就是可编程证券。证券代币是投资产品的数字表示，是证券的数字化形式，但是下一代证券不太可能仅仅只是形式上从现有纸质证券向电子化、数字化的变化，它们很可能是区块链上的数字原生代，即可编程证券。[②] Thomas Lambert、Daniel Liebau、Peter Roosenboom 的研究表明：证

---

① See Justin Swart & James Kilroe, *Security Tokens a Primer*, Newtown Partners (January 2019), https://www.newtownpartners.com/wp-content/uploads/2019/01/NTP-Security-Tokens-Primer_FINAL.pdf.

② See Thomas Lambert, Daniel Liebau & Peter Roosenboom, *Security Token Offerings*, Small Business Economics, Vol. 59, p. 299 – 325 (2022).

券代币发行,不同于首次代币发行;给证券代币附加投票权会增加其发行的成功概率;证券代币发行人应该仔细设计拟发行的证券代币,并以专业的方式运营该证券代币产品。[①] 从本质上看,具有权属特征的公共或私人股本、债务、房地产等资产都有可能被代币证券化。"证券型通证是投资产品的数字表示,记录在分布式账本上,受证券法监管。"[②]证券代币生态系统的特殊之处在于将传统的证券监管框架与区块链具有的自动化、互操作性和最终性的核心效率相结合;该过程有可能实现"提高现有(公共)金融市场基础设施的效率""使(私人)金融市场的长尾化和民主化""将以前未实现的资产货币化"。从证券代币化过程,发行人可以受益于较低的资金成本和合规性成本;投资者受益于改善的市场深度,具有更广泛的流动性;监管机构的可视性和可执行性可以提高。[③] 智能合约连接到代币架构中,证券代币的权益安排以及发行的流程在智能合约环境具有可视性、透明性,既有利于发行人的发行、提高证券代币的流动性,也有利于监管机构的监管。

证券代币中存在的可编程性已在债务代币中较为常见,并且可能是开放金融范式中各种金融创新的强大催化剂。鉴于债务、股息支付、违约、承销或收益率再平衡所附带的各种契约,债务所需的可执行性可以嵌入债务代币的逻辑中。这种可编程性可以实现潜在的创新,例如:

"可组合债务产品:债务产品可以组合成一个可交易的单位,用于对冲不同的市场状况,平衡不同水平的风险和股息模式。尽管这让人们想起了 2008 年国际金融危机中滥用债务抵押债券(CDO)的噩梦,但基于金融产品的开放模式可能有助于减轻这种情况的再次发生。

---

① See Thomas Lambert, Daniel Liebau & Peter Roosenboom, *Security Token Offerings*, Small Business Economics, Vol. 59, p. 299 – 325(2022).

② Thomas Lambert, Daniel Liebau & Peter Roosenboom, *Security Token Offerings*, Small Business Economics, Vol. 59, p. 299 – 325(2022).

③ See Justin Swart & James Kilroe, *Security Tokens a Primer*, Newtown Partners(January 2019), https://www.newtownpartners.com/wp-content/uploads/2019/01/NTP-Security-Tokens-Primer_FINAL.pdf.

分级债务产品：降低债务产品的单位成本，尽管反公地悲剧的问题将需要解决。

债务—股票 ETF 代币：虽然不是一项新的创新，但人们可以假设证券代币将一篮子债务和股票代币合并为一个单位，以平衡特定市场和投资者概况的风险和回报。

实时股息分配：息票或股息分配主要是每季度进行一次，因此数字证券内部的快速结算可以实现快速分配。人们可以假设一个真正的房地产债务代币，它被编程为在租户每次支付其租金时向代币持有人分发基于每月租金的股息。

代币化激励：利用博弈论激励和加密经济学来激励债务参与者之间的良好行为（例如，及时还款的奖励、对承销商或审计师的激励、对争议仲裁者的支付等）。"①

（二）功能代币

证券代币是一种投资形式，而功能代币任何人都可以将其用于特定的服务或产品。一旦代币被认定为功能代币则不受证券法规制，也不受货币法律调整，而由一般的民商事规则调整。

1. 功能代币的界定

功能代币不像证券代币那样是为直接投资而设立，服务于开发人员所需要的目的，通常功能代币通过区块链生态系统提供对特定服务或产品的访问。正如卡多佐区块链项目所解释的那样：与实物商品（如黄金、白银或糖）不同，功能代币不是同质的，并带有各种权利、特征和义务。②

---

① Jesus Rodriguez, *Cashflow on the Blockchain Part Ⅲ: Reimagining Debt with Security Tokens*, Hacker Noom (December 18, 2018), https://hackernoon.com/cashflow-on-the-blockchain-part-iii-reimagining-debt-with-security-tokens-b724b5791755.

② Aaron Wright, Patrick Berarducci, Matthew Corva, Lewis Cohen & Rachel Epstein, *Not So Fast-Risks Related t ast-Risks Related to the Use of a "SAFT" for Token Sales*, LARC. Cardozo Law (November 21, 2017), https://larc.cardozo.yu.edu/cgi/viewcontent.cgi? article = 1000&context = blockchain-project-reports.

有非常多的加密项目使用了功能代币，这些项目大多数在以太坊区块链平台上使用以太坊智能合约创建，并在该平台上运作。例如，BAT 项目。该项目的用户可以通过选择自发性的观看广告从而赚取 BAT，然后可以使用 BAT 在其网站或 Twitter 上向广告内容创作者予以激励。币安币（Binance Coin，BNB）由币安交易所推出，BNB 作为一种功能代币，是交易所的原生代币，可以用于各种场景，最常见的用途是运用 BNB 支付交易费可以享受打折优惠。[①]

功能代币的主要目的是通过赋予其持有者对产品或服务的消费权利来授予其持有者对社区生态系统的访问权限。[②] 它的存在是为了在生态系统中使用或花费，类似于代金券。同样需要注意的是，功能代币通常是由非营利基金会向其生态系统成员发行的。功能代币通常是在某种产品或服务被开发之前就已经首次代币发行，发生的时间节点是在项目的非常早期的阶段。证券代币赋予传统的投资者权利，而功能代币主要提供消费性权利，支付代币则确保支付功能。

2. 功能代币的典型案例

功能代币是用户代币或应用代币，当项目执行首次代币发行时，在公开销售期间发放。一家公司创建一个功能代币，意味着它本质上是在创建一种数字形式的优惠券，可以在未来兑换折扣费用或特殊访问产品或服务。与证券代币不同，功能代币不被用作投资，因为如果设置得当，它们可以不受证券法律的约束。功能代币的例子有 MakerDAO 中的 Dai、Filecoin 等。

---

① See Brian Nibley, *What Is a Utility Token?*, December 22, 2021, https://www.sofi.com/learn/content/what-is-a-utility-token/.

② See Sabrina T Howell, Marina Niessner & David Yermack, *Initial Coin Offerings: Financing Growth with Cryptocurrency Token Sales*, The Review of Financial Studies, Vol. 33:9, p. 3925 – 3974 (2020).

(1)MakerDAO 中的 Dai

MakerDAO 是一个去中心的自治组织,是一种去中心化的金融平台。它于 2014 年在以太坊上成立,在业务功能上是一个自动化抵押贷款平台。

MakerDAO 的核心智能合约为抵押债务头寸合约。该平台抵押贷款的机制为:用户将自持的以太币打入以太池中,获得 PETH;之后将 PETH 打入抵押债务头寸合约中获得 Dai;用户需要取回以太币时,将 Dai 和系统的稳定费打入抵押债务头寸合约取回以太币。该平台通过利率机制借助智能合约实现“1Dai = 1 美元”的承诺,整个流程实质上完成了抵押以太币借出等值于美元的 Dai,抵押的以太币价值与能够借出的 Dai 价值之间的比率实际上就是抵押率。[①]

(2)Filecoin

Filecoin 网络于 2020 年 10 月启动,是目前最大的去中心化的数据存储和共享网络,是数据储蓄市场中的创新。Filecoin 的工作原理类似于 Dropbox[②] 这样的文件共享平台,核心的区别在于 Filecoin 不是采取中心化的方式存储数据,Filecoin 的用户可以随意选择不同的存储提供者提供的存储空间进行数据的存储。中心化的存储设施往往面临以下几个问题:一是中心化存储一旦数据丢失就再也无法找回;二是中心化会导致垄断,进而容易对用户强加不平等条款和不合理的高价。

Filecoin 网络非常突出的一个特点是为星际文件系统(Inter Planetary File System,IPFS)设计了代币激励机制,即用户为提供数据存储、检索和分发支付 Filecoin,以激励这些参与者的付出。至于每一笔服务需要多

---

① 参见《MakerDAO 万字深度报告:以太坊最大稳定币的价值分析及启示意义》,载百家号网 2019 年 7 月 12 日,https://baijiahao. baidu. com/s? id = 1638841868678056486&wfr = spider&for = pc。

② Dropbox(多宝箱)成立于 2007 年,提供将存储在本地的文件自动同步到云端服务器保存的服务,具有免费和收费两种服务类型。参见百度百科网,https://baike. baidu. com/item/dropbox/3652277? fr = ge_ala,最后访问日期:2023 年 8 月 4 日。

少 Filecoin 来激励，则完全由市场来决定，即由存储市场的供给和需求来决定，存储提供者会相互竞争进而降低存储价格。Filecoin 被认为是一种功能代币，能够让代币使用者拥有网络存储、检索和分发的权利，代币持有者拥有使用特定服务的权利。Filecoin 具有特定的功能，为可靠的数据存储创造了经济激励。

3. 功能代币与证券代币的区别

证券代币和功能代币虽然都是代币，但是二者法律性质完全不同，前者是证券，后者则是达到特定功能的通证。大体而言，可以根据以下几点进行区分：

(1)目的不同。证券代币是一种投资合同，代表了在区块链中验证的物理或数字资产的合法所有权；而功能代币有助于首次代币发行募资，并在项目的区块链中创建内部经济，持有功能代币的用户也将在生态系统中拥有一定的投票权。

(2)价值预期不同。在证券代币中，代币的价值直接与公司的估值挂钩，即“公司越有价值，代币就越有价值”；而在功能代币中，公司估值的当前状态与代币的价值之间没有关系。

(3)存在欺诈的可能性不同。由于证券代币具有证券属性，其发行会受到严格的证券监管部门的监管，产生骗局的可能性相对较小；而功能代币，则完全不受监管，虚构项目首次发行功能代币集资诈骗的案例在市场中业已屡见不鲜。

(4)受监管的状态不同。由于功能代币相对不受监管，因此针对首次发行功能代币制定法规非常困难；而在首次公开发行证券代币时，公司和投资者需要通过 Howey 测试。①

---

① See Toshendra Kumar Sharma, *Security Tokens Vs. Utility Tokens: A Concise Guide*, Blockchain Council (August 30, 2024), https://www.blockchain-council.org/blockchain/security-tokens-vs-utility-tokens-a-concise-guide/.

(三)加密货币

加密货币类型的代币具有支付功能,“其内在特征被设计为通用的价值存储、交换媒介或支付手段和/或记账单位。类似于货币,被设计成一种,通常被称为‘硬币’或‘数字货币’。不需要传统的交换中介(如银行)和生产中介(如中央银行)。作为货币的法律地位是有争议的”①。

从货币的经济学原理来看,法定货币(如人民币、美元等)具体表现出来的纸币或者硬币本身并没有内在价值,只是由国家信用支撑的纸张或者金属制币而已。之所以这些法定货币能够作为等价物换取其他真正有价值的东西,是因为大家相信别人也会用同样的纸币或者硬币在未来换取有价值的东西。从某种程度来看,纸币或者硬币亦可以被理解为一种代币。信用货币之所以能够成为货币,正是因为其满足了货币学理论的基本规则——“货币就是信任”。② 正是因为信任,纸币才会成为降低交易成本的好方法,避免了在市场中寻求交易需求正好一致的困难。将这个问题进一步置于网络虚拟世界。在一个设定的虚拟社会,各个虚拟主体持有不同的虚拟物品,虚拟主体需要对不同虚拟物品进行交换,比如虚拟服装与虚拟装备的互换,碰巧找到这笔交易的两个虚拟主体并不容易。然而如果虚拟世界存在某种等价物,出售虚拟服装的主体获得该等价物,然后运用该等价物在虚拟市场购买虚拟装备,这样就非常方便地促进了交易的发生。具有支付功能的代币其实就充当了虚拟世界的等价物,成为网络世界的货币。

1. 以比特币为例探讨加密货币是否为货币

比特币的问世让加密货币这个新生事物走进了人们的视野,金融和

---

① ECB FXCG, *Cryptocurrencies and Tokens*, European Central Bank, https://www.ecb.europa.eu/paym/groups/pdf/fxcg/2018/20180906/Item_2a_-_Cryptocurrencies_and_tokens.pdf.

② John P. Conley, Blockchain and the Economics of Crypto-tokens and Initial Coin Offerings, Vanderbilt University Department of Economics Working Papers, VUECON-17-00008, 2017.

法学理论界也开始思考比特币究竟为何物。司法实务界面对有关比特币的纠纷也不得不回应比特币的法律性质问题，比如在 Hash Fast 管理人诉 Marc Lowe 案①中，争议焦点之一为比特币是货币还是财产？

从广义的范围来说，货币属于财产的范畴，但是货币又有其独特的属性。西方经济学家关于货币的本质大体有货币金属论和货币名目论两大学说。前者认为，"货币是一种商品，货币必须具有金属内容和实质价值，其价值为贵金属的价值所决定。货币的本质就是贵金属"；后者则完全否定货币的商品属性，主张货币只是一个名目上的存在。② 持货币名目论的托马斯·梅耶（Thomas Mayer）认为，"货币是一种标志，它赋予持有者支取经济商品与劳务的权利。我们更愿意接受货币的原因是因为其他人在交换他们的商品和劳务时乐意接受它。"③马克思主义经济学家认为：货币的本质是固定地充当一般等价物的特殊商品。从货币的本质观之，货币分为商品货币和信用货币两大类。黄金、白银属于典型的商品货币，用作法偿货币的纸币则是信用货币。商品货币的概念由于与有形的商品相联系，更容易为人们所理解。信用货币由两个词合成，即"信用"与"货币"，这两个概念本身并不是同一个事物。在经济学领域，"信用"是一种借贷行为，"货币"是固定充当一般等价物的商品。但市场经济演进到信用经济之后，信用与货币紧密结合，商品的使用价值和价值在时间和空间上发生了分离，具体而言：卖方先让渡商品的使用价值，买方可以先不用支付对应的价值就可以获得商品的使用价值，而卖方让渡了商品使用价值之后在具体的某个时点才能够获得商品的价值。信用货币实现了商品的跨时空资源配置。信用货币会以某种信用为支

① HashFast Technologies *v*. Lowe (In re HashFast Technologies LLC), No. 14 - 30725 - DM (Bankr. N. D. Cal. Feb. 22, 2016) (order on motion for partial summary judgment).

② 参见马小南主编：《金融学》，高等教育出版社 2004 年版，第 7 页。

③ ［美］托马斯·梅耶、詹姆斯·S. 杜森贝里、罗伯特·Z. 阿利伯：《货币、银行与经济》，洪文金、林志军等译，生活·读书·新知三联书店、上海人民出版社 2003 年版，第 15 页。

撑，针对特定的借贷关系会明确而具体地确定“谁是最终的债务人”。换言之，信用货币会有一个承担债务的最终负责人。中央银行垄断发行的法定纸质货币，构成中央银行资产负债表中的债务，中央银行是最终的债务人；存款人存入商业银行的存款，是商业银行的对外负债，商业银行是最终债务人。将前述货币金融学的理论知识运用到比特币，我们会发现一个有意思的现象：2009 年，中本聪开发了首个点对点的电子现金系统比特币软件，使用者通过“挖矿”或者“转移支付”获得比特币。由于比特币系统采用了去中心的分布式架构，各个节点共同维护系统的运行，没有一个最终负责的中心化主体，即如果说比特币是一种信用货币，它却没有一个最终的责任主体来兑现比特币所承载的债务。如果说比特币是商品货币，我们又会发现比特币与历史上贝壳、金银等一般等价物不同，比特币本身仅仅是软件系统的数字代码，并不像作为商品的一般等价物一样具有价值。从货币金融学的商品货币与信用货币两分法观之，比特币既不是商品货币，也不是典型的信用货币。

在货币金融学领域，货币具有“支付手段、价值尺度、流通手段、贮藏手段”四大基本职能。有理论认为：“信用是货币的本质”“物物交换体现的是交易当事人的信用；一般等价物作为交易媒介被部分人接受，代表着少数人的信用；法定货币作为被普遍接受的交易媒介，凝聚了一个国家或者地区政府以及所有使用者的信用。这一演变是一个从个体信用到群体信用，再到政府信用、国家信用的过程。”[①]“去中心化的比特币基于密码学原理运行，而非基于一个具有信用保证功能的权威机构。”[②]比特币的运行不仅是去中心化的，而且具有去信用化的特征。人们接受比特币作为支付工具使用，并不是由于有最终的权威机构作为最终的债

① 赵磊：《论比特币的法律属性——从 HashFast 管理人诉 Marc Lowe 案谈起》，载《法学》2018 年第 4 期。

② 赵磊：《论比特币的法律属性——从 HashFast 管理人诉 Marc Lowe 案谈起》，载《法学》2018 年第 4 期。

务承担人，而是基于对区块链、智能合约等技术的信任，相信整个比特币系统会正常运行，而愿意接受比特币作为支付手段。

2. 不同国家或地区对比特币的不同态度

比特币以区块链等计算机技术提供技术信任，无须第三方信用支持，只要比特币交易双方认可比特币的支付、结算、储值功能，就能够成为货币，即"人们广为接受的、用于购买商品和服务的支付活动或者用于偿付债务的事物"。比特币在一国法律认可为法定货币之前，可能具有私人货币的属性，但是否能够真的成为私人货币还需要国家的认可。大体而言，不同国家或地区对比特币的态度大致可以分为三类：

第一类是承认比特币的法律地位，认定比特币具有一定的货币职能。例如：德国政府承认比特币具有私人货币的合法地位；日本在《资金结算法》中设专章规定"虚拟货币"，明确比特币等虚拟货币具有结算、支付功能。

第二类是认可比特币具有财产属性，但不属于货币。例如，英国允许比特币交易，但未明确比特币的法律地位。

第三类是承认比特币具有财产价值，但认为比特币不是货币。例如，中国 2017 年中国人民银行等七部门发布了《关于防范代币发行融资风险的公告》，禁止比特币交易。2013 年 12 月，中国人民银行第五部委发布的《关于防范比特币风险的通知》指出："比特币具有没有集中发行方、总量有限、使用不受地域限制和匿名性等四个主要特点。虽然比特币被称为'货币'，但由于其不是由货币当局发行，不具有法偿性与强制性等货币属性，并不是真正意义的货币。从性质上看，比特币应当是一种特定的虚拟商品，不具有与货币等同的法律地位，不能且不应作为货币在市场上流通使用。"但在具体的司法案件中，司法界承认比特币具有财产属性。

3. 针对数字货币的监管政策

区块链商业项目往往需要设计和管理一个合适的代币系统，使其与项目的战略和商业模式愿望相匹配。如果项目的开发者希望创造一种可广泛使用的数字形式的货币,那么就可以将代币的性质设计为加密货币,具有资产基础的功能和扮演交换价值角色;在治理方面,代币表现形式为数字,以事先计划安排为供给,借助平台作为激励体系。① 如果代币被定位为货币,则项目的发布者需要遵从"知道你的客户"和"反洗钱"规则。

4. 数字货币加载智能合约——可编程数字货币

随着计算机、互联网技术的发展,全球经济联系的加强,在传统支付工具——货币、银行卡、支票、汇票等的基础之上,新型支付工具如网上银行、支付宝、财付通等层出不穷。虚拟支付工具借助特定的场景发展和维持了大量的客户群体:支付宝凭借淘宝商城、盒马鲜生购物环境汇聚了电子商务的买卖各方加入使用支付宝的行列;微信支付依靠社交平台吸引了大量用户使用平台搭载的支付工具。中国支付清算协会发布的《中国支付产业年报 2022》显示:"截至 2021 年底,我国网络支付用户规模达 9.04 亿,较 2020 年底增加 4929 万个,占网民整体的 87.6%。"易观分析的数据显示,我国 2023 年第一季度第三方支付移动支付市场交易规模达 83.33 万亿元,支付宝和微信占据绝大部分的市场份额。② 支付宝、微信目前在我国拥有非常广泛的用户群体,商事主体、老百姓都已经熟悉和习惯通过支付宝和微信进行支付。那么,数字货币甚至是法定数字货币到底有何种优势?又如何在支付市场已由支付宝、微信等第三方支付机构支配的格局中出奇制胜呢?除了数字货币点对点支付能够

---

① See Luis Oliveira, Liudmila Zavolokina, Ingrid Bauer & Gerhard Schwabe, *To Token or not to Token: Tools for Understanding Blockchain Tokens*, Research Gate (October, 2018) https://www.researchgate.net/publication/328162731_To_Token_or_not_to_Token_Tools_for_Understanding_Blockchain_Tokens.

② 参见胡精华:《移动支付行业数字化进程分析——易观分析:2023 年第 1 季度中国第三方支付移动支付市场交易规模 83.33 万亿元人民币》,载易观分析网 2023 年 6 月 28 日,http://m.analysys.cn/article/detail/20021058。

省去第三方支付收取的服务费之外,数字货币最大的优势在于加载了智能合约之后,数字货币被赋能成为可编程支付手段,能够给予货币接收方在事先约定条件满足的情况下肯定会被支付数字货币的预期。数字货币与智能合约结合之后,支付经过智能合约的控制,可以将交易当事人的支付前提预设成为技术能够处理的程序,并且能够在条件满足的情况之下自动执行支付。我国的数字人民币在可编程支付方面先行先试,已经显示出数字货币搭载智能合约的广阔前景。

第十二章

可编程数字人民币

——智能合约在我国的创新实践

德国银行业协会认为,可编程数字货币是一项具有巨大潜力的创新,可以成为数字化发展下一阶段的关键组成部分。[①] 我国高度重视数字人民币的研发工作,早在2014年中国人民银行就成立了法定数字货币研究小组,2016年成立数字货币研究所(以下简称数研所),2017年中国人民银行与商业银行共同研发试验法定数字货币,2020年4月我国多地开展数字人民币试点,至此数字人民币逐步走向了市场。总体来看,我国数字人民币的研发和运用都走在了全球前列,而智能合约对数字人民币的设计和功能都起着异常关键的作用,因此本书有必要专章剖析数字人民币加载智能合约的创新实践和监管问题。

---

① See Association of German Banks, *German Banks Say: The Economu Needs a Programmabla Digital Euro!*, (October 30, 2019) https://en.bankenverband.de/newsroom/comments/programmable-digital-euro/.

一、数字人民币智能合约的典型案例

（一）类型一：数字人民币智能合约消费红包

2020 年 4 月，中国开展数字人民币试点，多地采用数字人民币红包的方式将数字人民币发放到消费终端手中。数字人民币红包包括普通红包和消费红包。前者不指定消费商家，可进行人民币提现；后者指定消费商家，只能在指定场景消费，不能提现，是数字人民币红包发放量最多的红包类型。数字人民币的发放对象由数字人民币运营机构采用摇号中签的方式确定。被抽中的主体获得消费红包之后，根据智能合约的预先条件确定在什么时段、什么场景（如美团、京东、红旗超市等）等进行支付。

值得一提的是，数字人民币智能合约红包除了在数字人民币发行的初期作为迅速为数字人民币打开市场的有效手段外，在后续的政府宏观调控中也能发挥重要作用。例如，为了缓解新冠疫情对经济的打击、提振消费，2022 年 5 月，深圳通过美团平台发放 3000 万元数字人民币智能合约消费红包，有效提振了民生消费。

（二）类型二：防止预付资金被挪用，确保预付资金安全

智能合约能够控制预付资金的走向，可以有效解决预付资金行业的痛点。目前中国在该类行业已经有了成功的数字人民币智能合约的创新实践运用。

1. 数字人民币智能合约在房屋租赁市场的创新实践

2021 年 12 月，中国农业银行股份有限公司深圳市分行与华为技术有限公司联合创新了数字人民币智能合约在房屋租赁市场的运用。房租款项的支付交易采用智能合约控制，该智能合约部署于华为区块链内，采用统一的端云一体架构，打通了智能合约平台与数字人民币核心

系统的接口，实现了智能合约与币串的无感融合。①

与房屋租赁场景交易相关的主体包括房屋租赁企业、承租人、智慧租赁平台、中国人民银行、中国农业银行股份有限公司深圳市分行、华为技术有限公司、深圳房地产监管部门。从技术维度来看，中国人民银行发行了具有法定货币地位的数字货币、开发了数字人民币运维平台；中国农业银行股份有限公司深圳市分行作为数字人民币的运营机构之一向客户提供数字人民币服务（包括提供数字人民币钱包）；华为技术有限公司开发区块链平台提供智能合约并与数字人民币平台相接、完成基于区块链的智能合约控制数字人民币的技术支持；智慧租赁平台为房屋的出租方和承租方提供房屋租赁信息、成为架构租赁交易的桥梁；房屋租赁企业将自持、受托或允许其转租的房屋对外出租，是房屋租赁交易的供给方；承租人是整个交易的房屋需求方。房屋租赁供给方将待出租房屋信息发布在智慧租赁平台，承租人通过智慧租赁平台发现、了解和承租租赁房屋，双方在线签署房屋租赁合同、选择数字人民币智能合约附条件支付租金。承租人按合同约定将保证金和预付租金用数字人民币的方式一并转入房屋租赁企业数字人民币钱包，钱包内的预付租金受智能合约控制：预付租金处于冻结状态，在租金支付日自动释放，防止房屋租赁公司挪用预付资金；租赁合同履约完毕后，智能合约将保证金自动退回承租人数字人民币钱包内，防止保证金逾期不退所产生的纠纷。深圳市住房和建设局作为房屋租赁市场的监管部门监管房屋租赁市场，推动预付租金数字人民币智能合约附条件支付，降低社会不稳定因素，防止租赁市场乱象出现。

2. 教育培训机构数字人民币智能合约预付资金平台试点

中国建设银行股份有限公司深圳市分行与深圳市福田区人民政府

---

① 参见周雨萌：《首个数字人民币云侧智能合约应用成果深圳落地》，载《深圳特区报》2021 年 12 月 20 日，A3 版。

联合开展教育培训机构数字人民币智能合约预付式平台试点。教育培训的消费者在平台使用数字人民币缴纳培训费,预付资金将被冻结在教育培训机构的数字人民币钱包中,该智能合约按照上课次数、上课时长等不同条件从数字人民币钱包中逐笔解冻资金,教育培训机构方能使用对应的资金;如果教育培训机构的原因使教育培训合同不能履行,经过消费者的申请,平台可以将培训费快速退赔给消费者。①

中国建设银行股份有限公司深圳市分行数字人民币智能合约在教育培训市场试点完善之后,该行联合深圳市人民政府将在美容、美发、健身等商业惯例采用预付方式的行业拓宽数字人民币智能合约附条件支付的适用范围,有效解决"消费退款难、停业关门追偿难、消费维权举证难"等问题。

(三)类型三:专项资金定向使用

1.助农资金定向使用

成都华川公路建设集团有限公司的全资子公司成都华地永盛农旅集团有限公司是成都市"农业产业重点市级龙头企业",每年支出各类农户专项资金超百万元,传统支付方式下专项资金至指定农户需要经过多个环节,可能会存在专项资金被截留或挪用的情况。成都华川公路建设集团有限公司联合中国工商银行股份有限公司成都分行运用数字人民币智能合约开发的新的交易模式,实现了专款专用、信息同步透明、简化发放工作、追溯容易、审计方便,提升了资金专项使用的监管力度。②

---

① 参见程维妙:《解决"充值易退费难",首个数字人民币预付式消费平台落地深圳》,载搜狐网2022年5月6日,https://www.sohu.com/a/544332033_114988?_f=index_chan08polnews_2&scm=1005.1002.0.0.0?g%3D0。

② 参见熊英英:《数字点亮乡村,全国首笔"数字人民币农户专项资金智能合约"落地成都》,载封面新闻2022年3月2日,https://www.163.com/dy/article/H1FRD4VU0514D3UH.html,最后访问日期:2022年7月17日。

2. 抗击新冠疫情，智能数字人民币定向补贴、复产复工

2022年1月25日，美团联合中国银行、中国农业银行、中国建设银行、中国邮政储蓄银行等数字人民币指定运营机构，在西安市推出"战疫情，助复工"数字人民币主题活动，面向社会公众发放加载指定民生领域智能合约的数字人民币红包补贴，助力西安市加速复工复产，有序恢复社会正常生产生活秩序。

该活动创新使用数字人民币加载特定功能的智能合约，实现民生领域补贴资金精准发放和消费。数字人民币智能合约功能已成功实现就业补贴、租赁资金监管、光伏结算等多领域落地应用。①

3. 数字人民币智能合约光伏结算新场景

2021年1月，国网雄安金融科技集团有限公司、国网河北省电力有限公司、国网国际融资租赁有限公司(河北分公司)、中国工商银行(北京分行、河北分行)联合开发数字人民币智能合约赋能光伏结算场景。该联合创新项目复合了"光伏发电资金结算""扶农补贴资金定向发放和使用""融资租赁还款""租赁费用按约归还""资金及时产生及时结算"多项功能。该项目以雄安新区刘李庄镇辛庄村农户为试点，设备公司、融资租赁公司、农户、国家电网、光伏发电买方、中国工商银行多方参与，解决传统交易模式中容易产生的补贴被截留或挪用、电费或融资款支付拖延、发电农户拿不到收益等"顽疾"。

农户享有政府给予的特定补贴，运用补贴资金以及通过融资租赁公司的融资，农户获得光伏发电设备的使用权，设备公司收到融资租赁公司的融资付款后售出光伏发电设备，农户使用光伏发电设备发电并将电出售给电力公司，电力公司依据购买的发电量支付电力价款，中国工商银行通过数字人民币中设置的智能合约进行结算和定向支付，首先向融

① 参见《首个数字人民币役后复工专项补贴将于西安落地，智能合约功能定向助力消费复苏》，载搜狐网2022年1月25日，https://www.sohu.com/a/518929540_114984。

资租赁公司定向支付租金，其次对于剩余的收益智能合约自动支付到农户账户。

数字人民币智能合约实现了以下目标，破解了传统交易模式中的困境：(1)针对农户的专项补贴能够定向用于农户；(2)发电电费能够顺利结算；(3)电费能够及时划分为融资租赁款和农户收益；(4)融资租赁的融资款能够自动支付给融资租赁公司；(5)支付完租赁费的剩余收益能够及时支付至农户账户。

(四)类型四：交易款项结算

国家能源集团物资有限公司与中国邮政储蓄银行合作，运用智能合约自动执行以数字人民币为结算方式的 B2B 交易。国能 e 购是国家能源集团旗下的以电力产品为专属领域的专业电商 B2B 交易平台，传统的支付方式为网银账户转账。2021 年 8 月 23 日，国能 e 购商城成功实现了数字人民币智能合约自动将数字人民币从国家能源集团物资有限公司电子商务中心的数字人民币钱包支付至国家能源集团物资有限公司北京配送的数字钱包内。[①]

数字人民币作为法定货币，本身就具有支付结算功能，数字人民币的推广使用势必会有广泛的结算案例。智能合约加载到数字人民币中，则可以使数字人民币的支付在附加条件满足的情形下自动执行。

(五)可编程数字人民币的预期使用场景

中国人民银行数研所负责我国数字人民币的技术运维，截至 2025 年 1 月 7 日，该所已经成功申请了 520 项专利。其发布的专利清楚地向外界表明数字人民币及其运维平台在技术上可以做什么。该所 2017 年 6 月 26 日申请的专利“数字货币定向使用的方法和装置”，提供了数字

---

① 参见余蕊：《国家能源集团实现首笔 B2B 智能合约的数字人民币在线交易》，载新华丝路网 2021 年 8 月 23 日，https://www.imsilkroad.com/news/p/461549.html。

货币定向使用的方法和装置,“设置用途规则,经验证满足用途规则的转移才会发生,从而定向限定数字货币的用途”。[①] 前述数字人民币智能合约定向使用的案例正是该专利具体运用的体现,同时该专利技术将在政府精准扶贫、定向医疗等需要指定、监督专门用途的场景有着广泛运用。

中国人民银行数研所2020年8月16日申请的发明专利《基于智能合约的数字货币交易方法、装置及电子设备》,内容为:“当央行智能合约接收到发送的数字货币交易请求时,将数字货币交易请求发送至CA机构认证智能合约,所述CA机构认证智能合约用于自动查询目标合约的合约条件,并当合约条件满足时执行目标智能合约,实现了数字货币交易的自动执行。”[②]智能合约决定数字人民币是否交割给接收者,替代了通常电子商务交易中由第三方平台作为支付担保的模式,也避免了资金沉淀于第三方、资金被挪用的风险。数字人民币智能合约的技术特征表明今后在电子商务交易中,直接采用智能合约技术手段增信的新方式将会越来越多。

二、数字人民币智能合约与消费者保护

中央银行数字货币大致有两种设计方案:批发型和零售型。批发型中央银行数字货币不面向公众,在中央银行和金融机构之间使用;零售型中央银行数字货币面向公众,也被称为一般目标型。我国数字人民币采用的是零售型;加拿大银行的Jasper项目、日本银行和欧洲中央银行的Stella项目等采用的是批发型设计。[③] 数字人民币直接面向公众,消费

---

① 申请(专利权)人:中国人民银行数字货币研究所,发明人:姚前、蒋国庆、彭枫、孙浩,申请(专利)号:CN201710495558.5。数字货币定向使用的方法和装置,中国人民银行数字货币研究所专利信息,最后访问日期:2022年7月25日。

② 企查查:基于智能合约的数字货币交易方法、装置及电子设备,中国人民银行数字货币研究所专利信息,最后访问日期:2022年7月25日。

③ 参见徐忠、邹传伟:《金融科技:前沿与趋势》,中信出版社2021年版,第231页。

者是数字人民币的受益者。数字人民币的使用为消费者提供了新的支付结算方式的选择，有利于便捷消费和保护消费者的权益。

第一，数字人民币与银行账户松耦合，使用者无须银行账户即可申请数字人民币钱包。没有银行账户的人员也能够申请和使用数字人民币；数字人民币如同现金一样可以直接结算，无须经过银行账户，省去了第三方进行支付结算的成本。通过数字人民币对公钱包向单位员工提供快捷的实时到账工资薪酬支付方式，去除了银行第三方中介，省去了代发交易手续费。“支付即结算”提高了支付效率，为消费创造了便利条件。

第二，数字人民币离线支付实现了在没有互联网的情形下的轻松支付，方便消费者顺利完成支付行为。数字人民币可以离线支付的特性能够运用到老人、小孩等特殊人群和经济欠发达地区。数字人民币不依赖手机和移动互联网，对于没有手机和接触不到互联网的用户群体实现了用户友好和金融普惠。例如，2021 年，中国国际服务贸易交易会展出了一款植入数字人民币硬件钱包的老年拐杖，老年人可以使用拐杖“碰一碰”实现支付功能，解决了老年群体对电子支付的困惑和障碍。[①]

第三，数字人民币加载智能合约之后，数字人民币变得可编程、支付可以附加条件。与已经普及的第三方支付（如微信、支付宝等）相比，智能合约对数字人民币的控制更有利于保护消费者的利益，通过智能合约编程数字人民币防止商家“挪用”和“卷款”，保障消费者得到合同约定的货物或服务。

第四，数字人民币加载智能合约有利于丰富监管方式和提高监管效率。从深圳租房市场运用加载智能合约的数字人民币的案例来看，政府主导了房屋预付租金监管模式的改革，可编程数字人民币为政府监管市

---

① 参见中国工商银行四川成都分行管理信息部：《数字人民币对促进居民消费增长的内在机理解析及路径选择——基于供需“双维度”的视角》，载《现代金融导刊》2022 年第 2 期。

场提供了技术方案。一方面,整个租房市场数据随时可以得到监控;另一方面,租金和保证金在合同约定的条件满足时才会释放,保证了消费者的资金安全。监管部门通过数字人民币加载智能合约防范商家“卷款跑路”,有利于维护消费市场的稳定和信心。

三、“冻结数字人民币”的破产法问题

数字人民币智能合约在解决预付款、资金定向使用从而防止款项被挪用方面具有明显的优势。在约定的条件未成就时,智能合约所控制的资金处于冻结状态,资金支出方和接收方都不能实际支配该数字人民币,如果在这个阶段资金的接收方破产,那么智能合约控制的数字人民币应当归谁所有?智能合约的冻结效果能否防止该笔数字人民币进入破产财产?这对于消费者而言是至关重要的问题。

(一)数字人民币智能合约的技术控制

为了正确回答上述问题,我们需要仔细观察数字人民币智能合约具体如何控制特定的数字人民币。

1. 智能合约加载在什么地方

中国人民银行数研所 2021 年 8 月 2 日申请的发明专利《一种加密货币的收付设备以及相关方法》显示:该种加密货币的收付设备包括通信单元、合约单元和交易单元。通信单元用于接收第一加密货币;合约单元用于为所述第一加密货币添加所述设备绑定的第一智能合约和/或所述设备内置的加密货币钱包绑定的第二智能合约;交易单元用于按照所述第一智能合约和/或所述第二智能合约执行基于所述第一加密货币的交易。该种加密货币收付设备的通信单元还用于发送第二加密货币,所述第二加密货币添加有所述设备绑定的第一智能合约和/或所述设备内置的加密货币钱包绑定的第二智能合约。可见,依据该专利技术的智能合约绑定于加密货币的收付设备。加密货币的收付设备包括门禁卡、

数字钱包设备、自动贩卖设备或者运输设备、共享设备。设备内置的加密货币钱包包括用户钱包和商户钱包。加密货币收付设备的运作方式为:(1)接收第一加密货币;(2)为接收到的第一加密货币添加该设备绑定的第一智能合约和/或该设备内置的加密货币钱包绑定的第二智能合约;(3)按照所述第一智能合约和/或所述第二智能合约执行基于第一加密货币的交易。

2. 加载在加密货币收付设备的智能合约如何执行

根据中国人民银行数研所2021年7月2日申请的发明专利《智能合约的执行方法、装置和系统》可以看出,智能合约执行方法的实施包括三个步骤:(1)服务接收模块接收用户发来的智能合约服务请求,服务请求包括智能合约标识;(2)注册执行模块根据智能合约标识,为智能合约注册执行条件,并根据执行条件执行智能合约,获取智能合约的执行结果;(3)结果验证模块对执行结果进行验证,并在验证通过后对执行结果进行签名以完成智能合约的执行。在智能合约执行的过程中,如果涉及数字货币处理,则签名验证模块在进行数字货币签名验证后,由数字货币系统完成数字货币的实际处理。满足注册执行条件,智能合约会自动执行,但是涉及数字人民币的支付会进入中国人民银行数研所的数字人民币平台系统进行处理。因此满足智能合约的设定条件,会触发智能合约的执行,比如经过一个月的租赁期,承租方支付的年租金会释放对应一个月的租金供出租方支配,租金以数字人民币进行转移支付,数字人民币需要进入中国人民银行数研所的数字人民币系统进行处理,这里其实涉及在数字货币系统如何控制数字人民币的问题。

3. 数字人民币系统如何控制数字货币

针对这个问题,中国人民银行数研所2017年6月26日申请的发明专利《数字货币定向使用的方法和装置》解决了技术操作方法。数字人民币智能合约定向使用的具体步骤为:(1)保存预定义的用途规则,用途规则预先写入智能合约;(2)在接收到来自付款方的数字货币和付款指令后,激活对用途规则的监控,将数字货币变更为所有者标识为付款指令指定的用款方的带有用途规则或受用途规则控制的数字货币,将该数字货币发送至用款方;(3)在接收到用款方发来的包括付款用途和收款方信息的付款请求以及带有用途规则或受用途规则控制的数字货币后,确认付款用途满足用途规则,将数字货币变更为所有者标识。

从中国人民银行数研所的相关专利来看,交易条件写进智能合约,条件满足时智能合约自动执行交易方的承诺。智能合约加载在数字人民币的收付设备中,并不是直接写入数字人民币系统,于是智能合约进一步启动数字人民币的支付,而数字人民币支付要在中国人民银行数研所的数字人民币系统中完成。对于数字人民币有约定条件(特定用途视为约定条件中的一种)的,数字人民币系统中的处理为对数字人民币所有者标识为付款指令指定的条件规则或受条件规则控制的数字货币;条件满足之后,数字人民币系统将附加条件去除、变更为"所有者标识"。换言之,数字人民币在附加条件之后与"干净的"明确标识为所有者在代码上具有明显的区别。

(二)受控制的数字人民币归属于谁

1.数字人民币权属变更的规则

数字人民币是电子形式的法定货币,定位为现金,现金属于动产。依据我国《民法典》的一般规定,现金所有权的设立和转让,自交付时发生效力,数字人民币一经交付即发生所有权的转移。既有预付款、资金定向使用的案例显示,数字人民币在数字系统中的具体操作为从资金支出方的电子钱包转入接收方的电子钱包。电子钱包是用于"装"数字人民币的载体。目前,我国数字人民币电子钱包按照用户身份识别强度分为四个类别,最低权限的四类钱包仅需本人手机号码就可以开通,一定程度上匿名。对于实名的电子钱包,其权属归属于该实名主体;匿名的电子钱包,持有人是该钱包的所有人。一般情况下,装于电子钱包的数字人民币归属于该钱包的所有人，数字人民币由主体A的电子钱包交付至主体B的电子钱包内，则数字人民币的所有权由主体A变更为主体B。

2. 智能合约控制的数字人民币的权属变更判断

交付是现金动产物权变更的重要标志。何为“交付”，我国立法上并没有直接定义，通常理解为自己占有的物或所有权凭证移转给他人占有的行为。我国民法上的交付包括现实交付、简单交付、占有改定①、指示交付②、拟制交付。从法定的几种交付方式来看，交付不仅仅是一种事实行为，而且是一种法律行为；既需要客观的转移占有，也需要主观上转移占有的意思表示。如果需要发生物权的变动，则既需要客观上发生了物的转移占有，也需要主观上有发生物权变动的意思表示。买方将数字人民币转移至卖方的电子钱包，但该笔数字人民币受智能合约控制，在设定的条件不被满足时，卖方并不能控制和支配数字人民币，对于这种情况，该笔数字人民币的所有权归谁？传统理论认为货币（纸币和硬币）有其特殊性，与一般的动产交付有不同的规则。数字人民币属于电子货币，更是特殊的动产，再加上附载的智能合约设置了支付条件又使得数字人民币的交付更为特殊。从既有的学说和理论来推断，针对加载了支付条件的数字人民币的所有权问题可能会出现两种针锋相对的观点：占有即所有说和智能合约附支付生效条件说。

（1）占有即所有说。“于一般之物，所有与占有不妨分别成立，但在货币却不然。在货币之占有与所有的关系上，货币的所有者与占有者一致，称为‘所有与占有一致’原则。依此原则，货币的占有者即货币的所

① 《民法典》第228条规定：“动产物权转让时，当事人又约定由出让人继续占有该动产的，物权自该约定生效时发生效力。”

② 《民法典》第227条规定：“动产物权设立和转让前，第三人占有该动产的，负有交付义务的人可以通过转让请求第三人返还原物的权利代替交付。”

有者,货币的所有者必为货币的占有者。"[①]"货币之所有权与货币的占有融为一体,不可两分,这是自货币产生以来亘古不变的规则。"[②]按照"货币占有即所有"的传统规则判断,数字人民币即使是电子形式,法律本质也为货币,买方将数字人民币转移至卖方的电子钱包,依据传统的思路即会被认定为买方已将数字人民币的所有权转移给卖方。

另外,预付款交易中买方支付款项的预付款性质会加强数字人民币归属于卖方的观点。目前数字人民币智能合约运用的不少场景(如房屋租赁市场、教育培训市场等)所采用的商业惯例为买方先支付部分或全部价款,根据这样的特点,人们常将这些行业称为预付款行业。买方支付给卖方的预付款从法律上看具有何种性质?通常而言,预付款通常是指双务合同的买方预先支付给卖方全部或部分产品或服务的价款。从金融属性来看,预付款体现的是卖方的信用,卖方未履行合同义务就收受了货款或者服务费;就法律属性而言,给付预付款是买方履行主债的行为,法律本质是买方履行支付价款义务。预付款如果是现金,一旦支付给卖方,买方就完成了对现金的交付,卖方即享有预付款的所有权。数字人民币是电子形式的现金,买方将电子现金预付给卖方也就实现了电子货币的所有权转移。

(2)智能合约附支付生效条件说。智能合约从技术的维度来看,具有"if... then..."的结构,是典型的附条件语言表达,那么是否能够将转移智能合约数字人民币的行为认定为附条件的民事法律行为呢?

数字人民币智能合约附条件支付是否完成了支付?附条件是附生效条件,还是附解除条件?依据我国《民法典》第 158 条[③]的规定,附生效条件的民事法律行为,自条件成就时生效。传统的附条件支付是指条件

① 梁慧星、陈华彬编著:《物权法》(第 3 版),法律出版社 2005 年版,第 226 页。

② 刘保玉:《论货币所有权流转的一般规则及其例外》,载《山东审判》2007 年第 3 期。

③ 《民法典》第 158 条规定:"民事法律行为可以附条件,但是根据其性质不得附条件的除外。附生效条件的民事法律行为,自条件成就时生效。附解除条件的民事法律行为,自条件成就时失效。"

满足之后，支付方才有支付义务，但是加载智能合约的数字人民币附条件支付在既有的案例中与传统情形不同：数字人民币已经从买方的电子钱包转移至卖方的电子钱包，但是该笔数字人民币受智能合约控制。这里的问题是：转移至卖方电子钱包的数字人民币在智能合约设置的支付条件没有满足时，是买方已经完成了支付还是没有完成支付？数字人民币的转移是否构成交付？

数字人民币从买方的电子钱包转移至卖方的电子钱包，客观上发生了数字人民币的转移。加载的智能合约设置了具体的条件，数字人民币的接收方可以看到该笔现金在自己的电子钱包内，但是并不能直接使用该笔现金。那么智能合约设置的条件是法律意义上的何种条件？所附条件中条件的性质应当依据交易方达成合意的意思表示判断。从数字人民币所有权转移的角度来看，这里的意思表示有可能出现三种情况：一是所附条件为明确的数字人民币所有权转移生效条件，即智能合约中的条件满足时数字人民币所有权才由支出方转移至接收方。如果智能合约表达了所有权附条件转移的意思表示，那么仅仅客观上转移数字人民币，并不表明发生了所有权转让的法律效果；只有当智能合约设置的条件满足时，交付才发生法律效力。二是所附条件为接收方能够自由支配数字人民币的条件，意味着数字人民币从支付方电子钱包转移至接收方电子钱包即已完成数字人民币的所有权转移，在智能合约条件满足时接收方可以使用该笔数字人民币，但是条件不满足时该笔电子现金还会退回支付方的电子钱包。三是交易双方对智能合约条件的法律性质约定不明，对于此种情况既需要结合交易方电子合同签约的具体情况，也涉及立法者、司法者对本问题的政策取向，比如考虑支付方是否为消费者身份、是否需要保护消费的立场等。

（三）接收数字人民币的主体破产，智能合约控制的数字人民币应如何处理

接收数字人民币的主体如果破产，该数字人民币是否会进入破产财

产,是支付方和其他债权人都会集中关注的问题。是适用“占有即所有”的判断规则,还是适用附条件的约束规则,对于加载智能合约的数字人民币是否属于破产财产有着不同的法律结论,不同程度地影响着数字人民币支出方和接收方的切身利益。

1.“占有即所有”规则下,数字人民币归接收方所有

在“占有即所有”的传统规则下,接收方的电子钱包收到的数字人民币会被认定为归接收方所有。接收方破产,其电子钱包内的数字人民币会被归为破产债务人财产,这样的情况对数字人民币支付方明显的不利。以数字人民币运用于房屋租赁市场的场景为例。承租人缴纳了半年或一年的租金,房屋租赁企业破产,承租人是否能够继续租赁使用该房屋、是否能够退回尚未消费的租金均存在不确定性。承租人支付租金、出租人提供房屋供承租人使用是租赁合同主要的权利义务,承租人预付租金表明其已经履行其主要义务,出租人进入破产程序使出租人是否能够履行合同具有不确定性。根据我国《企业破产法》第 18 条[①]的规定,针对未履行完毕的合同,管理人有权解除该合同,如果管理人不解除合同,承租人要求管理人提供担保而管理人不提供的,租赁合同视为解除。如果租赁合同解除,破产债务人已收取的租金构成不当得利。依据《企业破产法》第 42 条[②]的规定,破产债务人取得的不当得利成为共益债务,而共益债务在破产费用清偿之后可以得到随时清偿。但是,如果支

---

① 《企业破产法》第 18 条规定:“人民法院受理破产申请后,管理人对破产申请受理前成立而债务人和对方当事人均未履行完毕的合同有权决定解除或者继续履行,并通知对方当事人。管理人自破产申请受理之日起二个月内未通知对方当事人,或者自收到对方当事人催告之日起三十日内未答复的,视为解除合同。管理人决定继续履行合同的,对方当事人应当履行;但是,对方当事人有权要求管理人提供担保。管理人不提供担保的,视为解除合同。”

② 《企业破产法》第 42 条规定:“人民法院受理破产申请后发生的下列债务,为共益债务:(一)因管理人或者债务人请求对方当事人履行双方均未履行完毕的合同所产生的债务;(二)债务人财产受无因管理所产生的债务;(三)因债务人不当得利所产生的债务;(四)为债务人继续营业而应支付的劳动报酬和社会保险费用以及由此产生的其他债务;(五)管理人或者相关人员执行职务致人损害所产生的债务;(六)债务人财产致人损害所产生的债务。”

付破产费用之后债务人没有其他可供分配的财产,则构成承租人的租金和保证金损失。

2. 智能合约附支付生效条件未满足时,数字人民币归支付方所有

采用智能合约附支付生效条件说,转移至接收方电子钱包的数字人民币由于受到智能合约中设置的条件的控制,接收方对于该笔数字人民币只能"可见不可用"。如果智能合约中的条件设置为附条件转移所有权,那么在条件满足之前该数字人民币仍然归属于支付方。在数字人民币智能合约运用于房屋租赁市场的案例中,智能合约附加了所有权转移的条件,未被消费的房屋租金所有权仍然归属于承租人,在出租人破产时,未被智能合约解除限制的数字人民币不属于破产财产。如果智能合约设定的条件仅为约束接收方使用数字人民币的条件,那么该笔电子现金将归属于接收方破产财产,处理规则同"占有即所有"情形下的分析。

3. 两种观点的取舍及应对

在数字人民币没有加载智能合约的情况下,"占有即所有""预付现金为卖方所有"的传统判断皆能成立,但是智能合约附条件执行支付对传统的"货币转移即占有"观点产生了挑战,需要仔细研究和分析。

首先,货币"占有即所有"理念建立在"货币转移占有即受到接收方控制"的基础之上。占有,通常是指占有人对物的实际控制。纸币或硬币由买方转移给卖方,卖方取得了对该硬币或纸币的实际控制。电子货币虽然没有实物形态,但是接收货币的一方可以通过操作电子设备(如电子钱包等)控制电子货币。需要注意的是,加载了智能合约的数字人民币由智能合约中设定的程序来控制,接收数字人民币的一方虽然可以清楚看到数字人民币在其电子钱包内,但是并不能实际控制该数字货币。

其次,货币"占有即所有"规则旨在鼓励货币的流通属性。货币具有价值尺度、交换媒介和信用功能,这些功能在流通中得以体现。信用货币(纸币和硬币)本身的价值低,由于国家信用的强力支撑而具备了购买

力,保障货币的流通性才能促进货币功能的发挥。“于交易上,如货币之占有与所有可以分离,则于接收货币之际,势必逐一调查交付货币之人(占有人)是否具有所有权,否则即难免遭受不测之损害。如此则人人惮于接收货币,货币的流通机能势将丧失殆尽,有碍交易甚巨。为交易上之需要计,货币之所有权必须与其占有相融合、相一致。”[①]在民法理论中,货币的流通属性是优先保护的,“占有即所有”的规则也是该法律价值追求的重要体现。然而,智能合约的加载对数字人民币的流通产生了重大影响:一方面,买方支付给卖方的数字人民币在智能合约设定的条件满足时一定会解除限制供卖方支配使用,不存在该笔数字人民币原物返还给买方的情况;另一方面,当智能合约设定的支付条件没有满足时,虽然数字人民币在卖方的电子钱包内,但是卖方不能实际控制和使用该笔数字人民币,并且在约定的范围内支付条件不能成就时,智能合约还会将卖方电子钱包中的数字人民币退回买方的电子钱包中,接收到卖方电子钱包中的数字人民币不能对外流通。

再次,货币“占有即所有”规则突出货币的共性功能。针对共性大于个性的货币,传统的民法规则即是“占有即所有”,但是如果货币的个性特征更为突出,则不适用该规则,如国家发行的主要不是为了流通而是为了纪念或收藏的数量极少的特种货币,以及因人的行为或其他原因而特定化或具有特殊意义的货币等。[②] 智能合约控制的数字人民币有明确的条件,只有在条件满足时,接收数字人民币的一方才能取得支配、使用的完全控制权。智能合约使数字人民币的个性突出,适用传统的“占有即所有”规则并不合适。

最后,形式特定化的货币排除适用“占有即所有”规则。依据最高人民法院《关于适用〈中华人民共和国民法典〉有关担保制度的解释》第70

---

① 郑玉波:《民法物权》,台北,三民书局1986年版,第418~419页。

② 参见刘保玉:《论货币所有权流转的一般规则及其例外》,载《山东审判》2007年第3期。

条的规定，债务人或者第三人可以将特定的人民币设定为保证金并由债权人实际控制，但是债权人并不享有保证金账户人民币的所有权，债权人只能主张账户内的款项优先受偿。[①] 如果智能合约控制的数字人民币具有保证债务履行的功能，作为特定化资金，该笔数字人民币不适用“占有即所有”规则。

“占有即所有”规则的适用具有例外，加载智能合约的数字人民币具有明显的特殊性，采用传统的“占有即所有”规则存在障碍，将智能合约转移数字人民币的行为认定为附条件的民事法律行为更为合理。如果交易方对智能合约条件的法律性质约定清楚、明确，则依据合同意思自治原则判断智能合约设定条件的法律性质；如果约定不明，则需要明确认定的因素从而确定认定结果。数字人民币智能合约交易运用的场景广泛，既可能涉及企业与企业之间的交易，也可能作为企业与个人之间的支付结算工具。在考虑智能合约所附条件为何种性质的条件时，除了从交易方的磋商过程、电子合同等具体交易情况予以考虑之外，还应当考虑个人是否具有消费者身份这个重要因素。消费者将价款预付给款项的接收方，作为接收方可以清楚地知道消费者有足够的支付能力；被智能合约“冻结”的数字人民币保证接收方履行相应的合同义务就释放相应的金额，确保接收方全面履行合同义务，该笔预付款项只能用于消费者购买的特定交易标的，不能挪作其他用途。从交易的本质来看，消费者支付的预付款是用于购买货物或服务的，商家接收预付款的合法依据也是因为其能够提供对应的货物或服务，商家不应该将款项挪作他

---

① 最高人民法院《关于适用〈中华人民共和国民法典〉有关担保制度的解释》第70条规定：“债务人或者第三人为担保债务的履行，设立专门的保证金账户并由债权人实际控制，或者将其资金存入债权人设立的保证金账户，债权人主张就账户内的款项优先受偿的，人民法院应予支持。当事人以保证金账户内的款项浮动为由，主张实际控制该账户的债权人对账户内的款项不享有优先受偿权的，人民法院不予支持。在银行账户下设立的保证金分户，参照前款规定处理。当事人约定的保证金并非为担保债务的履行设立，或者不符合前两款规定的情形，债权人主张就保证金优先受偿的，人民法院不予支持，但是不影响当事人依照法律的规定或者按照当事人的约定主张权利。”

用。传统交易环境缺乏先进的技术手段对预付资金予以约束和限制,数字时代运用智能合约的技术手段控制数字人民币,能够起到防止商家挪用资金而出现商家合同义务未履行的风险。从前述分析来看,将智能合约设定的条件认定为所有权转移的生效条件,并不会损害商家的利益,同时会起到保护消费者期待利益实现的目的。另外,从营造商业环境而言,数字人民币智能合约广泛运用于 B2C 模式,拥有广大的潜在消费者群体,如果能够打消预付交易中消费者付了款得不到相应产品或服务的疑虑,那么将有更多的消费者信心满满地进入智能合约交易中来。

在智能合约支付条件法律性质约定不明的情况下,如果交易涉及终端的消费者,那么将所附条件认定为数字人民币所有权转移生效条件有利于保护处于弱势地位的消费者,不会损害商家的实质利益,还会激励更多的消费者加入数字人民币智能合约预付款交易中来,繁荣消费市场。有关智能合约所附条件的法律性质的认定问题已经解决,但是仍然还有一个问题需要应对:智能合约设定的条件约定为所有权已转移、该条件只是对接收方自由使用数字人民币的生效条件,如果支付方预付的数字人民币被认定为接收方破产人的共益债务,依据破产法律规定,共益债务的清偿顺序在破产费用之后,但是预付数字人民币受智能合约控制,在接收方没有履行对应的合同义务时智能合约会自动将相应的数字人民币退回到买方的电子钱包。在该种情形下,管理人能否将退回的数字人民币追回作为破产费用?对于这个问题需要立法者给予明确的政策导向,从保护消费者出发,认定管理人不享有针对由智能合约控制而退回买方电子钱包中数字人民币的返还请求权。

四、数字人民币加载智能合约的监管

借助智能合约,数字人民币可编程的实质性创新昭示着数字人民币加载智能合约有着广阔的运用前景。从数字人民币加载智能合约的内核进行剖析,中国人民银行在法定货币和支付等领域、金融行业监管部门于特定金融智能合约交易方面具有监管主体地位。各监管主体分工对数字人民币运维平台的技术风险、运营机构的智能合约"守门人"功能、智能合约制作者的计算机代码准确反映当事人意思自治等特殊对象的关键节点进行监管，采用智能合约制作者和使用者、智能合约、预言机的市场准入机制，运用信息披露、钱包分类管理、隐私保护等持续监管措施和退出机制对数字人民币加载智能合约的交易进行全方位监管，运用数字人民币智能合约风险指标体系评估、处置风险并做足风险应对措施。

2020 年 4 月以来，中国人民银行在深圳、苏州、北京、成都等多地开展数字人民币试点，通过红包摇号抽签形式向市民发放，抽中红包的市民可以获得一定金额的数字人民币。数字人民币是电子、数字形式的法定货币。鉴于其数字基因，数字人民币天然地具有能够被编程、运算和执行的特质，数字人民币加载智能合约让红包的随机抽签发放和使用成为现实。红包智能合约的主要内容为：如果申请红包的市民被抽中，那么该市民获得一定数额的数字人民币；如果该市民在指定商业场景购买商品或服务，那么数字人民币可以作为支付手段；如果在指定期限内该市民未使用完获赠的数字人民币，那么剩余的数字人民币将返回发行主体。数字人民币红包只是智能合约加载到数字人民币的最初实验，随着试点的深入，智能合约将有着更为广泛的部署，那么对智能合约交易可能出现的风险将如何监管是必须面对的关键问题。

（一）数字人民币加载智能合约的广阔运用前景

中央银行数字货币是一种由中央银行以数字方式发行的、有法定支付能力的新型货币。[①] 我国是中央银行数字货币的先行者，数字人民币的研发、发行和推广运用实践走在了世界前列。数字人民币"是人民银

---

① International Monetary Fund, Staff Discussion Notes-Casting Light on Central Bank Digital Currency, November 2018.

行发行的数字形式的法定货币,由指定运营机构参与运营,以广义账户体系为基础,支持银行账户松耦合功能,与实物人民币等价,具有价值特征和法偿性"[①]。数字形式的人民币与代码形式的智能合约天然地高度契合。智能合约是一组数字形式的承诺,包括参与方履行承诺的协议。它能使许多种类的合同条款(如留置、担保、财产确权)嵌入我们可以处理的硬件和软件,如此可以使当事人不能违约或承受昂贵的违约成本。[②]智能合约可以编写具体的条件,加载到数字人民币使其变得可编程,数字人民币也就具有更为广阔的运用前景和无可比拟的商业模式创新潜力。

1. 数字人民币的智能化基因

(1)数字基因。用户通过电子钱包软件来使用数字人民币。在电子钱包本地(例如手机)保存了一个二进制字符串,实际是用户在数字人民币系统中的密钥,用户可以通过该密钥来使用其名下的数字人民币。数字形态的人民币能够被计算机识别和计算,与互联网环境共容。特定的字符串代表一定金额的人民币。数字人民币与电子钱包、数字人民币技术平台等基础设施都以数字、电子形式通信交互。数字人民币因其数字电子形式能在不同电子钱包之间的转移,以及在数字人民币技术平台上的运作,不仅实现人民币的价值储存,还可以进行价值转移,方便完成支付功能。

(2)稳定基因。德国联邦银行的研究指出:可编程货币需要满足一般要求,其中货币稳定是有效支付和货币可编程的基本原则。[③] 英国中

---

① 中国人民银行数字人民币研发工作组:《中国数字人民币的研发进展白皮书》,2021 年 7 月。

② See Nick Szabo, Smart Contracts: Building Blocks for Digital Markets, Phonetic Scrences, Amsterdam, http://www. fon. hum. uva. nl/rob/Courses/InformationInSpeech/CDROM/Literature/LOTwinterschool2006/szabo. best. vwh. net/smart_contracts_2. html, Last Visit Date May 14, 2024.

③ Deutsche Bundesbank, Money in Programmable Applications: Cross-sector Perspectives from the German Economy, Frankurt am Main, 21 December 2020.

央银行行长安德鲁·贝利(Andrew Bailey)指出:数字货币监管的核心问题在于如何维护货币和金融稳定。中央银行货币在锚定价值和提升货币体系信心方面具有独特的作用,中央银行数字货币可以在维持和潜在地扩大中央银行货币的零售渠道方面发挥重要作用。[①] 虽然我国目前没有法律明确数字人民币这一新生事物的法律地位,但从对数字人民币的设计和定位,以及《中国人民银行法(修订草案征求意见稿)》第19条第2款都可以明确知道:数字人民币是人民币的数字形式,具有法定货币的法律性质。[②]

数字人民币是我国中央银行发行的数字货币,与国际上私主体开发的数字货币如比特币、以太币等相比,其在维持货币稳定方面具有无可比拟的优势:第一,数字人民币作为法定货币,以国家信用为支撑,其价值具有明确的稳定性,不存在随市场波动价值大起大落的状况。第二,数字人民币本身就是法定货币,无须在数字世界完成支付使命之后还要与其他数字货币或法定货币进行兑换的问题,避免了双向支付清算增加的成本支出。而用比特币等数字货币进行支付之后兑换为法定货币或其他数字货币都会存在价值兑换不稳定、价值损失的风险。[③] 第三,数字人民币由公权力机构中国人民银行发行和运营,国家的权威性给数字人民币的使用者带来信心。中国人民银行数研所开发的技术平台专门为数字货币而设计,数字货币与技术平台之间具有很强的互操作性,保证数字人民币在技术平台上稳定地发挥货币功能。封闭的数据与可靠的运营商,中央银行数字货币相比于私人数字货币更适合与实体经济相结

---

① See Andrew Bailey, *Innovation to Serve the Public Interest-Speech by Audrew Bailey*, Bank of England(Jun. 15, 2021), https://www.bankofengland.co.uk/speech/2021/june/andrew-bailey-cityuk-annual-conference.

② 参见中国人民银行:《中国人民银行关于〈中华人民共和国中国人民银行法(修订草案征求意见稿)〉公开征求意见的通知》,2020年10月23日公布,2020年11月23日截止。

③ 参见贾丽平:《比特币的理论、实践与影响》,载《国际金融研究》2013年第12期。

合。第四,中央银行发行数字货币以社会利益为核心,而私人平台发行数字货币的决策不是取决于社会利益,平台可能倒闭或者关闭该项目,因此私人发行数字货币可能不是最优的,还会减少中央银行的铸币税收入并影响金融稳定。①

(3)可编程基因。数字人民币的数字形式天然地具备在互联网计算机系统内进行存储和运算的特质。数字人民币可以通过计算机程序来定义其使用的规则,正因如此,数字人民币代表的数字货币也被称为可编程货币。可编程货币被定义为一种数字形式的货币,用户可以根据数字货币本身的属性对其进行用于预定目的、具有固有逻辑的编程。② 货币作为价值储存工具和支付工具,对其进行编程不会改变价值属性,编辑的是支付功能。编程的方式多样,但围绕的核心是"满足什么条件进行支付"。出于这个缘由,可编程货币通常又被理解为"可编程支付""附条件支付"。编程数字人民币的基本思路为:设置支付的触发因素作为支付条件,触发因素可以是任何可以衡量的事件,比如某个时点、货物到达等特定事件、在特定商户购买特定商品或服务的行为等;当支付条件满足即触发因素成就时,数字人民币完成从持有人向受益人的转移支付过程。为了能够实现编程,程序必须存储于数字货币或配套的程序之中。而编程的技术工具正是智能合约。

2. 数字人民币智能化功能的扩展运用

数字人民币通过智能合约实现可编程之后,既从功能上实现了支付与合同执行的复合,也从交易流程上完成了商品与现金流的同步。交易双方当事人关于如何出卖商品或服务、如何支付价款的约定是合同的主

---

① See Jonathan Chiu, Tim Sablik & Russell Wong, *Should Central Banks Worry about Facebook's Diem and Alibaba's Alipay?*, Federal Reserve Bank of Richmond (May 28, 2021), https://www.richmondfed.org/publications/research/economic_brief/2021/eb_21-17.

② Deutsche Bundesbank, Money in Programmable Applications: Cross-sector Perspectives from the German Economy, Frankfurt am Main, 21 December 2020.

要权利义务,数字人民币加载智能合约将双方的意思转换为计算机程序、将各自的权利义务用代码的形式写进数字人民币。[①] 数字人民币的支付职能融入了交易合同的条件,货物到达、货物包装符合要求、卖方及时收到货款等条件能够通过支付这个节点予以控制,有利于增加远程“不见面”交易的“一手交货、一手交钱”的交易确信。支付与合同执行功能的复合给交易当事人增加了交易顺利完成的可信度,为陌生人之间的远程交易增加了激励和保障。可编程的智能货币,是一种电子支付手段。与目前方便易用的微信、支付宝等第三方支付服务相比,可编程的智能货币增加了按交易意思智能支付的功能,在创新商业模式上比第三方支付有更广泛的前景和巨大的商业潜力。

欧洲秘书处的研究更进一步指出,可编程的智能货币在物联网中,基于机器与机器之间的交互数据和价值能够发生转移,这些相互作用创造了一个生态“物联经济”,机器、设备、感应器和其他的物理资产成为经济代理人,能够自主达成有约束力的合同并执行支付。[②] 欧盟、美国、巴西等均认为可编程支付能够创新商业模式、具有广泛的应用前景,其中德国联邦银行的报告归纳总结了以下应用场景:M2M 机器设备之间自动完成支付、物联网支付、依据使用单位或消费单位的支付、多方之间的即时清结算、跨界支付、每周 7 天每日 24 小时即时支付、作为信息功能的支付和离线支付。[③]

目前各国关于数字货币加载智能合约的先锋实践正印证着“可编程支付”的广泛应用场景:澳大利亚在国家残障保险计划(National

---

① 参见李西臣:《区块链智能合约对传统合同法的挑战及应对思路》,载《西华大学学报(哲学社会科学版)》2020 年第 3 期。

② Alexander Bechtel, Agata Ferreira, Jonas Gross & Philipp Sandner, The Future of Payments in a DLT-Based European Economy: A Roadmap, Blockchain for Europe Secretariat, December, 2020.

③ Deutsche Bundesbank, Money in Programmable Applications: Cross-sector Perspectives from the German Economy, Frankfurt am Main, 21 December 2020.

Disability Insurance Scheme，NDIS）中，根据参与的保障人士的个人计划通过智能合约设定高度个性化付款条件，确保“失能申请者”获得指定数额的资金用于计划内提供的医疗、运动、教育等各种商品和服务。智能定向的使用残障资金，提高了残疾保险支持服务效能。[①] 英国在慈善捐赠领域进行尝试，通过加密货币发起众筹，通过智能合约金融科技新技术将捐赠资金自动托管，在满足设定条件时，向捐赠对象支付款项，整个项目基于区块链智能合约技术实现端到端的跟踪捐赠。[②] 美国联邦储备系统正以研究为目的测试数字美元及其可编程，如可以在销售货物时即时纳税、退免税，免去复杂的申报程序；违法物品的买卖会被智能合约自动拒绝；所有交易都可以被立即审查，或者很容易聚合到“大数据”分析模式中进行分析。[③] 中国工商银行在预付卡领域探索数字人民币加载智能合约创新应用，独家上线成都天府通公交预付卡，为用户资金安全带来有效保障。[④]

借力智能合约，数字人民币可编程的“魔力”才刚刚开始显现，在可以预见的将来，可编程支付将有着日益广阔的运用空间。然而，高科技带来高效率的世界也存在新的风险，在管辖既定的分类监管格局下，首先需要界定数字人民币加载智能合约的行为到底由谁监管即监管主体的问题。

---

① Commonwealth Bank of Australia, Making Money Smart Empowering NDIS Participants with Blockchain Technologies, Commonwealth Scientific and Industrial Research Organisation, 2018.

② Elsden, Chris, Trotter et al., Programmable Donations: Exploring Escrow-based Conditional Giving, CHI 2019 – ACM Conference on Human Factors in Computing Systems, May 2019, Glasgow, UK.

③ See Trade Smith, *Programmable Digital Currencies are Coming—Here's What That Means*, Nasdaq, https://www.nasdaq.com/articles/programmable-digital-currencies-are-coming-heres-what-that-means-2020-08-18.

④ 参见黄紫豪、史丽：《工行数十项数字人民币最新研发成果应用首次亮相》，载上海证券报·中国证券网2021年4月25日，https://www.cnstok.com/common Detail/64415。

（二）数字人民币加载智能合约的监管主体

无论是金融交易还是民商事交易，我国都已经有了较为完善的监管体系，监管主体的职责和运行机制亦较为健全，科学界定数字人民币加载智能合约的监管主体，需要剖析智能合约搭载到数字人民币这一创新的实质内核、辨清相关行为的具体性质和风险。

1.解构可编程货币的内核，准确定位监管主体

数字人民币加载智能合约，既涉及数字人民币这一货币形态，也涉及智能合约驱动的支付。可编程货币解构之后具有数字人民币与智能合约两个内核要素。定位监管主体，既需要考察数字人民币的监管主体，也需要明确智能合约的监管主体，还需要观察二者复合之后产生的新风险从而确定监管主体和监管内容。

（1）数字人民币的监管主体。数字人民币的法律性质为法定货币，由中国人民银行发行。根据《中国人民银行法》第4条、《人民币管理条例》第5条的规定，中国人民银行是发行人民币、管理人民币的主管机关，具有维护支付、清算系统正常运行、反洗钱的职责。对于数字人民的发行、管理、支付清算以及反洗钱，中国人民银行是法定的监管主体。数字人民币的金融属性定位为现金，[①]应当符合现金的监管规定。

（2）智能合约的监管主体。作为计算机程序代码的智能合约安排数字人民币支付的具体条件，在满足合同法律制度规定的情况下成为交易方关于交易的具体安排，是交易方对交易内容、各方权利义务的具体设计。智能合约关于特定交易的规划是私主体之间民商事交易的数字化、程序化创新，通常属于市场经济主体行为范围，按照我国现行法律框架市场交易行为受到市场监督管理部门的监管。因此，从智能合约承载的民商事交易功能来看，智能合约交易的监管主体是市场监督

---

① 参见范一飞：《关于数字人民币M0定位的政策含义分析》，载上海市经济和信息化委员会网2020年9月16日，https://app.sheitc.sh.gov.cn/yjbg/686786.htm。

管理主体。

(3)数字人民币与智能合约复合之后的特殊风险与监管主体。智能合约虽然是交易方关于交易条件的具体安排,但是智能合约条件满足时会自动驱动数字人民币的转移支付,而支付领域是金融监管的领域,因此智能合约启动的数字人民币支付会不会构成欺诈支付、洗钱和存在其他违法风险是需要关注的。而且,智能合约运用到大批量交易时,一旦出现风险,支付的快捷会加速风险的积聚,可能会影响支付体系的稳定性。基于上述考量,智能合约加载到数字人民币中也应该得到金融监管部门的监管。金融监管部门与市场监管部门监管职权的界分在于金融监管部门关注智能合约对支付的影响,市场监管部门监管智能合约用于具体市场交易的情况。

2. 甄别可编程货币运用场景,确定监管主体

从欧美对可编程支付的理论模型与多国实践经验来看,可编程货币能够在多个场景运用。站在监管的角度,金融行业具有特殊性,区分金融业务与非金融业务具有实质意义。

(1)将可编程支付应用于金融领域。资金募集、智能投顾、定向贷款、保险支付等业务场景,使用附条件的数字人民币支付不仅在支付领域符合金融特征,也具有了银行、证券、保险或投资理财等金融业务的实质,自然这些业务需要受到相应金融监管部门的监管。在具体监管时,金融监管部门需要注意智能合约为金融风险带来的特殊性。

(2)将可编程支付应用于非金融交易。就理论上而言,附条件支付都可以设计为由智能合约来完成的程序。非金融商品或服务的销售、社会事务的安排,比如充电、加油等商业场合、慈善捐赠等社会活动都已成为数字人民币智能合约运用的场景。这些数字人民币智能合约适用的业务领域未涉及金融,由市场监督管理部门来监管即可。虽然数字人民币智能合约运用到非金融领域的具体的业务由市场监督管理部门监管,但是,智能合约编辑的支付始终属于法定货币支付流通范

畴,防止违法支付、支付引发系统性金融风险仍然是中国人民银行的监管任务。

(三)数字人民币加载智能合约的监管对象及监管重点

数字人民币加载智能合约涉及多方主体:中国人民银行数研所负责可编程数字人民币技术平台的运行和维护;以六大商业银行为代表的数字人民币运营机构目前提供数字钱包、制作智能合约、运用智能合约提供公交预付卡等产品;抽中数字人民币红包的消费者使用智能合约完成特定交易。对可编程数字人民币的监管,应当关注前述各方相关参与主体及其在数字人民币智能合约交易中的特殊性。

1.数字人民币技术平台

数字人民币、智能合约都是技术的产物,其运行需要在中国人民银行数研所开发的技术平台上完成。中国人民银行数研所是中国人民银行下设的事业单位,"开展数字货币研究,促进金融事业发展。数字货币研究与开发数字货币原型设计与构建数字货币试验与推广,数字货币系统建设与运维"①。中国人民银行数研所的核心在于数字货币系统的运维,关注的重心应当是智能合约的技术特征会不会对数字货币系统造成影响。换言之,中国人民银行数研所对智能合约应当侧重技术风险把控,但其事业单位的法律性质定位和技术运维功能的使命并不适合作为监管主体。相反,数字人民币技术平台的技术架构及其存在的特殊风险需要处于监管框架之内,即中国人民银行数研所需要成为监管对象。数字人民币的所有权和运用智能合约转移支付的路径情况,在技术后台都有清楚的记载。技术后台记账是数字货币运营所必需的制度设计,瑞典中央银行鲜明地主张:无论中央银行数字货币是基于代币的还是基于账户的,都需要一个远程账本来记录所有权,因此,中央银行数字货币不能

① 《中国人民银行数字货币研究所》,载天眼查网,https://www.tianyancha.com/company/3097984986,最后访问日期:2021年7月28日。

像现金一样真正地做到点对点、离线和匿名使用。[①] 技术后台拥有大量的数字货币持有和变动的信息。从信息安全的角度来看,技术平台也需要受到监管。对于这一点,欧盟现行法律框架已经显现出明确的态度,他们认为远程存储数字货币的系统都应当受到监管。[②] 数字人民币技术平台应当重点监管数字人民币反假、防止双重支付和确保信息安全。

2. 数字货币反假和防止双重支付

数字货币是具有数字中央银行签名序列号的数据文件,传统纸币采用的水印、安全线等防伪方式不能适用于数字货币,这对数字货币防伪提出了新的挑战。数字货币采用非对称加密技术,为了检查代币是不是真实的中央银行代币,接收方使用中央银行的公开密钥将特定数字货币中的密文解密为明文,并将其与数字货币中的序列号进行比较,如果是相同的,则数字货币为真正的中央银行数字代币。如果将数字货币视为字符串,其本质是 0 和 1 的各种组合,那么可以按照伪造方法复制数字货币或伪造数字货币。Chohan 将这个问题定义为数字现金方案中的一个潜在缺陷,即同一个数字代币可以被多次使用,因为数字代币包含一个可以复制或伪造的数字文件。[③] 运用智能合约之后,数字货币的支付会自动执行、加速履行,假币、伪币、双重支付问题会被放大。在线交易和离线交易具有不同特点,离线交易更容易出现双重支付,需要更有针对性的监管措施,如对于本地存储的代币形式的中央银行数字货币,目前的反洗钱条例仅允许非实名认证的付款人支付最多 150 欧元

---

① See Hanna Armelius, Carl-Andreas Claussen & Isaiah Hull, *On the Possibility of a Cash-like CBDC*, Riksbank(Feb. 16, 2021), https://www.riksbank.se/en-gb/press-and-published/notices-and-press-releases/notices/2021/can-digital-central-bankcurrencies-function-as-cash/.

② See Hanna Armelius, Carl-Andreas Claussen & Isaiah Hull, *On the Possibility of a Cash-like CBDC*, Riksbank(Feb. 16, 2021), https://www.riksbank.se/en-gb/press-and-published/notices-and-press-releases/notices/2021/can-digital-central-bankcurrencies-function-as-cash/.

③ See Chohan, Usman W., *The Double Spending Problem and Cryptocurrencies*, Global Business Issues E-Journal, December 19, 2017.

的款项。[①]

3. 数字人民币所有权确认和信息保护

人民币现金具有实物形态，对现金的占有具有对外的公示公信效力，持有人被推定为现金的所有权人。现金所有人应当妥善保管现金，将现金置于可控制的范围之内。保管不善导致的毁损灭失风险由现金所有人自行承担。数字货币的表现形式为数字形式，存储在数字钱包中的字符串代表钱包所有人持有特定金额的数字人民币，数字人民币的所有人同样具有妥善保管钱包和数字人民币的义务，所有人保管不善导致数字人民币灭失的风险由所有人承担。但是，数字人民币与现金在受技术影响上存有显著不同。现金通过水印等防伪技术控制伪造风险，除此之外现金不会因为技术上的直接原因而毁损灭失；数字人民币是计算机技术的产物，在所有人妥善保管的前提下仍然有可能被“黑客”窃取。由于数字人民币的转移在技术后台有记录，找回数字人民币比找回丢失的现金更为容易，数字人民币的技术后台可以追踪数字人民币的转移情况、在所有权确权方面具有信息优势。数字人民币技术后台存储的信息虽然有助于数字人民币的确权，但是数字人民币转移支付的信息涉及客户的金融隐私，因此在使用后台数据进行确权等行为时，需要注意保护客户的支付信息安全，限制使用的范围。

4. 数字人民币的运营机构

数字人民币采用中心化管理、双层运营模式：中国人民银行作为第一层，处于数字人民币运营体系的中心地位，负责数字人民币的发行、注销和额度管理、跨机构互联互通和钱包生态管理；在资产规模、盈利能力、风险管理能力、现金服务能力、支付服务能力和科技创新能力等方面

---

① See Hanna Armelius, Carl-Andreas Claussen & Isaiah Hull, *On the Possibility of a Cash-like CBDC*, Riskbank(Feb. 16, 2021), https://www.riksbank.se/en-gb/press-and-published/notices-and-press-releases/notices/2021/can-digital-central-bankcurrencies-function-as-cash/.

符合条件的商业银行被指定为第二层运营机构，为客户开立不同类别的数字人民币钱包，提供数字人民币兑换和流通服务。① 目前加载智能合约的数字人民币红包由被指定作为运营机构的商业银行向中国人民银行数研所提出申请，由中国人民银行数研所批准后向社会公众开放。作为运营机构的商业银行在客观上成为智能合约进入数字人民币技术平台的入口。智能合约加载到第二层更为合理，避免中国人民银行直接面对大量使用智能合约交易的交易主体而成为数字人民币的交易平台；运营商业银行作为第二层数字人民币发行机构，在数字人民币运营链上处于末端，在该端口加载智能合约具有可行性；如果另寻经济主体加载智能合约，不论选择哪个主体最终都需要加载到数字人民币并部署到数字人民币技术平台之上，还是需要经过运营机构这个关口；智能合约加载端口设置在商业银行运营机构还可以防止金融风险、洗钱等违法行为风险集聚到数字人民币技术平台和中国人民银行。商业银行运营机构作为智能合约加载的端口天然地站在了“守门人”的位置上，对数字人民币加载智能合约的监管不能忽视这个端口的风险，因此运营商业银行也属于被监管的对象。

(1)守好智能合约接入端口。计算机代码编写的智能合约通过运营商业银行部署到数字人民币技术平台的过程，实质是智能合约所承载的数据从端口输入、传输并部署至技术平台、在预设条件满足时运算数据。运营机构作为“关口”将智能合约数据“放入”数字人民币运营系统，对于数据的类型是否符合技术平台要求、数据是否会对系统产生典型的风险、程序是否有典型的漏洞等如果在端口处设置甄别手段，会降低智能合约在数字人民币系统中运行的风险。

(2)防范运用可编程支付进行的欺诈、洗钱等违法犯罪活动。“数字人民币体系制度设计严格遵循人民币管理、反洗钱和反恐怖融资、外汇

---

① 中国人民银行数字人民币研发工作组:《中国数字人民币的研发进展白皮书》,2021 年 7 月。

管理、数据与隐私保护等相关要求，数字人民币运营须纳入监管框架。”①作为数字人民币运营机构的商业银行在日常的银行业务中需要满足反洗钱、防欺诈等严格监管要求，其设置了专门的反洗钱、法律合规等岗位，对于合法合规经营有着充分的专业知识和丰富的经验。商业银行作为数字人民币运营机构对洗钱、欺诈等违法行为有着深刻的理解，对于数字人民币和加载的智能合约需要注意的是其在洗钱、欺诈等违法行为认定和防范上的特殊性，制定专门的制度和设置相应的岗位人员进行专业化地应对。

5. 数字钱包提供者

数字钱包是数字人民币的载体和触达用户的媒介。中国人民银行为引导数字人民币应用于零售业务场景、降低对存款的挤出效应，避免套利和压力环境下的顺周期效应，采用数字人民币钱包分级分类设计。②按照权限归属，数字钱包可以分为母钱包和子钱包，钱包持有人可以通过子钱包实现附条件支付。智能合约可以实现驱动子钱包中的数字人民币的功能，从而达到附条件支付的目的。数字钱包在数字人民币的使用和智能合约功能的实现方面都有着重要作用，其安全性、消费者权益保护等方面都应当置于监管视野之下。目前，数字人民币钱包由运营商业银行提供，这就意味着运营商业银行不仅因为是智能合约的加载端口而受到监管，还因为提供数字钱包而受到监管。

对数字钱包提供者的监管重点为提供安全、使用友好的数字钱包。数字人民币是法定货币，是支付工具；钱包是装载数字人民币的载体，是基础设施。数字人民币钱包可以通过银行账户或钱包服务商两种方式开通，目前采用运营商业银行的银行账户开通，但不排除今后符合条件的大型机构成为钱包服务商。市场上已经出现了假冒的数字人民币钱

① 中国人民银行数字人民币研发工作组：《中国数字人民币的研发进展白皮书》，2021年7月。

② 参见武颖、刘振：《数字人民币与反洗钱：机遇、挑战和应对》，载《海南金融》2021年第6期。

包,让普通民众对数字人民币的安全产生了担心。私人数字货币钱包被攻击的既有案例也显示数字钱包被袭击的可能性。比如,2017 年首尔交易所 Yapizon 的攻击,攻击者一年内前后两次对交易平台上的热钱包发起攻击,总共造成交易平台近 50% 的资产损失。[①] 我国建设安全普惠的新型零售支付基础设施,确保数字人民币钱包的安全和易操作性是钱包提供者应当具有的义务,也是监管的重点内容。

6. 智能合约制作者

数字人民币红包智能合约的制作由发红包的运营机构完成,今后随着数字程度的不断加深,会有更多以数字人民币为支付结算标的的交易希望以智能合约的方式自动实现,相应地,会有更多更广泛的市场主体需要借助智能合约完成交易。智能合约用计算机语言写成,能够体现交易方的意思表示和交易合意,智能合约的制作也就成为一项专业的技术活动。表现形式为计算机代码的智能合约会产生技术风险、支付风险、违法交易风险甚至引发金融系统风险,智能合约的制作者应当成为金融监管的对象。此外,在智能合约的运行中,可能需要向特定的外部程序获取数据,即所谓的"预言机",由于这些数据将影响智能合约的运行结果,"预言机"程序的编写者和运营者也应被纳入监管范畴。

智能合约可以运用到各类民商事交易之中,将各种交易条件抽象为计算机语言部署到数字人民币技术平台之中。按照前文的论述,智能合约如果用于金融交易,将接受金融监管;如果用于非金融交易,则进入一般的市场监督管理。智能合约虽然是通过计算机程序控制实现附条件支付,但实质是可以承载交易当事人的意思表示。智能合约的制作者通常是计算机语言专家,代码写成的智能合约是否体现自然语言协议的权利、义务、责任的安排,智能合约与交易方真实合意不一致产生的纠纷和

---

① Gautham, South Korean Yapizon Bitcoin Exchange Loses ＄5M in Hacking Incident, Newsbtc, April 22, 2017.

冲突如何处理,是金融监管值得关注的领域。具体而言,需要监管主体明确智能合约制作者有对智能合约计算机程序做准确说明的义务,因计算机语言智能合约与自然语言协议产生的纠纷和损失由智能合约制作者及其委托者按照双方的委托协议来处理和承担。

7. 数字人民币智能合约的使用者

数字人民币智能合约的使用者往往是民商事交易的双方当事人。智能合约对数字人民币支付条件的事先设定要么是双方当事人协商一致的结果,要么是单方当事人提供、另一方当事人“点击”进入接受约束的情况。无论哪一种情形,可以肯定的是智能合约附条件履行的设计肯定是至少一方当事人的安排。申言之,智能合约代码背后交易内容所存在的风险,比如智能合约被设计用来洗钱、欺诈或其他违法交易承载的风险是由智能合约条款的设计者即民商事交易当事人带来的。智能合约设计的交易通常会是一种模式化的交易,该交易类型会反复发生,如特定保险的投保和理赔,因此,对交易当事人交易模式的审查有利于防范大范围的违法交易的产生。运用数字人民币智能合约编程支付的交易方是整个交易的发起者和经历者,将其纳入监管范围具有依据。

智能合约运用到涉及金融消费者的交易,需要监管的重点为:金融机构提供智能合约有没有将计算机语言的智能合约翻译成完全对等的自然语言协议;金融消费者是否能够理解智能合约的实质含义;进入智能合约、接受智能合约所编写的条件的约束是否为金融消费者真实的意思表示;智能合约由金融机构单方提供时,金融机构是否履行了提示和说明义务,是否不合理地免除或者减轻其责任、加重对方责任、限制或排除对方主要权利。

(四)数字人民币加载智能合约的监管思路

金融监管是金融理论的一个分支,国内外学者多有探讨。通用的金融监管策略区分事前策略(Ex ante strategies)和事后策略(Ex post strategies）：事前策略包括准入监管、行为监管、信息监管、审慎监管和治理监管；事后策略包括保险、救济和退出监管。[①] 依据金融监管策略理论，数字人民币加载智能合约在市场准入、市场运行和市场退出环节都应当配置监管举措。

1. 市场准入环节

（1）合法性。加载智能合约让数字人民币可编程、为商业模式创新留有更多想象空间，但数字人民币基础设施建设，数字人民币的发行、运营和使用都必须在法律框架之内进行。面对数字人民币和智能合约这两项金融创新事物的复合，我们首先需要确保新事物在现行法律框架内合法合规，需要“拨开技术外观”对可编程数字人民币交易进行合法性审查。数字人民币加载智能合约的提供者是合法性问题的责任承担人，智能合约接入端口和数字货币技术平台对合法性具有审查义务。在不同的民商事运用场景，会有不同的合法性审查问题，需要根据具体情况予以辨明和查清。下面以数字人民币红包为例进行说明。

第一，法偿性与附条件支付之间是否存在冲突。依据《人民币管理条例》第 3 条的规定，人民币具有法偿性，任何单位和个人不得拒收。加载智能合约的数字人民币只有满足特定条件才能支付，那么，智能合约是否限制了数字人民币的法偿性？通过智能合约指定数字人民币只能用于某个特定用途，数字人民币持币方是否能够以法偿性主张该指定违法？货币从实物贝壳、金银发展到纸币、电子货币，形式上“脱实向虚”，货币本身的价值日益降低，但由于有强大的国家信用作为支撑，货币的交换价值一直具有社会共识。[②] 货币法偿性的法理在于国家向社会做出的具有公法属性的承诺，用法律强制力作为后盾确保“信用货币可以作

① See John Armour, Dan Awrey, Paul Davies, Luca Enriques, Jeffrey N. Gordon, Colin Mayer & Jennifer Payne, *Principles of Financial Regulation*, Oxford University Press, 2016, p. 73.

② 参见赵磊：《论比特币的法律属性——从 HashFast 管理人诉 Marc Lowe 案谈起》，载《法学》2018 年第 4 期。

为普遍支付手段、对方必须接受的承诺”可置信。承诺的要点是任何主体不得拒收，保证信用货币的支付手段功能。智能合约形塑的交易梗概为“符合特定条件，向接收方支付数字人民币”，与“只要满足条件才能接收”不同，后者站在货币接收方角度，接收货币附加条件构成“拒收”；前者立于支付方的立场“条件未成就不予支付”，并不违反“任何单位和个人不得拒收”的法定要求。从附条件智能合约的产生来看，条件的形成要么是双方协商的结果，要么是一方给出条件，另一方同意的情形。智能合约中所附的条件不违反参与方的意思，可以成为协议成立的约定依据。智能合约部署数字人民币红包发放和使用的条件，从合同法的视角观之：接受该条件的申请人提出参与摇奖的申请，受射幸抽奖合同的约束；被抽中的申请人在特定场景使用数字人民币符合赠与合同的约定。智能合约涉及的两类法律关系均未违反人民币不得拒收的法律规定。

第二，数字人民币的所有权与控制权之间关系的处理。数字钱包的持有人对数字人民币享有所有权。电子形式的数字人民币在技术后台会被记录，并且技术后台可以追踪、转移、销毁数字人民币。技术后台对数字人民币的技术控制权为所有权争端提供定分止争的依据，但技术后台的控制权会对持币人的所有权和信息安全权构成潜在的威胁，在二者之间设置明确的界限有利于增强持币人使用数字人民币的信心。具体而言：保护所有权作为基本原则，限制技术后台的控制权；技术后台只有在满足法定条件的情况下才能控制数字人民币及交易；确保数字人民币所有权人数字人民币信息的安全，限制技术后台对信息的使用、披露或允许他人使用、披露。

(2)智能合约市场准入审核的分工。智能合约的交易内容是否具有违法因素、合约代码是否存在技术风险、智能合约是否适合在数字人民币系统环境中运行以及是否存在交互风险等是不同的审核要点，是完全配置由中国人民银行数研所完成，还是分散部分审核功能给数字人民币运营机构，属于需要仔细思考和定夺的顶层设计。审核功能的配置需要考虑审核能力、掌握的资源、工作压力等多重因素，大体来看：作为运营机构的商业银行，长期以来在反洗钱、反欺诈等违法交易防范上具有明确的立法要求和工作制度安排，专人专岗、业务条线清晰、具有丰富的实战经验，更适合对智能合约的反洗钱、反欺诈等违法风险进行审核。中国人民银行数研所运维技术平台，对数字人民币系统的架构、运营环境了如指掌并有技术决定权，对于审核智能合约是否适合数字人民币系统运营环境、是否造成对该系统的技术风险威胁具有判断决策优势。另外，智能合约的发展历程已经显现出典型的错误或风险，对于典型的智能合约漏洞审核既可以由中国人民银行数研所来进行，也可以由数字人民币的运营机构来审核。如果将智能合约端口置于中国人民银行数研所，中国人民银行数研所将直接面对巨量的智能合约。一是需要审核智能合约的技术风险；二是智能合约牵涉具体的交易内容，技术方案修改或调整或许需要与交易方进行沟通，而如此庞杂和事无巨细的沟通不适合由中国人民银行数研所来完成。从前述分析来看，智能合约的准入审查需要在中国人民银行数研所与运营机构之间进行分配：中国人民银行数研所负责智能合约是否适合数字人民币系统运营环境以及是否会给系统带来风险的审核；运营机构负责智能合约违法风险、典型智能合约技术漏洞、智能合约代码调整等方面的审核。从可行性来看，目前数字人民币转移的控制是通过智能合约驱动数字钱包来实现的，数字钱包由数字人民币的运营机构提供，智能合约的接入端口设置在运营的商业银行具有可行性。

(3)提供智能合约接入端口的运营机构的准入。智能合约接入端口是智能合约进入数字人民币系统的关口，智能合约潜在的风险在接入系统的那一刻就演变成为现实的威胁。把好智能合约的"端口关"是接入端口运营机构的重要任务。运营机构应当具备判断智能合约是否能够接入数字人民币系统的能力。运营机构的准入条件包括：配备数字人民币、数字钱包、智能合约领域的计算机专业人士；具备识别和防控智能合约交易洗钱、恐怖融资、合规等风险的能力。

（4）智能合约制作者市场准入。智能合约的强技术性、自动执行特征，有着独特的技术、金融、法律风险，智能合约的编写本身不是任何公司、任何技术人员都可以完成的工作。换言之，编写智能合约代码应当具有特定的专业能力。智能合约制作者的准入门槛可以考虑：让制作者具备相关软件开发资质，比如通过软件能力成熟度最高等级认证；具有金融风险识别和防控能力，比如配备了金融交易合规官。

（5）智能合约的市场准入。智能合约将带来文本合同关系中不存在的额外风险，即技术风险，如黑客利用意外编码错误侵入智能合约。与计算机代码中的错误一样，智能合约中的错误在被利用后格外明显。Parity① 等智能合约攻击案例充分表明智能合约的准入异常重要。智能合约的准入需要考虑以下方面：首先，智能合约进入数字人民币系统需要满足特定的技术要求，比如智能合约编写的语言、具体的格式规范要求等。其次，智能合约的计算机代码形式下蕴含着的交易方权利、义务、责任是否符合交易方对交易的安排。为防止智能合约编写和运行的权利义务的不同引发交易方之间的纠纷和冲突，智能合约进入市场应当取得交易方的确认，交易方明确智能合约代码表达的意思与双方的电子合同安排的意思自洽一致。② 再次，制作和不断完善智能合约"黑名单"制度，智能合约应当经过黑名单排除测试。最后，智能合约需要经过典型的智能合约漏洞排除测试和运行风险测试。概言之，智能合约的准入条件为：智能合约由市场准入范围内的智能合约制作者完成；由具备相应

---

① 2017年，攻击者用3100万美元的以太币耗尽Parity提供的多个多重签名钱包。多重签名钱包增加了一层安全性，因为它们需要多个私钥才能访问钱包。然而，在Parity攻击中，攻击者通过初始化智能合约使自己成为多重签名钱包的唯一所有者来利用Parity代码中的缺陷。（Haseeb Qureshi，A Hacker Stole ＄31M of Ether—How it Happened，and What it Means for Ethereum，FreeCodeCamp，July 20，2017.）

② 参见李西臣：《区块链智能合约的法律效力——基于中美比较法视野》，载《重庆社会科学》2020年第7期。

资质的第三方测试机构进行安全测试并通过;智能合约委托方认可代码与其意思一致的确认。

(6)智能合约使用者的市场准入。目前采用客户身份识别强度、开立主体身份等方式将数字人民币使用者分类,该制度实际上起到了数字人民币持有人的市场准入作用。智能合约的使用者必然是数字钱包的持有者,智能合约使用者的市场准入可以与数字钱包申请准入相结合,如实名用户才可以使用智能合约等。

(7)预言机的准入。附条件支付中的条件是否成就有时需要依靠外部数据予以判断,如航空延误险,航空延误的信息源于保险公司与投保人以外的第三方。外部条件判断直接影响智能合约执行和交易当事人对智能合约履行结果接受满意度。因此,外部预言机的选择需要满足特定条件才能进入数字人民币系统。通常而言,预言机应当遴选客观性、准确性、权威性都较高的第三方,并且该第三方的数据接入不会造成数字人民币系统运行的风险。针对预言机的准入,可以考虑指定预言机准入标准,如是否采用可信硬件、数据来源是否权威可靠、预言机系统是否通过相关测试等。

2. 市场运行环节

传统的金融监管是设置一系列的简单规则给金融机构提供一个行为标准,现代金融监管已经从单一的规则监管走向与过程监管相配合的复合监管,实现了静态与动态的全方位监管。市场运行环节的过程监管更强调关注金融机构内部的风险管理程序。正如格林斯潘(Alan Greenspan)所言:“监管者对金融系统安全性、稳健性及必要性的评估越来越围绕着过程而更少依赖于历史记录来展开。”[①]数字人民币智能合约风险的监管不能止步于市场准入,还应关注智能合约金融交易的市场运

---

① 参见曾康霖:《新版“神圣公约”与我国金融监管制度安排》,载《吉林金融研究》2002 年第 2 期。

作过程,重点通过相关主体披露信息及说明掌握市场的实时动态,观察数字人民币分类、离线交易次数限制的实施情况,持续关注权利人的隐私受到侵害和保护实况,时刻洞察智能合约交互的风险。

(1)信息披露及说明。监管主体需要持续观察数字人民币智能合约运行的情况,随时关注智能合约运行可能带来的风险。智能合约运行情况和数字人民币转移支付的信息在数字人民币技术后台有着全面的记录。中国人民银行数研所掌握着智能合约制作、使用、数字人民币转移的具体情况,数字人民币运营机构能够接收到智能合约对应的交易在现实世界的真实反馈情况。前述两类信息对于金融监管具有重要意义,需要向监管部门进行披露和说明。

(2)数字钱包内数字人民币的分类管理。数字钱包内装有的数字人民币属于数字钱包持有人的财产,钱包持有人可以对钱包内的数字人民币进行分类管理,即一部分数字人民币可以自由转移,另一部分通过智能合约限定转移支付条件。钱包内数币的分类管理既有利于钱包持有人的区分运用,也有利于监管机构的分类监管。

(3)离线转移支付的次数限制。数字人民币除了可以在线支付,也可以实现双离线支付,即收付终端都处于离线的状况仍然可以支付。[①]智能合约运用到离线支付场景,自动执行会加速交易速度,由此导致的双重支付(Double Spending)等技术风险、洗钱等违法行为风险可能会相应增加。在监管举措上,可以考虑限制智能合约驱动的数字货币离线转移的次数,从而防止中央银行承受过多的风险。

(4)数字人民币智能合约交易的隐私保护和交易可追踪的限制。现金支付可以完全匿名,也可以在双方知晓对方身份的情况下进行,没有

---

① 参见李晖:《数字人民币试点竞速:苏州将发2000万红包,参与银行扩围,线上商城加入、"双离线"首次曝光》,载中国经营网2020年12月5日,www.cb.com.cn/index/show/zj/cv/cv/35106321262。

第三方介入、无须向第三方透露交易信息,即交易双方的隐私不必"为外人道也"。然而,数字人民币技术上可追踪,数字人民币技术平台和运营机构掌握了大量的用户信息,如果这些信息被不当使用、披露或允许第三人使用、披露,都可能会构成对用户隐私的侵害。因此,对可编程货币的持续监管,一定需要将追踪数字人民币智能交易信息和涉及用户隐私的行为限制在合法范围,保护用户的金融隐私。

(5)防范智能合约交互的风险。智能合约作为程序部署于数字人民币技术平台之上,满足特定条件时,程序之间可以交互。当多个智能合约加载到数字人民币技术平台后,智能合约之间以及与其他程序之间交互的可能性增加,风险也相应增加。互联网技术发展史表明:在同一系统环境中运行的程序可能会以意想不到的方式交互,值得重视的是,这些复杂的自适应系统的属性可能根本无法通过系统中各个组成部分的属性及其交互规则进行预测或推断。[①] 随着更多的单独程序相互接触,可能会出现更高级的属性和现象,随着更多智能合约和其他程序部署的增多,预测和防止这种交互作用将变得越来越重要,但是将复杂系统应用于计算机程序和 IT 系统的科学本身还很不成熟,例如计算机科学家只是在最近才开始着眼于验证自治实体群属性等问题的研究。[②]

3. 市场退出环节

市场有准入,也必然有退出。不满足市场准入条件的智能合约制作者、智能合约、运营机构应当退出智能合约交易的相关市场。退出市场,既有利于风险的出清;退出市场作为一种惩罚机制,也有利于激励智能合约参与者合法合规、风险可控地运作。值得重点注意的是,智能合约在运行过程中因存在漏洞而被利用造成重大损失。中国人民银行数研

---

① See Daniele Magazzeni, Peter McBurney & William Nash, *Validation and Verification of Smart Contracts: A Research Agenda*, The IEEE Computer Society, 2017, p. 50 – 57.

② See C. Dixon et al., *Towards Temporal Verification of Swarm Robotic Systems*, Robotics and Autonomous Systems, Vol. 60, p. 1429 – 1441 (2012).

所具有暂停该智能合约的权利和技术能力，在将智能合约退出市场之前，做出降低或停止损失的应急措施，并为处理好损失的分担和赔偿做好准备工作。

4. 相关配套制度的修改和完善

(1)现金管理规定的修改。我国现行的现金管理规定基于传统的纸币和硬币形式，数字现金的出现和推广受到既有法律规定的限制，有必要对相应规定作出调整和修改。例如，《现金管理暂行条例》第2条第2款规定："国家鼓励开户单位和个人在经济活动中，采取转账方式进行结算，减少使用现金。"纸币和硬币可以匿名使用，而转账方式留痕、易于监管，传统的鼓励转账方式的管理规定有合理性。数字人民币"小额匿名、大额可追溯"的支付方式"便捷、易于监管"，在数字经济蓬勃发展的背景下应当鼓励使用，现金管理规定转账优先的原则应当得到修改。再如，《现金管理暂行条例》第3条规定："开户单位之间的经济往来，除按本条例规定的范围可以使用现金外，应当通过开户银行进行转账结算。"现金定位的数字人民币在单位之间的使用会受到该规定的限制，数字人民币可编程在单位之间必定有广阔的运用空间，行政法规的限制规定需要打破。

(2)数字人民币加载智能合约欲广泛运用于财政支付领域，需要改变财政账户体系内的监管架构。可编程支付能够解决诸如扶贫资金到达指定位置、不被流失、专款专用等财政资金使用中的难点和痛点问题。然而，数字人民币及可编程在财政体系中难以落地的一个重要原因在于现行财政资金的管控置于账户体系内进行监管，最常用的财政资金监管方式是财政资金专款专用。该制度要求各级财政部门在商业银行及其他金融机构开设财政资金专户，实行专户储存、专项核算、专户管理，例如扶贫资金专户、救灾资金专户等。[①] 例如，《国库资金经收支付服务管

① 参见杨正荣：《财政资金专户与国库单一账户管理》，载《财会研究》2014年第9期。

理办法（试行）》规定财政资金需要通过专户支付。数字人民币现金的法律定位表明其不同于银行账户，财政资金支付通过可编程数字人民币虽然也利于追踪和更容易控制资金流向，但非银行账户性质不属于既有财政支付法律规定可接受的范围，可编程数字人民币在财政资金使用领域的推广会遇到障碍。如欲广泛推广数字人民币加载智能合约在财政资金支付领域的运用，需要修改财政资金专户相关的法律规定。

（3）确立数字人民币、智能合约交易隐私保护制度。数字人民币可编程支付记录于技术后台，“小额匿名，大额可追溯”，用户隐私被披露、滥用的风险始终存在。公权力机关反洗钱、打击违法交易对隐私信息的使用在所难免。可编程货币用户的隐私客观上受到威胁，保护用户隐私作为首要原则需要得到确认。欧洲中央银行执行委员会委员法比奥·帕内塔（Fabio Panetta）表达了相同的观点。他认为：中央银行是为公民的利益而工作的，保护用户隐私是欧洲中央银行的首要原则。[①] 在具体制度安排上，需要落实用户隐私保护的具体机制，如采用分离数据的方法、加密代码及其他技术机制等。

（4）构建数字人民币支付行业协会，发挥行业协会的监督管理功能，鼓励其定期邀请监管者和业界人士，共同研究数字人民币支付和智能合约交易的发展生态，评估监管空白和建立新规则的需要，收集各方主体在可编程数字人民币方面存在的问题和对策，为相关规则的修改和机制的完善提出具体的建议。

（五）数字人民币智能合约的风险指标体系及应对措施

金融监管必须守住不发生系统性金融风险的底线，着力防范化解重点领域风险。数字人民币加载智能合约，其金融创新的属性使风险的实

---

① See *Interview with Fabio Panetta, Member of the Executive Board of the ECB, Conducted by Martin Arnold on* 14 *June* 2021, European Central Bank (June 20, 2021), https://www.ecb.europa.eu/press/inter/date/2021/html/ecb.in210620~c8acf4bc2b.en.html.

际运作情况尚处于不甚明朗的状态。对智能合约金融交易风险的预先梳理和分析,有利于智能合约的顺利运行和相应金融市场的稳定。以巴塞尔协议为代表的监管文件,通常认为金融风险包括"信用风险""市场风险""操作风险""法律风险"。智能合约金融交易风险类型需要结合智能合约金融科技的本质及其特点确定。智能合约可以承载交易方的意思,可以成为交易方金融交易合同的代码形式,法律色彩浓厚;数字人民币、智能合约,都由计算机代码编写而成,技术特征显著;数字人民币加载智能合约之后,金融交易自动执行、自动清结算,大幅增加金融交易量和速度。这三个方面在前文的剖析中业已得到论证。另外,智能合约一旦部署于数字人民币技术平台之后,金融交易方几乎没有操作空间,针对智能合约的操作风险不凸显。基于此,本书梳理出数字人民币智能合约易引发的法律、技术和金融三类风险。为了让智能合约金融监管的宏观思路落到切实可行的具体措施上,促进监管的可操作和可视化,本部分在前文论证的基础上,以风险监管为核心,构建出数字人民币智能合约的金融监管风险指标体系和对应的监管措施。

1. 双层风险指标体系

数字人民币智能合约的风险指标体系分为两级:一级风险指标根据风险的类型分为:法律风险(记为 R_L,其权重记为 W_L)、技术风险(记为 R_T,其权重记为 W_T)和金融风险(记为 R_F,其权重记为 W_F)。在一级风险指标下设二级风险指标。二级风险指标是一级风险指标的风险因子,二级风险指标是该类型化风险的具体种别。一级风险指标"法律风险"下设3 个二级风险指标:(1)刑事法律风险(记为 R_c,其权重记为 V_1),包括洗钱、恐怖融资、危害国家信息安全、诈骗产生的刑事风险;(2)监管合规风险(记为 R_r,其权重记为 V_2),包括违反法偿性、准入不合规、运营不规范产生的监管合规风险;(3)民商事纠纷法律风险(记为 R_{ci},其权重记为 V_3),包括代码与协议意思不一致、代码执行违背合同主体的真实意思及数字人民币的权利冲突等。一级风险指标"技术风险"下设 3 个二级风险指标:(1)内部安全风险(记为 R_s,其权重记为 M_1),包括智能合约代码漏洞、钱包漏洞和网络安全风险等;(2)错误接入预言机风险(记为 R_o,其权重记为 M_2),包括接入不可信硬件、数据来源不具有可靠性与权威性、预言机系统未测试或未通过相关测试的风险;(3)数字人民币造假、伪造等风险(记为 R_f,其权重记为 M_3),包括造假或伪造数字人民币。一级风险指标"金融风险"下设2个二级风险指标:(1)金融交易量激增风险(记为 R_q,其权重记为 N_1);(2)金融市场波动率非正常增加风险(记为 R_w,其权重记为 N_2)。

2. 风险指标体系及应对措施

双层风险指标体系是对数字人民币智能合约的风险类型和每类风险的具体因子所做的归纳和提炼,每个种类的风险的重要程度不同,相应具有不同的权重。对风险如何测量并根据测量值预警和作出针对性的应对措施,需要"测量指标"对二级风险指标进行具体的度量,基本的方法是用上一个时间窗口(比如一个月)内发生的问题数量来评估未来的风险值。风险的产生与数字人民币智能合约的参与主体密切相关,测量指标显示风险大小之后,监管措施欲具有针对性和准确性,必须明确数字人民币智能合约交易的相关主体,根据风险点的来源主体预警风险和采取相应的措施,因此风险体系中应当包括风险来源的相关主体。当出现特定的二级风险事件,针对该"出险"事件,监管者作出"暂停该交易""停止该交易""冻结数字人民币""退出智能合约市场"等具体的针对个案的应对措施;二级风险指标中的风险事件(如刑事犯罪数量)发生会使对应的测量指标值增大,当测量指标大到某个风险领域的阈值时,表明数字人民币智能合约的该种风险已经达到了特定水平,对监管主体的政策应是提出监管预警,监管者需要做出:要求中国人民银行数研所、数字人民币运营机构等主体进行风险排查;对存在风险点来源的智能合约交易相关主体采取"暂停交易"措施,根据风险的性质和大小、消除风险措施及效果等视情况采取"恢复交易""停止交易""退出市场"等措施。各级风险指标对应的测量指标、相关参与主体、拟供选择的监管措施详见表12-1。

表 12－1　数字人民币智能合约的风险指标体系及应对措施

一级风险指标（权重）	二级风险指标（权重）	测量指标	相关主体	应对措施	
				针对“出险”个案	针对风险水平
法律风险（记为 R_L，权重为 W_L）	刑事法律风险（记为 R_c，权重记为 V_1）：洗钱、恐怖融资、危害国家信息安全、诈骗	最近一个时间窗口内发生的刑事犯罪数量与被监管的所有合约数量比值	智能合约交易方、智能合约制作者、数字人民币运营机构、中国人民银行数研所	停止交易；冻结数字人民币；进入刑事追责司法程序	要求中国人民银行数研所、数字货币运营机构排查刑事风险；根据排查情况、消除风险措施及效果等考虑采用“暂停交易”“恢复交易”“停止交易”等措施
	监管合规风险（记为 R_r，权重记为 V_2）：违反法偿性、准入不合规、运营不规范	最近一个时间窗口内发生的监管违规数量与被监管的所有合约数量比值	智能合约交易方、智能合约制作者、数字人民币运营机构	暂停交易；智能合约退出市场；相关主体违规记录；符合准入条件的视情况的追认；视情况进入监管处罚程序	向中国人民银行数研所、运营机构、智能合约制作者发出监管合规风险预警；重点排查、处置专项合规风险
	民商事纠纷法律风险（记为 R_{ci}，权重记为 V_3）：包括代码与协议意思不一致、代码执行违背合同主体的真实意思及数字人民币的权利冲突等	最近一个时间窗口内发生的合约民商事纠纷数量与被监管的所有合约数量比值	智能合约制作者、智能合约单方提供者、中国人民银行数研所、数字人民币运营机构	暂停交易；进入金融消费者维权程序；建议进入民商事纠纷司法程序	向运营机构、智能合约制作者、智能合约制作委托方发出民商事风险预警；要求金融消费者保护机构开展数字人民币智能合约消费者保护宣传和教育专项活动；要求运营机构、智能合约制作者整改和消除民商事纠纷风险

续表

一级风险指标（权重）	二级风险指标（权重）	测量指标	相关主体	应对措施	
				针对“出险”个案	针对风险水平
技术风险（记为 R_T，权重记为 W_T）	内部安全风险（记为 R_s，权重记为 M_1）：智能合约代码漏洞、钱包漏洞、网络安全	最近一个时间窗口内发现的合约代码安全问题数量与被监管的所有合约数量比值	智能合约制作者、数字人民币运营机构、中国人民银行数研所	暂停交易； 修复或责令修复漏洞； 进入金融消费者维权程序； 进入金融安全追责程序	向中国人民银行数研所、运营机构发出安全风险预警； 要求中国人民银行数研所、运营机构、智能合约制作者专项排查安全风险； 对有安全风险点的智能合约要求责任主体进行整改消除风险
	错误接入预言机风险（记为 R_o，权重记为 M_2）：接入不可信硬件、数据来源不具有可靠性与权威性、预言机系统未测试或未通过相关测试	最近一个时间窗口内发现的接入违规问题数量与被监管的所有合约数量比值	智能合约制作者、数字人民币运营机构、中国人民银行数研所	暂停交易； 正确接入预言机； 要求相关责任主体妥善处理错误接入预言机的损失	要求中国人民银行数研所、运营机构、智能合约制作者排查错误预言机； 对于错误接入的预言机，要求相关主体选择正确的预言机
	数字人民币造假、伪造等风险（记为 R_f，权重记为 M_3）：造假或伪造数字人民币	最近一个时间窗口内发现的数字人民币造假或伪造问题数量与被监管的所有合约数量比值	智能合约制作者、数字人民币运营机构、中国人民银行数研所	停止交易； 进入刑事追责司法程序	针对已出险的造假技术进行专项排查； 制作防范运用智能合约造假数字人民币的技术补丁

续表

一级风险指标（权重）	二级风险指标（权重）	测量指标	相关主体	应对措施	
				针对“出险”个案	针对风险水平
金融风险（记为 R_F 权重记为 W_F）	金融交易量激增风险（记为 R_q，权重记为 N_1）	最近一个时间窗口的交易数量	智能合约交易方、数字人民币运营机构	追踪金融交易量激增的智能合约； 分析该智能合约交易量激增的直接原因； 准备采取暂停交易措施	密切关注智能合约交易激增对金融稳定的影响； 向中国人民银行数研所、运营机构发出风险预警； 准备采取暂停交易措施
	金融市场波动率非正常增加风险（记为 R_w，权重记为 N_2）	最近一个时间窗口内金融市场波动率	智能合约交易方、数字人民币运营机构	定位和追踪引发市场波动的智能合约； 准备暂停引发波动的智能合约交易	暂停交易； 恢复金融市场稳定

3. 确定风险指标权重的方法

风险是某种特定的危险事件发生的可能性与其产生的后果的组合。数字人民币智能合约不同种类的风险所产生的后果严重程度不一。例如，智能合约的洗钱、恐怖融资的刑事犯罪风险造成的后果极为严重，侵犯了我国的金融和社会管理秩序，社会公共利益和国家安全受到威胁，终止该智能合约交易、让智能合约退出市场的同时还得追究相关主体的刑事责任。技术是数字人民币智能合约交易落实的手段，技术风险的发生导致交易目的落空，如果侵害的利益限于私权范围，那么该风险在重要性评价上应当低于导致公共利益受损害的风险。

在数字人民币智能合约风险指标体系中，每个测评指标与同一类的其他指标相比，作用、地位和影响力不尽相同，必须根据每个风险指标的重要性赋予不同的权重。确定指标体系权重的方法，根据原始数据的不同来源一般可以分为主观赋值法和客观赋值法两类。前者由评估者根据经验主观判断得到，如主观加权法、由 Helmer 和 Gordon 首创的德尔斐法（专家调查法）、运筹学家 Thomas L. Saaty 提出的层次分析法[①]等；后者由测评过程中的实际数据得出，如我国统计学专家孟生旺提出的均方差法[②]、C. L. Hwang 和 K. Yoon 提出的 TOPSIS 法、美国数学家 Shannon 提出的熵权法等。主观赋值法客观性较差，但解释性强；客观赋值法确定的权重在大多数情况下精度较高，但有时与实际情况相悖。主观赋值法与客观赋值法相结合的结构熵权法（也称为主客观赋权法），将专家意见的德尔斐法与模糊分析法相结合，形成"典型排序"，对"典型排序"按照给定的熵决策公式进行熵值计算，是结合了主观与客观、定性与定量的指标权重确定方法。[③] 数字人民币智能合约风险指标权重采用结构熵权法将既能发挥解释性强的优点，又能结合数据的客观性，将更为科学和准确。

其中，双层风险指标体系中运用的层次分析法是根据相关专家或权威机构的主观判断，构建各指标因素的判断矩阵，计算权重系数，并进行一致性检验。对专家的选择遵循以下原则：二级风险指标的理解和评分由各专业的专家来完成将更为准确和充分。具体而言，法律、技术、金融风险的二级风险评价分别由法学专家、计算机专家、金融学专家完成；对数字人民币智能合约一级风险的测量，需要由具备法律、技术、金融三个学科复合知识的专家进行。客观赋值方法采用熵权法，该方法的理论依

---

① See Thomas L. Saaty, *Decision Making with the Analytic Hierarchy Process*, International Journal Services, Vol. 1, p. 83 - 98(2008).

② 参见孟生旺：《多指标综合评价中权数的选择》，载《统计研究》1993 年第 2 期。

③ 参见程启月：《评测指标权重确定的结构熵权法》，载《系统工程理论与实践》2010 年第 7 期。

据和基本思路为:信息熵是系统有序程度的度量,根据指标变异性的大小来确定该指标的客观权重。熵函数的值越小或大,表明指标值的变异程度越大或小,提供的有用信息量越多或少,在综合评价中所能起到的作用也越大或小,权重也就越大或小。在此思路之下,数字人民币智能合约的风险计算公式为:

$$R = R_L \times W_L + R_T \times W_T + R_F \times W_F$$

$$R_L = R_c \times V_1 + R_r \times V_2 + R_{ci} \times V_3$$

$$R_T = R_s \times M_1 + R_o \times M_2 + R_f \times M_3$$

$$R_F = R_q \times N_1 + R_w \times N_2$$

一级风险指标的评分与二级风险的出险案例、该二级风险案例比值有关。二级风险出险案例数增加,案例比值增加,一级风险得分增加。个别智能合约出险,则该智能合约的二级风险得分为满分,所有智能合约整体运行的该二级风险得分为权重分数乘以经转换的风险比例(如高风险设定为智能合约总数的5%出险,该窗口期1%的智能合约出险,则经过转换的风险比例为1% ÷5% ×100% =25%,其中低、中、高风险的智能合约比例可以根据具体运行情况进行调整)。智能合约的一级风险根据二级风险的权重进行测算,总体风险由一级风险及其权重予以测定,对数字人民币智能合约的风险情况进行综合评价。

4. 风险指标体系的运用

一方面,主客观赋权法需要大量的金融、法律、计算机以及三门学科知识复合的专家来评分,参与的专家数量足够多,智能合约风险权重的测定更准确;另一方面,主客观赋权法需要有一定量的数字人民币智能合约具体实例作为评判的支撑。数字人民币是金融创新事物,加载智能合约的实践运用刚刚开始,落地的案例屈指可数。

本书给出了具体的方法,但权重的具体确定还需要一定的市场观察期和专家的评判。笔者拟在未来的工作中根据数字人民币智能合约风险体系的特点,结合主客观赋权法来确定风险体系的权重值。但为了让我们的方法更为直观,我们依据前文的理论分析假定权重,用已经出现风险的其他数字货币智能合约为例说明当出现何种智能合约风险时应当采用哪些监管措施。运用智能合约洗钱、资助恐怖主义等犯罪行为严重危害了社会公共利益,智能合约法律风险反映的是金融交易合法合规性问题,是智能合约的基本面风险,另外技术风险和金融风险在某些情况下也是法律风险所采用的技术手段或是选定的金融场景,如为实现窃取数字货币的目的而采取利用技术漏洞的手段,窃取数字货币是刑事法律风险的出险,运用代码漏洞则是技术安全风险的爆发。基于此,我们将法律风险置于首位假定权重:法律风险一级指标为 40%;二级风险指标为刑事风险 50%、合规风险 30%、民商事风险 20%。智能合约计算机代码的特性突出,技术安全风险可能会造成多方主体利益受损的法律后果,甚至影响技术平台系统安全,同时也是金融不稳定风险来源的技术因子,因此假定权重:技术风险一级风险指标为 35%;二级风险指标为安全风险 50%、数字货币造假风险 30%、错误接入预言机风险 20%。部分法律风险或技术风险会造成智能合约金融交易市场的交易量激增,甚至是异常波动从而可能引发相关金融市场的不稳定,如高频欺诈交易、运用技术漏洞自动执行的巨量交易可能会造成相关金融市场的震荡,正是因为金融风险很可能是法律风险和技术风险所诱发的金融市场风险,所以我们将金融风险排在法律、技术风险之后,假定权重:一级金融风险指标为 25%;二级风险指标为交易量激增风险 30%、市场波动率异常风险 70%。

下面我们以 4 个典型的智能合约为例说明风险测评及监管模型的运用:

SC1(Smart Contract 1)为用于洗钱的智能合约;SC2(Smart Contract

2)是 Rensel 诉 Central Tech,Inc. 案[①]中的智能合约;SC3(Smart Contract 3)为类似 DAO 中使用的有漏洞的智能合约;SC4(Smart Contract 4)为类似会造成股市闪崩的高频交易的智能合约。

数字人民币运营机构商业银行或者中国人民银行运用反洗钱系统监测到 SC1 用于洗钱,则该智能合约发生了刑事风险(R_c),则该智能合约法律风险的二级指标刑事风险得分为 50 分,相应的监管措施首先是暂停交易,案件查处、责任承担完毕之后 SC1 退出市场。SC1 会增加刑事风险(R_c)在该窗口期内的案件数量,并进行刑事风险预警;当案件数量达到该窗口期阈值时,监管部门启动针对所有智能合约的刑事风险强监管,重点清查案涉智能合约相关主体的交易是否涉嫌刑事风险。

SC2 中代码的表意与交易方电子合同中表意不同,容易引发或者已经引发交易双方的民商事纠纷,此时该智能合约法律风险的二级指标民商事风险得分为 20 分,监管机构可以根据代码与电子合同表意差异对交易影响的具体情况采取暂停 SC2,要求 SC2 的提供方和制作方将代码与交易方合意保持一致,SC2 的纠纷通过调解、诉讼、仲裁等方式合法解决。SC2 会增加民商事风险(Rc)在该窗口期内的案件数量,并进行民商事风险预警;当案件数量达到该窗口期阈值时,监管部门针对所有智能合约的民商事风险进行强监管。

SC3 具有"重入漏洞"[②],在市场准入阶段由准入部门发现,则技术安全风险出险,该智能合约的技术风险二级指标安全风险得分为 50

---

① Jacob Zowie Thomas Rensel et al., Plaintiffs *v.* Centra Tech. INC. et al., Defendants, CASE NO. 17 – 24500 – CIV-KING/SIMONTON, Signed 06/14/2018.

② 可重入性漏洞(Reentrancy),事物的原子性和顺序性可能使程序员相信,当调用非递归函数时,在其终止之前不能重新进入。然而,情况并非总是如此,因为回退机制可能允许攻击者重新进入调用者函数,比如 DAO 攻击就运用了智能合约的可重入性漏洞。

分，暂不予准入市场，责令消除该技术风险后重新审核，符合条件予以市场准入。如果是在市场运营过程中发现该技术风险或者是该风险已出险，那么应当马上暂停 SC3 交易，处理技术漏洞所造成的损失和必要时启动法律责任追究机制，责令消除该技术漏洞并重新进行安全审查。SC3 会增加安全风险（R_s）在该窗口期内的案件数量，并进行安全风险预警，监管部门对 SC3 出现的特定技术风险进行全面排查；当案件数量达到该窗口期阈值时，监管部门启动针对所有智能合约的技术安全风险强监管。

SC4 的交易量在数字货币运维平台上可以实时得到监控，当交易量在短期内激增时，该智能合约的金融风险二级指标交易量激增风险得分为 30 分，监管部门应当立即查明和定位造成交易量激增的 SC3，对 SC3 保持密切跟踪并做好随时暂停交易的准备。如果 SC3 引发交易量激增的原因合法、合理且交易量回稳，监管部门可以将监管程度调整到一般水平。如果 SC3 造成相关金融市场异常波动，影响金融市场稳定，则应暂停所有智能合约交易，排除不合法、不合理因素之后，平稳放行智能合约交易。

单个智能合约出险，监管部门必须针对该智能合约进行严格的监管。智能合约交易整体的二级和一级风险与测量指标设定的风险级别比例密切相关，该比例可以根据智能合约交易市场运行的具体情况进行调整。如果整个智能合约金融交易市场只有上述四个智能合约出现了风险，二级指标“刑事风险”“民商事风险”“安全风险”“交易量激增风险”处于低风险，一级指标亦处于低风险，智能合约交易在风险可控的范围内进行（见表 12－2）。

表 12－2　SC1、SC2、SC3、SC4 风险状况及监管措施

<table>
<tr><th rowspan="2">一级指标（权重）</th><th rowspan="2">二级指标（权重）</th><th colspan="3">测量指标</th><th colspan="2">监管</th></tr>
<tr><th>合约总数</th><th>风险级别</th><th>出险案例数</th><th>针对个别 SC</th><th>针对整体 SC</th></tr>
<tr><td rowspan="3">法律风险（40%）</td><td>刑事风险 50%</td><td>100</td><td>低≤1%；
中≤3%；
高＞3%</td><td>1（SC1）</td><td>（1）暂停交易；
（2）追究责任；
（3）退出市场</td><td>（1）低风险：针对出险案例显示出的刑事风险进行专项排查；
（2）中风险：专项排查，50%智能合约刑事风险抽查；
（3）高风险：专项排查，80%智能合约刑事风险排查</td></tr>
<tr><td>合规风险 30%</td><td>100</td><td>低≤10%；
中≤30%；
高＞30%</td><td></td><td>（1）暂停交易；
（2）修改至合规；
（3）重新审查，视情况进入/退出市场</td><td>（1）低风险：针对出险案例显示出来的合规风险，要求智能合约提供方和制作者自查，并对 20% 的智能合约进行抽查；
（2）中风险：在低风险监管措施的基础上将抽查比例提升至 50%；
（3）高风险：在低风险监管措施的基础上将抽查比例提升至 80%</td></tr>
<tr><td>民商事风险 20%</td><td>100</td><td>低≤100%；
中≤30%；
高＞30%</td><td>1（SC2）</td><td>（1）视情况暂停交易；
（2）修改智能合约</td><td>（1）低风险：针对出险案例显示出来的民商事风险，要求智能合约提供方和制作者自查；
（2）中风险：在低风险监管措施的基础上，对 30% 的智能合约进行民商事风险抽查；
（3）高风险：在中风险监管措施的基础上，将智能合约民商事风险抽查比例提升至 50%</td></tr>
</table>

续表

一级指标（权重）	二级指标（权重）	测量指标			监管	
		合约总数	风险级别	出险案例数	针对个别 SC	针对整体 SC
技术风险（35%）	安全风险 50%	100	低≤3%；中≤5%；高>5%	1（SC3）	(1)暂停已经出险的智能合约交易；(2)损失承担，责任追究；(3)重新审查，视情况进入或退出市场	(1)低风险：针对出险案例显示出来的技术风险，对所有智能合约进行排查；(2)中风险：在低风险监管措施的基础上，抽查 50% 的智能合约进行技术风险全面审查；(3)高风险：在中风险监管措施的基础上，抽查 70% 的智能合约进行技术风险全面审查
	数字货币造假风险 30%	100	低≤3%；中≤5%；高>5%		(1)暂停交易；(2)查处案件，追究责任；(3)退出市场	(1)低风险：针对出险案例显示出的数字货币造假技术风险进行专项排查；(2)中风险：专项排查，抽查 50% 智能合约进行数字货币造假风险排查；(3)高风险：专项排查，80% 智能合约刑事风险排查
	错误接入预言机风险 20%	100	低≤5%；中≤10%；高>15%		(1)暂停交易；(2)接入正确的预言机；(3)错误的预言机退出市场	(1)低风险：专项排查出险案例显示出的错误预言机，将所有错误预言机退出市场；(2)中风险：在低风险监管措施的基础上，抽查 50% 智能合约预言机进行审查；(3)高风险：在中风险监管措施基础上，将抽查比例提升至 80%

续表

<table>
<tr><th rowspan="2">一级指标（权重）</th><th rowspan="2">二级指标（权重）</th><th colspan="3">测量指标</th><th colspan="2">监管</th></tr>
<tr><th>合约总数</th><th>风险级别</th><th>出险案例数</th><th>针对个别 SC</th><th>针对整体 SC</th></tr>
<tr><td rowspan="2">金融风险（25%）</td><td>交易量激增风险 30%</td><td>100</td><td>低 ≤ 20%(交易量增加比例)；中≤50%；高 >50%</td><td>1（SC4）</td><td>(1)密切关注；(2)定位引起交易量激增的智能合约；(3)做好随时暂停该智能合约交易的准备</td><td>(1)低风险：密切关注交易量的变化，定位造成交易量激增的智能合约；(2)中风险：在低风险监管措施的基础上，随时暂停引起交易量激增的智能合约；(3)高风险：在中风险监管措施基础上，随时准备暂停所有智能合约交易</td></tr>
<tr><td>市场波动率异常风险 70%</td><td>100</td><td>低≤10%；中≤50%；高 >50%</td><td></td><td>(1)密切关注；(2)定位引起激增的市场波动率增加的智能合约交易；(3)做好随时暂停引发市场波动异常的智能合约的准备</td><td>(1)低风险：密切关注市场波动率的变化，定位造成市场波动率异常的智能合约；(2)中风险：在低风险监管措施的基础上，暂停引起市场波动率异常的智能合约；(3)高风险：在中风险监管措施基础上，在一定时间内暂停所有智能合约交易</td></tr>
</table>

第十三章

域外应对智能合约的法律思考

“互联网、大数据、云计算、人工智能、区块链等技术加速创新,日益融入经济社会发展各领域全过程,各国竞相制定数字经济发展战略、出台鼓励政策,数字经济发展速度之快、辐射范围之广、影响程度之深前所未有,正在成为重组全球要素资源、重塑全球经济结构、改变全球竞争格局的关键力量。”[①]智能合约作为数字科技的代表之一正越来越多地在发达经济体中予以运用,传统金融模式随着智能合约创新性、开放性地运用也不断地受到冲击。美国、英国、欧盟法律界正密切关注着智能合约这一新事物,纷纷思考如何对智能合约进行法律调整,才能够既让智能合约金融交易处于法律秩序之中,又能激发智能合约的经济发展驱动力。

一、美国法应对智能合约的立法、司法实践及启示

美国的金融法史是一部不断迎接金融创新、也不断应对金融风险的历史。在金融科技浪潮的拍打下,如何

① 参见习近平:《不断做强做优做大我国数字经济》,载《求是》2022 年第 2 期。

站在时代的前沿、如何让科技创新进一步推动美国金融、经济的纵深发展,成为美国各州、联邦面对的重要议题。

(一)美国的立法实践

美国善于利用法律活动支持、推动创新,已有多个州通过立法积极回应区块链、智能合约等创新科技。2017 年以来,美国州法层面开始回应区块链、智能合约和相关科技新事物。亚利桑那州法规定:“合约指一个事件驱动的程序,具有一种状态,运行在分布式、去中心、共享和可复制的账本上,可以托管和转移指示该分类账上的资产。”田纳西州法注释规定:“智能合约指由事件驱动的程序,在一个电子的、去中心的、共享的、可复制的账本上运行,该账本可用于自动交易,包括但不限于:(A)接管和指示转移账本上的资产;(B)创制和分配电子资产;(C)同步信息;或(D)管理软件应用程序的身份识别和用户访问。”

2017 年 3 月 29 日,亚利桑那州对修改后的法规进行了注释,第 44 – 7061 条规定了“通过区块链技术保护的签名和记录;智能合约;信息所有权”;2018 年 3 月 22 日生效的田纳西州法规注释第 47 – 10 – 201 条规定了“分布式账本技术”;2019 年 7 月 1 日生效的怀俄明州法注释规定了“数字资产担保权益的完善”(见表 13 – 1)。美国三个州的立法对智能合约的规定放在不同的语境中,既有相同的立法认识,也存在不同侧重点。

表 13 – 1 美国三个州关于智能合约的法律规定

项目	亚利桑那州	田纳西州	怀俄明州
时间	2017 年 3 月 29 日	2018 年 3 月 22 日	2019 年 7 月 1 日
条文主要内容	44 – 7061:通过区块链技术保护的签名和记录;智能合约;信息所有权	47 – 10 – 201	34 – 29 – 103

续表

项目	亚利桑那州	田纳西州	怀俄明州
条文具体内容	A. 通过区块链保护的签名被认为是一种电子形式,并且是一种电子签名 B. 通过区块链技术保护的记录或合同被认为是一种电子形式,并且被认为是一种电子记录 C. 智能合约可能存在于商业中。不得仅仅因为有关交易的合同包含智能合约条款就否认其法律效力、有效性或可执行性 D. 尽管存在其他法律,处于或影响洲际或外国商业中,使用区块链科技保护该人所有或有权使用的信息的个人,具有与使用区块链技术保护之前所拥有或有权使用信息的权利相同。本款不适用于使用区块链技术来保护与交易有关的信息,但交易条款明确规定就该信息的所有权或使用权的转让除外 E. 就本条而言: 1."区块链技术"指使用分布式、去中心、共享和可复制的分布式账本技术,该分布式账本可以是公共的,也可以是私人的,可以是许可的,也可以是无许可的,或由有令牌的加密经济或无令牌所驱动,	44－10－201:如本部分所述: (1)"分布式账本技术"指任何分布式账本协议和提供支持的基础设施,包括区块链,使用分布的、去中心的、共享的、可复制的账本,而无论是使用公共的或私人的,许可的或未经许可的,并可能包括使用电子货币或电子令牌作为电子交易的中介 (2)智能合约指由事件驱动的程序,在一个电子的、去中心的、共享的、可复制的账本上运行,该账本可用于自动交易,包括但不限于: (A)接管和指示转移账本上的资产 (B)创制和分配电子资产 (C)同步信息;或 (D)管理软件应用程序的身份识别和用户访问 44－10－202 (a)通过分布式账本技术产生和存储的密码签名被认为是一种电子形式,被认为是一种电子签名 (b)通过分布式账本技术保护的合同记录被认为是一种电子形式,被认为是一种电子记录 (c)智能合约可以存在	(a)尽管W.S.34.1－9－310(a)规定了财务报表要求,但如适用于一般无形资产或其他法律规定,数字资产担保权益的完善可以通过本节第(e)(i)段所定义的控制来实现。控制数字资产的受担保方的担保权益优先于不控制数字资产的担保方 (b)在被担保方根据本条控制数字资产之前,被担保方应当于债务人签订控制协议。控制协议可以约定被担保方可以将数字资产的担保利益作为另一项交易抵押品的条款 (c)受担保方可以向州政府秘书长提交融资报表,包括根据W.S.34.1－9－315(d)完善数字资产收益的担保权益 (d)尽管有其他法律条文,包括《统一商法典》9－34.1、怀俄明州法规,如果受让人取得资产价值在2年内都未收到相反权利主张的通知,受让人获得上面无其他担保权益的数字资产 (e)如本节所述: (i)"控制",当用于怀俄明州法规9－34.1及本节中时,依据W.S.34.1－9－314的规定,包括以下内容: (A)受担保方,或当事人的代理人、监护人、受托人或托管人拥有排他的法律权利去完成一笔有关数字

续表

项目	亚利桑那州	田纳西州	怀俄明州
条文具体内容	分类账本上的数据受密码学保护,该数据是不变的、可审计的,并提供未经审查的事实 2. 智能合约指一个事件驱动的程序,具有一种状态,运行在分布式、去中心、共享和可复制的账本上,可以托管和转移指示该分类账上的资产	商业中。不得仅仅因为合同是通过智能合约执行就否认与交易相关合同的法律效力、有效性或可执行性 (d)尽管有其他法律,处于或影响涉外商业,使用分布式账本技术保护其拥有或有权使用的信息的个人保有其使用分布式账本技术保护信息之前相同的信息所有权和使用权,本(d)款不适用于使用分类账户技术来保护与交易有关的信息,但交易条款明确规定就该信息的所有权或使用权的转让除外	资产的交易,包括通过私钥或使用由受担保方授权的多重电子签名安排 (B)智能合约由具有排他性法律授权的确保安全的一方创制,用以与数字资产相关的交易。 智能合约意味着一个自动的交易,如 W. S. 40 - 21 - 102(a)ii 所规定或任何类似的模拟,是以代码、脚本或编程语言协商以执行一份协议,智能合约基于特定条件的发生或不发生可能包括资产托管或转移,或者为这些行为签发可执行的指令 (ii)多重签名安排是指为了防止非授权交易而设计的一套数字资产进入控制的系统,在该系统中完成一笔交易需要 2 个或多个私钥,或任何类似替代物。 (iii)私钥是指加密数据或任何实质上相似模拟物的独特元素,即: (A)由某个人持有 (B)与一个独特的加密数据公开可获得部分进行配对;和 (C)与执行交易所需的加密或解密所运用的算法有关 (f)通过控制的完善创造了担保权益的占有,并不需要物理上的实际占有

亚利桑那州是美国 50 个州中最早对智能合约表现出积极拥抱态度

的州，智能合约真正实现其理想图景是在区块链环境出现之后，而区块链早在2017年之前就已经处于科技的前沿阵地，因此该州立法直接关注的是区块链和智能合约。

田纳西州于2018年通过立法承认智能合约，但立法采用了“分布式账本技术”这一术语。立法者认为区块链的本质是分布式账本技术，后者是前者的上位概念。结合科技的开放式外延、法律的稳定性与前瞻性要求，立法者采用“分布式账本技术”这一更为科学的概念。该州进一步明确了通过智能合约执行交易合同的法律效力，第47－10－202条规定“不得仅仅因为合同是通过智能合约执行就否认与交易相关的合同的法律效力、有效性或可执行性”。亚利桑那州法采用了不同的表述：“不得仅仅因为有关交易的合同包含智能合约的条款，就否认与交易相关合同的法律效力、有效性或可执行性。”两州的条文表述看似相同，但实则有实质上的变化，田纳西州立法在承认智能合约效力基础上进一步认可通过智能合约执行合同的效力。

怀俄明州法将智能合约放在“数字资产”这个部分进行规范，表明立法者认为智能合约主要是数字资产托管或转移的工具。该州法也规定了私钥、多重签名等技术手段，但估计认为技术是为了交易，行为的实质仍然是数字资产交易，因此呈现出第34－29－103条在“数字资产权益完善”章节中规定智能合约的立法布局。该州法对智能合约的理解其实更进一步。亚利桑那州法和田纳西州法认为智能合约是一种程序，怀俄明州法认为智能合约“是以代码、脚本或编程语言协商以执行一份协议”，即肯定智能合约的代码等计算机语言可以成为当事人意思表示及协商的形式。

在三个州之后，美国伊利诺伊州于2020年1月1日通过了《区块链技术法》(Blockchain Technology Act)。根据该法的界定，智能合约是指通过使用区块链进行验证的存储为电子记录的合约。[①]

---

① See 2021 *Illinois Compiled Statutes Chapter* 205 – *Financial Regulation* 205 *ILCS* 730/ – *Blockchain Technology Act*, Justia Law, https://law.justia.com/codes/illinois/2021/chapter-205/act-205-ilcs-730/.

尽管存有上述的不同，美国各州的立法也有以下相同认识：第一，通过智能合约的交易实际上存在交易合同和计算机智能合约。前者是电子记录、交易的合同，是人类自然语言转换为电子形式的合同，该合同形式受法律保护；后者以计算机语言为表现形式。亚利桑那州法、田纳西州法认为后者是由事件驱动的程序，怀俄明州法认为智能合约以代码、脚本或编程语言协商以执行一份协议。第二，区块链、分布式账本中的签名是电子签名，交易合同是电子记录，具有法律效力。第三，智能合约在分布式的、去中心的、共享的和可复制的账本上运行。第四，智能合约可用于自动交易，包括数字资产的托管或转移。第五，智能合约具有法律效力。怀俄明州和田纳西州认可通过智能合约执行交易合同是有效的，即认可了智能合约自动履行合同的法律效力，同时从法律的用语可以看出：智能合约履行的法律效力也存在其他否定因素。

(二)美国有关智能合约的司法实践

2018 年 6 月 14 日，美国佛罗里达州南区法院判决了首个涉及智能合约效力的案件 Rensel 诉 Centra Tech, Inc. 。① 该案一方面反映出美国

---

① 被告是一家存储和消费加密货币(如比特币和以太币)的初创公司，该公司使用智能合约用于加密货币的交易。被告于 2017 年 7 月 30 日至 10 月 5 日首次公开发行了该公司的代币 CTR。原告用 16.1 个以太币购买了 8050CTR，后又于 10 月 27 日用 CTR 换购 0.7,096,997 个比特币(折合美元 3517 元，折合以太币 13.723 个)。被告未经登记公开发行 CTR 的行为违反证券法规定，原告要求被告赔偿损失，被告认为该纠纷应当仲裁而不是诉讼，对于是否应仲裁的争议焦点涉及智能合约的效力问题。仲裁条款载于 Centra Tech. Token 销售协议中，如果原告通过 Centra Tech. Token 的销售主页购买 CTR，那么原告同意销售协议中的仲裁条款。然而原告主张其通过 Centra Tech. Token 的智能合约而不是销售协议购买了 CTR，并未签署销售协议。原告认为智能合约是自动执行的合同，买卖双方的协议条款直接写入代码。计算机一旦创建智能合约，计算机协议将根据一组条件自动执行智能合约条款。原告通过智能合同购买 CTR，并不意味其一定同意销售协议。该案被告既未否认买方通过智能合约购买不必同意代币销售协议条款就可以完成交易，也没有提供直接证据证明原告同意销售协议的条文。法院认为强制仲裁的审查标准为是否存在仲裁协议；未同意仲裁条款的当事人是不能被要求强制仲裁的；只有当双方对仲裁都没有争议时仲裁协议才能成立。佛罗里达州法规定：一个有约束力和可执行的合同需要“双方同意某些确定的合同条款；没有就所有基本条款达成一致意见，就不会产生可执行的合同”。法院认为，提出强制仲裁请求的被告负有存在仲裁协议的举证责任。被告的首席法律顾问兼首席合规官 Alan Shutt 和首席技术官 Steve Skyes 的证词表明买方可以通过智能合约直接进行该公司的 CTR 交易。因此，法院认为被告并未提供充分的证据以证明原告同意载于 Centra Tech. Token 销售主页的销售协议，驳回被告强制仲裁的请求。

法院不得不面对智能合约这个新生事物并在司法裁判上进行考量；另一方面也可以帮助我们看清美国法院对待智能合约的司法态度。第一，法院认可销售协议和智能合约两种形式。销售协议是Centra Tech.公司销售代币CTR的电子合同（以下简称销售协议），由于被告没有充分证据证明原告接受该销售协议，被告关于双方签署销售协议的主张并未被法院认可。智能合约能够自动执行CTR与其他代币如以太币、比特币之间的换购交易，原告通过智能合约进行代币交易。第二，销售协议与智能合约内容不一致，进入智能合约并不代表当事人同意销售协议，卖方若要主张受智能合约约束的买方同样受销售协议约束，卖方承担举证责任。若卖方举证不能，则双方仅受智能合约约束，智能合约所代表的内容受法院认可，即智能合约不再仅仅是一堆代码。第三，法院认可了智能合约自动执行及交易履行的实际效果。原告通过智能合约用16.1个以太币换购CTR及比特币的自动交易及交易后果得到了法院的采纳，法院认为“双方对交易本身没有异议，只是在损害赔偿的标准和数额上存有争议”。第四，被告具有赔偿的义务并不是被告使用智能合约这种合约方式，而是被告公开发行代币CTR的行为没有向证券登记部门登记，违反了《证券法》的规定。

（三）美国智能合约立法、司法实践对我国的启示

1. 以科技促金融，以法律革新推动金融科技创新

金融是一国经济的核心，经济的竞争很大程度上是金融的竞争。“一部金融发展史，就是一部科技进步史，金融业和金融监管始终跟随着科技创新的步伐不断发展。”[①]虽然科技日新月异，其变化远远大于法律应之而做出的改变，[②]但是一旦金融法律为金融科技设定边界和行为规

---

① 周仲飞、李敬伟：《金融科技背景下金融监管范式的转变》，载《法学研究》2018年第5期。

② Kevin C. Taylor, *Fin Tech Law: A Guide to Technology Law in the Financial Serviced Industry*, Published by Bloomberg BNA, October 24, 2014.

则,新兴科技的走向和命运将被直接定夺。具有发展前景的金融科技若被法律否定,有可能会导致一国在国际金融竞争中错失获取竞争优势的良机。美国金融法发展史向我们展示了其应对高新科技的开放和积极的姿态。当移动互联技术在美国兴起并广泛应用于支付领域,移动支付的效力问题在随后的《电子现金转移法》(Electronic Fund Transfer Act)中得到解决;当信用卡等信用账户用于移动支付,规则 Z 规范了相关的成本、费用披露以及争端解决程序等;移动支付等电子交易涉及身份识别,《公平准确信用交易法》(The Fair and Accurate Credit Transaction Act)解决了电子交易中的身份盗取问题。科技中性,美国法律善于发挥其积极的功能,保留其锐意进取的锋芒。中国法律首先可以借鉴的是美国法律应对科技的开放姿态,在立法、司法、监管上进行分工。立法上承认智能合约的法律地位和履行合约的法律效力,确立认可创新科技的法律态度;司法上灵活应对智能合约实践中出现的各类问题;监管上重在智能合约的风险防范。三方面各有所重,联合促新,协同治理。

值得一提的是,美国亚利桑那州、田纳西州关于智能合约的立法技术值得学习。两州法律从反面认可智能合约:“不得仅仅因为有关交易的合同包含智能合约条款就否认其法律效力、有效性或可执行性。”“不得仅仅因为合同是通过智能合约执行就否认与交易相关合同的法律效力、有效性或可执行性。”从反面肯定智能合约法律效力的立法技术可以起到两方面作用:一是采用智能合约并不导致交易协议无效;二是采用智能合约也不意味着交易协议必定有效,智能合约、交易协议同样需要置于合同法等法律框架之下进行法律评价。

2. 合同履行方式自由,认可智能合约自动履行功能

亚利桑那、田纳西、怀俄明三州均认为智能合约是计算机程序,其核心功能包括托管、转移资金等。三州立法都尊重了合同履行方式自由原则。我国关于合同履行方式的立法是在《民法典》第 470 条,该条规定:“合同的内容由当事人约定,一般包括以下条款:……(六)履行期限、地

点和方式……”我国合同法律同样认可合同履行方式体现当事人意思自治。因此,当事人约定通过智能合约履行既有合同自由原则的法理基础,也有法律条文基础。

认可智能合约履行方式的同时,也应洞察其编辑语言为计算机语言的特殊性,在法律制度安排上必须注意以下两点:第一,当事人使用智能合约本身从形式上表明交易方选择自动执行的合同履行方式,但一旦接受智能合约的交易方主张运用智能合约自动交易不是其本意时,法院应当审查,提出该主张的一方完成举证和证明责任之后能否支持该主张。第二,智能合约在区块链网络环境中运用,其履行的目的、程序、效果违反法律、行政法规的强制性规定,则履行方式法律审查的结果可能会被认定为无效。

3. 合同形式自由,为计算机代码成为一种合同形式预留空间

美国亚利桑那、田纳西、怀俄明三州虽然在“智能合约是一种合同履行方式”的问题上达成了共识,但对“智能合约是不是合同”“计算机代码是不是合同的一种形式”并没有从正面予以回答。亚利桑那州法条文用语为“该合同包含智能合约条款”,从语义学角度理解,该州法认同智能合约可以成为合同的一部分。既然智能合约是合同内容的一部分,那么在某种程度上意味着智能合约承载着交易方的意思自治。Rensel 诉 Centra Tech. 案虽然有销售协议和智能合约,但原告只通过智能合约与被告进行交易,二者交易的实际效果得到法院认可,这一点说明智能合约作为当事人之间的协议能够得到支持。

随着区块链、智能合约更广泛的应用和计算机编程语言的逐渐普及,人们对智能合约代码语言的辨识、理解、运用程度越来越高,我国法律应更积极地回应智能合约,可以考虑将智能合约代码语言直接作为意思表示的语言形式。计算机语言与自然语言之间存在张力,为解决二者之间的冲突需要考虑以下因素:第一,智能合约由谁起草?交易对方是否理解智能合约计算机代码所表达的真实意思?第二,具有计算机语言

优势的一方是否滥用其优势将交易对手置于不公平境地。

4. 混合协议，妥善处理电子合同与智能合约的关系

涉及智能合约的现实交易中经常会出现“混合协议”，即对交易的约定既有电子合同，也有智能合约，那么电子合同与智能合约的关系应当如何处理？美国的司法实践已经应对了二者之间的部分冲突，我们可以借鉴，但同时我国法律制度提前布局智能合约纠纷处理规则时还应当事先厘清电子合同与智能合约二者关系的状况以及冲突解决之道。从真实世界已经出现和可能出现的情形，电子合同与智能合约的关系大体可以分为两类：一类是电子合同与智能合约并存；另一类是交易当事人仅进入电子合同或智能合约。对于第一类情形，又可以区分为二者一致和二者不一致两种情况。如果二者一致，智能合约中所体现的当事人意思一致可以在电子合同中得到印证，电子合同已经全部计算机代码化。如果二者不一致，则需要仔细鉴别是属于以下哪一种不一致：第一，电子合同有规定，智能合约无安排。这种情况相当于智能合约只是将电子合同中的部分内容代码化，智能合约未自动履行的电子合同中的内容，依据传统履行方式继续履行。第二，智能合约有安排，但电子合同中无约定，即智能合约中计算机代码编程的内容超出了电子合同的范围。交易方进入智能合约从形式上看已经同意自动履行的内容和方式，智能合约履行的效果具有法律效果。如果当事人提出自动履行非真实意思表示等主张，则应当举证予以证明。第三，电子合同、智能合约各有安排，二者内容相冲突。这种情况的应对核心是确定何者是当事人达成的真实意思表示。司法审查应当综合考虑以下因素：电子合同协商的过程；电子合同、智能合约确定的先后顺序；电子合同协商的过程；智能合约制作一方是否具有计算机语言优势且有没有滥用该优势；智能合约制作完毕有没有共同测试；智能合约自动履行的结果交易方是否有接受的情况。

第二类是交易方仅进入电子合同或智能合约。若双方仅有电子合同，这实际上就是传统的电子合同交易，司法规则业已明确。若双方未

签订电子合同仅进入智能合约，即 Rensel 诉 Centra Tech, Inc. 案的情况，此时与智能合约代码化的内容超出电子合同范围的本质相同，智能合约自动履行具有法律效力，持相反主张的交易方承担举证证明责任（见表 13 -2）。

表 13 -2 电子合同与智能合约关系

二者并存		仅有一种	
二者一致	二者不一致	有电子合同，无智能合约	有智能合约，无电子合同
智能合约所体现的意思表示可以得到电子合同的印证	(1)电子合同有规定，智能合约无安排。智能合约未履行的内容依电子合同履行 (2)智能合约有安排，电子合同无规定。智能合约的履行具有法律效力，除非有证据证明智能合约内容和履行方式不符合交易方真实意思表示 (3)电子合同、智能合约内容冲突。核心需要确定何者属于当事人的真实意思表示	按电子合同约定履行合同	按智能合约履行，若当事人提出相反主张则需承担举证和证明责任

我国虽然已有采用智能合约技术的主体陷入纠纷并寻求司法途径解决的案件，但案件争议的焦点都未涉及智能合约本身，而是其他的民事权益，如北京薪付宝科技有限公司与牟某忠等名誉权纠纷、上海区链网络科技有限公司侵害商标权纠纷案。这两家公司均采用了智能合约，但进入司法程序的争议是名誉权、商标权。我国以金融领域为代表的实践场景越来越多地运用智能合约，司法实务直面智能合约法律问题的可能性已经越来越高。中国法和美国法都有拥抱智能合约的法学基

础,只是美国法无论是在立法上还是在司法上都已先行于中国法,美国州法已经以法律形式承认了智能合约的法律效力。美国法对智能合约合同形式、合同履行方式的积极回应启示我们在立法、司法领域应积极主动布局法律资源,促进高新科技在金融等诸多领域的安全、健康发展。

二、英国法对智能合约的应对

英国法律委员会法[①]于 2017 年 12 月将有关智能法律合同的工作纳入其第 13 个计划,专题研究智能合约的法律问题。在同一时期,英国司法辖区工作组(UK Jurisdiction Taskforce)也受命开展法律科技方面立法研究工作。2019 年 11 月,英国司法辖区工作组发布了《关于加密货币和智能合约的法律声明》。[②] 该声明指出:原则上,智能合约能够产生具有约束力的法律义务,可根据其条款强制执行。英国法律委员会在《关于加密货币和智能合约的声明》的基础上,研究适用于智能法律合约(smart legal contract)的法律是否存在不确定性和空白之处,以及今后可能需要完成的工作。2020 年 12 月至 2021 年 3 月 31 日,英国法律委员会向社会征集关于智能合约使用方式以及现行法律应对情况的意见和证据。英国法律委员会的该项目只考察了英格兰和威尔士的法律,没有考虑国际惯例(如《联合国国际销售货物合同公约》)、苏格兰和北爱尔兰的法律。英国司法辖区工作组和法律委员会对智能合约的分析与本

---

① 英国法律委员会是 1965 年英国议会根据《法律委员会法(1965)》与苏格兰法律委员会同时成立的一个法定的、独立的、准立法机构。英国法律委员会在英格兰和威尔士的法律改革方面起着非常重要的作用,它所提出的法律建议富有成效且意义深远。参见宋方青:《法律委员会——一个致力于英格兰与威尔士法律改革的机构》,载《政法论坛》2001 年第 3 期。

② UK Jurisdiction Taskforce, *Legal Statement on Cryptoassets and Smart Contracts*, 2019, ("*UKJT Legal Statement*"), https://35z8e83m1ih83drye280o9d1-wpengine.netdna-ssl.com/wpcontent/uploads/2019/11/6.6056_JO_Cryptocurrencies_Statement_FINAL_WEB_111119-1.pdf.

书在前文对智能合约的分析判断一致,认为作为计算机代码的智能合约如果被用于定义和履行具有法律约束力的合约,那么可以被认定为合同。英国法律委员会将这种特定类型的智能合约界定为"智能法律合约",其概念为具有法律约束力的合同,其中部分或全部合同义务在计算机程序中定义和/或由计算机程序自动执行。[①]

(一)智能法律合约的成立

英格兰和威尔士的法律要求订立具有法律约束力的合同应当满足以下要件。

1. 经过要约和承诺的协议

英国传统合同法视域下合同的成立必须要有一份经过当事人要约和承诺的协议。要约是在被要约方接受时,要约方表示愿意接受特定条款约束的意思表示。承诺是对要约条款的最终无条件同意的意思表示。判断要约和承诺应当依据当事人言行的客观情况予以确定。

与本书的分析类似,[②]英国法律委员会根据自然语言合同与智能合约的关系,将智能法律合约分为三类:一是由代码执行的自然语言合同;二是条款被定义为自然语言和代码的混合协议;三是仅有代码界定的合同条款,没有自然语言合同的任何介入,只有唯一的由代码表示的智能合约。英国法律委员会认为英国法院在应对第一类和第二类智能合约是否成立合同的时候不会遇到困难。这两类智能合约都有自然语言的沟通,能够反映出当事人的意思表示,法院在裁判合同是否成立时能够依据既有的裁判规则作出判断,法院将重点判断当事人是否运用自然语言达成了协议。如果双方在用自然语言写成的包含合同条款的文本上

① *Smart Legal Contracts Advice to Government*, Law Commission (November, 2021), https://cloud-platform-e218f50a4812967ba1215eaecede923f. s3. amazonaws. com/uploads/sites/30/2021/11/Smart-legal-contracts-accessible. pdf.

② 本课题的阶段性研究成果将智能合约区分为三类。英国法律委员会 2021 年发布的 *Smart Legal Contracts Advice to Government* 采用了类似的分类和分析。

签名,那么对于当事人双方是否达成协议的问题上不太会出现歧义,通常都会被法院认定为合同成立。

法院需要着重解决的难题是“没有经过自然语言谈判”“只有代码形式”的智能合约。英国法律委员会认为有两种特殊情况值得进一步思考。第一种情况是:当事人双方是否可以通过他们部署代码和代码交互时的行为来判断双方已达成合意并成立合同?第二种情况是:各方部署计算机程序(比如在分布式账本上),这些程序随后交互并执行双方交易的情况,那么各方是否可以为他们部署的计算机程序的运行所约束?英国大法官律师协会和商业律师协会均认为:原则上,智能合约部署于区块链,一个或多个交易对手被邀请进入智能合约(无论是明示还是通过部署智能合约的事实予以暗示),都可以构成要约和承诺。

沿着合同法理论的基本逻辑和思路,业界认为这些加入智能合约交易的主体是以他们各自的行为做出了要约和承诺意思表示的客观行为。在 Thornton 诉 Shoe Lane Parking 案①中可以找到部署计算机程序被法院视为合同要约。在该案中,被告在其停车场安装了一台机器,当向机器投入一定的资金时,该机器将自动允许车辆进入停车场。丹宁勋爵解释说,被告将该机器作为收款的工具,是在向客户提出使用停车场以换取停车费的要约。② 如果采用同样的推理,部署于平台上的智能合约出现特定的条件就转移一定资产的情形也可以被视为要约。这里最重要的问题是:部署代码这个行为是否能够被认定为要约?与智能合约代码的交互行为是否能够被认定为承诺?英格兰和威尔士法院认为,虽然智能合约很新颖,但是有关合同“原则上需要的分析将保持不变”③。普通法能够应对智能合约这个新事物。

---

① Thornton *v*. Shoe Lane Parking Ltd [1971] QB 163.

② [1971] 2 QB 163 (“Thornton”).

③ UK Jurisdiction Taskforce, Legal statement on Cryptoassets and Smart Contracts, 2019, p. 146.

至于智能合约的部署和交互行为是否构成要约或承诺将取决于具体事实，法官需要结合个案进行判断。比如在测试环境中，部署智能合约不能被视为要约，与智能合约交互也不能被认定为承诺。智能合约交易具体情形的多样性对合同要约、承诺的分析更为复杂。

（1）系统规则。在某些具体的案件中，智能合约的部署和交互行为是否构成要约或承诺需要结合额外的证据来判断，比如详细的规则手册或系统规则，其中规定了合同成立的系统规则。英国数字法律协会表示，是否已经形成合同以及在哪些主体之间形成合同的问题很可能取决于分布式账本技术系统的“技术规则或法律规则”；在许多情况下，分布式账本技术系统的用户不懂计算机代码，而是通过第三方操作的应用程序、网站或其他用户界面与部署的智能合约进行交互，在交易方之间添加用户界面可能会在分析合同是否成立问题上引入“复杂因素”。[①]

（2）交易方的匿名状态。英国法律委员会认为，如果运用智能合约交易的交易方都是匿名的状态，会给交易纠纷处理带来困难。诉讼需要明确的被告，诉讼请求相关利益也需要核实确实由明确的原告享有。在公链上采用匿名智能合约交易的利益受损方不易证明谁是明确的被告，这为合法利益的请求带来直接的困难。数字法律协会（The Digital Law Association）对该问题进行评论，推测：随着智能合约越来越广泛地运用，身份验证可能会成为主流商业用途开发的智能合约平台的一个关键功能。[②] 英国法律委员会为征求关于智能合约使用情况的观点和证据，向社会公众发布了一项证据征询，律师事务所 Herbert Smith Freehills 反馈

---

① *Smart Legal Contracts Advice to Government*, Law Commission (November, 2021), https://cloud-platform-e218f50a4812967ba1215eaecede923f.s3.amazonaws.com/uploads/sites/30/2021/11/Smart-legal-contracts-accessible.pdf.

② See *Smart Legal Contracts Advice to Government*, Law Commission (November, 2021), https://cloud-platform-e218f50a4812967ba1215eaecede923f.s3.amazonaws.com/uploads/sites/30/2021/11/Smart-legal-contracts-accessible.pdf.

了征询意见,该所认为,可以将用户的公共地址与“其他公共信息,例如以前的交易数据和 IP 地址相结合,以提供一方身份的证据”。Herbert Smith Freehills 建议的本质是如何证明匿名方的真实身份,给出了具体证据来源的方法。英国法律委员会在征询意见时,有个意见值得我们注意:智能合约交易需要借助平台,平台运营商在提供交易与特定方联系起来的数据方面具有信息优势,再加上反洗钱法和“了解你的客户”的监管要求,平台运营商有义务验证和掌握部署智能合约的主体的真实信息,智能合约技术平台运营商在验证主体身份信息更具有优势。① 为了方便智能合约交易纠纷主体身份的确定,可以规定智能合约运营平台具有验证交易主体身份的义务,在法院要求平台提供身份信息时其有义务提供。

(3)缺乏行为能力的主体。分布式账本技术以及智能合约交易自动执行都很难保护缺乏行为能力的主体。根据英格兰和威尔士的法律,包括未满 18 周岁的未成年人、缺乏精神行为能力的人和因醉酒而丧失行为能力的人等特殊主体缺乏签订具有法律约束力合同的能力。② 未成年人订立合同,一般规则是认定该合同无效;③如果合同相对方知道或者应当知道交易对手是缺乏精神行为能力或醉酒的人,该缺乏精神行为能力的人或醉酒的人可以撤销该合同。④

(4)计算机自动达成交易协议。如果当事人双方各自都在分布式账本上部署了智能合约,智能合约之间相互交互,在满足各自预设的条件时两个智能合约自动达成了协议,那么智能合约自行达成协议是否构成

---

① See *Smart Legal Contracts Advice to Government*, Law Commission (November, 2021), https://cloud-platform-e218f50a4812967ba1215eaecede923f.s3.amazonaws.com/uploads/sites/30/2021/11/Smart-legal-contracts-accessible.pdf.

② Mental Capacity Act 2005, ss 2 and 3.

③ Hugh Beale, Chitty on Contracts (34th ed. 2021), para. 11－008.

④ Andrew Burrows, A Restatement of the English Law of Contract (2nd ed. 2020) p. 223; Imperial Loan Co Ltd [1892] 1 QB 599, 601; Dunhill *v.* Burgin [2014] UKSC 18, [2014] 1 WLR 933, 943.

合同成立？无论是否部署于分布式账本技术平台上，要约和承诺都可以无须人工干预而由计算机程序自动执行。[①] 大法官公会和商业律师协会对此问题的基本态度为，原则上没有理由否认各方通过部署在分布式账本上的计算机程序而自动达成的要约和承诺。[②] 大法官公会以及商业律师协会认可了计算机程序能够自动完成要约和承诺，合同成立能够通过计算机程序自动进行。

在 Software Solutions Partners Limited 诉 Her Majesty's Commissioners for Customs and Excise 案[③]中，法院认为，自动化软件能够形成有约束力的合同。有关保险公司明示或默示地邀请有权访问 SSP（Software Solutions Partners Limited）软件的经纪人使用计算机程序订立合同，并且保险公司承诺，如果经纪人遵循预先编辑的程序，他们将受到自动生成的结果的约束，即使保险公司暂时不知道这一结果。保险人还承诺，如果计算机程序未能按照计算机程序中已经确定或应该建立的参数执行合同，则保险人将在规定的限度内受该方案产生的结果的约束。法官认为该案的情形与 Thornton 诉 Shoe Lane Parking Ltd 案[④]的分析类似，SSP 软件作为自动化的中介，无须人为干预在保险人和经纪人之间形成有约束力的合同。[⑤]

2. 对价

英美合同法中，对价是合同成立的必备要件。除非得到对价的支

---

① T. Schrepel, European Commission, Smart Contracts and the Digital Single Market Through the Lens of a "Law + Technology" Approach (September 2021) p. 33 for a Similar View, and where the Point is made that "the Automated Exchange of Consents" should be Recognised as "Contractually Valid".

② See *Smart Legal Contracts Advice to Government*, Law Commission (November, 2021), https://cloud-platform-e218f50a4812967ba1215eaecede923f.s3.amazonaws.com/uploads/sites/30/2021/11/Smart-legal-contracts-accessible.pdf.

③ [2007] EWHC 971 (Admin).

④ [1971] 2 QB 163.

⑤ [2007] EWHC 971 (Admin) ("Software Solutions").

持,否则协议不能具有法律约束力。对价是指一方承诺或(在单方合同的情况下)履行以换取另一方的承诺。[①] 英国法律委员会认为,如果智能合约通过自然语言形成而由计算机代码执行或者在混合协议的情况下,那么对价的判断依据传统的方法即可。需要解决的新问题是双方都通过计算机代码进行交互而没有自然语言的交流沟通,该如何判断对价?英国法律委员会的观点是对价额能够通过检验代码和代码的运作来进行判断。大法官工会和商业律师协会认为,如果纯代码的智能合约导致双方完全执行的承诺同时发生或者有先后顺序的发生,交易双方都得到了各自讨价还价的标的物,那么这个过程清楚地表明双方的承诺均有对价。[②]

3. 设立法律关系的目的

如果智能法律合约的形成有自然语言的交流和沟通过程,即不是单纯的智能合约代码交互,那么依据普通法确立的合同法规则即可判断当事人是否有意建立法律关系的问题:如果该协议是在商业背景下订立的,则假定双方有意图建立法律关系,否认协议法律效力的一方将承担证明其无意建立法律关系的责任;如果该协议是在社会或家庭背景下订立的,则将推定双方无意图建立法律关系,主张该文件具有法律效力的一方将承担证明其意图建立法律关系。[③]

判断智能合约交易双方是否具备设立法律关系意图的难点仍然是纯代码而无任何自然语言交互的智能合约的情形。英国法律委员会专门举例予以解释:当各方使用他们的私钥在分布式账本技术系统上相互

---

① Andrew Burrows, A Restatement of the English Law of Contract (2nd ed. 2020), p. 8.

② *Smart Legal Contracts Advice to Government*, Law Commission (November, 2021), https://cloud-platform-e218f50a4812967ba1215eaecede923f.s3.amazonaws.com/uploads/sites/30/2021/11/Smart-legal-contracts-accessible.pdf.

③ The Aramis [1989] 1 Lloyd's Rep. 213, 224, by Bingham LJ; Glencore Energy UK Ltd. *v.* OMV Supply & Trading Ltd. [2018] EWHC 895 (Comm), [2018] 2 All ER (Comm) 876 at [51] by Sir Ross Cranston.

交互和交易时,或者各方各自在分布式账本技术系统上部署计算机程序,随后交互和执行交易时,由于这些协议是由行为而非言语形成的,因此可能不适用建立法律关系的意图推定。英国法律委员会进一步认为:当事人在分布式账本技术系统或其他智能合约平台上进行交易时,当事人是否有意建立法律关系是一个事实问题。[①]

对于这个事实问题的判断需要考虑部署代码的平台的性质和目的,以及代码执行事务的性质。英格兰和威尔士法院的态度是:如果让当事人之间的交易具有商业现实性是必要的,或者在有些情况双方期望存在可执行的义务,那么仅仅根据当事方的行为就可以强制执行协议。[②] 从法院的思路来看,是否可以从分布式账本上的交易中推断出建立法律关系的意图可能取决于使用特定分布式账本技术系统的人的期望。

大法官工会和商业律师协会指出,交易需要仔细审查。需要区分就代码执行的交易建立法律关系的意图和仅仅利用代码功能的意图。此外,如果代码的执行是"有保证的"——从保证执行的意义上说——交易方可能"不需要考虑法律上可执行的权利是否对他们有用,更不用说打算建立法律关系"。同样地,Herbert Smith Freehills 表示,许多情况下,在分布式账本技术系统上部署代码并与之交互的各方并不打算建立法律关系,而是"试图使特定流程自动化"。Slaughter 和 May 表示,双方的意图必然取决于交易的具体情况。如果分布式账本技术系统在促进银行间支付,那么不难确定在该系统上进行支付的银行打算建立法律关系。相比之下,如果分布式账本技术系统"设置为在沙盒环境中培训开发人

---

① See *Smart Legal Contracts Advice to Government*, Law Commission (November, 2021), https://cloud-platform-e218f50a4812967ba1215eaecede923f. s3. amazonaws. com/uploads/sites/30/2021/11/Smart-legal-contracts-accessible. pdf.

② The Aramis [1989] 1 Lloyd's Rep. 213,224, by Bingham LJ; Glencore Energy UK Ltd. *v.* OMV Supply & Trading Ltd. [2018] EWHC 895 (Comm), [2018] 2 All ER (Comm) 876 at [51] by Sir Ross Cranston.

员”,那么该系统上的参与者显然不打算建立法律关系。其他情况可能会引起相互矛盾的考虑。例如,各方可能使用分布式账本技术系统转移有价值的资产以换取付款。[①]

4. 形式要件

英格兰和威尔士的普通法认为,一般而言,合同无须以任何特定形式订立。合同无论是书面、口头还是通过行为订立,都具有法律约束力。[②] 但是该一般规则存在例外:(1)出售或以其他方式处置土地权益的合同无效,除非该合同以书面形式订立并签署;[③](2)除非以书面形式证明并签署,否则担保合同不可执行;[④](3)受监管的消费者信贷协议必须以书面形式由债权人和债务人签署;[⑤](4)契约由个人签署时,必须在见证签名的证人在场的情况下签署。[⑥] 在公司的情况下,契约必须通过加盖公司公章或由两名授权签字人(如董事或公司秘书)签名,或由见证人证明的董事签名。

英格兰和威尔士法律要求某些合同必须要由书面形式予以订立,那么书面形式具体指什么?“书面形式”在《1978 年解释法》(The Interpretation Act 1978)中的定义为:“书面”包括打字、打印、平版印刷、拍摄和其他以可见形式表现或再现文字的方式,书面表达形式应作与之

---

① *Smart Legal Contracts Advice to Government*, Law Commission (November, 2021), https://cloud-platform-e218f50a4812967ba1215eaecede923f. s3. amazonaws. com/uploads/sites/30/2021/11/Smart-legal-contracts-accessible. pdf.

② Rock Advertising Limited (Respondent) *v.* MWB Business Exchange Centres Limited (Appellant), [2018] UKSC 24.

③ Law of Property (Miscellaneous Provisions) Act 1989, s 2(1) and (3). Exceptions to the need for writing are set out in s 2(5), including for contracts to grant a short lease, and a contract made in the course of a public auction.

④ Statute of Frauds 1677, s 4.

⑤ *The Consumer Credit (Agreements) Regulations* 2010, Legislation. gov. uk, https://www. legislation. gov. uk/uksi/2010/1014/regulation/4/made.

⑥ Law of Property (Miscellaneous Provisions) Act 1989, s 1(2)(b) and (3)(a).

相应的解释。[①] 英国法律委员会认为：如果智能法律合约采用由代码执行的自然语言协议的形式，它将满足《1978 年解释法》中"书面"的定义。这是因为智能法律合约的条款是在自然语言文档中定义的，而自然语言构成了《1978 年解释法》中的"书面"。但是，编辑智能合约的代码是否构成《1978 年解释法》中的"书面"确实是一个新的问题。英国法律委员会认为，智能合约的源代码可以解释为构成《1978 年解释法》中的"书面"。但是，源代码是否也满足特定的法定"书面形式"要求将取决于议会在制定该要求时的意图，特别是上下文是否表明源代码属于"书面"的含义。英国法律委员会征集的意见也表明，被咨询者认为编辑智能法律合同的机器代码或人类无法阅读的源代码符合《1978 年解释法》中的"书面形式"要求是可能的。[②]

英国法律委员会认为电子数据交换(electronic data interchange)消息采用二进制数据的形式，人类无法阅读，因而不符合"书面"要求。与电子数据交换一样，机器代码通常是无法被人类读取的二进制数据，英国法律委员会认为机器代码不能满足《1978 年解释法》关于"书面"的定义。智能法律合约的条款可以说是存在于人类可以阅读的目标代码范围之内，可以成为《1978 年解释法》的"书面"形式。但这个问题会有争议，焦点问题是所要讨论的智能合约代码在多大程度上可以被视为"以可见形式表示"的模式。对于是否需要修改《1978 年解释法》以适应智能合约的发展，英国法律委员会认为没有必要，《1978 年解释法》对"书面"的定义并不局限于特定的书面形式或者类型，只要相关法律没有表

---

① See *Interpretation Act* 1978, Legislation. gov. uk, https://www. legislation. gov. uk/ukpga/1978/30/pdfs/ukpga_19780030_en. pdf. Last Visit Date September 10, 2022.

② See *Smart Legal Contracts Advice to Government*, Law Commission (November, 2021), https://cloud-platform-e218f50a4812967ba1215eaecede923f. s3. amazonaws. com/uploads/sites/30/2021/11/Smart-legal-contracts-accessible. pdf.

明相反的意图,源代码也将满足特定的法定“书面”形式要求。[①]

(二)智能法律合约的解释问题

智能合约交易中既有自然语言也有计算机代码,没有明确以何种语言的解释优先,合约的解释就会存在困难。解决同一合约的不同条款之间可能出现的不一致,英格兰和威尔士法院通常所采用的一般方法是在考虑整个合约的情况下,尝试调和冲突。无论合约的条款是在一份文件中,还是在两个或多个单独的文件中,这些条款共同构成一份合同。

如果混合智能合约的自然语言部分包括一个文本解释条款,即在自然语言条款与计算机代码条款出现冲突时以谁为准的规定,将有利于解决智能合约与其他文本相冲突的问题。若自然语言和计算机代码两种语言的约定存在重合,即都对某些事项作出了规定,约定该术语的两种表达方式中哪一种是主要表达方式,或者在发生冲突时优先使用哪种表达方式。事先约定文本冲突的解释条款无疑对事后纷争的解决提供了指引。

英格兰和威尔士法律协会指出,编辑代码对计算机的意义可能与当事人的意图相去甚远。英国法律委员会认为:确定代码的含义不应当只关注代码的执行效果,即输出的结果;从计算机的角度来看,代码语言对计算机只有一个含义,但是在某些情况下,代码的行为方式可能并非合同各方的意图。[②] 那么,如何理解代码呢? 接受英国法律委员会咨询的大多数人同意代码条款的解释应当由具备代码知识并理解代码的理性人的理解来决定,即采用“理性代码编辑人”测试标准(a “reasonable

---

① See *Smart Legal Contracts Advice to Government*, Law Commission (November, 2021), https://cloud-platform-e218f50a4812967ba1215eaecede923f. s3. amazonaws. com/uploads/sites/30/2021/11/Smart-legal-contracts-accessible. pdf.

② See *Smart Legal Contracts Advice to Government*, Law Commission (November, 2021), https://cloud-platform-e218f50a4812967ba1215eaecede923f. s3. amazonaws. com/uploads/sites/30/2021/11/Smart-legal-contracts-accessible. pdf.

coder" test)来确定代码的含义;并且他们认为该标准是解决代码条款含义的最有效标准,也不会对既有解释原则造成实质上的背离。[①]

自然语言文本的解释始终是上下文语境的解释,法院应当根据文本语境和事实背景来解释自然语言。在 Her Majesty's Revenue and Customs 诉 Tooth 案[②]中,法院认为该案的事实仅限于计算机读取的自然语言文本,以计算机语言写成的决策文件是被排除的。法院的排除意味着以计算机语言写成的文件是根据"由人来读"还是"由机器来读"可能具有不同的意思。英国法律委员会认同法院的这一说法。如果代码被计算机"读取",那么代码的含义可能只是它在执行时所做的事情;如果代码由人类阅读,那么代码的含义可能是合理的编码人员所说的代码似乎是在指示计算机执行的操作。这两个"含义"可能并不总是一致的。但是,法院关心的是应该采用哪种代码含义。英国法律委员会提出的论点是:代码的含义应该是一个合理的编码人员所说的代码似乎是在指示计算机去做的事情。也就是说,如果代码被人类阅读,就会产生意义。这种方法的好处是可以深入了解各方想要代码做什么,而不管计算机的最终性能如何。经过着眼于当事人约定的客观表象,这种测试更符合现有的合同解释方法,其重要性最近已被最高法院确认。[③]

(三)合同无效的救济

英格兰和威尔士法律承认合同法中因意思表示瑕疵而合同无效的因素有错误(mistake)、虚假陈述(misrepresentation)、胁迫(duress)和不

---

① See *Smart Legal Contracts Advice to Government*, Law Commission(November, 2021), https://cloud-platform-e218f50a4812967ba1215eaecede923f. s3. amazonaws. com/uploads/sites/30/2021/11/Smart-legal-contracts-accessible. pdf.

② [2021]UKSC 17,[2021] 1 WLR 2811.

③ See *Smart Legal Contracts Advice to Government*, Law Commission(November, 2021), https://cloud-platform-e218f50a4812967ba1215eaecede923f. s3. amazonaws. com/uploads/sites/30/2021/11/Smart-legal-contracts-accessible. pdf.

正当影响(undue influence)。如果出现合同无效的因素,则合同可能“无效”或者“可撤销”。[①] 如果一个合同是无效或可撤销的合同,一方当事人可以获得解除合同履行的救济。[②]

英国法律委员会认为,英格兰和威尔士法律可以将有关合同无效因素的法律规则适用于智能法律合约。英国法律委员会认为:如果智能合约无效,法院在做出恢复原状的救济时不会遇到新的法律问题或者新的实践中的难题;如果智能法律合同因虚假陈述、胁迫或不当影响而可撤销,现有的法律规则可以适用于智能法律合同。然而,如果智能法律合约已部分或全部由代码在区块链上执行了交易,那么这些交易是不能从文字意义上予以撤销的,因为它们已经部署在不可变的分布式账本上。换言之,智能法律合同的自动执行可能会使撤销智能法律合同变得困难。虽然无法通过修改区块链本身来扭转代码的性能,但是法院可以采用以下方式实现当事人之间的“实际正义”:(1)法院可以命令双方在区块链上进行“相反的第二次交易,第一个交易将保留在区块链上,但其效果将被第二个交易效果逆转。(2)法院可以识别代码所转让的利益,以货币对这些利益进行估价,然后命令双方就这些利益相互返还”[③]。

三、欧盟法律界对智能合约的应对

欧盟是欧洲多个国家共同建立的政治、经济联盟。欧盟成立的初衷之一是在政治和经济市场上协调一致,在国际舞台上形成统一的声音以增强欧盟的话语权和世界影响力。面对区块链智能合约技术创新在经

---

① Andrew Burrows, A Restatement of the English Law of Contract (2nd ed. 2020), p. 178 – 179.

② Andrew Burrows, A Restatement of the English Law of Contract (2nd ed. 2020), p. 179 – 184.

③ N. Yeo & A. Taylor, *Avoiding Blockchain Contracts*, Butterworths Journal of International Banking and Financial Law, Vol. 9, p. 586(2019).

济领域所引发的巨大反响,欧盟不少国家加大了智能合约在金融领域的创新实践步伐。例如:德国汽车经销商运用以太坊智能合约设计"经销商信贷应用程序",为购车客户提供立即访问融资资源的途径,减少信贷文书工作流程,让客户能够快速获得融资。智能合约发挥验证和执行谈判协议从而促进交易的功能,省却了银行等金融间接融资的中介成本,大大加快了本来需要几天甚至是几周的交易。①

欧盟除了考虑单一、独立国家所考虑的有关智能合约的基本法律问题以明确对智能合约的法律态度之外,格外重视以下四个问题:一是智能合约会为欧盟经济体带来何种机会以及何种问题;二是欧盟既有的法律环境会对智能合约产生何种影响;三是如何创造合适的法律环境促进智能合约的发展从而有利于欧盟经济的增长和国际竞争力;四是欧盟系多国联盟,智能合约国际法律问题突出,应如何消除欧盟国际障碍促进智能合约发展。欧盟除了同其他国家关注合同法视域下智能合约的问题之外,格外重视从"法律 + 技术"的角度研究智能合约及其带来的机会、存在的问题以及创新发展的可能性。

(一)欧盟成员国对智能合约的法律态度

截至 2022 年 12 月,欧盟共有 27 个成员国,不同成员国对智能合约应当采取何种法律态度存有不同的认识,这也反映欧盟内部对科技创新事物的不同思考。

1. 欧盟不同国家对智能合约法律规制的不同态度

运用智能合约进行金融交易有利于提高交易效率,对于这样一类金融科技创新事物,法律到底应当如何应对?是由既有的法律制度对之进行调整,是修改既有法律规定应对智能合约金融交易所带来的新问题,

---

① See David Edwards, *Blockchain and Smart Contracts have German Auto Dealers on the Fast Track to Financing*,载 impactlab 网,https://www.impactlab.com/2022/02/11/blockchain-and-smart-contracts-have-german-auto-dealers-on-the-fast-track-to-financing/。

还是制定全新的法律规则以调整智能合约金融交易所引发的新型社会关系？欧盟不同国家针对智能合约的法律规制态度大致有三种：一是有理论和实践否认智能合约作为当事人协议的合法性，认为无须对智能合约进行专门的监管；二是认为只需对智能合约采用间接监管，而不用直接监管；三是主张对智能合约采取直接监管。①

(1)智能合约无须监管论。欧洲研究者预测：在那些对于智能合约关系没有专门规定的国家，智能合约不需要规制，智能合约只不过是通常的合同，并没有法律特殊性。德国学者的研究显示，程序代码被认为是合同采用计算机语言的一种表达。② 如果智能合约仅仅被视为计算机专家理解的程序代码而不体现和表达任何意思，则是将智能合约归为"非契约的社会交换"。③ 无须对智能合约进行任何规制的观点的核心依据是智能合约仅仅是技术范畴，而不具有任何法律特征。但是，这样的论断与智能合约的实践相违背，在特定国家如果不否认使用智能合约可能性的事实，那么完全拒绝对智能合约产生的关系进行法律规制的论断是没有前途和错误的。④

(2)智能合约间接监管论。在有些欧盟成员国，运用智能合约产生的关系由合同法进行调整，在涉及数字经济领域时特定的法律会被适用，如果智能合约技术运用于涉及一方主体为消费者的交易时，消费者保护的法律规则会被适用。例如，西班牙的第 7/1998 号法律、《合同一

---

① Volos A. A. ,The Technology of Blockchain and Smart Contract and Their Regulation Under the Conflict of Laws of the European Union,Advances in Economics,Business and Management Research,Vol. 156,International Scientific and Practical Conference on Digital Economy (ISCDE 2020).

② Wolfgang Prinz & Axel T. Schulte, Blockchain Und Smart Contracts Technologien, Forschungsfragen und Anwendungen,Fraunhofer Gesellschaft,November 2017,p. 1 – 50.

③ Philippa Ryan, *Smart Contract Relations in e-Commerce: Legal Implications of Exchanges Conducted on the Blockchain*,Technology Innovation Management Review,Vol. 7,p. 10 – 17(2017).

④ Volos A. A.. The Technology of Blockchain and Smart Contract and Their Regulation Under the Conflict of Laws of the European Union,Advances in Economics,Business and Management Research,Vol. 156,2nd International Scientific and Practical Conference on Digital Economy (ISCDE 2020).

般条件》《消费者和用户保护通法》,第 1/2007 号皇家立法令[①]对于应对智能合约具有间接法律规制的作用。

(3)智能合约直接规制论。欧盟的一些司法管辖区直接在民事立法中引入了智能合约的规则,如意大利在法律中直接定义智能合约,明确智能合约必须遵守书面订立的合约规则和意大利数字机构制定的程序。[②] 意大利法律认为,智能合约是指以分布式账本技术为基础,由两方以上当事人根据事先达成的协议,在法律上确定使用的计算机程序。换句话说,智能合约就是将两方或两方以上的协议翻译成计算机程序,该程序能够证明某些条件已经启动并自动执行(例如,付款后发货,在双方立场一致的情况下创建并执行争端解决协议等),同时,智能合约必须符合法律对书面合同所规定的条件。[③]

2. 欧盟理论界对智能合约的法律思考

荷兰数字 Delta 区块链专家组于 2016 年开始研究区块链所需要的知识体系,随后智能合约/法律程序工作组(Smart Contract/Legal Programming Working Group)成立以应对以下问题:(1)明确哪些问题是与智能合约主题相关立法和规制问题;(2)确定未来将需要哪些知识,并确定谁或哪个机构可以在实践中以及何时满足这些知识需求。[④] 该智能合约/法律程序工作组通过专题研究,得出以下结论:

“(1)区块链智能合约是指在区块链上部署和执行的具有确定性的计算机程序。

---

① T. U. Tulsidas, *Smart Contract from a Legal Perspective*, Final Degree Work, University of Alicante, 2018, p. 1 – 42.

② See N. Krysenkova, *Smart Contracts in the Foreign Legal Environment*, International Public and Private Law, Vol. 5, p. 28 – 30(2019).

③ See N. Krysenkova, *Smart Contracts in the Foreign Legal Environment*, International Public and Private Law, Vol. 5, p. 28 – 30(2019).

④ Smart Contract Working Group-Dutch Blockchain Coalition, Smart Contracts as a Specific Application of Blockchain Technology, 2017.

(2)智能合约可能具有法律意义,但不一定每个智能合约都具有法律意义。

(3)智能合约技术可能处于各种法律领域(私法、行政法、刑法),因此可以有各种表现形式。

(4)并不是每一种法律表示(成文法条文、义务等)都适合转换为代码。

(5)在可能转换为代码的情况下,建议只执行可识别的(普通语言)意思表示。在确立了权利和义务的行政法和刑法中,从法律确定性的角度来看,这似乎是适当的前进方式,但在私法中,例如为了保护消费者,也可能需要这样做。

(6)当当事人意图用代码创设私法领域的义务,并可能事先接受执行结果时,这种意图至少应以书面形式规定(例如,不是用代码,而是用正式语言)。这个协议也可以在区块链上注册。

(7)在设计解决方案时,必须事先考虑实际和法律上的可能性,以便:(a)将合同的自动执行与预先确定的条款和条件(如双方或第三方的许可)联系起来;(b)在回顾时"取消"合同的执行(或其后果)(恢复原状、赔偿、损害赔偿等)。在发生争议时,还必须注意法律的适用问题和主管当局(调解员、仲裁员、法院等)的确定问题。

(8)有许可的区块链和无许可的区块链之间有明显的区别,因为它们的治理模型可能不同。访问控制可以保护被许可的区块链。与无许可的区块链相比,被许可的区块链不是每个人都可以参与,需要事先批准。此外,用户的读写访问权限可能不同,这也意味着可以划分任务和职责。简言之,一个经过许可的区块链背后有一个组织,通常是一个联盟。

(9)个人数据可能会被纳入智能合约。个人数据是直接或间接可追溯到自然人的数据。公民有获得个人数据保护的权利(根据荷兰《个人数据保护法》《通用数据保护条例》)。在获得许可才能进入区块链环境中,可以安排谁负责遵守荷兰《个人数据保护法》的要求。在无许可的区块链中,遵守数据保护法的主体和责任承担主体的安排是不同的。没有人或每个人都负责无许可的区块链,由于缺乏访问限制和对治理的控制,有关数据保护的这类协议更难达成。在这种情况下保护隐私的可能性还有待进一步研究。"①

3. 欧盟应对智能合约交易的既有法律资源及面临的现实困难

虽然欧盟不同成员国对智能合约的法理分析和规制态度有所不同,但是由于欧盟统一大市场经济利益的驱动,欧盟应对智能合约业已形成了一些法律储备资源。《欧洲共同销售法条例草案》中关于"合同"的界定是智能合约是不是合同的重要裁判依据。该条例将"合同"定义为"旨在产生义务或其他法律效力的协议"②。智能合约金融交易通常涉及支付问题,欧盟出台的调整成员国在欧盟大市场内电子支付、金融工具方面的规定能够用来规范智能合约交易,具体有:2015 年 11 月 25 日欧洲议会和理事会关于内部市场支付服务的 2015/2366/EU 指令;欧洲议会和理事会 2014 年 5 月 15 日关于金融工具市场的指令 2014/65/EU;欧洲议会和理事会 2014 年 5 月 15 日关于金融工具市场的条例 EU 600/2014)。

欧盟理论界有声音认为智能合约适用欧盟法律面临现实困难。有学者认为,智能合约关系与传统合同关系之间并没有本质的冲突,但是在使用智能合约时,确定智能合约交易的时间、地点、履行合同义务、确定适用的法律规则、明确管辖法院都确实存在困难。智能合约并不总是法律意义上的合同,由智能合约完成的交易并不一定是合同关系。智能

① Smart Contract Working Group-Dutch Blockchain Coalition, *Smart Contracts as a Specific Application of Blockchain Technology*, 2017, https://dutchblockchaincoalition. org/en/news/english-version-report-legal-reconnaissance-smart-contracts.

② European Commission, Propasal for a Regulation of the European Parliament and of the Council on a Common European Sales Law. Brussels, 11. 10. 2011. COM (2011) 635 final, 2011/0284 (COD).

合约交易是否构成合同关系亦需要规则予以确定。然而,目前欧盟还没有专门针对使用智能合约进行交易选择哪个成员国法律的冲突规则。按照通常的理解,智能合约是传统合同关系的计算机代码安排,那么顺理成章应当选择有关合同的冲突规则。有关交易的形成,普通的冲突规则是交易本身发生在哪个国家就由该国的法律确定该交易是否成立。然而该冲突规则面对智能合约交易存在运用困难,因为智能合约交易地点的确定存在困难。确保合同自动执行的区块链智能合约技术可能会让交易方处于匿名状态,区块链技术也没有强制定位当事人的地理位置,这两点在欧盟成员间跨国进行智能合约交易选择准据法造成了困难。

(二)欧盟数据法律对智能合约的影响

智能合约用计算机代码写成,智能合约本身以及智能合约所承载的交易方权利、义务、责任的意思表示均是具体的信息,这些信息以数据的形式予以展现,故而,智能合约自然也会进入对数据进行规范的相关法律法规的视野,与数据有关的法律政策必然会对智能合约金融交易的发展产生不容忽视的影响。

1. 欧盟数据法律政策的演进及逻辑

欧盟在 1995 年通过并实施了《数据保护指令》,在该指令的基础之上发展形成的《通用数据保护条例》于 2015 年 5 月生效,该条例被视为史上最严数据保护立法,重在保护个人的数据权利。由于电子通信领域个人信息中涉及的隐私保护问题尤为突出,欧盟之前的《电子隐私指令》鞭长莫及,搭建全新电子隐私法律监管框架的《电子隐私条例》(草案)于 2017 年 1 月由欧盟委员会发布,[①]该条例草案是《通用数据保护条例》在电子通信领域的特别法,比之前的《电子隐私指令》更为严格。无论是

---

① 参见吴沈括、邢政、崔婷婷:《欧盟〈电子隐私条例〉(草案)研究》,载《网信军民融合》2019 年第 1 期。

《通用数据保护条例》,还是《电子隐私条例》(草案),都是在个人数据权利维度进行的保护和监管。数据既有作为数据主体、权利客体须予以保护的一面,也有作为要素资源促进数字经济飞速发展的潜能。法律的天平如果过于倾向于保护个人数据权利,而忽视数据创新推动经济发展的积极作用,那么法律的规制格局很可能难以释放数据给经济带来的活力。经济的全球化,使各国经济竞赛时时刻刻紧张地进行着,经济大国动态地调整法律政策助力本国经济发展从而能够处于竞争优势地位。

美国和中国在数据市场推广数据访问和使用的做法业已让欧盟感到竞争压力,迫使欧盟在数据领域做出积极、快速的应对。在全球数字经济迅猛发展的背景下,欧盟意图成为大数据方面的领导者,意欲通过促进企业参与数字经济创设统一的欧洲数据空间和数据市场从而提升其在数字经济时代的核心竞争力。欧盟深刻认识到"以数据为驱动的创新将极大地惠及社会公众",借助数据存储和处理领域的技术变革推动欧盟的创新和社会经济发展水平。为了将欧盟发展成为数据驱动型社会的榜样和领导者,欧盟需要将法律的天平在数据权利保护和数据创新经济发展两端寻求新时代的平衡。2018 年 11 月,欧洲议会和欧盟理事会共同颁布《非个人数据自由流动条例》(Regulation on the Free Flow of Non-personal Data),旨在保障非个人数据在欧盟境内自由流动,为非个人数据商用创造经济价值提供法律依据。2019 年 4 月,欧洲议会和欧盟理事会发布了《开放数据与公共部门信息再利用指令》(The Directive on Open Data and the Re-use of Public Sector Information),明确个人或者法人为商业或非商业目的对公共部门机构持有的数据可以进行再利用,突破了公共部门机构之间数据交换的范围,扩大了数据利用的范围。2020 年,欧盟为了进一步明确支持数据经济的发展,紧锣密鼓地发布了《塑造欧洲的数字未来》、欧洲数据战略、欧盟《人工智能白皮书》等一系列主旨明确的战略性文件。2022 年,面对因使用物联网产品和相关服务获得和生成的数据,欧盟进一步思考和探索如何共享数据、如何最优分配数据访问权和使用权，从而确保高质量的数据被不同领域利用，形成了《数据法》（Data Act）草案，为实现基于数据的流动而创造经济价值打下法治基础。2022 年 4 月，欧盟成员国与欧洲议会谈判一致通过《数字服务法》（Digital Service Act），明确了在线数字服务平台的透明度要求和问责机制，强调对大型科技网络平台企业进行严格管理，科技公司不能利用其获取的竞争对手的数据而与其竞争，也不能在自己的平台上优先展示本公司的产品。[①] 当前，全球大型科技平台多为非欧盟国家企业，为防止科技巨头借由规模优势侵害欧盟利益、妨碍欧盟市场的公平竞争，《数字服务法》从加强对科技网络公司运用数据开展不正当竞争的规制着手，打压大型科技平台企业的数据垄断行为，从而保护欧盟经济利益和实现欧盟数据经济中的公平竞争，为构建健康有序、竞争充满活力的数字经济奠定法制基石。2022 年 5 月，欧盟理事会批准通过《数据治理法》（Data Government Act），再次强调"数据单一市场"是欧盟数字经济发展整体布局的重要组成部分。该法通过规则创新鼓励数据共享和提高数据利用效率，确立了公共部门持有数据的再利用机制，建立促进数据中介发展框架、引导数据利他行为，成立欧洲数据创新委员会，进一步打破欧盟各成员国数据流动和交易障碍。2022 年 11 月 1 日，欧盟《数字市场法》（Digital Markets Act）生效。该法创新提出"看门人"（gate keeper）监管规则，通过规范大型科技平台"看门人"的市场行为，保障欧盟数字经济市场不被以美国为代表的非欧盟国家大型科技平台垄断，也为欧盟数字市场构建公平竞争秩序奠定法制基础。

从前文的梳理我们可以清晰地看到，欧盟对数据的法律态度有着比较大的变化，从开始的史上最严数据法到全面保护个人数据，再到重视

---

① 参见刘旭：《欧盟委员会公布〈数字服务法案〉谷歌高层对法案提出质疑》，载百度百科 2020 年 12 月 16 日，https://baike.baidu.com/reference/55931390/8d9clYOkbc8YNlnr075IWZ-UGA51JKLD6GU5K7ewS6lmJHRa7hSxwjAQPjNTJKSC-hYWq4LSMppjzUvO19I5PdfCCdGUcLwBGajlbzmSEp-kYN1bZOd4YC9zWAXdm3wnN24。

数据的经济价值、促进数据的流通和交易，在个人数据保护与数据商用之间的价值冲突中寻求平衡。欧盟国家在数据法上的“面相”及“变脸”主要有以下三个方面原因：

第一，欧盟深深感受到来自美国数据霸权的数据主权危机，通过一系列数据立法寻求战略突破口以确保欧盟数字经济利益。早在 1973 年欧共体的研究报告业已显示“欧洲市场上超过 90% 的计算机都是依靠美国的技术”，欧洲的数据处理产业以美国企业为主导，大量数据被转移到美国。美国对欧洲数据市场的控制令欧盟各国感到恐慌，如何能够在欧洲数据市场中占据主导地位是欧盟一直努力的战略目标。经过研究，欧盟巧妙地选取了“个人数据权”，通过 30 多年的不懈努力，将个人数据权形塑成为囊括“反对权”“知情权”“访问权”“删除权”等多项权利内容的权利体系，奠定了个人数据权作为基本人权的法律地位。至此，欧盟可以用个人数据权从基本人权的维度对抗美国在数据市场中的霸权地位。因个人数据权是基本人权，美国不能轻易地将欧盟自然人主体的数据转移出境；由于个人数据权包括携带权这一内容，欧盟自然人可以将美国企业收集的个人数据“携带”回欧盟企业；借助反对权，美国企业不能随意针对欧盟自然人客户进行画像后“算法推荐”。

第二，欧洲人骨子里的传统隐私文化决定了欧洲社会对涉及个人信息尤其是财产信息的数据高度敏感。传统的欧洲以荣誉为价值导向，“尊严”和“荣誉”在欧洲法律制度中具有举足轻重的地位。欧洲大陆的尊严、荣誉文明实际上也是欧洲的隐私文明，欧洲社会从保护社会地位高的阶级的隐私发展到保护包括普通人的所有人的隐私，但隐私保护的核心仍然是人的尊严。正是缘于欧洲隐私文化传统，欧洲人对自由市场中促进经济效率提高的消费者信用报告和其他消费者数据的披露十分敏感。根据欧洲礼节，个人的财产情况属于个人尊严的范畴，个人财务状况是禁忌的话题。虽然从法经济学的视野来看，完善的信用报告会使个人的生活变得更加方便，也会使人们变得更加富裕，但是遵循欧洲的法律传统，相较于市场的高效率和信用，欧洲社会更加注重尊严。[①]"欧洲律师认为，如果市场主体能够随意购买到顾客的消费偏好，那么这是一种严重的潜在侵犯隐私权行为。"[②]正是因为欧洲社会侧重从人格尊严维度构建隐私权文化和法律保护制度，欧洲人在对待关涉影响经济尊严、反映个人财产的数据问题上格外敏感和排斥，欧盟《通用数据保护条例》正是欧洲传统隐私文化孕育的结果。

第三，数字经济的巨大竞争压力迫使欧盟不得不重视数据所具有的创新经济发展的巨大源动力。中国信息通信研究院发布的《全球数字经济白皮书（2022 年）》显示：2021 年，美国数字经济达到 15.3 万亿美元，位居全球第一；中国数字经济规模为 7.1 万亿美元，世界排名第二；德国数字经济达到 2.9 万亿美元，居世界第三位。[③] 全球数字经济发展目前呈现美、中、欧三极格局，中国借助数字经济实现跨越式发展对欧美造成极大触动。欧盟如果仍在严格的《通用数据保护条例》的基础上对数据使用的限制继续加码，欧盟的数据流通、利用将面临巨大障碍，数字经济将难有可期的增长空间。观察到美中数字经济的快速发展以及各国肯定数字经济要素特征的立法进程之后，欧盟快速作出了调整和应对，制定出一系列鼓励数据流通、加强数据经济价值转换的法律和政策，将数据经济价值成为法律价值所追求的一端，让法律的天平在个人数据信息保护与数字经济发展之间寻求平衡。

欧盟对数据个人属性和经济价值的尊重，具体到对待智能合约这个科技新生事物时，既会从个人信息保护维度进行解析，对其中涉及个人信息的数据运用进行限制，也会从数据商用价值出发鼓励智能合约作为

① 参见［美］詹姆士·Q. 惠特曼：《西方文明中的两种隐私文化：尊严 VS 自由》，杨帆译，载《私法》2006 年第 1 期。

② ［美］詹姆士·Q. 惠特曼：《西方文明中的两种隐私文化：尊严 VS 自由》，杨帆译，载《私法》2006 年第 1 期。

③ 参见中国信息通信研究院：《全球数字经济白皮书（2022 年）》，2022 年 12 月。

金融交易工具的使用。

2.《通用数据保护条例》对智能合约的影响

欧盟《通用数据保护条例》仅适用于个人数据的情况。根据该条例第4条的规定，“个人数据”是指与已识别或可识别的自然人(数据主体)有关的任何信息；可识别的自然人是可以直接或间接识别的人，特别是通过参考诸如姓名、身份证号、位置数据、在线标识符或特定于身体、生理、该自然人的遗传、心理、经济、文化或社会身份。值得注意的是，《通用数据保护条例》不适用于匿名数据。

区块链智能合约中的数据如果涉及可识别的自然人个人信息，毫无疑问会受到《通用数据保护条例》的限制。数据如果能够顺利在智能合约中得到运用和流通，那么该数据要么是非个人数据，要么是匿名数据。然而，智能合约中的数据是否能被视为匿名数据可能具有一定的挑战。《通用数据保护条例》Recital 26 中明确：确定数据是否属于个人数据的基本标准是识别的合理可能性。《通用数据保护条例》还有一个假名(pseudonymisation)数据的概念，假名数据不是匿名数据，假名数据仍然会被界定为个人数据。匿名数据与假名数据最关键的区别就是前者通过“所有”、“可能”和“合理”的方式都不能识别出数据主体，而后者具有数据主体再识别的可能性。智能合约中的数据有可能不被认定为匿名数据，而被判定为假名数据从而仍然会受到《通用数据保护条例》的规制。数据的假名化是指以这样一种方式处理个人数据，即在不使用附加信息的情况下，个人数据不能再归属于特定数据主体，前提是此类附加信息单独保存并采取技术和组织措施以确保个人数据不属于已识别或可识别的自然人。数据的假名化处理可以降低对数据主体的风险，但是假名数据仍然是个人数据。从《通用数据保护条例》第25条和第32条来看，该条例明确鼓励在适当的技术和组织措施中使用假名。在智能合约的背景下，如果实施的措施是加密和哈希处理，由于这些技术不会使个人数据不可逆地转为匿名数据,则该数据可能会被视为假名数据。[①]而智能合约中的数据一旦被认定为假名数据,则可能不符合《通用数据保护条例》的要求。

3.《数据法》草案对智能合约的影响

智能合约根据其性质、激活模式、使用和存储而采取不同的形式,欧盟认为,目前针对智能合约缺乏明确的规则和标准,导致了智能合约在互操作性方面存在潜在的问题。《数据法》草案的第八章专章讨论了这个问题:该章规定了必须遵守的关于数据空间运营商和数据处理服务提供商互操作性的基本要求,以及针对智能合约的基本要求。[②] 该草案第30(1)条对智能合约提出了以下四项基本要求:

(1)稳健性,即确保智能合约的设计能够提供非常高的稳健性,以避免功能错误并受第三方的操纵;

(2)安全终止和中断:意味着智能合约应包含可以重置或指示合约停止或中断的操作的内部功能或机制,从而避免或应对未来执行意外的发生;

(3)数据归档和连续性:如果必须终止或停用智能合约,智能合约中的交易数据、合约逻辑和计算机代码必须具有归档的可能性,而且智能合约档案必须具有连续性,以记录过去对数据执行的操作,从而使智能合约具有了可审计性;

(4)访问控制:应通过治理层和智能合约层的严格访问控制机制来保护智能合约。[③]

---

① See AEPD, *Introduction to the Hash Function as a Personal Data Pseudonymisation Technique*, European Date Protection Supervisor(October, 2019), https://www.edps.europa.eu/sites/default/files/publication/19-10-30_aepd-edps_paper_hash_final_en.pdf.

② See Alexander Schmalenberger, *Smart Contract in the Data Act*, Taylor Wessing(May 9, 2022), https://www.taylorwessing.com/en/interface/2022/smart-contracts/smart-contracts-in-the-data-act.

③ Mercedes Ferrer Bernal, Isabela Crespo Vitorique, Bárbara Sainz de Vicuña Lapetra, Isabel Bandin. EU: Smart Contracts and Personal Data, August 28, 2022.

欧盟《数据法》草案要求智能合约具有稳健性、可审计性，智能合约应当受到访问控制，并且应当具有终止和中断的功能。可以预期的是，这些新的立法提议对智能合约的商业运用将会产生重要影响，智能合约的开发和运用必须满足新要求，这既会增加智能合约商用的安全性和适用性，也会导致智能合约技术开发难度和成本的增加。

4.《欧洲数字单一市场战略》对智能合约的影响

欧洲联盟的一个重要目标是打破欧洲各国之间的产品、服务、人员、资本等市场障碍，实现欧盟内部市场的大一统。信息和通信技术不再仅仅只是一个特殊的领域，而是已经成为所有现代创新经济体系的基础。为了让欧盟在数字领域具有活力和优势，打破欧盟境内的数字市场壁垒，提振欧盟数字经济市场的活力、带动欧盟经济增长，欧盟委员会提出了数字单一市场(Digital Single Market)的战略。2015 年 5 月，欧盟发布了《欧洲数字单一市场战略》，该战略有三个支柱：(1)消费者和企业可以更好地获得欧洲各地的在线商品和服务——这需要迅速消除在线和离线世界之间的主要差异，以打破跨境在线活动的障碍；(2)为数字网络和服务的蓬勃发展创造合适的条件——这需要高速、安全和值得信赖的基础设施和内容服务，并辅之以创新、投资、公平竞争和公平竞争环境的合适监管条件；(3)最大化欧洲数字经济的增长潜力——这需要投资于信息与通信技术基础设施和技术，如云计算和大数据，以提高产业竞争力以及更好的公共服务、包容性和技能。[①]

从该战略的核心支柱来看，智能合约作为在线交易的技术工具有利于欧盟电子商务的发展，其基于互联网环境运行的属性打破了欧盟不同国家之间交易的边界，是欧盟建立数字单一市场的重要基础设施。欧盟数字单一市场在安全、可信赖、创新上的更高质量要求意味着智能合约的发展需要沿着以下几个原则进行：第一，智能合约本身需要提高安全

---

① European Commission, Digital Single Market, March 22, 2019.

性能,降低代码出错、漏洞等技术风险。第二,智能合约的交易需要将消费者的利益置于重要位置,侵害或具有侵害可能性的智能合约应当被阻止。第三,智能合约技术与其他技术结合以提高产业竞争力和创新交易模式。智能合约同物联网技术、各类数据库协同、配合或连接,一方面,扩展了智能合约的运用范围,由虚拟世界的交易延展至物理世界的真实交换,数字沟通交流在现实社会得到了映射;另一方面,智能合约等多种数字技术的复合革新了商事交易的传统模式,为陌生的交易主体提供多源的信任因素,从而激发欧盟内不同陌生主体之间交易的动力。第四,数字单一市场要求智能合约必须符合数字单一市场的法律制度,不符合要求的智能合约必须停止。数字单一市场的要求有可能需要智能合约面临中心化的风险。①

5.《数据治理法》对智能合约的影响

数据是欧洲数字经济的关键支柱,为了释放数据潜力,欧盟致力在尊重欧洲规则和价值观的基础上建立个人和非个人数据市场。欧盟委员会预计未来几年数据量将大幅增加,然而数据的再利用受到三重阻碍:一是数据共享的低信任;二是相互冲突的经济激励;三是技术障碍。②为了应对前述问题,欧盟委员会于 2020 年 11 月 25 日提出了《数据治理法》,2022 年 5 月 16 日正式由欧盟理事会批准。该法旨在促进欧盟各国以及各部门之间大数据的共享,增进数据的可获得性,培育对数据中介的信任。首先,该法第二章规定了特殊类别公共数据的共享和再利用受他人权利约束的数据的前提条件,这些条件是非歧视性的、客观合理的。该章同时规定除严格的例外,决定提供数据以供再次使用的公共部门不得做出排他性安排或以其他方式限制数据的可用性而损害第三方。其

① Thibault Schrepel, Smart Contracts and the Digital Single Market Through the Lens of a"Law + Technology" Approach, European Commission, October 20, 2021.

② Hendrik Mildebrath, Briefing EU Legislation in Progress, Data Governance Act, European Parliamentary Research Service, June 2021.

次,该法第三章规定了数据共享服务的基本制度框架:采用数据共享服务商业务范围限定制和登记制;明确数据共享服务的条件,要求数据共享服务商确保服务的程序和价格公平透明和非歧视。[①] 欧盟委员会认为,数据主体或其他数据持有人自愿提供的数据,在不寻求(经济)报酬的情况下,用于普遍利益的目的具有很大的潜力。该法第四章专门规定了数据利他主义制度,引入利他主义组织标签和监测框架,将满足特定条件的主体认定为"欧盟承认的数据利他主义组织"。[②]

《数据治理法》为数据共享提供制度安排,有条件的开放公共部门数据,通过降低数据交易成本促进数据服务中介市场的构建,鼓励和拓展数据利他行为的活动空间。该法的诸多举措将大力加快数据利用的经济进程。这为智能合约的纵深发展提供了日益改善的数据环境。首先,从智能合约运用案例工作的现实过程来看,智能合约作为计算机程序,其运行需要数据的输入,比如用于预付款教育培训学费支出的智能合约,需要实际上课的数据、消费者支付价款的数据等。因而数据范围的增加、数据容量的扩大都会扩展智能合约的用武之地。其次,从数据经济社会的技术结构来看,数据是数字经济的基本原材料,算法是对数据运算的程序安排。智能合约作为一段计算机程序是对数据如何处理的规则预设,不同金融科技运用场景的智能合约算法各不相同,需要对不同类型数据进行运算和处理。从数据与算法这两类数字社会基本要素之间的关系来看,没有数据,算法只能是一系列的运算规则,没有运算素材的算法只能成为美丽的摆设。数据范围越广,数据量越大,可实现的算法类型、数量也就越多。欧盟《数据治理法》增加数据供给,为金融科技智能合约的各类算法提供计算的原材料。再次,公共部门数据的共享

① 参见沈浩蓝:《欧盟数据治理的新发展》,载中国法院网 2022 年 11 月 4 日,https://www.chinacourt.org/article/detail/2022/11/id/6994275.shtml。

② Hendrik Mildebrath, Briefing EU Legislation in Progress, Data Governance Act, European Parliamentary Research Service, June 2021.

更加有利于智能合约交易者、设计者的决策和操作。政府等公共部门为了公共利益、完成政府工作等获取了大量数据，其数据的获得具有公共属性，有条件的开放公共数据对于智能合约获取外部数据、顺利获得预言机所需的外部信息，有利于准确判断智能合约交易条件是否满足。最后，智能合约获取、转移和运用数据都应当遵循《数据治理法》的规定，否则违反该法的智能合约可能会在司法评价上被认定为不可执行。

(三)德国联邦法院案例折射出司法对智能合约的态度

智能合约在金融科技领域虽然有着广泛的运用，但因智能合约引发法律纠纷进入欧盟成员国法院系统内接受司法评价的案例并不多。可以预判的是，一旦智能合约法律问题纠纷进入法院，对法官将是不小的挑战，法官对智能合约的裁判和倾向性评判都将对智能合约的司法形象产生重大影响。德国联邦法院 2022 年的一个案例反映了德国法院对智能合约这类科技新事物的司法思考。法国的雷诺银行一直提供各种租赁服务，其中一种是为电动汽车使用的电池提供单独的租赁。雷诺银行的租赁协议由智能合约等技术控制，银行协议的一般条款包括允许银行在租赁协议终止的情况下关闭电池充电功能。法院指出，银行通过汽车主板计算机对电池控制实现“数字远程访问”。雷诺银行对电池承租人“锁定”充电功能涉及德国物权法的适用。《德国民法典》第 858 条第 1 款规定：未经占有人同意而剥夺其占有或者妨害其占有的人，其行为为违法(禁止的擅自行为)，但法律允许剥夺或者妨害的除外。[①] 在该案中，雷诺银行是否构成占有侵夺是庭审的争议焦点之一。“占有侵夺，是以法律禁止的私力(berbotene Eigenmacht)排除占有人对物的事实管领，具体而言，即非经法律许可且非基于占有人意思的占有剥夺。”“占有侵夺

---

① See Markus Winkler, *Smart Contracts Work—but do they Hold up in Court?*, Pestalozzi Attorneys at Law(December 21,2022), https://pestalozzilaw.com/en/insights/news/legal-insights/smart-contracts-work-do-they-hold-court/legal_pdf/.

以法律禁止的私力为前提,但此私力不必构成侵权行为,因占有返还请求权属物上请求权,不以侵夺人具有责任能力与过失为必要。”[①]德国法的占有保护规则禁止在未经占有人同意的情况下撤回或扰乱占有。在该案中,下级法院裁定阻止充电的可能性代表了非法干预。的确,即使在充电选项被阻止之后,租户仍然对电池拥有实际控制权。然而,承租人不能再像预期的那样使用这种充电功能,并继续驾驶汽车。使用的可能性是对货物行使实际控制权利的一部分,从而也是占有的应有之义。通过阻止充电的可能性,承租人对其占有的电池和汽车的影响力受到限制。下级法院发现,由于银行的条款和条件违反了《德国民法典》第858条的法定规则,这些条款是非法的,应不予考虑。根据下级法院的意见,客户接受条款的事实并不会改变银行条款违法的判断。联邦法院维持了下级法院的判决结果,并得出结论:该银行的条款和条件无效,因为他们不恰当地使客户处于不利地位。然而,联邦法院并没有依赖于非法干预(它最终没有对此发表评论),而是依赖于对各方利益的仔细评估而作出的判断。从本质上来看,法院认为,阻止充电的可能性也阻止了客户使用汽车是不恰当的,这是一种比电池更有价值的资产(因为汽车只能使用同一制造商的电池,客户不能简单地更换它们)。[②]

德国联邦法院的案例表明智能合约这类新事物创新交易形式、为数字经济注入一股源动力的同时,也必须受到既有的法律规则的约束和限制。

(四)“法律+技术”维度下智能合约发展的新思路

欧盟《通用数据保护条例》、数据法草案等规定让智能合约的无障碍

---

① 吴香香:《〈物权法〉第245条评注》,载《法学家》2016年第4期。

② See Markus Winkler, *Smart Contracts Work—but do they Hold up in Court?*, Pestalozzi Attorneys at Law(December 21, 2022), https://pestalozzilaw.com/en/insights/news/legal-insights/smart-contracts-work-do-they-hold-court/legal_pdf/.

发展变得并不那么容易,欧盟数字单一市场战略亦会时时评估智能合约是否会导致数字单一市场的碎片化。然而欧盟也充分认可区块链智能合约新技术的革新性、发展潜力以及对欧盟新时代竞争力将会产生的重大影响力。因而,欧盟专门深入研究了智能合约与法律规则的交互问题,得出以下重要结论:第一,智能合约开辟了有利于欧洲公民和经济的新视角,法律规则和标准不得损害智能合约的生存机会;第二,欧盟应当从“法律 + 技术”的维度,寻求法律和技术相结合的路径,使二者都能够得到加强,而不是造成法律和技术的对抗;第三,智能合约作为创新技术之一,与法律合作时可以互惠互利,智能合约和法律都能够实现各自的利益诉求。智能合约金融交易的实现是创新的技术组合;法律是智能合约交易实施的法制环境,体现了国家对其所作出的合法性评价。“技术”和“法律”是智能合约健康发展的两个关键性的环境因素。欧盟的研究报告认为,增强“法律 + 技术”将为智能合约的发展成果最大限度地提供机会。在厘清既有的对智能合约造成障碍的法律规则和有助于智能合约开发的法律规则的基础上,从“法律 + 技术”的维度思考欧盟智能合约发展所面临的法律政策障碍。

1.智能合约交易跨境障碍的解决之道

欧盟成员国之间的协调和统一问题突出。智能合约金融交易在互联网中运行具有典型的跨境特征,欧盟顾虑跨国智能合约交易合同纠纷难以定夺从而引发割裂欧盟数字单一市场的后果。一方面,既有的适用于跨境关系的法律为智能合约带来的一些挑战提供了答案;①另一方面,学界对智能合约技术本身提出了新的思路。

(1)既有国际私法资源为智能合约交易纠纷提供准据法。欧盟不同国家的理论研究者和立法等实务部门对智能合约的认识差异较大、对智

① See Benedetta Cappiello & Gherardo Carullo, *Blockchain, Law and Governance*, Springer, 2020, p. 159 – 180.

能合约交易当事人之间法律关系的规定亦存在不小差别。发生法律关系界定冲突时,如何适用法律冲突规则便是欧盟国家不得不面对的问题。首先,既有的一些国际条约调整着跨国因素的合同关系。1980 年 4 月 11 日通过的《联合国国际货物销售合同公约》规定了国际销售合同的相关规则,可以作为调整智能合约的规范。其次,当事人可以选择适用于智能合约的具体法律。1980 年 6 月 19 日签订的《罗马国际合同义务法律适用的公约》规定了关于合同债务适用法律的规则,该公约明确当事人可以选择准据法。该公约规定了选择准据法的一些规则,专门强调不得剥夺消费者的法定权利。智能合约交易涉及消费者时,智能合约的提供者是专业人士,智能合约适用法律的选择不能排除对消费者的保护。

(2)智能合约服务器所在国或智能合约专家所在国法律的优先性。连接点的位置与交易主体的国籍并不总是一致,当事人属人法的确定存在困难。总而言之,智能合约跨国交易需要以国际私法的冲突法规则确定法律适用的问题,但是传统的冲突法也未提供充分的规则解。法院在应对智能合约交易法律适用时,也会采用与该关系最密切相关的国家的法律。① 在最密切联系的原则之下,沃尔洛斯 · A. A. (Volos A. A.) 提出,即使合同关系的一方并不拥有服务器的实体,智能合约双方之间的协议与服务器或专家所在国家的法律也更为密切。该学者认为可以直接明确服务器所在国的权利,服务器所在国或智能合约专家所在国可以优先实施该国的法律。② 有的学者认为,智能合约使用方会联系智能合

---

① Volos A. A., The Technology of Blockchain and Smart Contract and Their Regulation Under the Conflict of Laws of the European Union, Advances in Economics, Business and Management Research, Vol. 156, International Scientific and Practical Conference on Digital Economy (ISCDE 2020).

② Volos A. A., The Technology of Blockchain and Smart Contract and Their Regulation Under the Conflict of Laws of the European Union, Advances in Economics, Business and Management Research, Vol. 156, International Scientific and Practical Conference on Digital Economy (ISCDE 2020).

约专家,缔约方将依赖技术支持,特别是在数据挖掘和算法方面,因此,选择技术专家所在国的法律具有合理性。[①]

2. 智能合约交易应对欧盟数字法律政策挑战的思路

智能合约金融交易除了受合同法调整之外,还受到不断涌现的数字法律政策的规制。从前文的分析可以看出,欧盟《通用数据保护条例》等在数据保护、数据本地化等方面对智能合约提出了挑战。智能合约交易会使用私人数据,如在货物买卖交易中物流文件和定位信息;同时智能合约也会创造新的个人数据,如智能合约在转移和记录特定资产所有权的过程中将掌握私人特定信息。针对这些数据,欧盟《通用数据保护条例》对智能合约涉及的数据产生和使用进行规范。为了保护数据主体的权利,《通用数据保护条例》第 17 条[②]规定了数据主体享有数据遗忘权,智能合约面临"遗忘权"的挑战。虽然当事人可以选择合同所适用的法律,但当事人所做的法律选择不得剥夺消费者惯常居所地国法律的强制性规定对其提供的保护。如果"遗忘权"是消费者惯常居所地国法律保护的重要权利,采用智能合约交易方式的当事人不得通过法律选择排除消费者的"遗忘权"。

(1)应对欧盟数字法律政策挑战的法律解。欧盟有观点认为:监管机构和政策制定者希望保留智能合约与其他合同方式相区别的特征,需要在遵守《通用数据保护条例》与维持智能合约的生存机会之间

---

① See M. K. Woebbeking, *The Impact of Smart Contracts on Traditional Concepts of Contract Law*, Jipitec, Vol. 1, p. 106 – 113(2018).

② 《通用数据保护条例》第 17 条第 1 款规定:"数据主体有权要求控制者无不当延误地删除有关其的个人数据,并且在下列理由之一的情况下,控制者有义务无不当延误地删除个人数据:(a)就收集或以其他方式处理个人数据的目的而言,该个人数据已经是不必要的;(b)数据主体根据第 6 条第 1 款(a)项或第 9 条第 2 款(a)项撤回同意,并且在没有其他有关(数据)处理的法律依据的情况下;(c)数据主体根据第 21 条第 1 款反对处理,并且没有有关(数据)处理的首要合法依据,或者数据主体根据第 21 条第 2 款反对处理;(d)个人数据被非法处理;(e)为遵守控制者所受制的联盟或成员国法律规定的法定义务,个人数据必须被删除;(f)个人数据是根据第 8 条第 1 款所提及的信息社会服务的提供而收集的。"

取得平衡。解决方案可能是:为智能合约创建被遗忘权的例外;对《通用数据保护条例》采用缩小解释,不将公共链地址视为个人数据的存储。[①]

智能合约提前将交易条件、当事方的权利义务安排进计算机程序,是一种事前的技术手段接入和安排。智能合约自动执行既定安排产生的一个效果是防止事后干预,由此出现一类问题:如果智能合约本身存在高风险,那么消费者进入智能合约交易之后,消费者的权益如何得到保障?解决问题的方案大体有两类:一是监管机构提前介入,对拟部署的智能合约进行审核,排除危害消费者的情况,经过审核之后的智能合约才能进入市场。但是,这种方案增加监管成本的同时还会在智能合约与未采用智能合约进行的合约交易之间产生差别待遇。二是尊重"智能合约",给予智能合约更多的发展空间,仅当出现智能合约非法实践的情况下法律的强制性才介入。[②] 理论界建议欧盟采用"沙盒"等宽松的环境给智能合约进行测试,同时也创造宽松的环境测试针对智能合约突出问题的不同监管机制的有效性。允许在区块链智能合约出现异常时被阻止。阻止智能合约的情形包括:智能合约代码出现不可接受的错误;智能合约代码最终可能无法反映一方(或多方)的意图;当事人希望终止智能合约;智能合约的一方当事人(如消费者)希望行使其退出智能合约的权利;[③]法院取消智能合约。[④]

(2)应对欧盟数字法律政策挑战的技术解。由于区块链所特有的分布式账本特征,基于区块链的智能合约金融交易与《通用数据保护条例》

① Thibault Schrepel, Smart Contracts and the Digital Single Market Through the Lens of a "Law + Technology" Approach, European Commission, October 20, 2021.

② Federal Reserve, Bank of Boston, Beyond Theory: Getting Practical with Blockchain Boston Fed Learns by Doing with Blockchain Technology 19 (2019).

③ 7 Directive 2011/83/EU.

④ Hitoshi Matsushima & Shunya Noda, Mechanism Design with Blockchain Enforcement, Crepe Discussion Paper No. 68, 2020.

不兼容仍然是一个问题。[①] 为了解决这个问题，技术界提出了相应的技术方案，如阻止对数据的访问、不以明文形式存储个人数据或使用零知识证明等。[②]

数据的本地化、主权化要求对智能合约的发展构成了障碍。[③] 对于区块链中的公链而言，由于节点遍布全球，其数据呈国际化分布，不能满足数据仅仅在欧盟内部或者在欧盟成员国内部存储的要求。针对该问题的解决办法之一是在公链上仅仅存储哈希值，不存储具体的数据，同时还需要欧盟数据保护相关规定不认定哈希值为个人数据。数据本地化限制了智能合约产生和使用数据的范围，如果欧盟欲发展智能合约，那么需要对智能合约相关的数据行为作为例外情况处理。[④]

---

① See Michèle Finck, *Blockchains and Data Protection in the European Union*, European Data Protection Law Review, Vol. 4, p. 17 – 35(2018).

② Teresa Alameda, Zero Knowledge Proof: How to Maintain Privacy in a Data-Based World, BBVA, June 23, 2020.

③ Emmanuelle Ganne, Can Blockchain Revolutionize International Trade?, World Trade Organization, November 27, 2018.

④ Nigel Cory & Luke Dascoli, How Barriers to Cross-Border Data Flows are Spreading Globally, What They Cost, and How to Address Them, Information Technology & Innovation Foundation, July 19, 2021, p. 1 – 89.

| 第十四章 |

发展智能合约金融交易的法治对策建议

2016年7月，中共中央办公厅、国务院办公厅印发了《国家信息化发展战略纲要》，明确“以信息化驱动现代化，建设网络强国，是落实‘四个全面’战略布局的重要举措，是实现‘两个一百年’奋斗目标和中华民族伟大复兴中国梦的必然选择”。2021年12月，国务院印发《“十四五”数字经济发展规划》，该规划指出数字经济“正推动生产方式、生活方式和治理方式深刻变革，成为重组全球要素资源、重塑全球经济结构、改变全球竞争格局的关键力量”。“十四五”期间，应当瞄准大数据、人工智能、区块链等战略性前瞻性领域，发展基于数字技术的智能经济。2022年，党的二十大报告强调“加快发展数字经济，促进数字经济和实体经济深度融合，打造具有国际竞争力的数字产业集群”。智能合约是信息化、数字化、智能化的产物，智能合约在金融领域的运用实现着数字金融的不断创新，是提升我国金融业数字核心竞争力的关键力量之一。营造适宜金融智能合约发展的法治环境，规范数字金融创新，激励智能金融交易健康有序发展，是法学界应当持续关注的主题。本书通过对“智能合约运用的广阔金融场景”“智能合约的意思表示本质”“智能合约自动履行的法律效力”“智能合约的法律责任”“区块链智能合约的金融监管”等多个问题的深入分析，认为规范发展智能合约这一金融科技在金融领域的创新运用，应当有体系化的法治回应。虽然前面每个章节都涉及相应的对策建议，但是分散在各章，对策的整体性、体系性不突出，下面将对前文的建议进行系统性的梳理，同时也是整个研究的总结。

一、明确促进智能合约金融交易发展的法治目标

计算机的发明让人类意思可以在机器的世界里得到系统化的表示，在符合计算逻辑的条件下意思还能够运算。互联网的诞生帮助人类代码化的意思表示可以从一个节点快速流动到另一个节点，加速了意思交流的速度和范围。在计算机和互联网的基础上，智能合约具有将当事人的金融交易意思以合约代码形式展现并能够自动运算的能力。通过运算，在金融交易意思得到执行的过程中当事人各方的权利、义务得以实现。智能合约将当事人的金融交易合意及其履行从物理世界转移到了虚拟数字世界。而虚拟数字世界相较于真实世界，其对主体、行为和事件的连接在信息交互、利益交换等方面，跨域了空间上的距离障碍，突破了时间上的漫长等待，大大降低了交易成本。智能合约不仅将金融交易意思载入了数字世界，而且借助“if... then...”逻辑结构确保满足条件的交易一定会被执行，降低了真实世界的合约不被执行的心理预期。正是因为智能合约有利于扩大金融交易范围，提高金融交易效率，提升金融交易成功率，符合“降低成本、增加效益”的经济发展规律，中国、美国、欧盟等国家或地区已经纷纷展开智能合约的金融创新实践。智能合约业已在金融债权清收、供应链金融、贸易金融、支付清算、保险、证券等领域成功运用，在众多的去中心化项目以及 Web3.0 中发挥着核心地位作用。

美国多个州已经通过立法肯定智能合约在商事交易中的运用，司法实务界也保持开放和友好的态度对待智能合约引发的法律纠纷，宽松的

数字法律环境进一步维护和巩固了美国数字经济强国地位。英国运用极具弹性和包容性的普通法积极回应智能合约,并分门别类讨论了智能合约不同情形下的法律应对。欧盟格外重视智能合约会为欧盟经济体带来何种机会和竞争优势,为对抗美国数据霸权在欧洲文化传统基础上形成的个人数据权利体系以及一系列的数据法律,为智能合约的发展提供便利条件的同时也带来了一些限制,欧盟法律界正思考如何突破藩篱而让智能合约有更广阔的发挥空间。

有关智能合约的立法宗旨关系到对该对象的价值判断和公共政策导向问题,从本书第一章“智能合约运用的广阔金融场景”、第二章“智能合约的界定及其影响”、第三章“智能合约与传统法律之间的互动”以及第十三章“域外应对智能合约的法律思考”的分析论证来看,我国立法和司法界需要旗帜鲜明地以促进智能合约金融交易发展为价值取向,规范智能合约金融交易健康发展确实是法治目标的应有之义,但不应设置障碍否定智能合约的金融交易形式,包括:不应当仅仅因为代码形式就否定代码可以成为意思表示以及当事人之间形成“合意”的载体;不应当仅仅因为智能合约自动执行就否定合约履行的法律效力;等等。

二、厘定法律金融智能合约的认定标准

智能合约是不是法律上的合同是一个必须予以明确回答的问题。“托管说”“自助救济说”“电子代理人说”“合同履行工具说”“作为整个合同过程的智能合约”等有关智能合约法律本质的各种学说从不同维度展开了激烈论争。这些学说重点关注了智能合约的功能,更多地肯定了智能合约自动执行的工具性特征,但并没有从法律合同属性方面正面解决问题。智能合约一旦落入合同法的势力范围,将受到合同法的调整,既能通过合同法保护智能合约交易,也能将其纳入合同法调整范围从而得以规范运作。当我们把眼光放得更为长远一些,数字经济时代将会有越来越多的数字交易、智能交易,当事人之间的交易意思直接用代码表

达和执行的情况将渐趋普遍甚至普及。早日将智能合约引领的数字智能金融交易纳入合同法调整，一方面，有利于在时代变革的早期通过促进智能合约交易增强我国金融科技创新的国际竞争力；另一方面，有利于早日探索适宜智能合约交易的合同法立法和司法创新。美国、英国还有欧盟的法律界已经从合同法的视野开始剖析智能合约，我国关于智能合约的合同法治实践可以更为前瞻和大胆一些。

合同应当体现当事人之间形成“合意”的意思表示。“意思”是当事人的主观范畴，要约与承诺形成合意的意思需要表示出来；“表示”属于客观化的范畴。依据信息理论，自然语言是当事人意思信息的载体，计算机代码同样可以成为意思信息的载体。当事人意思先以自然语言表达，再将自然语言转化为智能合约代码，从信息符号学的角度来看，实际上是“意思—自然语言—智能合约代码”的再符号化过程。智能合约代码成为金融交易当事人“合意”信息载体并不存在障碍，因此承载当事人金融交易“合意”的智能合约满足合同成立的意思表示要件。合同需要一定的形式要件，口头、书面或者其他形式都可以成为合法的合同形式。从人类信息记载和传输发展史来看，数字代码以电子设备为载体进行储存和传输，数字电子形式能够成为有效的合同形式。我们需要在立法和司法层面明确认定法律金融智能合约的标准为：符合合同成立条件的智能合约可以被认定为法律上的合同；不符合合同成立条件的智能合约，认可其作为技术手段的功能。

在具体确认智能合约意思的过程中，需要分情形分类处理。

情形一：金融交易当事人共同协商一致最终形成智能合约，智能合约代码所承载的交易意思即为当事人金融交易的“合意”。

情形二：金融交易一方当事人起草自然语言合同，然后将自然语言合同转换成智能合约，自然语言合同和智能合约同时部署到区块链或者其他网络环境。金融交易相对人“点击”进入合约，对于智能合约与自然语言合同内容相同的部分，双方当事人合意明确；如果出现智能合约中的内容超出自然语言合同范围的情况，则参考情形三的处理规则。

情形三：金融交易一方当事人没有起草自然语言合同，直接将金融交易意思写成智能合约代码并部署到区块链或者其他网络环境，金融交易相对人“点击”进入合约。“点击”行为是否构成对部署金融智能合约的当事人要约的承诺，需要综合考虑交易相对人对智能合约的认识能力、智能合约提供方是否给予说明、交易惯例等具体因素。如果交易相对人能够正确理解智能合约所体现的提供方要约意思，那么交易相对人的“点击”行为构成承诺，金融交易双方的合意成立。

三、明晰金融智能合约法律效力认定和处理规则

智能合约法律合同的成立，核心关注的是当事人关于金融交易经过“要约”“承诺”形成意思表示一致的合意。法律智能合约的效力问题还需要考虑智能合约自动执行的法律效力，考察智能合约是否违反法律或行政法规强制性规定、是否违背公序良俗、行为人是否具有相应民事行为能力的问题。

智能合约自动执行与传统合同“亲力亲为”的履行方式不同，依据“合同自由原则”，金融交易当事人是选择亲力亲为还是交由电子手段自动履行合约，属于合同履行方式的选择问题，应当遵循当事人的自由抉择，不能因为当事人选择了电子自动履行合约方式从而否定履行的效力问题。如果智能合约自动执行的具体交易内容处于当事人合意的范围之内，自动履行的法律后果由交易主体承受，自动履行具有法律效力。“意思对外的电子表示”属于这种情形，“意思的对外自动表示”是当事人将意思设置为对外部自动地表示出去，也归属于此种类型，因此这两种类型下的自动执行均具有法律效力。

如果智能合约自动执行的具体交易内容超出当事人合意的范围，需要区分超范围履行的产生原因：其一，智能合约编写专业人员超出当事人金融交易意思制作智能合约。通常情况下，相对于智能合约交易相对

方，智能合约自动履行的效果对部署智能合约的当事人（通常是处于优势地位的商家）具有约束力，除非有充分证据证明构成重大误解。因智能合约超出委托方意思范围，委托方作为提供金融智能合约的当事人可以依据智能合约制作委托协议追究制作方的合同责任。其二，加强人工智能的运用使智能合约金融交易在决策和运行上能够做到"自动的意思对外表示"，此时智能合约的自动执行有可能会超出当事人的意思范围，当然事后如果得到当事人的认可，则该自动执行自然具有法律效力。如果没有得到追认，则可以考虑设计电子代理人资格、行为能力和责任能力尝试性地解决问题。

智能合约一旦部署于区块链，在满足既定条件时就会自动执行。即使智能合约内容违法，如智能合约用于盗窃、洗钱、赌博等非法用途，在触发条件达成时设定程序也会启动。智能合约自动履行的法律效力，除了需要考虑当事人的意思自治外，还需要考虑自动执行是否违反反洗钱等金融监管法律以及其他的强制性法律规定。除了借助监管科技将用于违法目的的智能合约检测出来阻止其执行之外，在法律上需要进一步分析具体的强制性规定是否会导致智能合约自动履行行为无效，在我国具体的判断标准为最高人民法院《关于适用〈中华人民共和国民法典〉合同编通则若干问题的解释》第 16 条。针对在程序上已经执行的非法智能合约交易，一种方式是在现实世界查明违法者、追究违法者的法律责任、追回受害者因违法行为所遭受的损失；另一种方式是在虚拟世界设置和运行针对性的程序从而恢复智能合约自动执行之前的状态。

至于参与智能合约金融交易的当事人是否应具有民事行为能力的问题，我国民事法律规定无民事行为人、限制民事行为能力人参与的合同行为法律效力分别为无效、效力待定；英国法规定未成年人、因醉酒而丧失行为能力的特殊主体缺乏签订具有法律约束力合同的能力。如果每一笔智能合约金融交易都需要去认证和鉴别进入交易的主体的民事行为能力，势必阻碍交易的正常进行，也会大大增加交易成本。这个问题与电子商务兴起之时如何判断互联网另一端是具有民事行为能力的主体在本质上是相同的。联合国电子商务相关法律采用的是将“是否有能力使用电子通信方式订立合同”的问题转化为“如何做就可以达到通过电子通信进行合约交易”；我国的做法是在立法技术上采用法律推定制度，规定除非有相反证据足以推翻当事人不具有使用自动信息系统的民事行为能力，否则自动信息系统的使用均具有法律效力。因此，在智能合约金融交易民事主体行为能力问题上，可以继续沿用我国电子商务领域中的法律推定制度。

四、合理配置金融智能合约相关主体的法律责任

与智能合约金融交易相关的区块链平台提供者、金融交易合同当事人、智能合约制作者、交易验证者、金融交易第三方、其他相关主体因服务提供、参与金融合约、委托制作、验证服务、支付服务、侵权等多种关系交织成一张复杂的法律关系网。明确各主体的法律责任，有助于参与方形成正确的责任预期、定分止争，也有助于激励智能合约相关产业提升安全保障。金融交易第三方如支付等服务、区块链上的验证服务依据服务合同或者验证规则进行责任认定即可，实践中业已表现出来的因智能合约本身引发的损失问题是特殊性的问题，也是本书深入研究的问题。

自动执行的智能合约可以为交易双方消除合同不被履行的预期，节省了合同履约成本，然而智能合约一旦部署难以修改的特性使得智能合约的磋商、形成、制作、部署与传统合同相比需要投入更多的成本，包括对相对方更多的信任成本。为了促进智能合约金融交易的健康发展，必须有预见性地对智能合约订立阶段的信赖利益予以保护。目前我国《民法典》有关缔约过失的责任安排采用了“典型列举加兜底条款”的立法技术，但典型列举均要求主观为故意，兜底条款参考典型列举给司法实践造成主观要件满足故意的引导，同时信赖利益保护在缔约过失责任构成要件中并不突出，建议在今后有关缔约过失责任法律条文修改或者司法

裁判规则中明确主观过错包括故意和过失两种状态，同时立法目的突出信赖利益保护。

智能合约作为计算机程序难以避免漏洞的出现，“可重入性异常”“燃料不足异常”“召唤未知”等就是智能合约的典型漏洞；智能合约的编辑也可能会出现合约代码不能完全、准确反映当事人意思的情况。针对这两类常见问题引发的损失由谁来承担责任？诸如“计算机漏洞市场”“软件漏洞经纪人”“基于漏洞的金融衍生品市场”等软件漏洞新市场，虽然在一定程度上可以部分地解决由智能合约软件漏洞产生的问题，但是智能合约安全领域内的“公地悲剧”“信息不对称”等问题远未解决。除大型软件使用者和广大分散的软件消费者对软件安全需求造成的巨大压力外，对软件供应商苛以法律责任能够改进软件的安全质量。因此，面对智能合约市场失灵的状况，通过国家立法或者扩大解释既有法律进行干预是有效的制度应对，具体而言，包括合同责任和侵权责任。

智能合约在计算机领域被界定为软件，有关软件的开发、委托制作、买卖都会进入合同法律关系。由于货物和服务的商业属性截然不同，智能合约在具体的合同法律关系中是货物买卖合同还是服务提供合同是需要辨别的问题。提供智能合约的一方如果只是出售智能合约软件物品或者在混合销售中以销售智能合约软件物品为主，都将适用与货物销售有关的法律规定。在合同法的保护框架下，如果提供智能合约物品的提供商在合同或者其他书面形式中有明示保证条款，则智能合约提供者需要承担明示保证责任，在该明示保证条款与合同中的免责条款或其他条款冲突的情况下，该明示保证条款具有优先性。除了明示保证，智能合约提供者具有默示保证责任，应当保证所提供的智能合约不具有提供者知晓的、隐藏的实质性缺陷。

合同法对智能合约的购买方、使用者提供的法律保护基于特定的合同，保护范围和力度有限，侵权责任法同样需要发挥处理有关智能合约纠纷的功能。智能合约制作者的侵权责任主观要件采用一般过失责任,在智能合约软件工程师具有明确的、公认的职业标准之后,可以考虑采用职业过失责任。多数智能合约漏洞并不是出于制作者的明知和故意,但制作者应当尽到合理注意义务,以防止智能合约出现已经出现过的漏洞类型,在智能合约投入使用之后发现该智能合约存在漏洞风险应及时做出补救和警示防止损失的出现和扩大。智能合约的制作者以其能够合理预见损失的发生为限,违反注意义务的判断可以考虑以下因素:(1)违反注意义务所导致的损害是高度可预见的;(2)已经有措施可以消除或减低可预见损失的软件缺陷;(3)专业人士的专业意见或者鉴定报告。智能合约错误而导致的损失,受害者可以请求智能合约制作者疏忽所造成的损害,智能合约出错与受害者受到的损失之间具有事实上的因果关系,属于法律上的近因。产品责任属于特殊的侵权责任,现成的以软件对外出售的智能合约以及预编于硬件的智能合约符合产品责任适用的政策动因,可以考虑适用产品责任;定制智能合约的制作者通常不会进行大批量交易,无法将损失风险分散到众多消费者中去,不适用产品责任。智能合约产品构成产品责任的要件包括:智能合约软件在销售时存在缺陷,缺陷包括设计缺陷和警示缺陷;智能合约软件是产品,不是服务;用户以预期的方式使用智能合约软件或内置有智能合约软件的产品,用户的使用没有引入缺陷。

五、创新金融智能合约监管思路和举措

智能合约有助于金融创新,其在提高金融效率的同时也带来了特殊的金融风险,金融监管将智能合约技术创新引导到社会容忍阈值范围之内,有助于智能合约技术创新的可持续、健康发展。智能合约金融交易有着复杂的法律关系网,参与主体众多,应从特殊的参与主体出发,寻求金融监管切入点:网络服务商具有网络数据交通可控性可以成为智能合约金融交易监管的关键切入口;矿工是向区块链添加新数据的节点,可

以通过享受责任限制或“安全港”等制度激励矿工为合法交易进行认证，采用惩罚机制引导矿工不对违法交易做认证；核心的区块链、智能合约开发者在智能合约金融交易中具有举足轻重的作用，将其作为金融监管的重要切入点；用户是智能合约产品或服务的最终使用者，在金融监管中通过配置法律责任防止其将违法内容添加到分布式账本，运用举报奖励机制激励用户揭发违法行为从而扩大监管范围。

智能合约金融交易具有自动执行、采用代币支付的典型特征，针对这两个方面的监管要点包括：(1)防止非法使用智能合约用于洗钱、资助恐怖主义、分裂国家势力等犯罪活动。区块链智能合约交易的去中介特征使得传统的通过监管金融中介机构的监管模式失效。区块链智能合约交易通过互联网可以国际化运行，各国对待区块链、虚拟资产及有关交易的合法性和政策规定不一，造成有关智能合约金融交易跨境监管难度大。面对智能合约金融交易带来的挑战，需要增设金融犯罪执法部门的工作内容，专门设立信息和科技工作部门借助区块链可追踪性、智能合约虚拟世界与真实世界交易的连接点(包括虚拟货币与法定货币兑换的交易所和最终的真实世界的主体)等技术特点提高对金融犯罪活动的监管。(2)保护金融消费者权利。法律明文禁止未授权方获取、披露、使用、允许他人使用智能合约交易中涉及的金融隐私；区块链智能合约交易平台应当建立金融隐私保护机制；提供金融产品或服务的当事人应当具有金融隐私保护措施安排；金融消费者应当被告知区块链智能合约的工作原理、哪些信息会于全网公开、采用了哪些隐私保护措施；智能合约制作者应当制作符合隐私保护要求的智能合约；构建金融隐私泄露应急机制。(3)分类监管智能合约交易中的代币。在金融“监管沙盒”内，符合证券条件的代币按照证券要求进行监管；数字人民币作为法定货币，按照货币法并结合数字货币的特征进行监管；功能型代币，不按照证券法和货币法进行监管，而应依据其不同功能判断是否进入特定领域进行监管。

智能合约同时也是特定的算法,从保护金融消费者权益的角度,应当防范智能合约的算法歧视风险、算法共谋风险、算法“黑箱”风险。除了从反垄断法、个人信息保护法等路径保护金融消费者免受算法风险所带来的损失外,明确公平交易权作为金融消费者算法歧视侵权的请求权基础,是保护受到算法歧视侵害的消费者最有力的武器。在认定上,认可为生活消费而购买商品或接受服务的自然人是同等的消费者;消费者价格差异合理性应该站在具有可比性的两笔或数笔交易之上,而不是从整个市场的宏观、整体维度进行评价;算法侵权案件中,采用举证责任倒置。另外,在算法侵权领域,扩大支持起诉制度的适用范围、支持起诉的主体和支持起诉制度的具体内容。

六、营造可编程数字人民币蓬勃发展的法治环境

智能合约加载到数字人民币,使得数字人民币可根据不同交易的具体情形进行编程。可编程数字人民币是金融科技智能合约的典型运用,助力数字人民币在全国乃至全球经济中予以推广。我国数字人民币加载智能合约已经在消费红包、预付资金领域、专项资金定向使用项目、交易款项结算项目等场景得到了创新性运用,智能合约在增强交易确信、降低资金挪用风险等方面功能突出。可编程数字人民币在“支付即结算”、便捷支付、防止商家挪用消费者预付款、提高监管效率等方面,有利于保护消费者。数字人民币是数字现金,适用“占有即所有”的民法规则,对于商家预收的消费者付款,由于受到智能合约的控制,在智能合约预设的条件没有满足时,预付款处于智能合约控制的“冻结”状态。如果商家破产,该数字人民币虽然处于商家数字钱包内,建议从保护消费者角度出发采用“智能合约附条件支付生效条件说”,认定破产管理人不享有针对由智能合约控制而退回买方电子钱包中数字人民币的返还请求权。

数字人民币加载智能合约需要进入金融监管的视野。解构“可编程

货币”的内核可以确定监管主体,数字人民币与智能合约复合之后的特殊风险既有金融风险,也有市场风险。具体而言,金融监管部门关注智能合约对支付、资金募集、智能投顾、定向贷款等资金融通领域的影响;市场监管部门监管智能合约用于具体市场交易的情况。数字人民币加载智能合约的监管对象包括数字人民币运维技术平台、数字人民币运营机构、数字钱包提供者、智能合约制作者、数字人民币智能合约使用主体。可编程数字人民币的监管需要重视市场准入、市场运行和市场退出环节的全流程监管思路。智能合约的准入审查职权职责需要在中国人民银行数研所与运营机构之间进行分配:中国人民银行数研所负责智能合约是否适合数字人民币系统运营环境以及是否会给系统带来风险的审核;运营机构负责智能合约违法风险、典型智能合约技术漏洞、智能合约代码调整等方面的审核。可编程数字人民币市场准入监管具体包括“提供智能合约接入端口的运营机构的准入”“智能合约制作者准入”“智能合约准入”“智能合约使用者准入”“预言机准入”等内容。可编程数字人民币的市场运行监管,需要关注智能合约金融交易的市场运作过程,重点通过相关主体披露信息及说明掌握市场的实时动态,观察数字人民币分类、离线交易次数限制的实施情况,持续关注权利人的隐私受到侵害和保护实况,时刻洞察智能合约交互的风险。不满足市场准入条件的智能合约制作者、智能合约、运营机构应当退出智能合约交易的相关市场。

为了推动可编程数字人民币的运用场景,建议修改《现金管理暂行条例》第 2 条第 2 款“国家鼓励开户单位和个人在经济活动中,采取转账方式”和第 3 条“开户单位之间的经济往来,除按本条例规定的范围可以使用现金外,应当通过开户银行进行转账结算”的规定,允许开户单位和个人在经济活动中将数字人民币作为支付方式;建议修改如《国库资金经收支付服务管理办法(试行)》等关于财政资金需要通过专户进行支付的规定,允许国库资金通过数字人民币的方式支付。

数字人民币加载智能合约会出现相应的风险，建议前瞻性地设计风险指标体系及应对措施。本书建议可以考虑双层风险指标体系。一级风险指标根据风险的类型分为法律风险、技术风险和金融风险；在一级风险指标下设二级风险指标，二级风险指标是一级指标的风险因子，二级风险指标是该类型化风险的具体种别。针对不同的风险水平，采取“停止交易”“冻结数字人民币”“恢复交易”“记录违规”“监管措施”“责令修复智能合约漏洞”等多种、多组合的监管措施。

七、持续关注域外金融智能合约的发展及其法治动态

智能合约作为金融科技创新事物正在多个国家或地区被深度运用于丰富的金融场景中，助力于提升金融效率的同时，在提升智能数字金融经济体的国际竞争力中扮演着重要角色。智能合约所引发的新的社会事实，也正为这些国家或地区的法学界所研究，并且有些问题已经在立法和司法实践中予以了快速而积极的回应。持续关注域外智能合约的发展新动态及其法学研究新动向，为我国智能合约法治发展提供比较的素材以及镜鉴的样板。从本书考察的美国法、英国法、欧盟法对智能合约的态度和做法来看，域外智能合约有以下特点：

第一，美国、英国和欧盟均对区块链、智能合约技术持正面、肯定的积极态度。美国亚利桑那、田纳西等多个州采取明确的立法界定智能合约、区块链等新技术的法律含义，通过立法保护采用区块链、智能合约进行的交易。美国法院在已有的司法判决中对智能合约进行的交易效果给予了肯定其法律效力的评价。英国从国家战略的层面专题研究了智能合约的法律问题，深度检视了英国合同法是否能够灵活应对智能合约所带来的法律问题，为智能合约的到来营造法治环境。智能合约在欧盟金融领域的应用促使欧盟展开对其相关问题的探讨，他们格外重视从“法律＋技术”的角度研究智能合约及其带来的机会、存在的问题以及创新发展的可能性。

第二,智能合约是不是法律合约是许多国家或地区均予以剖析的问题。美国法向来对创新事物持开放态度,亚利桑那、田纳西、怀俄明三州对“智能合约是不是合同”“计算机代码是不是合同的一种形式”虽没有从正面予以回答,但认同智能合约可以成为合同的一部分,在某种程度上意味着智能合约承载着交易方的意思自治。英国法重点关注了智能法律合约问题,认为满足“要约与承诺”“对价”“具有设立法律关系的目的”“特定形式要求”的智能合约可以成为英国法上的合同;建议设计智能法律合约的解释条款以解决文本冲突问题;通过相反方向的交易或者相等利益返还的方式解决智能合约无效的状况。欧盟的研究表明:智能合约可能具有法律意义,但不一定每个智能合约都具有法律意义;并不是每一种法律表示都适合转换为智能合约;智能合约技术可能处于各种法律领域,可以有各种表现形式。

第三,美国、英国和欧盟都认为智能合约金融交易应当进入监管领域,并且根据区块链智能合约的特殊性采取针对性的监管措施。区块链智能合约交易与代币紧密相连,美国的金融监管部门对代币的类型化区分给出了监管思路:符合 Howey 测试的代币属于证券,接受证券法监管;满足货币条件的代币,依据货币法律进行监管;加强研究区块链、智能合约、数字货币、数字证券的特殊性,在反洗钱领域加大监管力度和扩展监管方法。英国通过“监管沙盒”测试智能合约的金融风险,如英国金融行为监管局授权 Tramonex 公司测试一个使用区块链智能合约将款转移给慈善机构的电子货币平台。[①] 区块链智能合约涉及的数据会受到数据法律的规制,欧盟以《通用数据保护条例》为代表的数据保护法本来是以数据权的基本人权定位抗衡美国数据霸权,但严苛的数据保护法对新兴的

---

① Miguel Amaral, Case 3. Blockchain and Smart Contracts: Regulatory Challenges and Regulatory Approaches, Case Studies on the Regulatory Challenges Raised by Innovation and the Regulatory Responses, December 14, 2021.

区块链、智能合约技术造成了障碍,已经有学者呼吁给予新技术相应的法律空间。

第四,美国、英国和欧盟都注意到智能合约关系到数字经济的进一步发展,尤其是欧盟。欧盟格外重视"智能合约会为欧盟经济体带来何种机会以及何种问题""如何创造合适的法律环境促进智能合约的发展从而有利于欧盟经济的增长和国际竞争力"。

八、创建"监管沙盒",促进和规范区块链智能合约交易创新

"沙盒"一词,始见于《金融科技的未来:英国为世界金融科技之领导者》一文。英国政府科学办公室认为:监管科技可以将任何科技创新运用于金融监管,从而提高监管效率和透明度。[①] 英国金融行为监管局于 2015 年提出了"监管沙盒",作为其"支持颠覆性创新促进竞争"项目的一部分,监管机构监控创新者在虚拟环境"监管沙盒"中进行金融创新实践。"监管沙盒"是目前平衡鼓励金融创新和防范金融风险的有效路径,既为金融创新发挥潜力、促进金融发展、释放和观测风险留足空间,也为监管和规范金融创新提供了检验场景。区块链智能合约作为重要的技术和交易模式创新,经过"监管沙盒"进行创新测试后进入金融市场,将是风险可测、可控基础之上的更适合市场的安全高效的金融产品或服务。例如,法国巴黎银行 CIB 区块链计划,刚开始有实际应用案例,实验一段时间后,消费者的采用率逐步上升,实验阶段出现的问题和隐患也逐步得到解决。具体而言,将"监管沙盒"规范发展金融科技的工具性价值运用于智能合约的发展中,应重点考虑以下七个方面。

---

① Government Office for Science, FinTech Futures, The UK as a World Leader in Financial Technologies, March 2015.

(一)将区块链智能合约交易置于“监管沙盒”,紧抓第四次技术革命历史机遇

区块链智能合约除了自动履行之外,在“智能”方向还会有更广阔的发展空间,在设定交易条件的情况之下,可以实现寻找交易对手、自动缔约和自动执行。智能合约对制度深层次地改进是交易促成和执行的智能化,而智能化是第四次技术革命的一个重要领域。西方真正确立对非西方的优势,源于其在“蒸汽时代”“电气时代”“信息时代”三次工业革命中的技术能力和工业能力的巨大提升。前三次技术革命,我国仅抓住了第三次技术革命的“尾巴”,即计算机革命的“网络化”阶段。我国欲屹立于现代世界之林,必须在以5G、数字化、人工智能、生物医药、先进制造业、量子信息科学等为代表的第四次技术革命中抓住这个最大的历史机遇。智能合约很可能会走向智能的缔约、智能的执行阶段,用“算法”的力量促成交易和履行交易,将大大降低交易成本。对于这样的技术,放入“监管沙盒”进行检测和实验,会是诸多策略中更为积极的应对。

(二)建立区块链智能合约运用场景评估体系

许多运用场景既可以通过传统中心式,也可以采用分布式数据库有效实现。为了避免区块链、智能合约等技术的炒作带来的投资跟风、不谨慎带来的损失,选择新技术运用场景或案例时应经过仔细评估,分析拟运用案例采用传统中心式方式和分布式数据库方式各自的优缺点。要让拟选应用场景真正符合区块链的技术本质“分布式”、“去中心”和“自组织”,而不仅是该项目的边际效应改善。在评估案例是否应当采用分布式、智能合约技术时,可以考虑采纳五步测试法:

第一,手动流程与多中介测试。此步中,应当判断当前的业务流程或产品或服务是否需要人工手动、是否需要多个中介。如果需要,说明该拟运用场景有值得改进的空间;如果不需要,还得判断该业务流程或产品或服务是否需要创新,如果无须创新,则可以直接得出该领域不适

合智能合约运用的结论。

第二,传统中心式方式与分布式数据库方式对比测试。判断该业务流程或产品或服务是否可以采用传统中心式的软件(如 APPS 或数据库)实现。如果两种方式都可以,则需要做两种路径下的优劣势对比。在采用分布式数据库方式具有优势的情况下或不能采用传统中心式方式解决的情况下,进入下一步测试,否则可以得出该领域不适合智能合约运用的结论。

第三,合同条款计算机语言转化测试。判断拟应用案例的自然语言合同条款是否易于转换为以计算机语言为表达方式的智能合约。如果不能转换,则该拟运用场景不适合运用智能合约;如果合同条文能够转换为计算机语言,则开始考虑下一步测试。

第四,是否属于受监管领域测试。如果拟运用场景属于特定的监管领域,有明确的监管规则,智能合约的设计应当考虑监管规则的适用,需要有响应监管要求的合规设计。如果不属于特定的受监管场景,直接进入下一步。

第五,隐私性测试。判断拟运用场景对私密性要求的高低。如果对私密性、数据安全性要求高,则考虑适用许可分布式账本编辑智能合约;如果对私密性要求不高,则考虑用无须许可的分布式账本编辑智能合约。

(三)建立区块链智能合约相关领域的专家沟通机制

金融领域的区块链智能合约运用是一个特别需要复合金融、计算机、法律三个学科专业知识的工作。全国首个基于多式联运“一单制”跨境区块链平台即四川自贸试验区“中欧 e 单通”、西南财经大学中国区块链研究中心攀钢集团供应链金融、迅鳐科技的智能制造和智能物流等既有的区块链智能合约项目无不汇聚了实体经济、计算机技术、金融专业、法学专业的多领域专业人才的智识。当前具有金融、计算机、法学专业复合知识的人才非常稀缺,可以建立专家沟通协作机制,弥补高端人才的不足;同时,加强三个专业的合作,可以促进科技服务金融行业的产品或服务创新,并使我国的金融科技智能合约相关的行业具有领先优势。具体可以考虑以下措施:

第一,中国人民银行、国家金融监督管理总局、国家发展和改革委员会、科学技术部、工业和信息化部、人力资源和社会保障部等相关部门建立类似联席会议的机制,部门之间的专家进行沟通协调,根据金融科技和监管科技发展的具体情况确定研讨主题,针对性地解决区块链智能合约创新中的新问题。

第二,在政府相关部门既有的人才库中进一步完善专家库的建设和管理,加强跨领域专家的交流和沟通,在区块链智能合约监管等涉及公共利益的领域,加大专家的参与度;在区块链智能合约商业运用场景,为项目方提供相应领域专家作专业咨询;组织专家论证区块链智能合约交易中涉及的协议标准或行业标准。

(四)多方联合促进区块链智能合约交易实验和推广

多方协作式的区块链智能合约计划更有可能取得成功。金融机构、科技公司、创新实验室、孵化器、初创企业、行业协会、学会、高校科研院所、监管部门多方协同创新将提高区块链智能合约成功的可能性。例如,德意志银行除在伦敦、柏林、硅谷设立实验室,还与 R3 银行财团进行合作。类似地,法国安盛集团在其加速器 AXA Factory 上进行与加密货币和区块链相关的实验,而其风险部门 AXA Strategic Venture 投资了一家颠覆性区块链初创公司并与其深度合作,法国安盛集团还参加了一个行业财团,该财团由 11 家领先的金融机构组成,并成立了一个区块链实验室。多方协作机制使法国安盛集团智能合约运用走在了同行业前列。具体而言,我们可以考虑以下路径:

第一,发挥创新孵化园的带动作用,多方促进区块链智能合约交易创新。我国不少省份都有多个创新孵化园（如高新区、国家自主创新示范区）等创新试验田，负责推动园区建设和发展的主体应建立与省市金融科技和监管科技相应部门的沟通渠道，各主体同步信息。同步信息本身可以考虑采用区块链技术，各分布节点可以同步获得最新信息。园区推进主体具体组织和聚合多方力量与区块链智能合约项目对接，测试该项目的特性和风险，确保项目效益、风险可控，有利于消费者和投资者利益。

第二，通过科技部门、金融监管部门、中国人民银行等机构组成的各级科技金融工作联席会组织高校科研院所专业和专家力量推动区块链智能合约交易的创新和发展。例如，2017年7月由电子科技大学网络空间安全研究中心与成都积微物联电子商务有限公司、迅鳐成都科技有限公司共同发起成立的区块链研究所，2018年3月成立的西南财经大学中国区块链研究中心，2019年12月四川大学计算机学院与北京天置信科技发展有限公司联合设立"四川大学计算机学院区块链研究中心"等，各具特色、各有所长。商业和学术市场竞争有可能减少了创新和合作的空间，四川省人民政府宏观整合、将全省区块链相关资源进行整合、破除竞争合作壁垒，将区块链智能合约经济推向纵深处发展，从而起到全国领先和示范作用。

（五）在"监管沙盒"中布局监管合规和金融消费者保护

区块链智能合约交易具有自动执行、难以撤销的特征，一旦交易违法可能难以纠正，区块链线上的损失一旦产生且通过交易所与真实世界发生了兑换，金融消费者的损失就只能在现实社会中追偿，虚拟世界向实物世界的跨界、现实社会既有的实现消费者权益的困难，都会使区块链智能合约金融消费者维权难度增大。

金融安全、金融消费者权益保护是金融创新监管永恒的价值追求目标，在"监管沙盒"中监管部门应当要求运营智能合约的平台在部署智能合约交易时,提前将监管合规和金融消费者权利保护设计和布局于区块链之中,这既有利于智能合约交易的风险防控,也有利于降低监管成本和金融消费者维权成本。比如,将反洗钱模块、数据保护模块加入区块链智能合约交易中,预防性地降低洗钱风险和加强对金融消费者隐私权的保护。2018 年美国 Prometheum 公司区块链证券平台在证券合规方面的尝试表明监管合规布局到区块链具有可行性。[①] 2020 年 1 月,微众银行区块链团队自主研发 WeDPR 隐私保护解决方案,针对隐私保护核心应用场景提供公开可验证的隐私保护技术方案。[②] 既有的成功经验显示,监管合规和金融消费者或投资者保护同样可以运用技术方案置于区块链中予以实现。

（六）"监管沙盒"中的司法实务部门为区块链智能合约交易提前做好法制准备

区块链智能合约交易模式的推广和发展离不开创新和积极的司法环境。在一个创新的生态系统中,积极、主动的司法姿态会为区块链创新提供公平、顺畅、稳定、可预期的纠纷解决方案。美国特拉华州之所以能够成为全球公司注册地的优选项,其中一个重要的原因就是当地的司法体系具有灵活性和极强的现实回应性,能够针对新出现的公司事务做出迅速反应,重点突出,高效快捷。虽然中美两国法律体系和文化存在诸多不同,但是高质量的司法回应有利于创新都是相通的。

我国鼓励智能合约金融科技,除了在区块链智能合约交易落地场景创新举措与规范监管并举,还应当预见性地在司法系统布局对策。随着区块链智能合约交易诸多应用场景的落地和快速推广,与之相关的纠纷正逐步酝酿和出现,"监管沙盒"区域所涉及的司法部门应当提前研究区

① 参见 Prometheum 公司网站,https://www.prometheum.com/,最后访问日期:2019 年 12 月 3 日。

② 参见微众银行:《WeDPR 方案白皮书》,2020 年 1 月。

块链智能合约交易法律关系、法律效力、法律责任等司法实践中可能出现的问题，研究区块链智能合约交易纠纷的裁判规则，既为区块链经济的扩大推广提前做好司法准备，组织和储备优秀的区块链智能合约审判专业力量，形成区块链经济竞争中的司法优势，也为全国区块链法制建设提供先行先试的经验。

（七）培育区块链行业组织，促成行业自律

行业协会作为政府与市场主体之间的桥梁，在推动和规范区块链经济发展上能够发挥积极作用。例如，2019 年 12 月 17 日，深圳市信息服务业区块链协会在深圳市民政局登记成立。该协会的宗旨是“全面整合社会资源，推动区块链技术进步，促进区块链技术在各行各业的应用发展”；2019 年 12 月 19 日，在四川省经济和信息化厅指导下，由中国电子科技网络信息安全有限公司、四川久远银海软件股份有限公司、四川商通实业有限公司发起成立了四川省区块链行业协会，旨在深入贯彻落实四川省委关于构建“5 + 1”现代产业体系的决策部署，加快培育产业新模式，加强全省区块链行业企事业单位和个人之间的交流与合作。在“监管沙盒”中，政府等主导力量可以指导行业协会加快联合区块链相关企业的工作，促使行业协会在了解区块链企业的实际需求、沟通智能合约交易利益链条中的各个组织、观察和研究智能合约交易出现的新问题、加强与监管部门的交流、为监管部门提供信息渠道、逐步形成行业自律、制定行业标准等方面发挥重要作用。

参考文献

一、中文类

[1]蔡维德主编:《智能合约:重构社会契约》,法律出版社2020年版。

[2]蔡维德编著:《可编程社会:Web3.0与智能合约》,电子工业出版社2022年版。

[3]邓建鹏、孙朋磊:《区块链国际监督与合规应对》,机械工业出版社2019年版。

[4]巴曙松、朱元倩等:《区块链新时代:赋能金融场景》,科学出版社2019年版。

[5][美]劳伦斯·莱斯格:《代码:塑造网络空间的法律》,李旭、姜丽楼、王文英译,中信出版社2004年版。

[6]杜均:《区块链+:从全球50个案例看区块链的应用与未来》,机械工业出版社2018年版。

[7]李开复、王咏刚:《人工智能》,文化发展出版社2017年版。

[8]唐盛彬编著:《以太坊智能合约开发实战》,机械工业出版社2019年版。

[9]江海、熊丽兵、段虎编著:《智能合约技术与开发》,清华大学出版社2022年版。

[10]华为区块链技术开发团队编著:《区块链技术及应用》,清华大学出版社 2019 年版。

[11]陈义佳、蔡天琪:《区块链商业思维》,中国财政经济出版社 2020 年版。

[12]徐忠、邹传伟:《金融科技:前沿与趋势》,中信出版社 2021 年版。

[13]梁慧星、陈华彬编著:《物权法》(第 3 版),法律出版社 2005 年版。

[14]张新宝:《侵权责任法原理》,中国人民大学出版社 2005 年版。

[15]韩世远:《合同法总论》(第 3 版),法律出版社 2011 年版。

[16]张路:《从金融危机审视华尔街改革与消费者保护法》,法律出版社 2011 年版。

[17]苏永钦:《私法自治中的经济理性》,中国人民大学出版社 2004 年版。

[18]熊进光:《现代金融服务法制研究》,法律出版社 2012 年版。

[19]王泽鉴:《民法学说与判例研究》(第 2 册),北京大学出版社 2009 年版。

[20]张新宝:《中国侵权行为法》,中国社会科学出版社 1998 年版。

[21]程啸:《侵权行为法总论》,中国人民大学出版社 2008 年版。

[22]潘琪编译:《美国〈统一商法典〉案例》,法律出版社 2022 年版。

[23][美]阿尔文德·纳拉亚南、约什·贝努、爱德华·费尔顿、安德鲁·米勒、史蒂文·戈德费德:《区块链:技术驱动金融》,林华、王勇等译,中信出版社 2016 年版。

[24][美]凯文·沃巴赫:《链之以法:区块链值得信任吗?》,林少伟译,上海人民出版社 2019 年版。

[25][美]梅兰妮·斯万:《区块链:新经济蓝图及导读》,新星出版社 2016 年版。

[26][法]普里马韦拉·德·菲利皮、[美]亚伦·赖特:《监管区块链:代码之治》,卫东亮译,中信出版社 2019 年版。

[27][美]Primavera De Filippi、Aaron Wright:《区块链与法律:程式码之治》,王延川译,台北,元照出版有限公司 2019 年版。

[28][加]唐塔普斯科特、[加]亚力克斯·塔普斯科特:《区块链革命:比特币底层技术如何改变货币、商业和世界》,凯尔、孙铭、周沁园译,中信出版社 2016 年版。

[29]欧洲侵权法小组编著:《欧洲侵权法原则:文本与评注》,于敏、谢鸿飞译,法律出版社 2009 年版。

[30][美]伯纳德·施瓦茨:《美国法律史》,王军等译,中国政法大学出版社 1990 年版。

[31][美]P. 诺内特、[美]P. 塞尔兹尼克:《转变中的法律与社会:迈向回应型法》,张志铭译,中国政法大学出版社 2004 年版。

[32][美]莫顿·J. 霍维茨:《美国法的变迁:1780 – 1860》,谢鸿飞译,中国政法大学出版社 2019 年版。

[33][美]冯·贝塔朗菲:《一般系统论:基础、发展和应用》,林康义、魏宏森等译,清华大学出版社 1987 年版。

[34][美]克里斯托弗·米勒德编著:《云计算法律》,陈媛媛译,法律出版社 2019 年版。

[35][英]阿里尔·扎拉奇、[美]莫里斯·E. 斯图克:《算法的陷阱:超级平台、算法垄断与场景欺骗》,余潇译,中信出版社 2018 年版。

[36][美]纳撒尼尔·波普尔:《数字黄金:比特币鲜为人知的故事》,艾博译,中国人民大学出版社 2017 年版。

[37][美]Thomas H. Cormen、Charles E. Leiserson、Ronald L. Rivest、Clifford Stein:《算法导论》,殷建平、徐云等译,机械工业出版社 2023 年版。

[38][瑞士]罗格·瓦唐霍费尔:《区块链核心算法解析》,陈晋川、

薛云志、林强、祝庆译,电子工业出版社 2017 年版。

[39][美]彼得·J. 丹宁、克雷格·H. 马特尔:《伟大的计算原理》,罗英伟、高良才、张伟、熊瑞勤译,机械工业出版社 2018 年版。

[40][美]诺伯特·维纳:《控制论》(第 2 版),刘佳译,重庆出版社 2023 年版。

[41][瑞士]费尔迪南·德·索绪尔:《索绪尔第三次普通语言学教程》,上海人民出版社 2018 年版。

[42][美]理查德·A. 波斯纳:《法律的经济分析》(上),蒋兆康译,中国大百科全书出版社 1997 年版。

[43][美]托马斯·梅耶、詹姆斯·S. 杜森贝里、罗伯特·Z. 阿利伯:《货币、银行与经济》,洪文金、林志军等译,生活·读书·新知三联书店、上海人民出版社 2003 年版。

[44]周仲飞、李敬伟:《金融科技背景下金融监管范式的转变》,载《法学研究》2018 年第 5 期。

[45]朱广新:《书面形式与合同的成立》,载《法学研究》2019 年第 2 期。

[46]王利明:《隐私权概念的再界定》,载《法学家》2012 年第 1 期。

[47]杨立新:《电子商务法规定的电子商务交易法律关系主体及类型》,载《山东大学学报(哲学社会科学版)》2019 年第 2 期。

[48]杨东:《论金融消费者概念界定》,载《法学家》2014 年第 5 期。

[49]裴明学:《缔约过失责任与允诺禁反言原则比较研究》,载《现代法学》2004 年第 2 期。

[50]吴香香:《〈物权法〉第 245 条评注》,载《法学家》2016 年第 4 期。

[51]王化群、张帆等:《智能合约中的安全与隐私保护技术》,载《南京邮电大学学报(自然科学版)》2019 年第 4 期。

[52]祝烈煌、高峰等:《区块链隐私保护研究综述》,载《计算机研究

与发展》2017 年第 10 期。

[53]朱岩、王静等:《基于区块链的智能合约技术研究进展》,载《网络空间安全》2020 年第 9 期。

[54]陆俭明:《再议语言信息结构研究》,载《当代修辞学》2022 年第 2 期。

[55]孔超、刘娟:《人类语言信息传递速率的共性——基于 61 种语言大规模语料库的计算》,载《外语教学与研究》2022 年第 3 期。

[56]李晓云:《电子商务中的"电子代理人"问题研究》,载《经济体制改革》2006 年第 1 期。

[57]柴迪:《阈值同态加密在隐私计算中的应用》,载《信息通信技术与政策》2021 年第 7 期。

[58]胡甜媛、李泽成等:《智能合约的合约安全和隐私安全研究综述》,载《计算机学报》2021 年第 12 期。

[59]王灏:《专业人士过失侵权责任论——以普通法系侵权法为视角的实证研究》,载《东方法学》2017 年第 6 期。

[60]刘宇航、张菲:《计算概念谱系:算势、算力、算术、算法、算礼》,载《中国科学院院刊》2022 年第 10 期。

[61]石勇:《数字经济的发展与未来》,载《中国科学院院刊》2022 年第 1 期。

[62]赵海乐:《当权利面对市场:算法价格歧视的法律规制研究》,载《华中科技大学学报(社会科学版)》2021 年第 3 期。

[63]周学荣:《算法共谋下反垄断的规制困境与路径选择》,载《行政论坛》2024 年第 1 期。

[64]孟勤国:《治理算法歧视侵害消费者权益的关键问题——以大数据杀熟为视角》,载《法律适用》2023 年第 3 期。

[65]孔祥俊:《论侵权行为的归责原则》,载《中国法学》1992 年第 5 期。

[66]陈远茵、宋敏:《论算法价格歧视的法律规制——从〈个人信息保护法〉第6条的角度探讨》,载《中国市场》2022年第35期。

[67]刘友华:《算法偏见及其规制路径研究》,载《法学杂志》2019年第6期。

[68]郑玉双、鲍梦茹:《算法歧视的法律规制模式再探》,载周少华主编:《数字法学》第1辑,社会科学文献出版社2023年版。

[69]马长山:《人工智能的社会风险及其法律规制》,载《法律科学(西北政法大学学报)》2018年第6期。

[70]李倩、[荷兰]尼尔斯·J.菲利普森:《人工智能驱动下算法价格歧视的反垄断规制:一个法经济学分析》,载《财经法学》2023年第4期。

[71]肖建国:《论民事举证责任分配的价值蕴涵》,载《法律科学(西北政法学院学报)》2002年第3期。

[72]李德恩:《接近司法视阈下检察机关支持起诉的体制建构》,载《法治研究》2016年第1期。

[73]张玉国:《我国民事诉讼法原则在新时期的完善》,载《政法学刊》2013年第2期。

[74]方燚飚、周创明:《基于区块链智能合约的代币系统》,载《计算机应用研究》2020年第12期。

[75]于程远:《论民法典中区块链虚拟代币交易的性质》,载《东方法学》2021年第4期。

[76]赵磊:《论比特币的法律属性——从HashFast管理人诉Marc Lowe案谈起》,载《法学》2018年第4期。

[77]刘保玉:《论货币所有权流转的一般规则及其例外》,载《山东审判》2007年第3期。

[78]贾丽平:《比特币的理论、实践与影响》,载《国际金融研究》2013年第12期。

[79]郭少飞:《区块链智能合约的合同法分析》,载《东方法学》2019年第3期。

[80]陈吉栋:《智能合约的法律构造》,载《东方法学》2019年第3期。

[81]吴烨:《论智能合约的私法构造》,载《法学家》2020年第2期。

[82]李旭东、马淞元:《〈民法典〉合同编视域下的区块链智能合约研究》,载《上海师范大学学报(哲学社会科学版)》2020年第5期。

[83]李西臣:《区块链智能合约对传统合同法的挑战及应对思路》,载《西华大学学报(哲学社会科学版)》2020年第3期。

[84]李西臣:《区块链智能合约的法律效力——基于中美比较法视野》,载《重庆社会科学》2020年第7期。

[85]武颖、刘振:《数字人民币与反洗钱:机遇、挑战和应对》,载《海南金融》2021年第6期。

[86]刘某、北京三快科技有限公司侵权责任纠纷案,湖南省长沙市中级人民法院(2019)湘01民终9501号民事判决书。

[87]郑某高与上海携程商务有限公司侵权责任纠纷案,上海市第一中级人民法院(2020)沪01民终13989号民事判决书。

二、英文类

[1] Michele Finck, *Blockchain Regulation and Governance in Europe*, Cambridge University Press, 2019.

[2] Shermin Voshmgir, *Token Economy How Blockchains and Smart Contracts Revolutionize the Economy*, BlockchainHub Berlin, 2019.

[3] Christina L. Kunz & Carol L. Chomsky, *Contracts: A Contemporary Approach*, A Thomson Reuters Business, 2010.

[4] Ronald J. Mann, *Electronic Commerce*, Wolters Kluwer, 2011.

[5] Kevin C. Taylor, *FinTech Law: A Guide to Technology Law in*

the Financial Serviced Industry, Published by Bloomberg BNA, 2014.

[6] Emilios Avgouleas, *Regulating Financial Innovation*, The Oxford Handbook of Financial Regulation, 2015.

[7] Michael S. Barr, Howell E. Jackson & Margaret E. Tahyar, *Financial Regulation Law and Policy*, 2nd edition, Foundation Press, 2018.

[8] Primavera De Filippi & Aaron Wright, *Blockchain and the Law*, Harvard University Press, 2018.

[9] Jack Goldsmith & Tim Wu, *Who Controls the Internet*?, Oxford University Press, 2006.

[10] Nigel Cory & Luke Dascili, *How Barrisers to Cross-Border Data Flows are Spreading Globally, What They Cost, and How to Address Them*, Information Technology & Innovaton Foundation, July 21, 2021.

[11] Emmanuelle Ganne, *Can Blockchain Revolutionize Internal Trade*?, World Trade Organization, 2018.

[12] Norta, A., Grefen, P. & Narendra, N. C., *A Reference Architecture for Managing Dynamic Inter-Organizational Business Processes*, Data & Knowledge Engineering, Vol. 91, p. 52 – 89 (2014).

[13] Government Office for Science, FinTech Futures, The UK as a World Leader in Financial Technologies, March 2015.

[14] Christidis, K. & Devetsikiotis, M., *Blockchains and Smart Contracts for the Internet of Things*, IEEE Access, Vol. 4, p. 2292 – 2303 (2016).

[15] Alexander Savelyev, *Contract Law* 2.0: "*Smart*" *Contracts as the Beginning of the End of Classic Contract Law*, National Research University Higher School of Economics Basic Research Program Working Papers, Series: Law WP BRP 71/LAW/2016.

[16] Maher Alharby & Aad van Moorsel, *Based Smart Contracts: A*

Systemtic Mapping Study, Fourth International Conference on Science & Information Technology, 2017, p. 125 – 140.

[17] ISDA, King & Wood Mallesons, *Smart Derivatives Contracts: From Concept to Construction*, October 2018.

[18] Loi Luu, Duc-Hiep Chu, Hrishi Olickel, Prateek Saxena & Aquinas Hobor, *Making Smart Contracts Smarter*, Acm Sigsac Conference on Comouter & Communications Security, 2016, p. 254 – 269.

[19] Peck, M. E., *How Smart Contracts Work*, IEEE Spectrum: Technology, Engineering, and Science News, September 28, 2017.

[20] Mark Giancaspro, *Is a "Smart Contract" Really a Smart Idea? Insights from a Legal Perspective*, Computer Law & Security Review, Vol. 33, p. 825 – 835(2017).

[21] Nicolette Kost De Sevres, Bar Chilton & Bradley Cohen, *The Blockchain Revolution, Smart Contracts and Financial Transactions*, Cyberspace Law, Vol. 21, 2016.

[22] Maher Alharby, Aad van Moorsel, *Based Smart Contracts: A Systemtic Mapping Study*, Fourth International Conference on Science & Information Technology, 2017, p. 125 – 140.

[23] Edward D. Baker, *Trustless Property Systems and Anarchy: How Trustless Transfer Technology Will Shape the Future of the Property Exchange*, Southwestern Law Review, Vol. 45, p. 351, 360 – 361(2015).

[24] Bloomberg, *With Loan Market Still Using Faxes*, Settlement Times Trail Goal, April 2015.

[25] Dirk A. Zetzsche, Ross P. Buckley & Douglas W. Arner, *The Distributed Liability of Distributed Ledgers: Legal Risks of Blockchain*, University of Illinois Law Review, Vol. 2018, p. 1361 – 1406(2018).

[26] Matt Byrne, *Do Lawyers Have a Future?*, Lawyer, September

20,2016.

[27] Kevin Werbach, *The Song Remains the Same: What Cyberlaw Might Teach the Next Internet Economy*, Florida Law Review, Vol. 69, p. 887 -957(2017).

[28] Ulrich Sieber & Neubert Carl-Wendelin, *Transnational Criminal Investigations in Cyberspace: Challenges to National Sovereignty*, Max Planck Yearbook of United Nations Law, Vol. 20, p. 239 -321(2017).

[29] Ahmed Ghappour, *Searching Places Unknown: Law Enforcement Jurisdiction on the Dark Web*, Stanford Law Review, Vol. 69, 1075 -1136(2017).

[30] Orin S. Kerr & Sean D. Murphy, *Government Hacking to Light the Dark Web: What Risks to International Relations and International Law*, Stanford Law Review Vol. 70, p. 58 -69(2018).

[31] David Post & David Johnson, *Law and Borders: The Rise of Law in Cyberspace*, Stanford Law Review, Vol. 48, p. 1367 -1402(1996).

[32] Marco Lansiti & Karim R. Lakhami, *The Truth about Blockchain*, Harvard Business Review, Vol. 95, p. 118 -127(2017).

[33] *United Nations Convention against Illicit Traffic in Narcotic Drugs and Psychotropic Substances*, December 20, 1988, 1582 U. N. T. S. 95.

[34] *United Nations Convention against Transnational Organized Crime*, November 15, 2000, 2225 U. N. T. S. 209.

[35] *International Convention for the Suppression of the Financing of Terrorism*, December 9, 1999, 2178 U. N. T. S. 197.

[36] Financial Conduct Authority, *Regulatory Sandbox*, November 2015.

[37] Philippa Ryan, *Smart Contract Relations in E-Commerce: Legal*

Implications of Exchanges Conducted on the Blockchain, Technology Innovation Management Review, Vol. 7, p. 14 – 21(2017).

[38] Wolfgang Prinz, *Blockchain and Contracts*, *Fraunhofer-Gesellschaft*, Novermber 2017.

[39] The Law Commission, *Smart Legal Contracts Advice to Government*, Crown Copyright, 2021.

[40] Council of Europe, Cybercrime Convention Committee, Ad-hoc Subgroup on Transborder Access and Jurisdiction, Transborder Access and Jurisdiction, November 5, 2014.

[41] Michael Möhring, Barbara Keller, Rainer Schmidt, Anna-Lena Rippin, Janine Schulz & Karina Brückner, *Empirical Insights in the Current Development of Smart Contracts*, Twenty-Second Pacific Asia Conference on Information Systems, Japan 2018.

[42] Financial Action Task Force, *Guidance for a Risk-Based Approach Virtual Currencies*, 2015.

[43] The UK Government Chief Scientific Adviser, *Distributed Ledger Technology: Beyong Block Chain*, December 2015.

[44] Michael L. Rustad, *The Negligent Enablement of Trade Secret Misappropriation*, Santa Clara High Technology Law Journal, Vol. 22, p. 455 – 528(2006).

[45] Robert A. Hillman & Maureen O'Rourke, *Principles of the Law of Software Contracts: Some Highlights*, Cornell Law Faculty Publications, 2010.

[46] LabCFTC, A Primer On Smart Contracts, Novermber 27, 2018.

[47] Edward D. Baker, *Trustless Property Systems and Anarchy: How Trustless Transfer Technology Will Shape the Future of Property Exchange*, Southwestern Law Review, Vol. 45, p. 351 – 376(2015).

[48] Alex Norta, Paul Grefen & Nanjangud C. Narendra, *A Reference Architecture for Managing Dynamic Inter-Organizational Business Processes*, Data & Knowledge Engineering, Vol. 91, p. 52 – 89(2014).

[49] Dirk A. Zetzsche, Ross P. Buckley & Douglas W. Arner, *The Distributed Liability of Distributed Ledgers: Legal Risks of Blockchain*, University of Illinois Law Reviw, Vol. 4, p. 1361 – 1406(2018).

[50] Joshua A. T. Fairfield, *Smart Contracts, Bitcoin Bots, and Consumer Protection*, Washington and Lee Law Review Online, Vol. 71, p. 35 – 50(2014).

[51] Max Raskin, *The Law and Legality of Smart Contracts*, Georgetown Law Technology Review, Vol. 1:2, p. 305 – 341(2012).

[52] Kose John, Leonid Kogan & Fahad Saleh, *Smart Contracts and Decentralized Finance*, Annual Review of Financial Economics, July 31, 2023.

[53] Dylan Yaga, Peter Mell, Nik Roby & Karen Scarfone, Blockchain Technology Overview, NIST Interagency/Internal Report, National Institute of Standards and Technology, Gaithersburg, May 30, 2024.

[54] Marta Poblet, Darcy W. E. Allen, Oleksii Konashevych3, Aaron M. Lane Carlos Andres Diaz Valdivia, *From Athens to the Blockchain: Oracles for Digital Democracy*, Frontiers in Blockchain, Vol. 3, p. 1 – 11 (2020).

[55] Bank of England, *Discussion Paper: Central Bank Digital Currency Opportunities*, Challenges and Design, March 2020.

[56] Harry Surden, *Computable Contracts*, UC Davis Law Review, Vol. 46, p. 629 – 700(2012).

[57] Nick Szabo, *Smart Contracts: Building Blocks for Digital Markets*, 1996.

[58] Vitalik Buterin, *DAOs, DACs, DAs and More: An Incomplete Terminology Guide*, May 6, 2014.

[59] Mark Walport, *Executive Summary in Government Office for Science, Distribted Ledger Technology: Beyond Block Chain*, A Report by the UK Government Chief Scientific Adviser, January 19, 2016.

[60] OECD, Blockchain at the Frontier: Impacts and Issues in Cross-border CO-operation and Global Governance, OECD Business and Finance Policy Papers, No. 4, OECD Publishing, Paris, (2022).

[61] Vitalik Buterin, *On Public and Private Blockchains*, Ethereum Foundation Blob, August 7, 2015.

[62] Financial Stability Board, *FinTech and Market Structure in Financial Services*: Market developments and Potential finantial stability implications, February 14, 2019.

[63] FATF, *Guidance for A Risk-Based Approach to Virtual Currencies*, June 2015.

[64] Satoshi Nakamoto, *Bitcoin: A Peer-to-Peer Eletronic Cash System*, 2009.

[65] Vitalik Buterin, *A Next-Generation Smart Contract and Decentralized Application Platform*, White paper, 2014.

[66] Capgemini Consulting, *Smart Contracts in Financial Services: Getting from Hype to Reality*, 2016, p. 1 – 28.

[67] Rensel *v*. Centra Tech, Inc., 2018 U. S. Dist. LEXIS 100720.

[68] Case C – 264/14 Skatteverket *v*. David Hedqvist [2015] EU: C:2015:718.

[69] Bazak Intern. Corp. *v*. Tarrant Apparel Group, 378 F. Supp. 2d 377 (S. D. N. Y. 2005).

[70] Bazak Intern. Corp. *v*. Tarrant Apparel Group, 378 F. Supp.

2d 377 (S. D. N. Y. 2005).

[71] Neilson Business Equipment Center *v*. Monteleone, 524 A. 2d 1172 (Del. 1987).

[72] Colonial Life Ins. Co. *v*. Elec. Data Sys. Corp., 817 F. Supp. 235.

[73] Jaskey Finance and Leasing an Samrus Corp. *v* Display Data Corp., 564 F. Supp. 160.

[74] Columbus McKinnon Corp. *v*. China Semiconductor Co., 867 F. Supp. 1173 (W. D. N. Y. 1994).

后 记

本书是国家社科基金一般项目“金融科技背景下智能合约的法律问题研究”（项目号 19BFX120）的最终研究成果。国家留学基金委的资助项目“智能合约的法律问题研究”（项目号〔2018〕10006 号）对于本课题的研究起到了重要作用。

自 2003 年以来，出于个人的兴趣爱好，并受西南财经大学良好财经研究氛围的熏陶，以及西南政法大学金融法研究的进一步引导，加之西华大学对我学术兴趣的尊重和支持，我一直从事与金融法相关的理论研究和实践工作。金融法的研究对象丰富生动、饶有趣味且新事物层出不穷，尤其是金融科技的涌现让金融法学界时刻保持着强烈的好奇心与探究欲望。2015 年以前，移动支付、网络贷款、股权众筹等金融服务中的金融科技吸引了法学界的众多关注，也产出了丰硕的学术成果。2015 年以后，区块链、央行数字货币、稳定币等金融科技带动的金融新事物得到实务界和理论界越来越多的关注，相关的法学论文开始出现。从 2018 年开始，我不断思考今后一个阶段的研究方向和研究成果聚焦的主题，虽然笃定选择金融科技法律问题作为研究的方向，但是到底“以何为题”，一直没有确定下来。智能合约在以太坊项目成功运作之后，开始走向人们的视野，当时法学界关注的还非常少，我立刻觉得这是一个金融法领域的宝藏，于是开始了我的挖掘工作，先是写作了智能合约法律问题的论文，参加了西南政法大学学术会议交流，后续申请了四川省社科联项目拓宽自己的研究。2018 年年底，西华大学和法学院召开了国家社科基金动员大会和专题指导会议，在论证会上，时任副校长郑鋐研究员在指导我的国家社科选题时给了我一个非常重要的建议：“你就把省社科的主题‘智能合约’作为你国家社科的选题吧，好好打磨一下！”就这样，在西华大学、法学院领导和同事的指导、关心和帮助下，我成功申请到国家社科基金法学类一般项目。

2019 年，我获得国家留学基金委的支持前往美国华盛顿大学法学院访问学习。访学期间，我得到了指导老师 Dongsheng Zang 教授的点拨和帮助，同时我也有机会近距离观察金融科技强国美国在智能合约领域的发展、对智能合约的研究情况以及有关智能合约的立法和司法情况，这段经历对于我写作智能合约在美国的发展以及美国法对智能合约的应对等内容具有重要的帮助。

在课题研究的过程中，悉尼科技大学田一钧老师对于央行数字货币的见解启发了本书可编程数字人民币章节相关内容的写作；西南财经大学熊文军和李庆两位计算机专业的教授对于本书有关区块链技术、智能合约原理等计算机领域的专业问题作出了有益的指导；西华大学林辉轮老师对于智能合约相关专利的研究对于作者掌握智能合约作为计算机技术的发展情况具有很大的帮助；西华大学陈珊教授等老师为本课题研究收集资料做出了努力；与中国人民大学陈晋川副教授和西南财经大学赵海程副教授关于可编程数字货币的交流拓宽了我对智能合约在可编程支付运用领域的视野；中国人民银行成都分行货币经营处王涛处长为本课题研究提供了宝贵的调研机会，有利于本课题组了解智能合约在数字人民币中真实的运用情况；微众银行区块链首席架构师张开翔老师关于智能合约的金融运用及隐私保护方面的实践和见解让我能够把握实战状况并形成正确的问题意识。西华大学时任党委书记边慧敏教授、副校长郑鋐研究员、副校长费凌教授,时任法学院党委副书记肖东华,法学与社会学学院院长张邦铺教授都对本课题的申请和研究给予了关心和帮助。

法律出版社的编辑们为本书写作提供了宝贵意见并付出了大量心血。

本书从国家社科基金申报、课题研究到最终成稿,得到了全国哲学社会科学工作办公室、国家留学基金管理委员会,我的导师、领导、同事、编辑和诸多师友的关心、支持和帮助,在此一并致以最诚挚的谢意。此书的出版,如果对学术界还算得上是微末贡献,我想把它归功于一直支持和关心我的人们。

李西臣

2025 年 8 月 6 日于成都陋室